원빈스님의

금강경에 물들다

원빈스님의

금강경에 물들다

초판 4쇄 발행 2022년 11월 11일

지 은 이 원빈스님

편집책임 현수스님
편　　집 행복문화연구소
디 자 인 ㈜나눔커뮤니케이션
표 지 글 근당 양택동

펴 낸 곳 붓다스쿨

출판등록 제2023-000004호(2023년 7월 6일)
주　　소 경상남도 산청군 단성면 지리산대로 2700번길 83-15
이 메 일 book_buddhaschool@naver.com

ISBN 979-11-984558-0-2

붓다스쿨

세상을 따뜻하게 만드는 책을 만들겠습니다.

원빈스님의

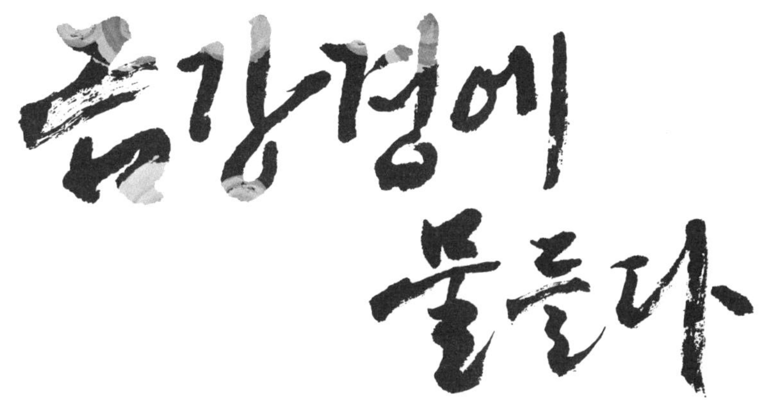

원빈스님 강설

붓다스쿨

이 책은 조계종 표준『금강반야바라밀경』을 기본 교재로 강설하였습니다.

삼귀의

넘어진 자를 일으켜 세우듯,
눈 가려진 것을 치워내 보여주듯,
길 잃고 헤매는 자에게 방향을 알려주듯,
캄캄하게 어두운 곳에서 등불을 건네주듯,

부처님께서는 여러 가지 자비로운 방편으로
저희에게 행복의 길을 알려주셨습니다.
윤회의 감옥에서 벗어나고자 하는 저희들은
이 목숨이 다할 때까지 오직 삼보전에 귀의합니다.

거룩하신 부처님께 귀의합니다.
지혜로운 가르침에 귀의합니다.
청정하신 수행승의 참모임에 귀의합니다.

차 례

서 문

금강경은 왜 읽어야 할까요?

금강경은 왜 배워야 할까요? 금강경은 대자유를 품고 있기 때문입니다. 이 자유로운 마음은 수많은 사람들의 가슴을 설레게 만들었습니다. 금강경의 마음을 잘 배우고 훈습하면 부처님의 안심을 얻을 수 있으니, 이는 불안함을 품고 살아가는 현재 인류가 필수적으로 배워야만 하는 최상의 안심법문입니다.

그러면 현재를 살아가는 우리의 마음은 왜 자주 불안하고 불편을 느낄까요? 그것은 구하는 바가 있어서입니다. 욕심이 끊임없이 부딪히는 이 세계에서는 누군가의 구하는 바가 이루어지면 남은 이들의 구하는 바는 이루어지지 않습니다. 한 쪽에 전해지는 희소식이 수많은 비보悲報를 바탕으로 한다는 것은 자명한 진실입니다. 희소식을 들은 소수의 사람들은 물론 기쁘겠지만 비보를 듣게 된 다수의 사람들은 대개 반감, 짜증, 화, 절망, 슬픔, 우울 등에 시달리게 됩니다. 그래서 부처님께서는 무수한 경쟁자의 슬픔 위에서 소수의 승리자만이 기쁨을 누리는 이 세상을 참아야 할 일이 많은 곳이라는 뜻으로 사바세계라고 말씀하셨습니다.

흔히 사람들은 구하는 바를 얻으면 행복할 것이라고 생각합니다. 더 많은 돈을 벌어 더 좋은 차와 더 큰 집을 사고, 멋있는 사람과 결혼하고, 사회적으로 번듯한 자리를 차지하고…… 과연 얻음으로써 행복해지려는 이 방식은 성공할 수 있을까요? 끝없는 쟁취를 갈구하는 이 아귀의 방식은 첫째로 사바세계에서 이루어질 확률이 낮다는 점, 둘째로 그 밑바탕에는 타인의 불행이 존재한다는 점에서 잘못된 행복의 전략입니다.

금강경에서는 다툼과 질투 그리고 번뇌를 불러오는 얻음의 전략과는 완전히 반대되는 방향성을 제시합니다. 단순하지만 효과적인 버림의 전략은 바로 '구하는 바가 사라지면 안심'으로 표현할 수 있습니다. 이 전략을 익힌다면 우리는 부처님과 같은 완전한 평화를 누릴 수 있을 것입니다.

중생들은 왜 구하는 바가 생길까요? 첫 번째 이유로는 대부분의 중생들은 얻어야만 행복할 수 있다고 느끼기 때문입니다. 그래서 아귀처럼 무엇인가를 끊임없이 구하는 것이 오랜 습관으로 배어 삶 속에 자리 잡게 된 것입니다. 이것은 자신의 참모습을 올바로 보지 못하는 아치我癡의 일부로서 스스로를 부족하게 여기는 낮은 자존감 때문입니다. 두 번째 이유로는 얻을 수 있는 대상이 있다고 착각하기 때문입니다. 이는 대상을 올바로 보지 못하는 법치法癡로서 대상에 고정된 실체가 있다고 여기며 그것을 얻을 수 있다고 착각하는 것입니다. 이처럼 무엇인가 끝없이 갈구하는 습관은 아치와 법치가 더해져 생기는 고통의 흐름입니다. 하지만 금강경의 안심법문安心法門은 고통의 흐름에 허덕이는 마음에서 다양한 번뇌들로부터 자유로워지는 방법을 완벽한 형식으로 제시합니다. 금강경은 구하는 바로 인해 이미 생겨난 번뇌를 항복 받는 법, 구하는 바를 줄이기 위해 머물러야 하는 마음가짐 그리고 이를 직접 연습하는 수행론까지 모든 과정을 자세하면서도 심도있게 다루는 최고의 텍스트입니다.

금강경은 이미 인류의 교과서 역할을 하고 있습니다. 서양의 많은 지식인들에게 정신적인 신선함으로 다가와 베스트셀러가 되었고, 중국에서는 『논어論語』, 『도덕경道德經』과 더불어 유불도儒佛道를 대표하는 경전입니다. 그리고 한국에서는 수많은 고승들이 의지하여 수행하는 실습서이자, 재가불자들에게는 신앙의 대상으로 섬겨지기까지 하는 소의경전所依經典입니다.

두 가지 금강경

금강경은 광대한 반야부 경전 중 극히 일부분에 해당됩니다. 그런데도 불구하고 600부 반야부 경전 중 금강경만이 단행본으로 인정받고, 반야부를 대표하는 경전으로서 따로 연구될 수 있었던 것은 그 독보적인 가치에 대중들이 반했기 때문입니다. 대중들에게 매우 인기가 많았던 금강경이 성립된 이후 다양한 문화권으로 전달된 것은 필연적이었습니다. 그리고 문화권별로 발달 과정에서 차이점이 나타났습니다. 이는 지역마다 개성적인 문화가 반영된 결과입니다.

금강경을 발전시킨 대표적인 지역은 인도와 중국입니다. 인도와 중국은 문화적 차이가 크기 때문에 지역에 따라 금강경을 구분해 본다면 인도 금강경과 중국 금강경으로 나눌 수 있습니다. 이 중 한국불교의 전통에서 중요시해 온 것이 중국 금강경이고, 최근까지도 간과되어 온 것은 인도 금강경입니다.

중국 금강경의 특징은 언어의 절약과 반야를 중심으로 합니다. 중국철학은 유불도를 막론하고 언어에 대한 혐오를 가지고 있습니다. 이는 짧은 운문의 형식을 선호하는 중국 문학적 특성을 만들어 냈는데, 인도 출신인 구마라집 스님이 번역한 금강경이 중국 사람들에게 사랑받을 수 있었던 것도 이러한 형식을 잘 반영했기 때문입니다. 중국 출신인 현장 스님은 구마라집본 금강경에 대한 문제의식을 바탕으로 인도 금강경을 면밀하게 번역했습니다. 하지만 이 현장본은 자국민들에게 사랑받지 못했는데 이는 지역의 문화적 특징을 반영하는 것이 포교에 얼마나 중요한지를 알 수 있는 부분입니다.

여기에 더해 구마라집 스님은 금강경의 내용을 철저히 반야 중심으로 의역했습니다. 이는 이미 중국 사회가 도교의 가르침으로 인해 정신문화의 수준이 높아진 상태였고, 새로운 유형의 불교의 가르침을 받아들이기에는 기대 수준이 높아졌기 때문에 구마라집 스님의 반야 중심의 의역은 필연적인 선택이었을 것입니다.

학자들은 인도 금강경이 기원후 100년 전후 인도에서 결집된 것으로 유추합니다. 당시의 시대적 요구에 의해 이 금강경을 결집한 사부대중들은 자신들을 보살승이라고 칭하였습니다. 인도 금강경에는 소승에 대해 비판적 경쟁심을 품고 있는 대승이라는 단어가 단 한 번도 등장하지 않았다는 점이 흥미로운데, 많은 학자들은 이를 근거로 인도 금강경이 대승 불교 극초기 경전에 가깝다고 판단합니다.

인도 금강경은 보살승 운동의 교과서였습니다. 그렇기에 품고 있는 내용은 보살의 길을 수행하는 방법인데, 보리심을 완성하여 성불하는 것이 목적입니다. 그러므로 금강경의 키워드는 당연히 보리심입니다. 다만 보리심은 반야와 자비가 합일된 마음이기에 키워드를 둘로 나누자면 반야와 자비가 됩니다. 보리심이라는 하나의 키워드가 반야와 자비라는 두 가지 키워드로 나뉠 수 있다는 점은 초점에 따라 개성 있게 꽃 핀 금강경 문화를 이해할 수 있는 근거가 됩니다.

앞에서 한국불교에서는 전통적으로 중국 금강경이 중시됐지만, 인도 금강경은 간과되어 왔음을 밝혔습니다. 이를 키워드로 풀어보면 한국불교에서는 금강경의 키워드인 보리심, 반야, 자비 중 반야에만 초점을 맞추고 있다는 것입니다. 실제로 금강경이 자비의 경전이라는 말을 들어본 한국의 불자는 과연 몇이나 될까요? 반야와 자비를 새의 양 날개로 본다면, 한쪽 날개만으로는 보리심의 창공을 자유롭게 날 수 없습니다. 보리심을 완성한 붓다의 금강심을 배우고 싶다면 우리는 반야와 자비의 양 날개를 원만하게 갖추어야 합니다.

왜 수보리 존자인가?

삶은 하나의 연극 작품입니다. 작가와 주인공 그리고 주연급 조연과 개성이 다양한 조연들이 등장하여 복잡다단한 스토리를 이끌어 갑니다. 이는 경전에서도 마찬가지로 적용되는데, 대부분의 불교 경전 속 주인공은 부처님입니다. 하지만 주연급 조연과 그 스토리는 각각 차별이 있습니다. 수많은 경전들은 그 경전 제목에 중심 스토리를 담습니다. 금강경 역시 금강이라는 비유로 경전의 핵심 스토리를 말하고 있습니다. 금강경은 시작부터 끝까지 부처님 마음인 금강심을 반복하여 보여 주는 내용입니다.

여기서 우리가 궁금해야 하는 점은 '왜 주연급 조연에 수보리 존자가 등장하는가?' 하는 것입니다. 중국 금강경에서는 아주 단순하게 이 문제를 해결했는데, 수보리 존자를 해공제일解空第一이라는 별칭으로 소개함으로써 금강경에서 말하고자 하는 아공과 법공의 도리를 가장 잘 이해할 수 있는 인물로 설정합니다. 하지만 이것은 일종의 연출입니다. 왜냐하면 초기 불교에서의 수보리 존자는 해공제일이 아니기 때문입니다. 엄밀히 말하면 해공제일이라는 항목조차 없습니다.

동북아시아의 불교에서는 부처님의 으뜸가는 제자로 총 10명을 손에 꼽습니다. 일반적으로 이를 '10대 제자'라고 부릅니다. 그런데 초기 불교에서는 비구 47명, 비구니 13명, 우바새 10명, 우바이 10명을 부처님의 80대 제자로 손에 꼽습니다. 이 내용은 『앙굿따라니까야』의 「으뜸품」에 기록되어 있는데, 이때 수보리 존자는 80대 제자 중 어떤 분야에서 으뜸이었을까요? 경전의 내용을 살펴보겠습니다.

> "평화롭게 머무는 자들 가운데서 수부띠가 으뜸이다."
> "공양받을 만한 자들 가운데서 수부띠가 으뜸이다."

수보리 존자는 급고독 장자의 동생입니다. 그는 급고독 장자가 부처님께 기수급고독원을 공양하는 개원 법회 날 부처님의 설법을 듣고 큰 발심으로 출가했다고 전해집니다. 그는 이후에 자애와 함께 하는 선禪을 닦아 아라한이 되었다고 하는데, 요즘 표현으로 하자면 수보리 존자는 자애명상을 수행하여 아라한이 된 것입니다.

이것은 수보리 존자가 왜 두 가지 분야에서 으뜸인지 설명해 줍니다. 일단 자비를 근본으로 아라한이 된 수보리 존자가 무쟁삼매無諍三昧에 머무는 것은 지극히 자연스럽습니다. 또한 그는 탁발할 때 큰 특징이 한 가지 있었다고 합니다. 존자는 탁발하는 집 문 앞에 설 때마다 항상 자애의 삼매에 들었다고 합니다. 삼매에 입정入定한 후 출정出定한 상태의 존자는 자비로움 그 자체였습니다.

이 상태는 그에게 공양을 올리는 재가불자들에게 가장 수승한 공덕의 원천이 되었습니다. 이러한 무량한 복전에 공양 올린 수많은 불자들은 건강해졌을 것이고, 부유해졌을 것이며, 명예를 성취했을 것이고 더욱 더 행복해졌을 것입니다. 그렇기 때문에 부처님께서는 공양받을 만한 자들 가운데서 수보리 존자가 으뜸이라고 공인하신 것입니다.

사실 금강경 원문에 수보리 존자가 평화롭게 머무는 자들 가운데서 으뜸이라는 점은 온전히 계승되고 있습니다. 원문 속 '무쟁제일'과 '아란야행자阿蘭若行者'라는 표현이 바로 그것입니다. 하지만 해공제일의 경우 원문에 단 한 번도 등장하지 않고, 초기 불교에는 그 명칭조차 없음에도 불구하고 등장한다는 점 자체가 중국 금강경이 철저하게 반야에 초점을 맞추려고 했다는 반증이 됩니다. 이는 굉장한 역설로써 자비심이 제일인 수보리 존자가 반야의 상징으로 탈바꿈되는 희대의 사건입니다. 물론 수보리 존자를 포함한 모든 아라한들은 무아의 진리에 대해 더 이상 배울 것이 없는 완벽한 지혜를 공통적으로 지니고 있습니다. 그렇기에 해공제일이라고 부르지 못할 이유는 없습니다.

하지만 이러한 주연급 조연에 대한 소개로 인해 금강경은 더 이상 반야와 자비를 원만히 수행하여 보리심을 완성하는 본래 목적이 아닌, 반야만을 강조하는 듯한 오해를 만들어 내게 되었습니다. 이런 상황에서 수보리 존자의 본모습을 되살려 내는 것은 금강경의 스토리를 올바르게 이해하는 데 매우 중요합니다. 이를 통해 광대한 자비서원으로 중생구제를 활발하게 실천하는 보살승, 금강경의 본뜻이 한국불교에 되살아날 수 있을 것입니다.

왜 제따와나인가?

연극의 주연급 등장인물의 성격이 스토리에 지대한 영향을 미치듯, 스토리가 진행되는 장소 역시 중요한 요소가 됩니다. 인도 전역에는 수많은 사찰들이 존재했을 텐데, 왜 하필 부처님께서는 중생구제의 핵심이자 성불의 길을 혁명적으로 넓히는 보살승의 가르침을 제따와나에서 설하셨을까요?

가장 단순하게 생각해 보면 그냥 제따와나에서 설법을 가장 많이 하셨기 때문일 수 있습니다. 초기 불교의 교단사에서는 부처님께서 성불하신 뒤 20년 후부터는 거의 모든 안거를 제따와나에서 보내신 것으로 추측하고 있습니다. 그리고 이때 기본 교리가 체계적으로 정리되었다고 봅니다. 상황이 이러하니 제따와나에서 가장 오랫동안 많은 설법을 하셨기 때문에 금강경의 무대가 이곳이 되었다고 보는 설명도 일견 일리가 있습니다.

하지만 우리는 좀 더 깊게 생각해 볼 필요가 있습니다. 정경유착이라는 단어는 현시대에서 부조리이지만 사실 부처님 당시 인도의 승단에서 종경유착宗經癒着은 당연한 이치였습니다. 부처님께서는 본인의 제자들을 '절대 의존 집단'으로 성장시키기를 원했습니다. 즉, 재가불자들과의 교류 없이는 의식주를 해결할 수 없도록 계율로써 정하신 것입니다. 이는 출가자들에게는 무소유에 가까운 삶의 방식을 익혀 탐욕을 제어할 수 있는 효과가 있습니다. 동시에 재가불자들에게는 복전이 되는 수행자들에게 매일 보시할 수 있도록 함으로써, 불교를 삶의 일부로 받아들이고 섬기면서 수행할 기회를 제공합니다.

사실 제따와나에서 오랫동안 부처님께서 머무르실 수 있었던 것도 경제적인 부분을 책임지는 아나따삔디까(급고독장자)의 헌신적인 보시가 있었기 때문에 가능했습니다. 출가자는 법法을 제공하고, 재가자는 의식주인 재財를 제공하는 이 법재교환의 관계는 부처님께서 지향하신 방향성이었습니다.

앞에서 80명의 으뜸가는 제자에 대해 언급했는데, 이 으뜸간다는 것은 일종의 주특기, 전공을 의미하는 것입니다. 예를 들어 목건련 존자는 '신통제일'로 불렸는데, 이유는 목건련 존자가 무아의 이치를 깨친 아라한이기도 하지만, 그의 개성을 드러내는 주특기가 신통력이었기 때문입니다. 유유상종이기에 공통의 관심사를 가진 제자들은 으뜸가는 대제자들을 중심으로 일종의 집단화가 이루어집니다. 부처님 당시 이미 주특기와 지역에 따른 교파가 형성되고 있었습니다.

물론, 이러한 교파의 형성은 부처님께서 공인하셨기 때문에 가능했습니다. 부처님 육신은 하나지만, 인도 전역은 넓었습니다. 모두가 부처님만을 바라보며 승단에 들어올 수는 없었기 때문에 자연스럽게 교파가 형성되었습니다. 이러한 대제자 중심 교파의 모습은 현재 조계종의 체계로 비유해 보자면 은사스님과 노스님의 관계로 볼 수 있습니다. 부처님께서 노스님이라면 으뜸가는 제자들을 비롯한 1세대 제자들이 은사가 되어 새로운 2세대 수행자를 받아들이는 것입니다.

예를 들면, 어떤 비구는 수보리 존자의 자애로움에 반해서 출가했습니다. 이런 경우 수보리 존자는 그의 은사가 되고, 부처님께서는 그의 노스님이 되시는 것입니다. 그리고 만약 그가 출가한 지역이 부처님께서 주로 머무시는 곳과 멀리 떨어져 있는 반면 가까운 지역의 교파에 그가 닦고자 하는 수행의 가풍이 있다면 그 교파에서 공부하게 되는 것입니다.

법재교환의 종경유착에 대해 언급을 한 것은 이렇게 주특기와 지역에 따라 형성된 수많은 교파 중 오랜 시간 그 세력이 유지되는 교파의 특징에 대해 말하기 위해서입니다. 교파의 세력이 커지기 위해서는 여러 가지 사항이 고려되어야 하는데, 일단 주특기는 가장 중요한 요소입니다. 그런데 주특기 못지않게 중요한 것이 바로 경제입니다. 예를 들어, 수보리 존자의 자애수행이라는 주특기가 수많은 비구들의 마음을 훔쳤다고 하더라도 수보리 교파의 비구들이 탁발을 원활하게 할 수 없다면 그 교파는 유지되기가 어렵습니다. 올바른 수행법으로 아라한이 되는 것만큼 매일 탁발을 통해 목숨을 유지하는 것도 중요했기 때문입니다. 즉, 교파가 성장하고 유지되기 위해서는 주특기인 종과 탁발 가능성인 경제, 이 두 가지가 매우 중요합니다.

앞에서 수보리 존자는 급고독 장자의 동생임을 밝힌 적이 있습니다. 아무리 장자가 수다원의 성자라 하더라도 팔은 자연스럽게 안으로 굽듯, 혈연인 수보리 존자와 그를 추종하는 이들을 조금 더 친밀하게 도왔을 것입니다. 또한 다음 세대인 장자의 자녀들 역시 삼촌이자 자비로운 아라한인 수보리 존자를 존경하고 후원하는 것 역시 당연했을 것입니다.

이런 상황들은 수보리 존자가 교파를 형성하고 유지하는 데 있어서 완벽한 조건을 갖추고 있다는 점을 시사하고 있습니다. 중생의 마음을 사로잡을 만큼 충분히 매력적인 자비수행의 법法을 지니고 있었고, 당시 인도의 10대 장자로서 부를 축적했던 신심 깊은 집안의 재財의 경제적 후원 가능성이 충분했다는 점을 근거로 이 교파는 강렬한 생명력으로 오랫동안 유지될 수 있는 조건이 충분했습니다.

조금 더 확장해서 생각해 본다면, '금강경이라는 혁명적인 가르침이 왜 제따와나를 무대로 수보리 존자를 주연급 조연으로 내세웠을까?'라는 의문이 듭니다. 만약 반야지혜를 강조하는 것이 목적이라면 금강경의 주연급 조연으로는 지혜제일인 사리불 존자가 가장 잘 어울리지 않을까요? 굳이 지혜의 사령관인 사리불 존자를 제쳐두고 자비수행을 주특기로 하는 무쟁제일 수보리 존자를 이 무대에 등장시킨 이유는 무엇일까요? 금강경의 근본인 키워드부터가 무엇인가 어긋나 있다는 것을 이제는 알아차릴 수 있나요?

금강경의 키워드는 반야가 아닌 보리심입니다. 사리불 존자뿐 아니라 모든 아라한들의 공통점은 무학無學입니다. 더 이상 무아의 지혜에 대해서 배울 것이 없는 뛰어난 반야의 소유자들이라는 것입니다. 이 아라한들의 개성은 필수 과목인 반야가 아닌 선택 과목인 주특기에서 표현되는 것입니다. 그렇기에 반야와 자비, 보리심의 양 날개를 모두 갖춘 수보리 존자는 보살승 운동을 주도했던 이들에게 가장 완벽한 롤 모델role model이 되었던 것입니다.

우리는 세 가지 가능성을 고려해 볼 수 있습니다. 첫째는, 수보리 존자의 교파 세력이 금강경 결집 당시인 100년 전후의 인도에서 여전히 유지되고 있었을 수 있습니다. 둘째는, 보살승 운동을 주도했던 집단이 수보리 존자의 특징을 주목하여 금강경 결집 시 주인공으로 내세웠을 수도 있습니다. 셋째는, 그냥 단순히 개연성 없는 우연일 수도 있습니다.

무엇이 진실인지는 현재까지 알려진 문헌적 자료들이 충분하지 못하기 때문에 불확실하게나마 무엇이 진실인지 스스로 사유해 보는 것 자체로 흥미롭습니다. 이 사유는 금강경의 배경을 이해하는데 분명히 도움이 될 것이기에 질문에 대한 답은 열린 결말로 두겠습니다. 다만, 이 책에서는 수보리 교파의 존재를 인정한다는 전제에서 글을 전개하도록 하겠습니다.

수보리 존자의 르네상스

부처님 재세 시 불교는 인도 종교계에서 폭풍과도 같았습니다. 불교는 아직 깊이 뿌리 내리지 못한 신흥종교였지만 16대국 중 가장 힘이 강력했던 마가다국과 코살라국의 국왕, 그리고 수많은 장자들이 귀의한 종교였기 때문입니다. 불교라는 신흥종교가 뿌리 깊은 인도의 정신세계를 사실상 이끌어가는 상황이었기 때문에 전통을 중시하는 지식인들에게는 큰 충격이었을 것입니다. 부처님께서 열반에 드신 후 일대 제자들이 사라지기까지 약 100여 년간은 이 상황이 어느 정도 유지되었습니다. 하지만 이후 100여 년간은 불교의 사회적 영향력이 급격하게 위축되었습니다. 이 흐름이 반등한 것은 불멸 후 약 200년 뒤인 아소카왕이 등장한 시기입니다. 아소카왕은 피비린내 나는 후계 다툼과 제국 형성을 위한 전쟁을 경험한 후 불교에 귀의하게 됩니다. 그는 불교를 국교처럼 존중했으며, 불법을 세상에 전파하기 위해 노력했습니다. 이런 흐름으로 인해 불교는 다시 인도 정신계의 리더로서의 위상을 되찾는 듯했습니다. 하지만 외부적인 상황과는 별개로 불교는 내부적으로 점점 분열되어 갔습니다. 불교는 내부적으로 상좌부와 대중부로 나뉘는 근본 분열이 이루어졌고, 분열은 더 가속화되면서 종국에는 20개 부파로 분열되었습니다.

이는 앞에서 언급했던 부처님 당시 교파가 나뉘는 것과는 성격이 완전히 다릅니다. 부처님 당시에는 단지 지역과 추구하는 수행의 특징에 의해 교파가 나뉜 것이었고, 본사本師인 부처님께서 존재하셨기 때문에 갈등이 많이 생기지도 않았을 뿐만 아니라, 혹여 생기는 갈등들도 원만하게 해결되었습니다. 그러나 100% 존경받는 본사의 부재로 인해 불교 진리에 대한 승가의 의견 차이를 근본으로 부파는 분열되었고, 결국 승가의 화합이 깨지는 결과가 발생하였습니다.

화합이 깨진다는 것이 어떤 의미인지 알아보기 위해 『디가니까야』의 내용을 소개합니다. 이 말씀은 부처님께서 열반에 드시기 직전에 마지막 제자인 쑤밧다와 나누시는 대화로 여래께서 구상하셨던 승단의 모습을 잘 보여줍니다.

> “쑤밧다여, 내 나이 스물아홉에 출가한 것은 좋은 삶이 무엇인가를 알기 위함이었소. 50년이라는 긴 세월을 쑤밧다여, 나는 출가수행자로서 정리와 법도를 벗어나지 않았으니, 이밖에는 사문이 없다오. 둘째 사문도 없고,

셋째 사문도 없고, 넷째 사문도 없다오. 다른 가르침과 율에는 논쟁만 있을 뿐 사문들이 없지만, 쑤밧다여, 이 가르침과 율에서 비구들이 바르게 살아 간다면 이 세상은 아라한들이 사는 세상이 될 것이오.”

『디가니까야』 속 부처님께서는 우리에게 매우 충격적인 선언을 하셨습니다. 부처님께서는 정리와 법도에서 벗어난 존재들은 수행자가 아님을 천명하셨고, 그들의 특징은 바로 논쟁입니다. 부처님께서 만약 정리와 법도에서 벗어나 화합을 깨뜨리고 논쟁을 일삼는 비구들을 보셨다면 과연 그들을 자신의 제자이자 수행자로 인정하셨을까요?

초기 불교에서 삼보에 귀의하는 정형구들을 살펴보면 승단에 귀의하는 이유는 바로 이 '화합'이라는 특성에 있습니다. 부처님께서는 승단을 화합이 잘되는 청정한 모임으로 교육하셨고, 이는 분노의 다툼과 탐욕이 판을 치는 사회에서 승단에 귀의할 만한 근거를 만들었습니다. 하지만 부파의 분열로 이 근거는 자연스럽게 사라지게 되었고, 이에 불자들은 실망하게 됩니다.

부파가 분열한 이후부터 금강경이 결집되기까지의 시기는 한 마디로 논쟁과 법집의 시대입니다. 각각의 부파들은 자신들만의 교리체계를 만들었고 심지어 이를 경전으로 결집했습니다. 이것이 바로 진리에 대한 집착인 법집입니다. 부파가 많았다는 것은 진리에 대한 다양한 의견들이 많았다는 것을 의미합니다. 그리고 이 차이는 다툼을 만들었는데, 이것이 바로 수많은 논쟁들입니다.

논쟁과 법집의 흐름이 강렬해진 이 시기의 부파들은 점점 더 고도화된 교리체계를 만드는데 몰두했고, 논쟁에서 패배하지 않으려고 자파의 교리적 약점을 지속적으로 보완해야 했습니다. 그들은 결국 점점 더 마을에서 멀어져갔고, 자신들만의 세상으로 빠져들었습니다. 부처님께서 구상하셨던 법재교환의 완전의존집단으로서의 성격이 흐려지기 시작한 것입니다. 그 증거 중 하나가 부처님께서 가장 중요시 여기셨던 탁발의 의례화입니다.

아소카 대왕이 특정 부파에게 큰 보시를 했던 것도 이런 흐름을 강화하는 역할을 했습니다. 더 이상 탁발에 의존하지 않아도 재정적인 부분이 해결되었기에 고요히 연구와 수행에 전념하면서 살아갈 수 있는 환경이 만들어진 것이었습니다. 그렇게 부파 불교는 승단, 오직 그들만을 위한 리그가 되어 갔습니다.

재가불자들에게는 이런 흐름 자체가 크나큰 신심의 시련이었습니다. 전 인도에서 사랑을 받았던 본사이신 석가모니 부처님과 그의 제자들의 삶의 모습이 점점 흐려지는 동안 인도의 전통적인 가르침인 힌두교는 점점 더 강렬하게 그들을 유혹했습니다. 승단에 대해 실망해 가던 와중에 힌두교의 가르침으로 개종하지 않고 신심을 지키는 것은 매우 어려운 일이었을 것입니다. 만약 수보리 존자의 교파가 명맥을 유지하고 있었다면 이러한 시의적 흐름을 바라보면서 어떤 마음이 들었을까요? 자비심을 근본으로 하는 그 교파는 민중들의 상황을 안타까워하는 심정으로 해결책을 찾기 위해 노력했을 것입니다. 이러한 시대적 요구에 의해 등장한 해결책이 바로 '수보리 존자의 르네상스'입니다.

르네상스란 '재생과 부활'이라는 의미인데, 수보리 존자의 르네상스는 무엇을 부활시키고 싶었을까요? 당연히 부처님께서 중요시하셨던 가치를 되살리고 싶었을 것입니다. 그 가치가 무엇인지는 부처님께서 오랜만에 만나는 제자들과 대화하실 때 자주 묻는 질문들을 통해 엿볼 수 있습니다. 『맛지마 니까야』의 「고싱가살라 짧은 경」에 나오는 부처님께서 하신 질문을 뽑아서 소개해 보겠습니다.

> "아루눗다들이여, 그대들은 견딜만한가? 잘 지내는가? 탁발하는데 어려움은 없는가?"
> "아루눗다들이여, 그런데 그대들은 사이좋게 화합하고 정중하고 다투지 않고 물과 우유가 잘 섞이듯이 서로를 우정 어린 눈으로 보면서 머무는가?"
> "아루눗다들이여, 그런데 그대들은 방일하지 않고 열심히 스스로 독려하며 머무는가?"

부처님께서는 오랜만에 만난 제자들에게 갑자기 수행의 성취를 묻는 분이 아닙니다. 이 경전에서 부처님께서는 세 가지를 질문을 먼저 하시는데 첫째는, '탁발'을 키워드로 하는 일상생활에 관해서입니다. 둘째는, '화합'을 키워드로 하는 대중생활에 관해서입니다. 마지막으로, '불방일'을 키워드로 하는 수행생활에 관한 질문입니다.

부처님이 제자들에게 하셨던 세 가지 질문을 통한 수행점검을 금강경의 중심수행이라고 할 수 있는 무주상보시와 연결해 보겠습니다. 보시의 장場인 탁발의 일상생활, 무상無相을 근본으로 이루어지는 화합의 대중생활, 그리고 무주無住를 위한 불방일의 수행생활은 분명히 연결됩니다. 또한 금강경의 가장 앞부분에는 보시의 탁발과 무상의 화합 그리고 무주의 불방일 수행을 모범적으로 실천하시는 부처님의 모습이 묘사되어 있습니다. 결집을 주도했던 이들이 부처님께서 중요시하시던 무주상보시의 세 가지 기본 가치들을 금강경의 시작에 배치한 것은 다분히 의도적인 구성으로서 수보리 존자의 르네상스, 금강경은 두괄식 구조를 갖추고 있습니다.

탁발과 화합 그리고 불방일이 되살아난다면 어떤 일이 벌어질까요? 법집과 논쟁의 시대에 대한 해결책인 무쟁, 수보리 존자의 공인된 으뜸인 무쟁의 가치가 재생될 것입니다. 이 무쟁의 가치가 되살아날 때 부처님께서 승단에 부여한 명령인 화합과 청정의 가치가 부활할 수 있고, 이는 쇠퇴일로를 걷고 있는 불교가 다시 도약할 수 있는 디딤돌이 될 수 있을 것입니다. 이렇게 당시 보살승 운동을 주도했던 이들이 내놓은 해결책이 바로 반야부의 가르침이자 보살승 운동의 중심 교과서인 '금강경'입니다.

보살승 운동이 이후 '대승'이라는 명칭을 취할 때, 상대적으로 '소승'이라고 비판된 대상은 초기 불교가 아닙니다. 그 대상은 넓게 보면 부파 불교, 그 범위를 좁게 보면 설일체유부를 향하고 있습니다. 설일체유부는 당시 사회적으로 가장 유력한 부파였지만, 그들의 행태와 철학은 이미 부처님 당시의 모습과 많이 달라져 있었습니다.

보살승 운동을 주도했던 이들이 수보리 존자의 교파이든 아니면 수보리 존자를 상징적으로 내세운 다른 부파이든 상관없이, 그들은 그저 부처님 당시 아름다웠고 존경받아 마땅했던 무아의 가르침과 불방일한 정진 그리고 자비로운 탁발의 생활로 되돌아가고 싶었을 뿐입니다. 부처님 본인의 설법조차 뗏목처럼 기꺼이 버리기를 강조하셨던 무집착의 가르침으로 말입니다. 수보리 존자의 르네상스, 이제 이해가 되나요?

수보리 존자의 종교개혁

세상 그 어떤 가르침보다 사람을 평등하게 바라보는 것이 바로 불교입니다. 부처님께서는 천하고 귀함에 대해 이렇게 말씀하셨습니다.

> "천한 신분과 귀한 신분은 태어날 때 정해지는 것이 아니다. 지금, 이 순간 천하게 말하고, 생각하고, 행동하면 그는 천민이다. 반대로 지금, 이 순간 귀하게 말하고, 생각하고, 행동하면 그는 귀족이다."

이러한 부처님의 관점은 당시 인도 사회의 모든 신분에게 큰 충격이었습니다. 더욱이 말로만 평등을 주장한 것이 아니라 불가촉천민조차 비구로 받았다는 점, 그리고 여성 출가자를 용인했다는 것은 이 평등의 관점을 잘 보여주는 실천된 예입니다. 하지만 이 평등이 무조건 같다는 것을 의미하는 것은 결코 아닙니다. 평등하지만 대상에 따라 필요한 요소는 분명 다릅니다. 따라서 그에 따라 차이를 두는 것은 필수불가결한 요소입니다.

부처님께서는 출가자와 재가자의 가르침에 차이를 두셨습니다. 또한, 계율 역시 재가자와 사미, 사미니, 그리고 비구, 비구니의 차이가 분명하게 있었습니다. 이것은 차별이 아니라 차이로써 부처님의 대기설법적 특징이 잘 반영된 것입니다. 부처님께서는 항상 자비로운 마음으로 중생의 눈높이에 수준을 맞추셨고, 이를 잘 알고 있는 제자들은 이 차이에 감사하며 적절한 지혜로 받아들였습니다. 하지만 부처님께서 열반하신 후에는 이 차이가 차별로 잘못 받아들여져 여러가지 의문이 생겼습니다. 예를 들면, '왜 재가자의 가르침과 출가자의 가르침은 차별이 있는가?', '왜 여성 출가자는 계율의 항목에 있어 더 많은 차별을 겪어야 하는가?'와 같은 의문들입니다.

초기 불교의 불자는 수행 주제에 따라 세 가지 명칭으로 구분됩니다. 이는 재가, 학가, 출가로 이 세 가지가 마치 신분제와 같은 차별로 느껴질 수도 있습니다. 재가의 수행은 시계생천施戒生天이고, 출가의 수행은 사성제四聖諦와 팔정도八正道를 통한 해탈의 추구입니다. 그리고 재가자 중 시계생천의 가르침을 넘어 출가자의 수행에 대한 배움이 있으면 그는 학가라 불리며 재가와 구분했습니다.

여기에 더해 출가자 역시 범부와 성인의 구분이 있었고, 성인의 경우에는 사향사과四向四果의 구분이 있었습니다. 또한 출가자 중 성인의 최고봉인 아라한과 부처님께서는 지혜의 깊이가 분명히 다르다는 것을 여러 교리에서는 언급하고 있습니다. 평등의 가르침인 불교에서 대기설법적 특징에 의해 구분되는 이러한 차이가 법집에 물들어 개념화되면 일종의 계층을 형성하게 되는데, 이를 도식화하면 다음과 같습니다.

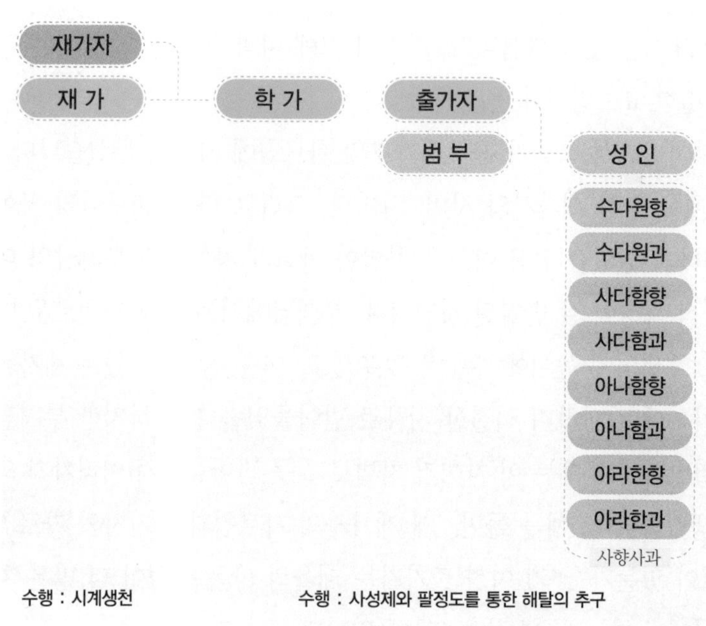

초기 불교 불자의 세 가지 명칭

수보리 존자는 법집과 논쟁의 시대를 거치면서 점점 더 개념화되는 이 차별을 타파하기 위한 방향성을 제시합니다. 그것은 다름 아니라 불성의 대중화인 '수보리 존자의 종교개혁'입니다. 서양의 종교개혁을 주도한 이들은 중세 암흑기를 지나며 특권화된 말씀에 대한 권리의 폐해를 경험했습니다. 그리고 이를 극복하기 위해 말씀에 대한 권리를 대중화하는 종교개혁을 시도합니다. 마찬가지로, 보살승 운동을 주도한 이들은 매우 희유하고 특별했던 부처님이 될 수 있는 권리를 대중화합니다. 우담바라보다도 훨씬 특별했던 존재인 보살의 정의를 과감하게 이렇게 표현합니다.

"보리심을 일으키면 누구나 보살로서 성불의 길을 걷게 된다!"

이 보살승 운동은 불자들의 최상 목표를 해탈에서 성불로 바꿨습니다. 부처님께서 살아계실 때부터 열반하신 이후 약 500여 년 동안 완전히 닫혀 있던 성불의 문이 열린 것입니다. 그 누구도 상상하지 못했던 성불의 길, 아니 상상하고 바라더라도 당당하게 말하지 못하던 성불의 길을 열어젖힌 수보리 존자를 부처님께서 '선재선재'라며 칭찬하시는 것은 당연한 일 아닐까요?

본 문

경전에서 가장 중요한 것은?

(능단)금강반야바라밀경(能斷)金剛般若波羅蜜經

402년 구마라집 스님에 의해 금강경이 처음 중국에 번역된 이후 수많은 고승들은 금강경을 주석하였습니다. 다만 동북아시아에서 금강경의 주소는 대부분 중국 금강경의 틀을 벗어나지 못하는데, 여기에 첫 번역의 중요한 의미가 있습니다. 금강경의 총 6종의 번역 중에서 우리에게 익숙한 이름인 삼장법사 현장 스님의 번역본을 살펴본다면 그가 가지고 있었던 문제의식을 느낄 수 있습니다. 그는 정통 인도 유학파였기에 구마라집 스님의 금강경 번역본은 의역이 많고, 금강경 전체의 내용을 포함하지 못한다는 점을 간파했습니다. 그래서 중국 본토 출신이지만 철저히 인도적인 특징을 지니는 번역본을 내놓았습니다. 구마라집본과 현장본을 놓고 비교해 보면 두 가지 역본이 상당 부분 차이가 있다는 것을 알 수 있습니다. 하지만 안타깝게도 이러한 현장 스님의 노력은 대세에 큰 영향을 주지 못했습니다. 이미 굳어진 중국 금강경의 흐름은 강렬했고, 최근에 나오는 저작들조차 이 흐름이 여전히 지배적입니다.

수백 종 이상의 금강경 주석서는 가풍에 따라 그 내용이 상이합니다. 그 상이한 내용을 가장 쉽게 일견할 방법은 바로 '금강'에 대한 해석을 보는 것입니다. 왜냐하면 금강경은 불법과 이에 대한 비유로써 명칭을 삼았기 때문입니다. 금강경의 온전한 이름은 『금강반야바라밀경』인데, '반야바라밀'은 이 경전에서 말하고자 하는 '불법'입니다. 그리고 '금강'은 이 '불법'을 비유한 것입니다. 그렇기에 '금강 = 반야바라밀'이라는 공식이 성립됩니다. 현장본의 경우 금강경의 제목을 『능단금강반야바라밀경』으로 '능단'을 앞에 붙였는데, 이 '능단'은 '반야바라밀의 효용'을 의미하므로, 이 경우에도 '능단 = 금강 = 반야바라밀'로 표현해도 무방합니다. 왜냐하면 '반야바라밀', '금강', '능단'은 체상용의 관계이기 때문입니다. '능단금강반야바라밀경'이라는 명칭을 '금강경'으로 줄여서 부르는 것은 단순히 짧게 부르는 것이 아닙니다. '금강'이라는 상相만으로도 '능단'의 용用과 '반야바라밀'의 체體를 모두 포함할 수 있기 때문입니다.

이 경전을 한마디로 표현하면 바로 '금강'입니다. 그렇기 때문에 이 '금강'에 대한 해석 하나만 보더라도 주석이 나아갈 방향성을 충분히 예측할 수 있는 것입니다. 이 경전은 처음도 '금강', 중간도 '금강', 끝도 '금강'을 말하고 있는데, 그러면 이 '금강'은 도대체 무엇일까요?

다이아몬드 경전?!

금강경의 영어본 제목은 『다이아몬드 수트라Diamond Sutra』입니다. '금강'을 '다이아몬드'로 번역한 것입니다. 이는 현재 광물 중 가장 단단한 금강석이 다이아몬드이기 때문입니다. 하지만 이러한 광물에 대한 지식이 보편화 되지 않았던 시절에는 금강은 황금을 상징한다고 생각하기도 했습니다.

전통적으로 금강에는 세 가지 특성이 있다고 생각합니다. 첫째로,

금강 자체가 특별히 견고하여 쉽게 부서지지 않는 특성이 있습니다. 둘째로, 금강의 모습은 순수하고 밝게 빛나 쉽게 물들지 않는 특성이 있습니다. 셋째로, 금강의 작용은 비할 바 없이 예리하여 모든 것을 깨뜨릴 수 있는 특성이 있습니다. 이러한 특성이 있는 금강은 다이아몬드일까요? 아니면 황금일까요?

세속적인 관점에서 벗어나 인도의 경전들을 살펴보면 금강은 '금강저金剛杵'를 의미하는데, 이 금강저는 제석천왕의 무기이기도 하고, 금강역사의 무기이기도 합니다. 제석천왕의 금강저에서는 벼락이 나오기 때문에 어떤 학자는 이를 근거로 금강은 바로 '벼락'이라고 말합니다. 무엇인가 능히 쪼개고 끊어버리는 데 있어 벼락이 다이아몬드보다 강력한 힘이 있는 것은 당연한 사실입니다. 이 금강이 황금, 다이아몬드, 벼락 중에 무엇이든 능히 모든 것을 끊어버리는 능단의 효용이 있다는 것은 학자들의 공통된 의견입니다.

그러면 금강은 무엇을 쪼개는 것일까요? 바위를? 바다를? 세상을? 『맛지마 니까야』에서 부처님께서 「쌋짜까에게 설하신 작은 경」에는 이 금강의 용도가 무엇인지 명확하게 표현됩니다. 어느 날 쌋짜까 니간타뿟따가 부처님께 논쟁을 걸어왔습니다. 그는 자아가 존재한다고 주장했는데 부처님과의 문답 과정에서 자신의 주장이 틀렸음을 알아차렸습니다. 하지만 그는 부처님의 질문에 답변하는 순간 자신이 논쟁에서 패배한다는 사실을 알기 때문에 묵묵부답으로 버팁니다. 여러분에게 그 장면을 간략히 소개하겠습니다.

> "악기웨싸나여, 어떻게 생각하는가. 그대는 '형색은 나의 자아다.'라고 말했는데, 그 형색에 대하여 '내 형색은 이렇게 되어라! 내 형색은 이렇게 되지 마라!'라고 할 수 있는 힘이 그대에게 있는가?"

세존께서 이렇게 말씀하시자, 쌋짜까 니간타뿟타는 침묵했습니다. 다시 물었지만, 쌋짜까 니간타뿟따는 침묵했습니다. 그러자 세존께서 쌋짜까 니간타뿟따에게 말씀하셨습니다.

"악기웨싸나여, 어서 대답하라! 지금 그대에게는 침묵하고 있을 시간이 없다. 악기웨싸나여, 누구든 여래가 같은 물음을 세 번을 물어도 대답을 하지 않는 사람은 머리가 일곱 조각으로 쪼개질 것이다."

그때 붉은 화염에 휩싸여 작열하는 무쇠 금강저를 손에 든 금강역사가 쌋짜까 니간타뿟따 머리 위의 공중에 서서, '만약에 쌋짜까 니간타뿟따가 세존께서 세 번을 물어도 대답하지 않으면 내가 머리를 일곱 조각으로 쪼개버리겠다.'라고 생각하고 있었습니다. 금강저를 들고 있는 금강역사의 모습을 본 그는 결국 자신의 사견에 대한 집착을 꺾고, 무아의 진리를 정성스럽게 받아들였습니다.”

금강이 깨뜨리는 것은 이처럼 오온을 자아라고 여기는 유신견有身見을 필두로 하는 모든 번뇌입니다. 중국 명나라의 고승인 감산 대사는 '모든 것을 끊어 버린다'는 금강의 해석을 완전히 뒤집어 버리는 금강의 새로운 관점을 제시합니다.

“'금강' 두 자는 일반적으로 '견고해서 무엇이든지 끊는다'는 뜻으로 풀이되고 있는데 이는 지나치게 폭넓게 해석한 것이다. 서역 지방에는 실제로 '금강'이라 불리는 보석이 있다고 한다. 이 보석은 지극히 견고해 부서지지 않고 또한 어느 것이라도 자를 수 있다고 한다. 예컨대, 이 보석을 모든 번뇌를 소진하는 '반야'에 비유한다면 의미상으로는 가깝다고 할지는 모르겠으나 부처님의 뜻과는 여전히 거리가 있다. 이는 단지 세간의 습속에서 유행하는 견해에 불과할 따름이다.”

대사는 반야바라밀에 대한 해석을 근거로 금강의 새로운 해석을 제시합니다.

> "'반야'란 '지혜'를 뜻하는데 한마디로 '부처의 마음, 부처의 지혜'를 의미한다. '피안에 도달한다'는 뜻인 '바라밀'은 '이 마음이 지극히 다한 경계'를 뜻한다. 따라서 이 경전의 제목인 '금강반야바라밀'은 이 책이 오직 '부처의 금강심'을 나타내고 있음을 보여주고 있다."

대사는 금강을 번뇌를 끊어버리는 인因이 아닌 과果로서 '번뇌가 이미 끊어진 부처님의 마음' 즉 '금강심'으로 바라봅니다. 이는 중생의 마음 중 오염된 번뇌의 측면이 아닌 청정한 본성의 바탕에 초점을 맞춘 관점으로서 앞의 해석과는 명백하게 다른 관점입니다. 그리고 이 작은 관점의 차이는 금강경의 해석에 지대한 영향을 미칩니다.

금강경은 처음도 중간도 끝도 모두 금강을 말하고 있습니다. 만약 모든 과정을 인금강因金剛의 관점으로 바라본다면, 금강경을 배우는 수행자는 번뇌에 찌들어 이 번뇌를 제거하려고 애쓰는 중생의 자화상을 가지는 것입니다. 반면 과금강果金剛의 관점을 가진다면 이미 지니고 있는 부처님의 마음을 되찾는 과정이기 때문에 자신을 이미 온전한 부처님으로 바라보는 자화상을 가지는 것입니다. 이 글을 읽는 금강행자인 여러분은 자신에 대해 어떤 관점을 가지고 계신가요? 중생인가요, 부처님인가요?

각자의 선택을 강요하지는 않겠습니다. 하지만 필자는 이 책에 과금강의 관점을 녹여내기 위해서 노력할 것입니다. 그것이 수보리 존자의 종교개혁을 통해 성취하고자 했던 온전한 부처님으로 바라보는 자화상이고, 중생상에서 벗어나는 길이며, 성불의 길을 시작할 수 있는 유일한 마음이기 때문입니다.

삼종반야

금강경은 안심법문입니다. 안심의 극치가 바로 금강심이고, 이 금강심으로 이끄는 것이 바로 반야의 힘입니다. 중국 금강경 전통에서는 이 반야를 문자반야文字般若, 관조반야觀照般若, 실상반야實相般若의 삼종으로 구분합니다. 먼저, 삼종반야에 대하여 대략적인 의미를 살펴보겠습니다.

실상반야는 반야가 극치에 이르러 허구를 꿰뚫고 실상의 세계에서 살아가는 힘을 말합니다. 부처님의 지혜는 '여실지如實智'라고 표현할 수 있는데, '있는 그대로의 실상을 아는 지혜'를 의미합니다. 모든 장애가 녹아버린 상태이기에 부처님께서는 알고자 하는 것을 걸림 없이 아는 일체지를 증득하신 것입니다.

부처님께서는 고통에서 벗어나고자 하는 이들에게 이 실상반야를 전달하고자 했습니다. 하지만 이미 번뇌의 선글라스를 끼고 있는 중생들에게 세상을 있는 그대로의 모습으로 아무리 설명해 봐야 그들은 받아들이기 어려웠습니다. 부처님께서 성불하신 후 그대로 열반에 들려고 하시던 때가 있었습니다. 하지만 세상에 남아 주시기를 간절히 부탁드렸던 범천의 권청 일화는 중생에게 실상반야를 전달하기가 얼마나 어려운 것인가를 엿볼 수 있도록 합니다. 부처님께서는 이렇게 고민합니다.

> "여래가 깨달은 진리는 세상 사람들의 상식과는 정반대이다. 아무리 이 진리를 설명해 봐야 중생들은 알아듣지 못하고 이해하지 못하며, 오히려 여래를 비난만 할 것이다. 진리를 아무리 설해 봐야 피곤하기만 할 테니, 이대로 열반에 드는 것은 어떠한가?"

실상반야는 언어와 개념으로는 온전히 표현할 수 없습니다. 하지만 중생은 언어와 개념의 세계에서 살아갑니다. 그렇기에 중생에게 이 반야를 전달하기 위해서는 반드시 문자반야를 거쳐야만 했습니다. 부처님의 팔만 사천 법문은 모두 언어와 개념으로써 실상반야를 제한적으로 표현한 문자반야입니다. 이에 대한 유명한 비유가 달을 가리키는 손가락입니다. 손가락인 문자반야는 그 자체에 의미가 있는 것이 아니라 실상반야인 달을 가리킨다는 효용성 때문에 중요한 것입니다. 범천은 열반하시려는 부처님께 이렇게 권청합니다.

> "세상에는 여래의 설법을 듣지 못해 깨닫지 못하는 상근기 중생들이 많이 있습니다. 그들은 단 한 번 여래의 설법을 듣는 것만으로도 깨달을 수 있는 준비가 되어 있습니다. 부디 그들을 저버리지 마소서."

문자반야로 설해진다고 해도 손가락인 이 문자에 사로잡히고, 집착하며, 이해하지 못하고 왜곡하는 하근기 중생들도 물론 존재합니다. 하지만 범천의 권청과 같이 문자반야의 손가락을 통해 달을 바라보는 근기가 무르익은 중생들도 분명히 존재합니다. 그들은 문자반야를 통해 실상반야를 바라보는 것인데, 이를 관조반야라고 합니다.

금강경은 안심법문입니다. 이 안심의 기준에서 삼종반야를 다시 살펴보겠습니다. 실상반야란 무상을 온전히 깨달아 안심의 극치에 이른 금강심을 말합니다. 관조반야란 무주와 보시의 수행을 통해 안심을 엿보고, 안심에 머무는 힘을 말합니다. 문자반야란 금강심이란 무엇인지, 어떻게 구하는 바를 항복 받고 안심할 것인지, 수행 방법은 무엇인지 등의 개념화된 언어적 정보를 말합니다.

문자는 실상이 결코 아닙니다. 하지만 문자 없이는 실상을 전달할 수 없는 것 역시 사실입니다. 또한 누군가는 문자반야를 통해 곧바로 실상반야를 보는 경계에 도달하기도 합니다. 그렇기에 삼종반야는 별別의 입장에서 본다면 세 가지 차별이 있지만, 동同의 입장에서는 한 가지인 '오직 안심'뿐입니다.

구분	중국 전통	안심법문
문자반야	언어와 개념으로 실상반야를 표현	금강심의 개념, 어떻게 구하는 바를 항복 받고 안심할 것인지, 수행 방법 등의 개념화된 언어적 정보
관조반야	문자반야를 통해 실상반야를 보는 것	무주와 보시의 수행을 통해 안심에 머무는 힘
실상반야	실상을 있는 그대로 아는 지혜	무상을 깨달아 안심의 극치에 이른 금강심

금강경 삼종반야의 개념 비교

전개 방식

이 책은 금강경의 안심법문을 소개하는 것이 목적입니다. 이를 위해 세친 보살의 27단의를 활용하여 뼈대로 삼을 것입니다. 특히, 명나라 감산 대사의 금강경 주석에서 언급되는 수보리 존자의 의심을 활용할 것인데, 세친 보살의 27단의와는 다르게 감산 대사는 이 의심을 33가지로 더 세분화하고 있습니다.

감산 대사의 금강경은 확실히 뛰어난 점이 몇 가지 존재합니다. 첫째는, 금강심을 인금강이 아닌 과금강으로 표현함으로써 길을 찾는 나그네들에게 목적지를 정확하게 일러주는 돈오頓悟를 제공한다는 점입니다. 둘째는, 세친 보살이 언급한 27가지 의심을 좀 더 상세하게 풀어냄으로써 이해하기 쉽도록 해석했다는 점입니다. 셋째는, 의심을 끊어 안심에 이르는 단순한 점수漸修의 원리를 세우고, 이 원리에서 벗어나는 해설을 최대한 줄임으로써 그 내용이 매우 간결하다는 점입니다.

사실, 이 책을 처음 기획할 때 감산 대사의 금강경을 그대로 복주석을 하려고 했지만, 이것만으로는 현시대 상황에서 설명이 조금 미진한 부분이 있다는 생각이 들었습니다. 왜냐하면 금강경 원본에 대한 연구와 인도 불교사에 대한 학계의 연구 결과들이 감산 대사 금강경에는 포함되어 있지 않기 때문입니다.

그래서 결론적으로는 감산 대사의 과금강적 관점과 수보리 존자의 의심을 끊는 구조를 뼈대로 삼되, 현대의 인도 금강경에 대한 연구 결과를 포함한 내용을 살로 붙이려고 합니다. 또한 서두에 제시되는 원문은 한국의 불자들에게 가장 익숙한 구마라집본 금강경과 소명태자의 32분설을 그대로 활용하려고 합니다. 현장본이나 범본에만 등장하는 내용들은 중간중간 해설에서 따로 소개하겠습니다. 또한 앞에 소개한 등장인물들의 관점도 적극적으로 활용하겠습니다. 개인적으로 세친의 27단의를 읽다 보니 이런 의문이 생겼습니다.

'수보리 존자는 아라한인데 과연 이런 의문을 일으킬까?'

제시되는 의문들이 아라한의 지혜 수준과 괴리감을 느끼도록 하는 것은 이 가르침이 부처님과 수보리의 대화로 설정되었지만 사실은 기원후 100여 년 경 보살승 운동의 수장과 제자들의 대담에 가깝기 때문입니다. 그렇기에 이 책에서 제공되는 의심은 수보리 존자가 아닌 보살승 운동의 수제자, 또는 부파 불교의 비구들이 보살의 수행 중 일으킬 만한 의심으로 해석해야 합니다.

이는 아라한이 일으키는 의심이 아닌 범부와 성인을 막론하여 보살의 길을 걷는 모든 이들에게 평균적으로 일어날 수 있는 의심들입니다. 이 의문들을 미리 이해하고 해결하는 방식을 배우는 경험은 성불 여행을 시작하는 보살들에게 큰 자산이 될 것입니다.

PART

01

수보리 존자의 첫 번째 질문

보살의 길은 무엇인가?

"부처님과 아라한은 무엇이 다른가?"

KEY POINT 금강심

01 법회인유분 / 법회의 인연

法會因由分 第一

이와 같이 나는 들었습니다. 어느 때 부처님께서 거룩한 비구 천이백 오십 명과 함께 사위국 기수급고독원에 계셨습니다.

如是我聞 一時 佛在舍衛國祇樹給孤獨園 與大比丘衆 千二百五十人俱

부처님의 오랜 기다림 - 일시一時

중국 금강경의 전통적 관점에서는 금강경이 100여 년경에 결집한 경전이 아니라 직설이라고 생각합니다. 물론 금강경뿐 아니라 모든 대승경전을 석가모니 부처님의 생전에 이루어진 설법으로 여기는 관점이 있습니다. 이를 바탕으로 구마라집 스님을 필두로 약 30여 명의 각 종파의 고승들이 교상판석教相判釋을 했는데, 이로 인하여 다양한 유형의 이견이 생겼습니다. 그중 후대에 가장 대중적으로 받아들여진 천태지자의 오시교판五時教判을 간략히 소개하겠습니다.오시교판에서는 부처님께서 성불하신 후 가장 먼저 21일간 화엄을 설하셨던 시기를 화엄시華嚴時라고 합니다. 다음으로 12년간 아함을 설하신 시기를 아함시阿含時, 8년간 여래장 사상 등 대승경전을 설하신 시기를 방등시方等時, 21년간 반야부 경전을 설하신 반야시般若時, 8년간 법화경을 설하신 법화시法華時로 나누어 총 49년간 설법을 하신 것으로 구분하였습니다.

이는 고증학이나 금석학적인 근거를 바탕으로 한 것이 아닌 가르침의 수준을 근거로 하여 논리적인 순서를 세운 것입니다. 예를 들면, 성불 후 가장 먼저 설하신 화엄의 가르침은 부처님의 마음을 있는 그대로 표현하시는 가장 수준 높은 가르침입니다. 하지만 근기가 모자란 중생들이 이 가르침을 잘 받아들이지 못하자 차제설법次弟說法의 원리로 쉬운 가르침인 아함경부터 순차적으로 그 수준을 높여 법화경의 가르침에 이르렀다는 논리적 순서로 구분한 교상판석입니다.

이에 따르면 반야경을 설한 시기는 부처님께서 성불하신 후 약 20년이 지난 시점입니다. 그렇기 때문에 수보리 존자의 종교개혁 즉 불성의 대중화를 불러일으킨 이 질문은 약 20년간의 기다림 끝에 세상에 출현하게 된 것입니다. 부처님께서는 성불하신 후 가장 먼저 화엄의 가르침을 통해 분명 중생과 부처님 그리고 마음은 차별이 없음을 밝히셨습니다. 또한 모든 존재는 이미 성불한 완벽한 부처임을 밝히셨습니다. 이것이 부처님께서 중생에게 보여주고 싶었던 진실입니다.

부처님께서는 『법화경』의 장자궁자長者窮子의 비유처럼 자신을 거지와 같은 자화상으로 바라보는 중생들을 불쌍히 여기시고 외아들처럼 아끼시는 자비로운 존재입니다. 부처님께서는 중생의 본래 신분이 거지가 아닌 왕자라는 것을 알려주고 싶지만, 거지 왕자인 중생은 스스로가 비천하다는 자화상에 깊이 물들어 이를 받아들이지 못합니다. 자비로운 아버지이신 부처님께서는 어쩔 수 없이 누군가가 이 진실을 알아차리고 질문해 주기를 하염없이 기다리셨습니다.

중국 금강경의 전통에서는 그 기간이 앞에서 밝힌 바와 같이 약 20년입니다. 하지만 고증학과 금석학의 근거로 밝혀지고 있는 인도 불교사를 통해서 본다면 금강경은 기원후 100여 년 경에 설해지는 가르침입니다. 그래서 금강경의 원문에 '후오백세'라는 표현이 자주 등장합니다. 중국 금강경 전통에서는 인도불교사에 대한 정보가 부족했기 때문에 이 후오백세를 다섯 번의 500년에 대한 관점 즉 오탁악세五濁惡世로 해석하는 경향이 있습니다. 하지만 정보가 충분한 현시점에서 본다면 후오백세는 2,500년 뒤가 아닌 500여 년 뒤인 금강경이 결집되던 시기를 지칭하고 있는 것입니다. 이러한 관점에서 보면 부처님께서 존재의 본래면목本來面目을 말하기 위한 기다림이 무려 500백 년 이상 지속된 것입니다. 그 기간이 20년이든 500년이든 소중한 법왕자인 불자들이 자신을 거지라고 생각하는 자화상에서 벗어났다는 소식을 들은 부처님께서는 얼마나 기뻐셨을까요?

여기서 한 가지 더 생각해 봐야 할 것은 설해진 것과 읽히는 것은 차이가 있다는 점입니다. 아무리 훌륭하게 집필된 책이라고 하더라도 독자가 읽지 않는다면 의미가 없어집니다. 가르침은 배우는 자가 있을 때 비로소 살아나는 것입니다. 중국 금강경 본문에서는 설법이 이루어지는 시기를 성불 후 20년도 아니요, 열반 후 500년이라고 표현하지도 않았습니다. 그저 일시一時라는 표현을 활용했습니다. 이는 매우 의미심장한 표현인데, 금강경의 법회는 과거에 일어난 사건이 아니라 불자가 경전을 펼치고 읽을 때 비로소 시작된다는 것입니다.

부처님께서는 이 장대한 금강심의 연극을 시작할 수 있는 마지막 열쇠인 불자들을 기다리고 있습니다. 일체중생을 구하기 위해 성불의 길을 기쁘게 걸어갈, 아직 도착하지 않은 마지막 청중인 당신을 부처님께서는 여전히 기다리고 계신 것입니다. 당신이 부처님을 바라보며 대중 속에 착석하는 그때 금강경 속 세상의 시계는 다시 움직이기 시작할 것입니다.

중생심이 바로 금강심

중생의 마음은 자주 미묘한 요술을 부립니다. 안심과 불안을 왔다 갔다 하면서 이에 따라 부처님의 마음과 중생의 마음으로 변신하는 것입니다. 금강경이 자비서원과 무상반야 그리고 불방일정진의 가치를 무주상보시의 수행을 통해 되살리려는 전제는 중생심과 금강심이 동전의 양면이라는 점에 대한 믿음입니다.

이런 중생심과 금강심의 미묘한 동거를 어린이 법회 시간에 설명한 적이 있습니다. 사람의 마음에는 희망이라는 흰 늑대와 절망이라는 검은 늑대가 함께 살아가는 것을 어린 법우들에게 말한 것입니다. 한 초등학생 법우가 설명을 듣더니 이렇게 질문했습니다.

"흰 늑대와 검은 늑대 중 누가 더 센가요?"

희망이 이기면 좋을 것 같은데, 절망이 더 세면 어떻게 하면 좋을지를 걱정하고 있는 법우에게 이렇게 답했던 기억이 납니다.

"법우님이 먹이를 주는 늑대가 이기는 거야!"

이렇듯 보살승 운동은 중생심과 금강심 중 금강심에게 먹이를 주기 위해 시작되었습니다. 모든 존재가 행복하기를 원하지만 고통에 빠져 있는 이유는 고통이 더 강해서가 아니라, 중생심에게 더 많은 먹이를 주기 때문입니다. 그러니 금강심을 바라보며 먹이를 준다면 법왕자는 반드시 스스로 고귀한 불성을 재발견하여 행복해질 수 있을 것입니다. 대승 불교의 『불성론』에서는 중생심과 함께 있는 불성에 대해 이렇게 설명합니다.

> "부처님께서는 왜 '불성'을 말씀하셨는가?"
>
> "여래께서는 5가지 과실을 없애고, 5가지 공덕이 생기도록 하기 위하여 '일체중생은 모두 불성이 있다.'라고 말씀하셨다."

이는 보살승의 안심이 곧 금강심임을 천명한 이유와 통하기 때문에 좀 더 구체적으로 소개하겠습니다.

> "5가지 과실을 없애도록 한다는 것은
> 첫째, 중생으로 하여금 열등감을 버리도록 하기 위해서이며
> 둘째, 하근기 중생을 깔보는 교만에서 벗어나기 위해서이며
> 셋째, 허망한 집착에서 벗어나도록 하기 위해서이며
> 넷째, 진실법을 비방하지 않도록 하기 위해서이며
> 다섯째, 아집에서 벗어나도록 하기 위해서이다."

이 중 첫 번째와 두 번째 이유는 매우 중요합니다. 일체중생 모두가 보리심을 일으키면 성불의 길을 걸을 수 있는 근거는 나와 너 모두가 이 고귀한 불성을 지니고 있기 때문입니다. 보살이 일체중생을 공경하며 도와야 하는 이유 역시 이 불성 때문입니다. 만약 중생에게 부처님의 가능성 자체가 없다면 아무리 보리심을 일으켜도 성불이 불가능할 것입니다. 반면 지극한 안심인 이 금강심을 배우는 것으로 성불이 가능하다면, 그 이유는 이미 일체중생이 불성을 지니고 있기 때문입니다. 이것이 보살승 운동이 불성의 대중화를 주창한 이유입니다. 또한, 중생이 부처님과 똑같은 금강심의 가능성을 품고 있다는 것을 안다면 그것만으로도 일체중생은 존경받아 마땅한 것입니다. 중생을 돕는 일 자체가 바로 부처님께 올리는 최고의 공양이 되는 것입니다. 이러한 마음은 자신의 불성을 확신함으로써 열등감에서 벗어나도록 도와주고, 다른 중생을 무시하지 않게 되기에 교만에서 벗어나도록 돕습니다.

보살의 수행은 시소게임입니다. 무주상보시의 약을 먹지 않으면 탐진치가 힘을 얻어 중생심이 강해지니 불안에 시달릴 것이고, 약을 먹으

면 안심하여 금강심으로 다가갈 것입니다. 법회 속으로 들어가 번뇌를 녹이고 보리심을 증장시키는 금강의 약을 복용할 마음의 준비가 되었나요?

작품의 등장인물 소개 – 1,250 아라한 그리고 보살과 마하살

금강경은 부처님과 수보리 존자의 대화입니다. 그리고 이를 듣고 있는 청중들은 1,250명의 아라한들을 필두로 한 비구들입니다. 그런데 범본 금강경에는 구마라집본과 다르게 비구 대중뿐 아니라 보살과 마하살들을 포함하고 있습니다. 따라서, 이 책에서는 당연히 이들을 등장인물로 포함하겠습니다. 물론 일시에 금강경을 읽는 여러분도 청중으로 포함해야 되겠죠?

금강경이 인류에게 전달하고자 하는 메시지를 본격적으로 살펴보기 전에, 이 위대한 작품의 등장인물에 대하여 조금은 다른 소개를 하고자 합니다. 전통적인 관점에서 살펴보면 성불하신 후 약 20여 년 뒤 석가모니 부처님의 직설로 설해진 금강경의 등장인물은 앞에서 살펴본 바와 같습니다. 하지만 후오백세에 보살승 운동의 텍스트로 결집한 금강경의 입장에서 살펴보면 등장인물이 조금 다르다는 것을 알 수 있습니다. 유념하셔야 할 점은 후오백세에 언급되는 수보리 존자 교파에 대한 정보는 모두 가설이라는 점입니다. 학계의 자료도 없고, 전통적인 관점도 없습니다. 다만 이 책에서는 이런 가설을 활용하여 내용을 전개할 것이라는 점을 알아두시면 됩니다.

먼저, 후오백세에 부처님께서는 살아계시지 않았기 때문에 누가 금강경에서 부처님 역할을 맡아 금강의 안심법문을 하시는 법주法主였는지 생각해 봐야 합니다. 수보리 존자의 교파가 500년이 넘게 전승되어 왔다면 수많은 수법제자受法弟子들이 금강심의 가르침을 계승하고 발전시켜 왔을 것입니다. 이 중 금강경 속 부처님은 당대의 수법 제자로서 보살승 운동을 지도하고 성불의 길이 열렸음을 천명하는 대스승이었을 것입니다.

다음으로, 발기인發起人인 수보리 존자의 역할은 대스승의 수제자였을 가능성이 큽니다. 아마도 이 수제자가 실질적인 보살승 운동을 주도하는 역할을 맡고 있었을 것입니다. 이 수제자는 금강심에 대한 근기도 가장 높았을 것이기에 대스승과의 대화 속에서 훌륭한 질문을 통해 금강심의 진리를 이끌어내는 역할을 맡은 것입니다.

그 다음은, 청중으로 등장하는 비구 대중들은 당시의 불교계를 주도했던 설일체유부說一切有部를 비롯한 부파 불교部派佛教의 비구들일 것입니다. 대승과 소승을 구분하고 경쟁하는 개념이 아직 없던 이 시기에는 부파 불교의 비구들도 성불의 길로 이끌어줘야 하는 교화의 대상으로 봤을 가능성이 높습니다. 물론 결집 당시의 보살승 운동이 인도불교의 주류는 아니었기에, 소수의 비구들이 성불의 가치에 매료되어 보살의 수행을 배우기 위해 설법을 듣고 있었던 것입니다.

마지막으로, 보살과 마하살들은 이미 교파의 대스승으로부터 지도를 받고 있던 제자들이었을 것입니다. 이미 보리심을 일으켰다는 전제에서 부처님께 수보리 존자가 질문을 하는 것을 보면 비구 대중과 보살 대중은 이미 분리되어 있었을 것입니다. 또한 비구 대중과 달리 이 보살 대중은 비구뿐 아니라 비구니와 우바새, 우바이를 포함하는 사부대중四部大衆으로 구성되었을 것입니다.

그때 세존께서는 공양 때가 되어 가사를 입고 발우를 들고 걸식하고자 사위대성에 들어가셨습니다. 성 안에서 차례로 걸식하신 후 본래의 처소로 돌아와 공양을 드신 뒤 가사와 발우를 거두고 발을 씻으신 다음 자리를 펴고 앉으셨습니다.
爾時 世尊食時 着衣持鉢 入舍衛大城乞食 於其城中 次第乞已 還至本處 飯食訖 收衣鉢 洗足已 敷座而坐

일어날 수 없는 욕심

중국 금강경은 경을 분과함에 있어서 양무제의 아들인 소명태자의 32분설을 받아들이는 전통이 있습니다. 인도 금강경의 경우 무착보살의 18주설과 세친 보살의 27단의설이 대표적입니다. 이런 상황 속에서 놓치기 쉬운 점이 있는데, 본래 금강경은 나누어져 있지 않은, 하나로 묶여있는 가르침이라는 사실입니다.

32분설에 과도하게 의지하여 경전을 읽다 보면 그 분과에 사로잡히게 되어, 마치 법회인유분 제일과 선현기청분 제이가 나뉘어져 있는 것처럼 착각할 수 있습니다. 물론 분과를 활용하여 그 내용을 좀 더 명확히 이해하며 읽어내는 것도 장점이 있습니다. 하지만 금강경을 분과의 구분 없이 통째로 읽을 때만 느낄 수 있는 맛을 꼭 경험해 보셔야 합니다.

금강경의 시작은 법회인유분인데 그 뜻을 생각해 본다면 이 부분에서는 법회가 열리는 연유가 밝혀져야 합니다. 그런데 그 내용을 살펴보면 이는 지극히 일상적인 부처님의 일과 중 일부로써, 그 연유는 잘 드러나지 않습니다. 인도 금강경의 번역도 한번 살펴보겠습니다.

> 그때 참으로 세존께서는 옷매무새를 가지런히 하시고 가사와 발우를 수하시고 슈라바스띠 큰 도시로 탁발을 위해서 들어가셨다. 탁발을 마치신 후 공양을 드셨다. 공양 후에는 탁발로부터 돌아오셔서 발우와 가사를 제자리에 내려놓으시고 두 발을 씻고 미리 준비된 자리에 앉으셨다. 가부좌를 결하고, 곧게 몸을 세우고, 전면에 마음챙김을 확립하시고서.

일단 눈에 띄는 점은 구마라집본 금강경에는 없는 내용이 마지막 부분에는 포함되어 있다는 것입니다. 이 부분에 대해서는 뒤에 자세히 살펴보기로 하고, 혹시 이곳에서 금강경 설법이 열릴만한 어떤 연유를 찾으셨나요? 동북아시아의 선사들은 경전 전체를 통틀어 법회인유분이 가장 중요하며 이 부분에서 금강경의 설법은 이미 끝났다고 단정하기까지 합니다. 우리의 눈에는 평범한 일상으로 보이는 이 부분에서 선사들이 발견한 비밀은 무엇일까요?

앞에서 금강경은 시작부터 끝까지 전부 금강심을 말하는 것이라고 설명했습니다. 그리고 그 금강심은 바로 불심입니다. 뱀이 물을 마시면 독을 만들고, 소가 물을 마시면 우유를 만들듯이 금강심에 이른 부처님의 일상은 그 자체로 금강심이 뚝뚝 넘쳐흐르는 최상의 법문이었습니다. 어리석은 범부의 눈에는 어려운 설법은 특별해 보이고 일반적인 일상은 평범하다고 느낄 것입니다. 하지만 숨겨진 금강심을 엿볼 수 있는 눈 밝은 이들에게는 구구절절한 말과 설명이 오히려 사족처럼 느껴질 수 있습니다.

운동에 재능이 있는 이들은 코치가 보여주는 자세만 보고도 그것을 자신의 것으로 흡수하는 반면, 재능이 부족한 이들은 온갖 방편의 설명을 듣고 실습을 해야만 그 자세를 조금씩 따라 할 수 있습니다. 이처럼 눈 밝은 선사들에게는 부처님의 평범한 일상이 바로 금강심에 관한 최고의 법문입니다.

부처님과 아라한들은 분명히 다릅니다. 물론 무아를 통달했다는 점에서는 같기에 부처님 역시 무학도의 아라한 중 1인입니다. 하지만 그 지혜의 깊이에는 차별이 있습니다. 감산 대사는 수보리 존자만이 아라한의 마음과 금강심과의 차이를 발견했다고 표현했습니다. 하지만 초기불교의 교리들을 살펴보면 십력十力, 사무외四無畏, 육불공지六不共智 등을 통해 부처님의 특별함을 이미 인정하고 있습니다. 그렇기에 중요한 점은 부처님과의 차별을 인지하는 것이 아니라, 부처님의 지혜와의 격차를 메우고 싶은 서원의 유무입니다.

후대에 대승교법이 발전하면서 '공空'이라는 신조어가 등장합니다. 이 개념은 초기 불교의 무아와 연결되는데, 대승에서는 이를 '아공我空'이라고 표현합니다. 대승은 이에 더해 '법공法空'을 말하는데, 대승 불교에서는 이 법공에 대한 앎의 여부가 아라한의 지혜와 부처님의 지혜와의 차별을 만든다고 논증했습니다.

이 차이를 구분하기 위해 아공과 법공을 먼저 간단하게 설명해보겠습니다. 부처님께서는 생명 있는 존재들을 살펴보았을 때 몸과 마음인 오온이 화합하여 일어나는 경험을 '나'라고 여기며 집착한다는 것을 알았습니다. 부처님께서는 이 아집我執, 생존본능이야말로 생이 반복되는 근본이자 모든 고통의 원인임을 알았습니다. 그렇기에 '나'라는 것이 존재한다는 이 환상이 오류임을 천명하셨는데 이것이 바로 무아의 가르침입니다.

오온의 화합을 통한 경험이 없는 것이 아니라 그 경험을 자아라고 여기는 관념이 잘못되었음을 밝히는 것이 아공我空인 것입니다. 법공은 여기서 좀 더 나아갑니다. 오온의 화합이 무아라는 것을 알았다면 이런 의문이 생길 수 있습니다.

'그렇다면 오온의 구성요소인 색·수·상·행·식 하나하나도 공한가?'

법공이란 이 의문에 대한 답변으로 오온의 화합이 공한 것뿐 아니라 색온을 비롯한 오온 각각도 역시 공하다는 것을 말하는 진리입니다. 이 법공을 아는 것은 자아뿐 아니라 만물의 실체를 꿰뚫어 있는 그대로를 볼 수 있는 일체지의 관문에 해당됩니다.

부처님의 제자들, 그중에서도 아라한들은 이미 무아를 통달함으로써 모든 고통에서 해탈했습니다. 자아가 죽음으로써 해야 할 일을 마친 아라한들에게는 사실상 법공에 관한 이런 질문은 아무런 의미가 없습니다. 왜냐하면 이미 모든 고통에서 자유로워졌기 때문에 문제의식이 없을뿐더러, 자아 관념이 없으므로 인위적인 의도를 일으키지 않기 때문입니다.

아라한들이 무아의 상태에서 의도가 없음을 잘 보여주는 예화가 있습니다. 한 아라한이 한적한 숲에 머무르며 탁발을 나가지 않은 적이 있습니다. 그는 음식을 거의 먹지 않아도 살아갈 수 있는 경계에 있었기 때문에 탁발을 나갈 필요성을 느끼지 못한 것입니다. 이 사실을 알게 된 부처님께서는 자비심이 부족하다는 이유로 이 아라한을 호되게 경책하십니다. 탁발은 가장 고귀한 수행자의 모습으로써 중생을 교화하는 대자비심의 표현이기 때문입니다. 입장을 바꿔서 생각해 보겠습니다. 만약 자신이 아라한일 때 이러한 이유로 부처님께 혼이 난다면 어떤 생각이 들 거 같나요? 혹시 화가 나지는 않을까요? 하지만 이것은 지극히 범부적인 생각입니다. 그 아라한은 그저 다음 날부터 부처님의 가르침에 따라 탁발을 충실히 나갔다고 하는데 왜 그랬을까요? 그에게는 탁발을 나가야 할 이유도 없었지만, 스승의 말씀을 어기며 탁발하지 않을 이유도 없기 때문입니다. 인위적인 의도는 거의 일어나지 않지만, 그저 조건이 갖춰지면 움직이는 상태, 이것이 바로 무아의 의식 상태의 특징입니다.

무아의 상태에 있는 아라한들은 법공이라는 것 자체에 관심조차 없습니다. 마찬가지로 법공을 통해 성불의 일체지를 얻겠다는 의도가 일어나는 것은 거의 불가능합니다. 이런 상황 속에서 다른 아라한들과 다르게 수보리 존자에게만 성불에 대한 욕구가 기적처럼 일어난 이유가 무엇일까요? 수보리 존자는 도대체 다른 아라한들과 무엇이 달랐던 것일까요?

제이법륜의 핵심 – 자비서원

부처님께서 성불하신 후 녹야원에서 오비구에게 설법하신 사건을 '초전법륜初轉法輪'이라고 부릅니다. 그 설법의 내용은 중도설법中道說法으로 팔정도를 닦고 사성제를 통해 무아를 꿰뚫어 아는 것입니다. 이 무아의 법문으로 수많은 아라한들이 등장했고, 지금까지도 이 법륜은 많은 이들을 해탈로 이끌고 있습니다.

보살승 운동은 '제이법륜'이라고 부를 수 있습니다. 이전까지의 중도무아의 초전법륜을 기반으로 하여, 일체중생을 구하는 광대한 자비서원을 더해 성불의 길을 끝까지 완성하는 것이 그 목적입니다. 수보리 존자가 일반적인 아라한들과 다르게 성불의 길로 나아가기를 원할 수 있었던 이유는 그가 제이법륜의 핵심인 자비심에 대해 으뜸이었기 때문입니다.

아라한들은 고통에서 완전히 벗어났기 때문에 아쉬운 것이 없고, 그렇기에 성불의 길에 관심이 없을 수밖에 없습니다. 하지만 수보리 존자는 해탈한 후에도 아쉬운 것이 있었습니다. 큰 자비심으로 인해 중생을 고통에서 건져주고 싶었지만, 아라한의 지혜로는 이를 실천하는 것이 역부족이었기 때문입니다.

흔히 아라한을 말할 때 1,250이라는 숫자로 표현하는 경우가 있습니다. 이는 부처님 당시 아라한이 1,250명밖에 없었다는 뜻이 아닙니다. 부처님 당시 아라한의 숫자는 훨씬 더 많았습니다. 이 1,250은 부처님께서 성불하신 후 1년 정도 뒤, 첫 번째 포살날(출가자들이 음력 매월 15일과 29일에 한곳에 모여 계율의 조목을 독송하면서 자신이 저지른 잘못을 참회하는 날) 열린 대법회에 동참한 아라한의 숫자일 뿐입니다. 당시 모인 1,250아라한의 구성원을 간단히 살펴보면 배화교도였던 가섭 삼형제와 그의 제자 1,000명과 사리불과 목건련 그리고 그들의 제자 250명이었습니다. 이처럼 자발적으로 모인 아라한들은 대법회를 시작하기 전 부처님께 이런 항의를 한 적이 있습니다.

"부처님께서는 지금 사리불 존자를 편애하고 계십니다."

부처님께서는 쟁쟁한 아라한들이 모인 법회 자리에서 사리불 존자와 목건련 존자를 상수제자上首弟子로 선언하셨는데, 나머지 아라한들 입장에서 이는 비논리적인 선택으로 보였습니다. 왜냐하면 1,250여 명의 아라한 중 목건련 존자와 사리불 존자는 출가 시기도 늦었을 뿐더러, 아라한이 된 시기도 가장 늦었기 때문입니다. 여기에는 매우 흥미로운 일화가 있습니다.

두 상수제자가 출가할 때 부처님께서는 설법을 해주셨는데, 그 설법을 한번 듣고는 함께 따라온 250명의 제자들은 아라한과를 얻게 됩니다. 반면 그들의 스승 역할을 하던 사리불과 목건련은 아라한이 되지 못했습니다. 이는 마치 제자들의 지혜가 스승보다 더 뛰어난 것처럼 비치는 미묘한 사건이었습니다.

또한 두 존자가 아라한과를 증득하는 상황 역시 매우 흥미롭습니다. 먼저, 목건련 존자는 그로부터 일주일 뒤에 좌선 중 졸다가 부처님께 경책을 듣고 아라한이 됩니다. 이 내용은 『앙굿따라 니까야』 중 「혼침경」에 자세하게 표현되어 있으며, 이 책을 읽으시는 분들도 좌선 중에 졸음이 오는 분들은 도움이 될 만한 내용입니다.

사리불 존자는 다시 그로부터 일주일 뒤에 아라한이 되는데, 그 상황도 매우 흥미롭습니다. 부처님께서 디가나카라는 외도 수행자에게 설법하시는 동안, 사리불 존자는 부처님께 부채질을 해 드리다가 아라한이 된 것입니다. 이 내용은 『맛지마 니까야』 중 「디가나카경」에 설명되어 있습니다. 목건련 존자는 졸다가 혼난 뒤 아라한이 되었고, 사리불 존자는 다른 이를 향한 설법을 곁에서 듣다가 아라한이 되었으니, 아라한이 되는 상황들이 조금 황당합니다.

일반적으로 늦게 깨달았다는 것은 그만큼 재능이 부족하다는 뜻으로 받아들여질 수 있습니다. 그렇기에 1,250명의 선배 아라한들을 제쳐두고, 출가도 늦게 했고 재능도 부족해 보이는 사리불과 목건련 존자를 상수제자로 지명한 것은 다른 비구들 입장에서 충분히 받아들이지 못하는 일이었을 것입니다. 하지만 부처님께서 이렇게 답변하신 후에는 모든 불만이 사그라들었습니다.

> "분명 사리뿟따 장로는 지혜가 뛰어난 사람이다. 그런데 상수제자의 지혜를 갖춘 아라한이 되는데 왜 목갈라나 존자보다 일주일이나 더 늦었는가? 먼 길을 가려면 더 많은 준비가 필요한 법이다. 이것은 왕의 행차와 비교해 볼 수 있다. 왕이 행차할 때는 코끼리 등에 화려한 안장을 얹어야 하는 등 여러 가지 준비를 해야 한다. 반면에 거지가 길을 떠날 때는 어디를 가든지 거적을 돌돌 말아 등에 지고 바로 떠나면 된다."

이어서 부처님께서는 수법제자들과 일반 아라한들의 차이를 설명하시기 위해 1,250명의 아라한들의 전생담을 차례로 이야기해 주셨습니다. 그 내용의 핵심은 수행을 시작할 때 지니게 되는 서원의 차이가 수행의 시간과 지혜의 깊이를 차이 나게 만든다는 것입니다. 다른 모든 아라한들은 그저 아라한이 되기를 서원한 반면 두 수행자는 부처님의 상수제자가 되기를 서원했습니다. 서원을 현실화시키기 위해 다른 아라한들은 짧은 수행을 통해 금세 아라한과를 이루었지만, 두 상수제자는 이 서원을 이루기 위해 1아승기겁 10대겁의 수행 기간을 가졌습니다. 1아승기겁 10대겁의 수행 기간은 바로 왕의 행차를 위한 준비였던 것입니다.

사리불 존자가 지혜제일이며, 법의 사령관으로 불렸던 이유는 그 지혜의 깊이 때문입니다. 범부비구들은 말할 것도 없으며, 다른 아라한들과 비교해도 사리불 존자의 지혜는 비교할 수 없이 깊었다고 합니다. 상수제자의 지혜가 이러한데 하물며 최소 3아승기겁을 넘게 수행해야만 증득할 수 있는 부처님의 일체지는 얼마나 깊고 넓었을까요?

앞에서도 언급했던 것처럼, 이 차이는 바로 서원의 광대함을 근본으로 설명할 수 있습니다. 이미 아라한과를 증득한 수보리 존자는 이 서원의 차이가 정말 부러웠습니다. 자비심이 으뜸이기에 중생을 구제하고 싶지만, 상수제자나 부처님과 비교했을 때 일천한 지혜로는 중생구제에 대한 한계가 분명히 있었기 때문입니다. 그는 부처님의 대연민 삼매 그리고 일체지가 필요해졌습니다. 자신을 위한 욕심이 아니라 중생을 위해서 그리고 세상의 고통을 해결하기 위해서 반드시 성불해야 하는 이유가 생겼습니다. 이런 상황에서 과거에 서원을 일으키지 못한 자신을 후회하며 포기해야 할까요? 지금이라도 새로운 일체지의 서원을 일으켜 미래로 나아가야 할까요?

아라한 중 그 누구도 일으키지 않았던 기적과도 같은 욕화欲華의 서원은 수보리 존자의 마음에 심어졌습니다. 이 씨앗을 품고 가꾸어 나간 수보리 교파는 500여 년 동안 성불의 원리를 발전시켰습니다. 그리고 이를 바탕으로 불화佛華를 완성할 수 있는 제이법륜의 길이 세상에 제시되었습니다. 보살승 운동이 모든 중생에게 선언한 이 성불의 길, 금강경의 가르침은 수보리 존자의 자비심으로부터 비롯되었습니다. 이것이 바로 법회의 연유입니다.

정념의 실종

보살승 운동을 하는 이들은 부처님께서 중요시하셨던 세 가지 가치를 부활시키고자 노력했습니다. 그렇기에 탁발의 일상생활과 화합의 대중생활 그리고 불방일정진의 수행생활은 법회인유분의 내용에 모두 반영되어 있습니다. 또한 뒷부분에서는 이 셋을 하나의 수행체계로 설명하는데, 이것이 바로 무주상보시입니다.

『맛지마니까야』 중 「고싱가살라 긴 경」 속에는 대제자들이 어떤 삶의 모습이 수행자의 가장 청정한 삶인지를 논하는 장면이 나옵니다. 그 의견은 각 제자의 주특기에 따라 달랐는데, 예를 들어, 아난 존자는 많이 듣는 삶이 가장 청정하다고 대답했고, 가섭 존자는 숲에서 두타행을 하는 삶이 가장 청정하다고 답했습니다. 결국, 대제자들은 부처님께 함께 찾아가 가르침을 청하는데 그때 등장하는 부처님께서 하신 답변은 청정한 수행자의 삶을 표현하는 일종의 정형구입니다.

“여기 비구는 걸식에서 돌아와서 공양을 마치고 앉는다. 가부좌하고 곧게 몸을 세우고 전면에 정념을 확립하고서, ‘나는 내 마음이 취착을 여의어 번뇌로부터 해탈하지 않는 한 이 가부좌를 풀지 않으리라’고 결심하면서. 이런 비구가 있어 고싱가살라 숲은 빛이 난다.”

이 문장과 금강경의 서두는 겹쳐 보입니다. 부처님께서는 이미 탁발과 화합 그리고 불방일한 정진이야말로 가장 수승하고 청정한 수행자의 삶임을 자주 강조하셨습니다. 탁발의 의무를 본인도 평생 지키셨을 뿐 아니라 아라한조차 이 의무는 지키지 않으면 부처님께 꾸중을 들었습니다. 이 탁발이야말로 일체중생을 구하고자 하는 부처님의 대자비심의 발현이기 때문입니다.

또, 부처님께서는 아무리 고귀한 주제라고 하더라도 논쟁을 하는 것은 어리석음이라고 선언하셨습니다. 어떤 이유에서든 논쟁에 빠지는 자는 수행자가 아니라고 단언하셨습니다. 그 이유는 법에 대한 어리석은 집착과 논쟁의 승리를 통해 얻고자 하는 칭찬에 집착하는 마음을 경계하셨기 때문입니다. 인도의 용수보살이 모든 종류의 논쟁을 그저 헛소리인 희론戲論으로 치부했던 것은 부처님의 의견과 일치합니다.

일상에서 탁발을 실천하여 보시하고, 대중생활에서 무상의 진리에 의지하여 화합하는 것은 불방일정진을 위한 필수적 조건입니다. 반대로 불방일한 정진은 앞의 두 가지를 실천하는 데 큰 도움이 되는 힘입니다. 불방일은 정념으로서 팔정도 중 하나의 항목인데, 대승보살의 수행인 육바라밀에는 그 명칭이 표면적으로 사라졌습니다. 초기 경전을 통틀어 부처님께서 가장 자주 언급하신 내용은 불방일정진 즉 정념이고, 이것이 매우 중요한 가르침이었다는 점을 생각해 본다면 이는 특이한 현상입니다.

현장본에서 충실히 번역하고 있는 '가부좌를 결하고, 곧게 몸을 세우고, 전면에 마음챙김을 확립하시고서'의 내용이 구마라집본에서 생략된 것은 매우 안타까운 일입니다. 이 부분은 부처님께서 중요시하셨던 세 가지 가치 중에서도 가장 중요한 내용이자 보살승 운동에서 되살려내기 위해 노력했던 무주에 해당하기 때문입니다. 이 책에서는 사라진 무주-정념의 가치를 되살려내는 것 역시 중요한 주제로 생각하고 있다는 점을 밝히며 자세한 내용은 뒤에서 설명하겠습니다.

보살승 운동의 3가지 가치

02 선현기청분 / 수보리가 법을 물음

善現起請分 第二

그때 대중 가운데 있던 수보리 장로가 자리에서 일어나 오른쪽 어깨를 드러내고 오른 무릎을 땅에 대며 합장하고 공손히 부처님께 여쭈었습니다.
"경이롭습니다, 세존이시여! 여래께서는 보살들을 잘 보호해 주시며 보살들을 잘 격려해 주십니다."
時 長老須菩提 在大衆中 卽從座起 偏袒右肩 右膝着地 合掌恭敬 而白佛言 希有世尊 如來善護念諸菩薩 善付囑諸菩薩

스승에게 법을 청하는 태도

수보리 존자는 전에 없던 목마름이 생겼고, 이 위대한 성불의 길을 부처님께 묻고자 합니다. 하지만 충분히 준비되지 않은 마음에는 이 위대한 교법을 조금도 담아내지 못합니다. 이것을 뒷받침하는 예화가 있는데, 인도의 고승 아티샤 스님이 티베트에 불교를 전하기 위해 처음 법회를 할 때의 일화입니다.

> 수많은 사부대중이 구름처럼 모여들어 위대한 스승의 정신을 듣고자 했습니다. 그들은 기대 어린 눈빛으로 법상에 오른 스승을 주목했지만, 웬일인지 아티샤 스님은 아무런 말씀을 하지 않으셨습니다. 한 비구가 대표로 스승에게 이렇게 질문했습니다.
> "대중들이 법을 듣고자 기다리고 있습니다."

그러자 아티샤 스님은 대중들을 향해 이렇게 탄식하셨습니다.

"세상에 이런 도둑들을 보았는가! 위대한 교법을 들으며 삼보전에 공양물 하나 올리지 않다니! 어찌 그런 마음에 부처님의 법을 담을 수 있겠는가?"

아티샤 스님이 전한 나란다 불교의 진수가 정리된 『람림』에는 스승의 교법을 듣기 전에 준비해야 하는 점들을 매우 중요한 예비 수행으로 여깁니다. 한국의 불자들이 위대한 금강심의 비밀을 배우기 전에 마음가짐을 가다듬을 수 있도록 그 내용을 소개합니다.

가장 먼저 준비해야 하는 것은 마음 그릇을 올바로 하는 것입니다. 법문을 담아내지 못하는 마음 그릇은 세 가지 유형이 있습니다. 첫째는 뒤집혀 있는 그릇과 같은 유형으로, 귀를 닫고 있다면 법문은 들을 수조차 없습니다. 둘째는 바닥에 구멍이 나 있는 유형으로, 기억력이 부족하다면 아무리 들어도 금세 잊어버립니다. 셋째는 그릇에 오물이 있는 유형으로, 법문을 그대로 받아들이는 것이 아니라 사견으로 오염시키는 것입니다.

마음이 이 세 가지 유형에 해당하지 않는지 확인하고 교정을 했다면, 이제는 자신과 스승을 바라보는 6가지 관점을 생각해 봐야 합니다. 첫째로 자신을 환자라고 생각해야 합니다. 『입보살행론入菩薩行論』에서는 이 부분을 이렇게 말합니다.

"하찮은 병에 걸렸을지라도 의사의 권고를 들어야 할진대,

탐욕 등의 백 가지 병으로 항상 앓고 있으니 말해서 무엇하랴."

본래 금강심에서 살아가던 우리는 지금 심병에 걸려 불안에 떨며 살아가고 있습니다. 이 치명적인 병을 고치려면 간절한 마음을 일으켜

스승에게 의지해야 합니다. 그러므로 둘째는 스승을 의사라고 생각해야 합니다. 올바른 스승에게 의지하는 것은 성불의 길을 걸어감에 있어 절대적으로 중요합니다. 한 고승은 이렇게 말씀하셨습니다.

> "그러므로 참된 깨달음을 구함에 생각이 엄격한 지혜로운 자일지라도 교만을 쳐부수어 병자들이 치료를 위해 의사에게 의지하듯 게으름 없이 꾸준함으로 선지식에게 의지해야 하리라."

자신의 병을 스스로 진단하는 환자만큼 어리석은 존재는 없습니다. 의사를 만나러 가서는 자신의 병이 이러하다고 의사를 가르치려고 한다면 이것은 정말 황당한 일일 것입니다. 그는 자신의 견해에 대한 집착 때문에 의사의 도움을 받을 수 없을 테니 이것은 정말 백해무익합니다. 셋째는 스승의 가르침을 약으로 생각해야 합니다. 심병을 고치고 금강심을 배우기 위해서는 금강경을 약으로 생각하여 매일 복용하는 자세가 필요합니다. 넷째는 이 가르침의 약으로 자신의 심병을 고치기 위해 노력하는 것입니다. 실천하지 않으면 아무리 귀한 가르침도 아무런 소용이 없기 때문입니다. 『입보살행론』에서는 이렇게 말합니다.

> "내가 훌륭한 선법을 설했어도 그대가 듣고 올바르게 행하지 않는다면 병자가 약 가방을 가지고서도 자기의 병을 고치지 못하는 것과 같다.
> 몸으로 이 모든 것을 수행해야 하리니 말로만 한다면 무엇을 얻겠는가?
> 약 처방만 외운다면 어찌 병자에게 유익을 주리오."

이 네 가지는 우리에게 현실의 고통을 일깨워주고 법을 실천해야 한다는 간절함을 되살려냅니다. 이러한 간절한 마음이어야 부처님의 훌륭한 교법을 담아낼 수 있는 것입니다. 다섯째는 이 모든 법의 주인인 부처님이 훌륭한 분이라는 것을 되새기는 마음이고 여섯째는 중생의 고통을 해결하는 이러한 정법의 약이 세상에 오래 머무르기를 발원하는 마음입니다.

수보리 존자는 이미 공덕功德이 충만한 아라한입니다. 또한 여래의 실체를 목격했기에 스승에 대한 충분한 존경심 또한 마음에 품고 있습니다. 그런데도 그는 마음의 찌꺼기를 조금이라도 더 청정하게 만들기 위해 먼저 사띠Sati를 챙기며 좌선을 합니다. 마음 그릇의 작은 먼지 한 톨까지도 청소하는 태도입니다.

그 후, 그는 공손히 부처님께 예를 다하는 과정을 거칩니다. 오른쪽 어깨에 옷을 벗어 메고 오른쪽 무릎을 땅에 꿇으며 합장하는 것은 당시의 문화에서 스승을 향한 최상의 존경을 표하는 몸짓입니다. 또한 부처님께 공손히 아뢰는 것은 최상의 존경을 표하는 마음가짐입니다. 그리고 뒤에 이어지는 찬탄의 표현들은 존경을 표하는 최상의 말입니다.

스승을 향한 존경심이 완전히 준비된 경우에도 이렇듯 신구의 삼업을 활용하여 다시 그 마음을 간절히 표현합니다. 아라한도 이렇게 최상의 예를 다하여 존경을 표하는데, 하물며 범부들인 경우는 반드시 법을 담는 마음 그릇을 더욱더 가다듬을 필요가 있습니다. 앞에서 소개한 법을 배우는 자세들을 참고하여 마음을 준비한다면 성불의 길에 관한 광대하고 깊은 교법을 보다 간절하게 받아들일 수 있을 것입니다.

'희유하다'의 의미

수보리 존자는 아라한이 된 순간부터 열반의 안심에 들었습니다. 하지만 중생에 대한 자비심 때문에 불편함이 아직 남았습니다. 이 자비심의 씨앗이 꽃을 피우는 순간, 성불에 대한 욕구가 일어난 반면 안심은 깨져버렸습니다. 구하는 바가 생겼기 때문입니다. 이처럼 아라한이 성불의 서원을 세우는 일은 매우 희유한 일입니다. 하지만 이보다 더욱 희유한 존재가 있는데, 이는 바로 성불을 완성한 부처님입니다.

초기 불교에서는 세상에서 가장 희유한 존재로 부처님을 손에 꼽습니다. 그 이유 중 두 가지를 소개하면 다음과 같습니다. 첫째는 성불 자체가 희유하다는 것이고, 둘째는 성불한 후 일체중생을 구제하는 삶이 희유하다는 것입니다.

성불하는 방법에 대한 교리는 초기 불교에서도 이미 정립되어 있었습니다. 그 성불의 여정을 간략히 소개하자면 일체중생을 구제하겠다는 광대한 서원을 세울 것, 이를 위해 십바라밀 수행을 실천할 것, 성불에 대해 과거 부처님의 처소에서 수기를 받을 것, 이후 최소 4아승기겁 10만 대겁 동안 수행을 이어나갈 것입니다.

초기 불교의 교리에서는 성불의 기간이 보살의 특성에 따라 다르다는 흥미로운 주장을 합니다. 지혜를 우선으로 하는 보살은 최소 4아승기겁 10만 대겁을 수행하고, 믿음을 우선으로 하는 보살은 8아승기겁 10만 대겁 그리고 정진을 우선으로 하는 보살은 16아승기겁 10만 대겁의 기간을 수행해야 한다고 합니다.

성불의 씨앗으로 꼽는 내용 중에서도 특히 중요한 것은 보리심의 서원과 보리심의 실천인데, 성불의 서원을 일으키는 것 자체도 희유할 뿐 아니라 최소 4아승기겁 10만 대겁의 기간을 수행한다는 것 자체도 매우 희유하기 때문에 성불한다는 것은 그 희유함이 수없이 중첩된 최상의 희유함이라고 볼 수 있습니다.

다음으로 부처님께서 일체중생을 구제하기 위해 사시는 삶도 역시 매우 희유합니다. 대표적인 예로 범천이 부처님께 권청하는 일화처럼, 법륜法輪을 굴리기로 마음먹는다는 것 자체가 희유한 일입니다. 이와 더불어, 부처님께서 굴리시는 법륜이 지닌 중생구제의 힘은 그 어떤 성인들도 흉내낼 수 없는 뛰어난 효과를 지니고 있기 때문에 매우 희유하다고 할 수 있습니다. 이처럼 희유함이 무한히 중첩된 부처님의 공덕을 닮고 싶은 수보리 존자는 이렇게 찬탄한 것입니다.

> "희유하십니다! 세존이시여."

그 마음을 엿볼 수 있으신가요?

선호념 VS 선부촉

수보리 존자는 부처님의 희유함을 발견하고, 이를 닮고 싶었기 때문에 기꺼이 아라한의 안심을 포기했습니다. 불편함을 감수하고서라도 성불의 길을 추구하기로 한 그가 닮고 싶었던 점은 구체적으로 무엇이었을까요?

'안주할 것인가, 나아갈 것인가?' 이것은 수보리 존자만의 문제가 아닌 모든 사람들이 공유하는 딜레마입니다. 특히 부처님의 제자들은 정말 자주 이 문제에 직면해야 했습니다. 왜냐하면 부처님께서는 제자들에게 이 딜레마를 계속 선사하셨기 때문입니다. 금강경에서 본격적인 설법은 수보리 존자가 사띠를 챙기고 계신 부처님께 질문하면서 시작됩니다. 존자는 질문을 하기 전 부처님을 이렇게 찬탄합니다.

> 희유하십니다, 세존이시여!
> 여래께서는 모든 보살마하살들을 선호념하시고 선부촉하십니다.

수보리 존자가 성불을 통해 얻고자 하는 것은 중생을 선호념하고 선부촉하는 능력입니다. 이 두 가지 힘은 중생을 고해에서 벗어나도록 하는 최상의 지혜 방편입니다. 하지만 중생들에게는 종종 의심을 겪게 만드는 시험으로 보이기도 합니다.

선호념이 가지는 특별함은 중생의 마음이 불편할 때 그를 안심시키는 힘입니다. 대부분의 제자들은 불편한 마음을 해결하기 위해 스승을 찾아갑니다. 그런데 분명 스승을 만나기 전까지는 묻고 싶은 게 산처럼 많았지만, 스승을 만나는 순간 자신의 모든 문제의식이 눈 녹듯 사라지는 경험을 합니다. 또한, 남아 있는 의문과 새롭게 생기는 의문들도 스승은 대화를 통해 자비롭게 풀어줍니다. 스승이 품고 있는 반야의 향기는 언어적 차원은 물론 비언어적 차원에서도 제자를 향해 자비로운 가르침을 선사합니다. 일반적인 스승들도 그러한데 조어사調御師이신 부처님을 직접 만난 제자들의 마음은 얼마나 선호념 되었을까요?

스승에게는 안주하는 제자들을 경책해야 하는 의무가 있습니다. 불편한 마음이 안심되었다면 그곳에 머무르도록 하는 것이 아니라 한 발짝 앞으로 나아가도록 해야 합니다. 이를 선부촉이라고 하는데, 부처님께서는 항상 해탈과 성불을 향하여 제자들이 나아가기를 촉구하셨습니다. 이러한 선호념과 선부촉은 당근과 채찍처럼 적절히 사용한다면 최상의 교육 방법이 됩니다. 하지만 소화하기 어려운 제자들에게는 의심이 생겼을 것입니다.

'어제는 구하는 것을 멈추고 안심하라고 하시더니, 왜 오늘은 멈추지 말고 구하라고 하시나?'

끊임없이 변화하는 조건 속에서 무주無住에 주住하시는 부처님의 중도적 말씀은 적절히 변화합니다. 하지만 집착에 사로잡힌 중생의 입장에서는 이 변화가 이랬다저랬다 하는 일관성의 부족함으로 느껴질 수 있습니다. 이런 의심이 들 때 우리는 어떻게 해야 할까요? 당연히 스승에게 솔직하게 묻고 의심이 눈덩이처럼 커지기 전에 해결해야 할 것입니다. 지혜는 균형 잡힌 적절함입니다. 그래야 그 어디에도 집착하지 않고 무엇이든 적절히 선택할 수 있습니다.

성불의 길이 쉽지 않은 이유는 바로 이 끝없는 딜레마를 헤쳐 나가야 하기 때문입니다. 성불의 길뿐 아니라 일상의 삶 또한 마찬가지일 것입니다. 매 순간 세상은 우리에게 묻습니다. 정답을 내놓으라고 요구합니다. 정신을 똑바로 차리고, 안주 VS 추구에 대해 적절한 선택을 할 때 삶은 재미있는 놀이판이 될 것입니다.

"세존이시여! 가장 높고 바른 깨달음을 얻고자 하는 선남자 선여인이 어떻게 살아야 하며 어떻게 그 마음을 다스려야 합니까?"
世尊 善男子善女人 發阿耨多羅三藐三菩提心 應云何住 云何降伏其心

금강경의 삼대 주제

수보리 존자는 기꺼이 안심을 포기했습니다. 수보리 존자의 주변에 앉아 있는 보살들도 마찬가지였습니다. 중생을 구하기 위해 성불의 길을 추구할 것을 선택한 것입니다. 그들은 이제부터 끝날 때까지 끝나지 않는 무량한 세월의 딜레마를 겪어야 합니다. 수보리 존자의 이 질문은 모든 보살들에게 희망의 빛이 될 것이기에 범본의 내용을 소개합니다.

> "세존이시여, 보살승에 굳게 나아가는 선남자나 선여인은 어떻게 머물러야 하고 어떻게 수행해야 하며 어떻게 마음을 조복 받아야 합니까?"

구라집본에는 '어떻게 수행해야 하며'의 내용이 빠져 있는데 반해 현장본에는 포함되어 있습니다. 이 책에서는 수행의 문제를 포함하여 이 질문을 삼대 문제로 바라봅니다. 성불의 길을 걷기 위해 보리심을 일으킨 이들은 누구나 공통으로 주어지는 주住, 수修, 단斷의 삼대 문제를 해결해야 합니다. 사실 이는 성불의 길뿐 아니라, 그 무엇이든 성취를 위해서는 반드시 겪어야 하는 여정입니다. 처음 일으킨 마음을 잘 유지하여 머물고[주:住], 저항하는 마음을 항복받아 끊으며[단:斷], 주와 단을 위해 실천해야 하는[수:修] 문제, 이에 대한 답안은 인류에게 있어 보편적으로 도움이 되는 소중한 보물입니다.

부처님께서는 이에 대해 간단히 답변하신 후에 다시 뒷부분에서 자세하게 설명하시는데, 그 내용을 한마디로 요약하면 결국 무주상보시입니다. 성불의 길을 걷는 보살이 보리심을 강렬하게 일으키고 가꾸기 위해서는 보시 서원에 머물러야 하고, 보리심을 버리고자 하는 중생심의 저항은 무상반야로써 항복 받아야 하며, 어디에도 머무르지 않는 무주정념을 닦아야 합니다. 육조 혜능대사는 금강경의 대의를 이렇게 표현합니다.

> "무상을 종宗으로 삼고, 무주를 체體로 삼으며, 묘용을 용用으로 삼는다."

초기 경전 속 부처님께서는 무상無常, 고苦, 무아無我의 순서로 반야를 가르치십니다. 이 무아가 왜 금강경에서는 무상無相으로 용어가 변경되었을까요? 그것은 앞에서 아공과 법공의 이치를 설명했던 부분과 연관이 있습니다. 아라한의 지혜인 아공을 표현할 때는 무아로 충분하지만, 아공과 법공을 포함하고 있는 부처님의 지혜는 무아로 표현하기에는 부족합니다. 이공二空의 도리를 한 번 더 복습해 보겠습니다.

범부는 오온의 화합을 자아라고 여깁니다. 아공이란 이 자아관념 즉, 오온의 화합이 나라고 여기는 유신견의 착각을 교정합니다. 법공은 여기서 더 나아가는데, 오온의 구성요소인 색 · 수 · 상 · 행 · 식 각각도 공함을 밝힙니다. 손가락을 활용해 비유하자면 아공은 다섯 손가락을 자아라고 여기는 것이 틀렸다는 것이고, 법공은 다섯 손가락 하나하나에도 실체가 없다는 것을 말하는 것입니다.

무상無相의 상은 오온의 상想과 같은데, 구마라집본에서 상相을 활용했을 뿐입니다. 인식론의 관점에서 색 · 수 · 상 · 행 · 식 각각은 그저 인식의 대상일 뿐이기에 모두 상想입니다. 다섯 손가락의 화합이든, 새끼손가락부터 엄지까지 각각의 손가락이든 모두 상이라는 단어에 포섭되는 것입니다. 이 상을 활용하면 아공과 법공을 모두 표현할 수 있게 됩니다. 아공의 무아가 이공을 포함한 무상으로 바뀜으로써 일체지의 의미를 온전히 표현할 수 있게 된 것입니다. 이 상에 대한 인식론은 뒷부분에서 더욱 자세하게 다루겠습니다.

금강경은 이처럼 무상을 깨치는 것 즉 일체지를 얻어 성불하는 것을 종으로 삼습니다. 그리고 그 실천수행의 핵심은 응당 어디에도 머무르는 바 없는 마음인 무주에 머무는 것으로써 체를 삼습니다. 또한 이를 위해 육바라밀 보시의 공덕을 즐겁게 닦는 것으로 용을 삼습니다.

만약 누군가가 주 · 수 · 단의 문제를 해결하기 위한 금강경의 수행방법을 묻는다면 자신 있게 답변하시면 됩니다.

"무주와 무상 그리고 보시인 무주상보시입니다!"

무주상보시의 개념

남녀노소 누구나 금강경

출가하기 전 한 스님이 금강경에 대해 설법하는 내용을 본 적이 있습니다. 다른 내용은 기억하지 못하는데 금강경을 읽기 위한 자격요건은 아직도 기억이 납니다. 당시에는 그 내용을 꽤 충격적으로 받아들였기 때문입니다. 스님은 금강경을 올바로 이해하기 위한 최소한의 자격이 아라한이라고 했는데, 그 이유는 부처님과 문답하는 수보리 존자가 아라한이기 때문이었습니다. 이는 중국 금강경 전통에서의 해석 중 하나인데, 당시에 무지했던 저는 그 말을 덮어놓고 믿어버렸고 이후 스스로 금강경을 접할 때마다 '나는 이 경을 올바로 읽지 못한다.'는 잘못된 중생상에 사로잡혀 버렸습니다.

금강경은 반야만을 말하는 경전이 결코 아닙니다. 금강경은 반야와 자비의 합일인 보리심의 완성을 말하는 가르침이기 때문에 보살승 운동의 교과서가 된 것입니다. 수보리 존자의 종교개혁 부분에서 살펴보았듯 보살승 운동으로 인해 보살은 이제 오직 부처님의 전생만을 표현하는 희유하고 특별한 존재가 아닙니다. 보리심을 일으키면 누구나 성불의 길을 걷는 보살로서 화생할 수 있는 문이 모두에게 열린 것입니다.

금강경을 결집한 본래 목적과 그 주제를 고려해보면 이런 의문이 생깁니다. 세상의 모든 범부들에게 보리심을 일으켜 보살로서 살아가기를 권선하는 이들이 최소 아라한은 되어야 읽을 수 있는 높은 난이도로 금강경을 결집하였을까요? 이는 매우 비합리적인 일로, 백성들에게 글을 공급하기 위해 노력했던 세종대왕이 한자 대신 더욱더 어려운 산스크리트 문자를 도입하는 것과 같은 역설입니다.

사실, 결집 당시 금강경은 두 가지 유형이 존재했을 가능성이 높습니다. 첫째는 전문수행자용 금강경, 둘째는 포교용 금강경입니다. 전자는 보리심의 완성을 위해 최상의 진리를 끝없이 추구했을 것이고, 후자는 대중포교를 위해 흥미로운 주제와 재미있는 내용이 주를 이루었을 것입니다.

현재는 한문본, 범본 모두 전자의 내용이 주를 이루고 후자의 내용은 사라졌습니다. 하지만 중간에 등장하는 다양한 소재들, 예를 들어 32상 80종호, 키가 큰 사람, 세상에서 가장 작은 물질인 극미 등의 소재는 대중포교용 금강경의 스토리텔링을 엿볼 수 있는 흔적들입니다. 이를 근거로 상상해 본다면, 설일체유부를 필두로 한 부파 불교가 기득권 세력으로서 전국의 사찰 대부분을 차지하고 있을 때 신흥세력인 보살승 운동을 주도했던 이들은 어느 곳에서 포교를 할 수 있었을까요? 대승불교를 연구하는 학자들은 대승운동이 불탑 유적지를 중심으로 이루어졌을 것으로 추측하고 있는데, 이는 꽤 타당한 가설입니다.

전문수행자용 금강경과 포교용 금강경은 전승 방식에서도 차이를 보였을 것입니다. 금강경을 중심으로 보살승 운동에 동참한 이들의 공통 수행은 수지독송 서사유통입니다. 이 중 독송과 서사는 가르침을 전달하는 방식이 완전히 다릅니다. 전문수행자용 금강경은 사경 중심으로, 포교용 금강경은 독송 중심으로 전승되었을 가능성이 높습니다. 왜냐하면 전문수행자용 금강경은 무주상보시의 핵심 내용만 포함되어도 충분하기에 그 내용이 간결했을 것이기 때문입니다.

반면 포교 일선에서는 상황과 근기에 따라 달라지는 흥미로운 이야기를 활용하여 무주상보시를 전달했을 것입니다. 포교를 위해 그들이 나선 곳은 부처님을 그리워하는 민중들이 모여 있는 광장이었을 것입니다. 그 광장 중 하나를 불탑 주변으로 추정하는데, 그곳에 모인 민중들이 과연 전문적인 불교 지식을 가진 학자들이었을까요? 만약 그렇다면 전문적이고 간결한 가르침으로 충분했을 것입니다. 하지만 광장에 모인 대다수는 아마 전문적인 불교 지식과 신심이 부족한 일반 대중들이었을 것입니다.

불탑에 모인 이 불자 순례자들과 비불자 관광객들에게 금강의 지혜를 도대체 어떻게 전달할 수 있을까요? 이 상황은 제가 군법당에 처음 임관하여 병사들을 바라보던 마음과 비슷할 것입니다. 조금만 어려운 한자 용어가 나오면 곧바로 눈을 감고 졸기에 십상인 그들에게 어떤 유형의 설법이 효과적일지 참으로 많이 고민했습니다. 그리고 결국은 그들의 문화에 걸맞은 스토리텔링 중심의 설법이 효과적이라는 것을 알게 되었습니다.

인도에서 결집한 금강경은 매우 미묘한 경전이었을 것입니다. 세상에서 가장 어려운 무주상보시의 철학을 이야기 형식으로 재미있게 표현한 가르침이 바로 금강경이기 때문입니다. 이러한 상황을 상상해 본다면 금강경이 최소 아라한들을 위한 가르침이라는 것은 지극히 치우친 견해라는 것을 알 수 있습니다. 다만, 후대에 전승된 유형은 포교용

하화중생 금강경의 길고 잡다한 내용은 탈락하고 남은 핵심일 것입니다. 현재 전승되고 있는 금강경은 간결한 전문수행자용 상구보리 금강경으로 이는 반쪽짜리이기에 이를 온전하게 만드는 것은 그 시대를 살아가는 주석가들의 역할입니다.

금강경을 중심으로 한 보살승 운동은 모든 근기를 포섭합니다. 하지만 이 중 전문수행자 중심으로 발전한 현재의 금강경은 그 포함의 범위가 지극히 좁아진 것이 사실입니다. 금강경이 조계종의 소의경전으로 효용성을 가지기 위해서는 하근기를 고려한 재미있는 포교용 금강경의 흔적들을 되살려내는 노력이 필요합니다. 남녀노소와 학력고하, 수행력의 차이에 상관없이 금강경을 통해 안심을 얻을 수 있어야 금강경을 인류의 교과서라고 할 수 있지 않을까요?

부처님께서 말씀하셨습니다.

"훌륭하고 훌륭하다. 수보리여! 그대의 말과 같이 여래는 보살들을 잘 보호해 주며 보살들을 잘 격려해 준다. 그대는 자세히 들어라. 그대에게 설하리라. 가장 높고 바른 깨달음을 얻고자 하는 선남자 선여인은 이와 같이 살아야 하며 이와 같이 그 마음을 다스려야 한다."

"예, 세존이시여!"라고 하며 수보리는 즐거이 듣고자 하였습니다."

佛言 善哉善哉 須菩提 如汝所說 如來 善護念諸菩薩 善付囑諸菩薩 汝今諦聽 當爲汝說 善男子善女人 發阿耨多羅三藐三菩提心 應如是住 如是降伏其心 唯然世尊 願樂欲聞

금강경 공부의 권장 수준 – 선남자 선여인

남녀노소 근기에 상관없이 금강경에서 얻을 수 있는 바가 있는 것은 분명합니다. 하지만 전문수행자를 위한 현재의 금강경에는 분명 권장 수준이 있는데, 이는 다음의 원문에 숨겨져 있습니다.

> "세존이시여, 보살승에 굳게 나아가는 선남자나 선여인은 어떻게 머물러야 하고 어떻게 수행해야 하며 어떻게 마음을 조복 받아야 합니까?"

이 문장에는 두 가지 키워드가 있습니다. 첫째는 보살승에 굳게 나아가는, 둘째는 선남자 선여인입니다. 사실, 구마라집본에서는 '보살승에 굳게 나아가는'이 아니라 '아뇩다라삼먁삼보리심을 일으킨'으로 의역되어 있습니다. 별것 아닌 듯한 이 작은 차이가 담고 있는 초점의 변화는 매우 중요합니다. 앞에서 저는 보살승 운동이 상근기를 위한 법문과 하근기를 위한 법문으로 구분된다는 점을 밝혔습니다. 그중에서 현재의 금강경은 상근기를 위한 법문에 치우쳤습니다. 이것은 키워드가 보리심에서 반야공성으로 변경된 것과 일맥상통합니다.

'아뇩다라삼먁삼보리심을 일으킨다'는 것은 '최상의 깨달음을 추구한다'는 뜻입니다. 즉, '성불의 길을 통해 일체지를 원한다'는 뜻인데, 이는 상구보리上求菩提와 하화중생下化衆生 중 상구보리에 초점을 맞춘 표현입니다. 하지만 보살승을 추구한다는 것은 상구보리와 하화중생 동시에 초점을 맞추고 있습니다. 이는 반야와 자비를 모두 포함하는 균형감 있는 표현입니다.

본론으로 돌아와서 이 금강경이 고려하는 청자의 수준은 보리심을 일으킨 선남자 선여인들입니다. 이들은 '보살'이라고 불리는데, 수보리 존자 주변에 함께하는 보살 대중이 바로 그들입니다.

선남자 선여인이라는 존재는 누구일까요? 동북아시아 불교에서는 선남자 선여인의 수준을 높게 보는 경향이 있습니다. 하지만 초기 경전에는 그저 가문이 훌륭한 우바새와 우바이가 바로 선남자 선여인입니다. 즉, '재정적으로도 정신적으로도 여유가 있는 재가불자'를 의미합니다.

부처님 당시 인도에서 재가불자의 수행은 출가자의 수행과 명확히 구분되었습니다. 대부분의 재가불자는 어려운 금강경을 배울 이유도 여력도 없었습니다. 생계를 위한 시간을 제외하고 난이도가 높은 수행은 소화 불가능한 과제였기 때문입니다. 그렇기 때문에 대부분의 재가불자들은 베푸는 수행인 보시와 도덕적인 삶을 살아가는 지계의 공덕으로 천상에 태어나는 것이 수행의 전부였는데, 이를 보통 시계생천이라고 표현합니다.

이러한 평균적인 재가불자들과는 상황이 다른 이들이 있었는데 그들이 바로 선남자 선여인입니다. 이들은 이미 의식주를 해결할 수 있는 충분한 조건이 되었기 때문에 경제적으로도 정신적으로도 여유로웠습니다. 여기에 더해 시계생천을 이미 완전히 소화했기 때문에 더 가치 있는 수행을 배우기를 희망하는 동기를 지니고 있었습니다.

만약 이들이 사성제와 팔정도 등의 전문수행자들을 위한 무아의 가르침을 배우기 시작한다면 초기 불교에는 그들을 재가와 구분되는 학가라고 불렀습니다. 보살승 운동은 여기에 더해 새로운 길을 제시했는데, 만약 그들이 대자비심을 일으켜 일체중생을 구하는 성불의 길을 걷겠다는 서원을 일으키면 보살이라고 불렀습니다. 금강경은 이 재가보살들과 출가보살들에게 초점을 맞춘 가르침입니다.

금강경의 삼대 주제는 주住 · 수修 · 단斷입니다. 이에 대한 자세한 내용을 반복적으로 논하는 것이 금강경 대부분의 내용입니다. 물론 이 주 · 수 · 단은 일상의 삶에서도 적용되는 범용적인 진리지만, 금강경에서 다루는 주 · 수 · 단의 설명들은 이 보리심을 일으킨 선남자 선여인들에게 특화되어 있습니다. 그렇기에 금강행자들은 본격적인 주 · 수 · 단의 방법론을 배우기 전에 스스로를 점검해 봐야 합니다.

'나는 과연 보리심을 일으킨 선남자 선여인인가?'

보리심이란 무엇인가?

부처님께서는 제자들에게 설법을 시작하실 때 이런 표현을 자주 하셨다고 합니다.

> "비구들이여, 잘 들으라."

부처님께서는 금강의 진리를 말씀하시기 전에 수보리 존자에게 역시 이렇게 말씀하셨습니다. 잘 듣는다는 것은 사띠를 다른 곳에 빼앗기지 않고 말씀에 집중하라는 뜻입니다. 하지만 이 금강경에서는 여기에 더해 앞에서 말한 것과 같이 보리심을 일으킨 마음가짐으로 법문을 들어야 한다는 것을 의미합니다.

보리심을 일으켰는지의 여부를 알고 싶다면 전제되어야 하는 것이 있습니다. 보리심이 무엇인지 아는 것입니다. 먼저 일반적인 보리심을 알아보고, 이후에 금강경에서 언급되는 보리심에 대해 알아보겠습니다.

보리심은 보살승 운동과 함께 등장한 이후 시간이 지나며 점점 체계화되어 갑니다. 7-8세기 인도에 살았던 샨티데바 보살의 저작인 『입보살행론』은 보리심에 관한 최고의 논서로 꼽힙니다. 『입보살행론』에서는 보리심을 크게 둘로 나누는데 그 내용은 다음과 같습니다.

"이 보리심을 요약하면 두 가지 유형으로 이해할 수 있는데
하나는 보리심을 일으키는 마음이고
다른 하나는 보리심을 실천하는 마음입니다."

보리심을 일으키는 마음은 원보리심으로, 상구보리와 하화중생을 원하는 마음입니다. 보리심을 실천하는 마음은 행보리심으로, 실제로 바라밀 수행을 닦는 것을 의미합니다. 논에서는 이 둘의 차이를 이렇게 비유합니다.

"가기를 바라는 것과 실제로 가는 것의 차이를 이와 같이 아는 것처럼
현명한 이들은 원보리심과 행보리심의 차이를 차례로 알아야 합니다."

여행을 가고 싶어 하는 마음과 여행을 직접 가는 것은 분명히 다릅니다. 아무리 일체지를 원하더라도 실천이 없는 사람과 실제로 성불의 길을 걷고 있는 사람은 큰 차이가 있습니다. 논에서는 두 보리심의 공덕 차이를 이렇게 표현합니다.

"원보리심 자체만으로도 윤회 세계에서 큰 과보를 얻지만 행보리심처럼
끝없는 공덕을 맺지는 못합니다."

우리가 주목해야 하는 부분은 행보리심이 끝없는 공덕을 맺는다는 점입니다. 성불의 길을 최소 4아승기겁 10만 대겁 동안 걸어야 하고, 일체중생을 모두 구하기 위해서는 반드시 끝없는 공덕이 필요합니다. 이 공덕은 다름 아닌 행보리심으로부터 시작되는 것입니다. 보살승 운동에 동참한 불자들은 왜 무량한 공덕이 필요한 보살의 길을

원했을까요? 논에서는 보리심의 공덕을 다른 공덕들과 이렇게 비교합니다.

> 세상의 다른 선업은 파초와 같아 열매를 맺고 나면 시들지만 보리심의 나무는 항상 푸르러 끊임없이 열매 맺고 시들지 않으며 잘 커 나갑니다.

세상의 모든 존재는 가지각색의 원하는 바가 있습니다. 그리고 그 원하는 바를 이루기 위해서는 공덕이라는 원동력이 필요합니다. 보살승 운동의 주축이 되었던 이들은 보리심을 일으킨 선남자 선여인들입니다. 그들은 이미 재가생활에서 얻을 수 있는 재산과 명예 그리고 이성과의 사랑 등 많은 것을 누려본 사람들입니다. 하지만 그들은 그것만으로는 만족할 수 없었습니다.

이 불만족은 그들을 더 높은 가치 추구의 방향으로 향하게 했는데, 그것은 자신을 포함하여 일체중생, 세상을 구하는 길이었습니다. 이를 위해서는 반드시 무한동력기처럼 지속하는 공덕의 생산이 필수적이었습니다. 그들이 원하는 것은 바로 무한한 공덕의 원천인 보리심의 완성인 것입니다. 원보리심을 포기하지 않은 채 행보리심을 잘 실천했을 때 생겨나는 공덕을 논에서는 또 이렇게 표현합니다.

> 계율을 지니고 유정 세계의 모든 중생을 구제하기 위해 불퇴전의 마음으로 이 보리심을 바르게 수지 한다면, 그때부터 잠에 들거나 방일하더라도 공덕의 힘은 끊임없이 허공과 같이 커다랗게 자라납니다.

보리심을 지니는 것은 인생의 흐름이 반전되는 것입니다. 대부분의 중생들은 탐진치의 흐름에서 벗어나지 못하는데, 이에 휩쓸려 간다면 숨만 쉬어도 지옥, 아귀, 축생에 가까워집니다. 이것이 흐름의 무서운 점입니다. 하지만 반대로 보리심의 흐름을 탄 보살들은 숨만 쉬어도 점점 더 성불에 가까워지는 것이니, 이들에게 이 흐름은 정말 큰 희망입니다. 이 흐름의 방향을 바꾸는 핵심 원동력인 보리심은 중생에게 있어 최상의 보물입니다.

앞에서 설명한 것을 근거로 다시 정리해 보겠습니다. 수보리 존자의 종교개혁을 통해 성불의 길은 대중화되었습니다. 이 길을 걷고 싶어 하는 서원이 원보리심이고, 이 길을 직접 걸어가는 육바라밀의 실천이 바로 행보리심입니다. 존자가 묻는 '보살승에 굳게 나아가는' 보살들의 마음이 바로 이 일반적인 원보리심일 것입니다.

만약 이 책을 읽으시는 여러분이 원보리심만이라도 지니고 있다면, 그때부터 금강경은 더 이상 남의 이야기가 아닙니다. 보리심을 일으킨 여러분은 보살의 자격으로서 일시의 법회에 참석하여 부처님의 금강법문을 잘 들을 수 있는 준비가 완료된 것입니다.

욕심은 나지만 가능한가?

수보리 존자의 주 · 수 · 단에 관한 질문은 금강경을 꿰뚫는 주제입니다. 그리고 보리심을 일으킨 대부분의 이들이 가질 수 있는 질문입니다. 특히 이 질문의 행간에는 이런 의문 하나가 자리 잡고 있습니다.

'성불의 길을 가고는 싶지만, 일체중생을 모두 구하는 게 과연 가능할까?'

현시대를 정의하는 키워드 중 하나는 자본주의입니다. '돈이 근본이 되는 세상'이라는 뜻입니다. 자본주의 시대를 살아가는 현대인들이 무엇인가에 대해 대가를 치러야 한다면 그 수단은 아마 돈이 될 것입니다. 금강경이 성립된 당시 인도에서는 재물도 물론 중요시했지만 이보다 더 중요시 여겼던 것은 바로 업業입니다. 인도의 사성계급은 전생의 업을 바탕으로 결정되는 것이라고 생각했는데, 이것을 업본주의 라고 할 수 있습니다.

하지만 불교에서는 이 업을 바라보는 관점이 조금 다릅니다. 과거의 업이 중요한 것이 아니라 지금 이 순간 공덕을 짓는 것이 중요하다는 입장이기에 덕본주의라고 할 수 있습니다. 이 세계관을 언급한 이유는 보살승에 참여했던 당시 불자들의 마음을 이해하기 위해서입니다. 그들은 철저하게 이런 생각을 했을 것입니다.

'원하는 것을 성취하기 위해서는 공덕이 필요하다.'

인도 불자들의 세계관 속에는 돈과 명예 그리고 건강과 성공을 이루기 위해서는 반드시 공덕이 필요하다는 생각이 있습니다. 자본주의 세계관에 물든 현대인들이 공덕 대신 돈이 필요하다고 생각하는 것과 원리가 비슷합니다. 그렇기 때문에 원보리심을 일으킨 보살들은 성불을 위해 대가를 치러야 한다고 생각할 텐데, 그 공덕을 짓는 방법은 다름 아닌 일체중생을 구하는 것입니다. 무량한 공덕을 짓기 위해서는 중생을 구해야 하지만, 중생의 수는 상상할 수조차 없이 무한하므로 불가능해 보이는 것입니다. 이 지점에서 대부분의 보살은 이런 의문을 품습니다.

'일체중생을 구하는 것이 과연 가능할까?'

구하는 바가 생기면 안심이 깨집니다. 그리고 불안한 마음에는 의심이 끼어들게 되어 있습니다. 이를 해결하지 못하면 마음에는 갖가지 번뇌들이 활개를 치기 시작하기 때문에 빨리 스승에게 묻고 이 의문을 해결해야 합니다. 그렇기에 수보리 존자는 보살과 마하살들의 의문을 대신하여 부처님께 질문한 것입니다.

P A R T

02

수보리 존자의 두 번째 질문

"부처님이 되기 위해서는 모든 중생을 제도해야 하는데, 과연 모든 중생을 제도하는 것이 가능한가? 부처님이 되는 것은 정말 가능한가?"

KEY POINT  광대심, 제일심, 상심, 부전도심

03 대승정종분 / 대승의 근본 뜻

大乘正宗分 第三

부처님께서 수보리에게 말씀하셨습니다.
"모든 보살마하살은 다음과 같이 그 마음을 다스려야 한다."
佛告須菩提 諸菩薩摩訶薩 應如是降伏其心

보살의 역설

마음을 다스리는 기본적인 원리는 비슷합니다. 하지만 중생들은 개성에 따라 그 원리를 활용하는 모습이 다 다릅니다. 보살이 마음을 다스리는 방법은 성문승과는 차별이 있는데, 그것은 다름 아닌 보살이 지니는 마음의 문제가 다르기 때문입니다.

보살은 원보리심을 지니고 행보리심을 실천하여 증보리심 하는 것을 목표로 합니다. 이때 보리심은 절대적인 보리심인 반야와 상대적인 보리심인 자비로 나뉘는데, 이 둘의 충돌로 인해 자주 혼란을 겪을 수 있습니다. 학자들은 이를 '보살의 역설'이라고 표현합니다. 학자들의 눈에는 분명 반야와 자비는 함께 닦기 어려운 수행입니다. 예를 들면, 반야의 눈으로 중생을 바라보면 그들은 그저 실체가 없는 공성입니다. 그런데 중생을 이렇게 허깨비처럼 바라보면 자비심이 생기기 어렵습니다. 반면 자비심이 강해지면 대상의 실체가 존재한다고 여기기 때문에 반야의 힘은 약해지게 됩니다. 이처럼 자비와 반야의 관계는 마치 시소와 같습니다.

앞에서 아라한이 성불하고자 하는 원보리심을 일으키는 것이 얼마나 희유한 일인지에 관해 설명했습니다. 아라한의 경우 이 시소게임에서 반야의 측면으로 완전히 기울어져 있는 상태이고, 그렇기 때문에 허깨비 같은 중생을 구제하기 위해 다른 인위적인 마음을 일으키기가 어려운 것입니다. 물론 이미 품고 있는 자비심의 흐름은 그 자체로 유지되기 때문에 아라한들은 대부분 자비롭지만, 더 광대한 부처님의 자비심을 배우기는 어려운 것입니다.

이 반야와 자비의 역설은 진제眞諦와 속제俗諦의 역설이기도 합니다. 절대적인 보리심의 절대는 진제를 말하고, 상대적인 보리심의 상대는 속제를 뜻하는 것입니다. 진제는 이 세상을 꿈으로 보는 것이고, 속제는 이 꿈의 내용을 바꾸는 것을 말합니다. 이 역시 시소게임으로 삶이 꿈과 같이 느껴질수록 삶을 바꿀 이유가 점점 사라지는 것입니다.

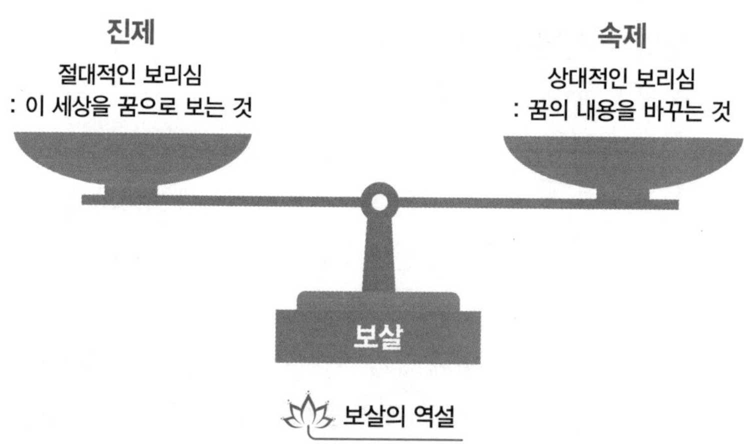

보살의 역설

부처님께서 초전법륜을 통해 가장 먼저 설법하신 내용은 바로 실천적 중도입니다. 이 중도는 모든 양극단에 적용이 가능합니다. 쾌락과 고행, 긴장과 이완, 진제와 속제, 반야와 자비, 안심과 추구... 모든 주제는 이 실천적 중도로써 해결이 됩니다. 실천적 중도는 마음의 조율입니다. 조율이라는 용어는 악기를 조율하는 것에서 차용했는데, 이 마음의 조율은 수행자가 습득해야 할 가장 중요한 과제입니다.

악기를 조율하는 것은 단 한 번에 끝나는 것이 아닙니다. 이 조율은 악기를 사용하기 전 매번 반복합니다. 실력 없는 악사는 악기를 조율하지도 않고 연주를 하겠지만 실력 있는 악사는 한 곡이 끝날 때마다 악기를 조율하기도 합니다. 음을 느끼는 감각이 매우 예리하기 때문에 조율의 여부가 연주에 미치는 영향을 민감하게 느낄 수 있기 때문입니다. 마찬가지로 실력 있는 수행자는 매 순간 자신의 마음을 조율합니다. 잘 조율된 성성적적惺惺寂寂한 마음 상태에서는 수행이 순조롭고, 이러한 최적의 마음에서는 온갖 선근과 자비심 그리고 지혜가 증장될 수 있기 때문입니다.

마음을 다스리는 공통 원리의 핵심에는 이 실천적 중도가 있습니다. 다만 원하는 바에 따라 그 조율의 주제가 조금씩 다른 것뿐입니다. 초기 불교의 성문승들은 고행과 선정주의 사이에서 마음을 잘 조율했고, 명상가들은 긴장과 이완을 적절히 조율하여 성성적적한 마음 상태를 추구했습니다. 금강심을 추구하는 보살들은 물론 이런 모든 조율을 행해야 하겠지만, 이들에게 가장 중요한 조율의 주제는 역시 보리심입니다.

'자비와 반야의 마음을 어떻게 조율할 것인가?'

실천적 중도의 원리를 몸에 익혀 매 순간 자신의 마음을 조율해 나가는 노력을 이어갈 때, 보살의 조율 실력은 향상될 것입니다. 그리고 어느 순간 무의식적으로 자연스러운 조율을 행하는 때가 다가올 것입니다. 이것이 바로 보리심의 흐름을 타는 것이기에, 이때부터 순풍에 돛 단 듯이 성불의 여정을 즐길 수 있는 것입니다.

"알에서 태어난 것이나, 태에서 태어난 것이나, 습기에서 태어난 것이나, 변화하여 태어난 것이나, 형상이 있는 것이나, 형상이 없는 것이나, 생각이 있는 것이나, 생각이 없는 것이나, 생각이 있는 것도 아니고 없는 것도 아닌 온갖 중생들을 내가 모두 완전한 열반에 들게 하리라. 이와 같이 헤아릴 수 없이 많은 중생을 열반에 들게 하였으나, 실제로는 완전한 열반을 얻은 중생이 아무도 없다.'
왜냐하면 수보리여! 보살에게 자아가 있다는 관념, 개아가 있다는 관념, 중생이 있다는 관념, 영혼이 있다는 관념이 있다면 보살이 아니기 때문이다."
所有一切衆生之類 若卵生 若胎生 若濕生 若化生 若有色 若無色 若有想 若無想 若非有想非無想 我皆令入無餘涅槃 而滅度之 如是滅度無量無數無邊衆生 實無衆生得滅度者 何以故 須菩提 若菩薩 有我相 人相 衆生相 壽者相 卽非菩薩

금강경의 보리심 – 사심四心

부처님께서는 존자의 주 · 수 · 단 문제에 대해 간단한 답변을 먼저 하신 후 뒷부분에서 자세한 설명을 이어나갑니다. 32분설에서는 이 간단한 답변 부분을 대승정종분大乘正宗分이라고 했는데, 보살승의 가장 높고 올바른 뜻을 표현하는 이 부분에서 금강경만의 특별한 보리심이 등장합니다. 규봉종밀 스님은 금강경 주석을 통해 부처님의 답변을 네 가지 마음으로 구분합니다. 그 네 가지는 광대심廣大心, 제일심第一心, 상심常心, 부전도심不顚倒心입니다.

먼저 광대심이 적용되는 범위는 원문 중 알로 생겨난 생명부터, 생각이 있는 것도 없는 것도 아닌 생명까지입니다. 이는 보리심의 대자비가 미치는 범위가 광대함을 말하는 것으로, 그 마음은 친족이나 지인,

사람에게만 미치는 것이 아니라 축생, 귀신 등 말 그대로 '광대하고 무량한 중생 모두를 품는 마음'이라는 뜻입니다.

제일심은 양적으로 무량한 일체중생에게 질적으로 얼마나 무량한 자비를 베풀 것인지에 대한 부분입니다. 욕심이 판을 치는 세상에서는 두통에 시달리는 사람에게 약을 먹여 아프지 않도록 돕는 것조차 큰 자비심일 것입니다. 하지만 제일심이라는 것은 가장 높고 가장 큰 이익을 중생에게 베푸는 것을 말합니다. 그것은 다름 아닌 일체중생 하나하나가 무여열반에 들어갈 수 있도록 돕는 마음입니다.

상심은 양적으로 무량한 중생 모두에게 가장 질 높은 행복을 선사하더라도 사실은 한 중생도 구한 바가 없다는 무상의 지혜를 의미합니다. 상常자가 들어간 이유는 중생은 이미 무여열반에 들어있기 때문에 변화한 바가 없다는 것을 강조하기 위함입니다. 중생과 부처는 여실지로 바라볼 때는 차이가 없지만, 망상으로 바라볼 때는 차별이 있습니다. 그렇기에 망상을 지닌 이가 누군가를 돕고 나면 잘난 척하는 마음이 생기기 마련인데, 이 상심은 중생의 실체를 밝힘으로써 이를 방비하고 있습니다.

마지막으로 부전도심은 보살의 마음에서 망상을 뿌리 뽑아야 함을 밝히고 있습니다. 이 망상을 요약해서 말하자면 사상四相인 아상我相, 인상人相, 중생상衆生相, 수자상壽者相입니다. 이 사상으로부터 자유로워지는 순간 일체중생이 모두 열반에 들기에, 앞의 광대심과 제일심 그리고 상심을 단박에 이룰 수 있습니다.

무량한 허공을 담을 수 있는 광대심, 중생을 위해서는 모든 것을 내어줄 수 있는 제일심, 중생의 본 모습을 꿰뚫어 볼 수 있는 반야의 상심, 그리고 아 · 인 · 중 · 수상 그 어떤 찌꺼기도 남아 있지 않은 청정한 마음인 부전도심은 금강심으로써 부처님의 마음을 묘사한 것입니다.

금강경에서는 이 사심四心을 보리심이라고 말하고 이를 수행하도록 하는데, 이는 매우 합리적입니다. 보리심을 일으킨 보살의 목적은 결국 부처님이 되는 것이니, 다른 것들을 배우기보다 부처님 마음을 직접 배우고 연습하는 것이 가장 빠르고 단순하며 확실한 길이 아닐까요?

티베트에 불교를 전한 인도의 고승 아티샤 스님은 『아티샤의 명상요결』을 통해 보리심을 절대적 보리심인 지혜와 상대적 보리심인 자비로 구분합니다. 또한, 보리심의 완성은 이 자비와 지혜의 합일을 통해 가능함을 밝힙니다. 자비와 지혜로 금강경의 4가지 보리심을 배대해 보면 광대심과 제일심은 자비의 측면이 강하고, 상심과 부전도심은 지혜의 측면이 강합니다.

앞에서 언급했던 금강경의 삼대 주제인 주 · 수 · 단을 이 사심四心과 배대해보면 자비의 측면인 광대심과 제일심의 서원은 강하게 머물러야 하는 주의 주제입니다. 반야의 측면 중 상심은 무상을 근본으로 하는 단의 주제입니다. 마지막으로 반야의 다른 측면인 부전도심은 이를 실천함으로써 주와 단을 이룰 수 있는 수의 주제입니다.

금강경은 안심법문임을 여러 번 강조했습니다. 처음도 중간도 끝도 금강심을 말하고 있는 이 법문은 결국 사심을 닦아가는 이론과 실습을 담고 있다고 볼 수 있습니다. 금강경이 특별한 이유는 수지독송受持讀誦하고 서사유통書寫流通하는 것만으로도 사심을 닦아갈 수 있는 구조와 내용을 지니고 있기 때문입니다. 가장 간편하게 원보리심을 일으키고, 행보리심을 활발하게 실천할 수 있도록 고안된 이 보살승 운동의 교과서는 그 자체로 무량한 금강심의 모태母胎인 것입니다.

금강경의 보리심 – 사심四心

금강경의 사상四相

사심 중 부전도심은 자비서원과 반야바라밀을 이루는 원동력입니다. 이 부전도심은 금강보살이 실천하는 구체적인 수행의 주제로서 무주상보시를 통해 사상을 극복하고 사심을 완성하여 지극한 안심인 금강심에 이르는 여정입니다. 이제 극복의 대상인 사상이 과연 무엇인지 살펴보도록 하겠습니다.

사상은 네 가지 상에 대한 것으로 아상我相과 인상人相, 중생상衆生相과 수자상壽者相입니다. 이 네 가지 상에 대해서는 정말 다양한 해석이 존재합니다. 그러나 그중에서 인도 금강경의 주석은 가장 명확한 근거를 지니고 있습니다. 인도 금강경의 주석인 범본에서는 이 사상이 어떤 단어를 의미하는지 알 수 있는 원문이 있습니다. 이를 간단히 살펴보도록 하겠습니다.

아상의 아我는 아트만ātman의 한역입니다. 아트만은 인도 사상에서 자아를 의미하는데, 이 자아는 일상에서 우리가 가진 자아관념과는 다른 개념입니다. 일상의 자아를 허구적인 자아라고 보면서 소아小我라고 부르고, 아트만의 자아는 일종의 참나로 보면서 대아大我라고 부르며 구별합니다. 인도의 정신세계에서도 일상의 잘못된 자아 관념에서 벗어나 참나를 찾기 위한 노력이 존재했던 것입니다.

금강경의 무상의 진리는 아트만의 정의가 옳고 그름을 떠나, 아트만 상이 실재한다고 착각하는 것을 경계합니다. 보살승들은 부처님의 반야의 지혜로써 단 하나의 상도 용납하지 않습니다. 심지어 정신희유분에서는 이 사상이 법상과 비법상을 합쳐 육상으로 변화하는데, 부처님이 말씀하신 진리에 대한 상조차도 인정하지 않는 철저함을 엿볼 수 있습니다.

나머지 삼상도 이와 마찬가지로 당시에 유행하고 있는 사상계의 궁극적 실재에 대한 상을 용납하지 않는 내용입니다. 인상 중 인의 경우에는 자이나교의 보특가라pudgala, 중생상의 중생은 인도 사상계 전반에서 활용되던 사트바sattva를, 수자상의 수자는 자이나교의 지바jiva를 지칭합니다. 이는 궁극적 실재에 대한 그 어떠한 개념도 인정하지 않는 보살승의 반야바라밀에 대한 의지를 잘 보여줍니다.

인도 금강경에서 사상이 원문의 뜻을 근거로 명확히 지칭하는 개념이 있었던 것과는 다르게 중국 금강경의 아 · 인 · 중 · 수상은 다양한 방식으로 해석됩니다. 이는 주석가가 중요시하는 수행 가풍을 엿볼 수 있는 자료로서 매우 중요한 가치를 지닙니다. 그러나 그 모든 자료를 살펴보기에는 제약이 있고, 혼돈이 생길 수 있으므로 대표적인 해석 한 가지를 소개하겠습니다.

아상은 나, 그리고 나의 것에 대한 탐욕, 인상은 나 외의 다른 이들에 대한 분노, 중생상은 '나는 중생이다'라고 여기며 퇴굴심을 내는 어리석음, 수자상은 목숨과 삶을 이어나가고 싶은 갈애로 바라보는 관점입니다. 이는 근본적인 번뇌의 뿌리인 탐 · 진 · 치 · 애를 사상에 배대하고 있다는 점에서 중요한 의미를 지닙니다. 이에 따르면 사상을 끊는다는 것은 탐 · 진 · 치 · 애를 끊는다는 것과 같은 의미이기에 불교 전반의 수행과정을 포섭할 수 있는 해석이 되기 때문입니다.

개인적으로 즐기는 해석도 소개하겠습니다. 아 · 인 · 중 · 수상은 사실 모두 아상입니다. 그렇기에 아상은 오온의 화합을 자아라고 여기는 관념입니다. 이 자아관념을 근본으로 하여 자신과 소유물에 대한 번뇌들이 탄생하는데, 나머지 삼상도 여기에 속합니다. 다음으로 인상은 세계를 함께 살아가는 다양한 존재들 중 인간을 특별하게 여기는 관념입니다. 예를 들면, 많은 사람들이 살인은 충격적인 큰 사건으로 받아들이지만, 모기를 죽이는 것에 대해서는 별다른 느낌을 못 느끼는데 그 이유가 바로 인상이 있기 때문입니다.

중생상은 어려운 일을 대면할 때 주로 나타나는데, 낮은 자화상을 바탕으로 '나는 못해!'라고 생각하는 관념입니다. 이는 수행의 영역뿐 아니라 일상적인 성취의 영역에서도 가장 큰 장애물이 됩니다. 이 낮은 자화상을 극복하지 못하는 한 여기에서도 저기에서도 그저 거지로서 행복을 구걸하는 삶을 벗어날 수 없습니다.

수자상은 자신에게 수명과 시간이 남아 있다고 착각하는 관념입니다. 2000년대 이후, 한국의 평균 기대수명이 80세를 넘었기 때문에, 대부분의 현대인들은 자신도 평균 80세까지는 당연히 생존할 것이라고 여기고는 합니다. 이것은 사회적 통계치가 자신에게도 당연히 적용된다고 믿는 일종의 착각으로서, 바로 수자상의 좋은 예입니다. 그리고 이 착각은 해야 할 일을 미루는 습관을 만드는데, 이 습관이 바로 게으름의 근본이기에 행복을 성취하는데 큰 걸림돌이 됩니다.

다른 생명체들을 잔인하게 대하는 근본이 되는 인상, 새로운 배움과 도전을 포기하도록 만드는 중생상, 중요한 일을 뒤로 미뤄 성취를 어렵게 만들고 게으름을 키우는 수자상은 보살에게 있어 반드시 극복되어야 하는 대상입니다. 이들을 극복하는 방법은 각각의 상으로부터 자유로워지는 별해탈別解脫의 방법도 존재하지만, 아상이라는 자아관념 하나를 극복함으로써 모두를 끊어내는 총해탈總解脫의 방법도 존재합니다.

광대한 중생을 돕겠다는 광대심, 중생 하나 하나에게 최고의 행복인 무여열반無餘涅槃을 선물하겠다는 제일심 그리고 이 과정에서 중생은 변화하는 것이 없고, 이미 무여열반에 도달해 있다는 것을 꿰뚫어 보는 상심을 이루고 싶은 보살에게 사상의 극복은 반드시 이루어야 하는 제일 과제입니다. 금강경에 의지해 수행하는 이들이라면 사상에 대한 자신만의 명확한 정의를 가지고, 이를 극복하기 위해 정진하는 것은 매우 중요합니다.

인도금강경	중국금강경
아트만	아상
보특가라	인상
사트바	중생상
지바	수자상

원빈스님의 해석

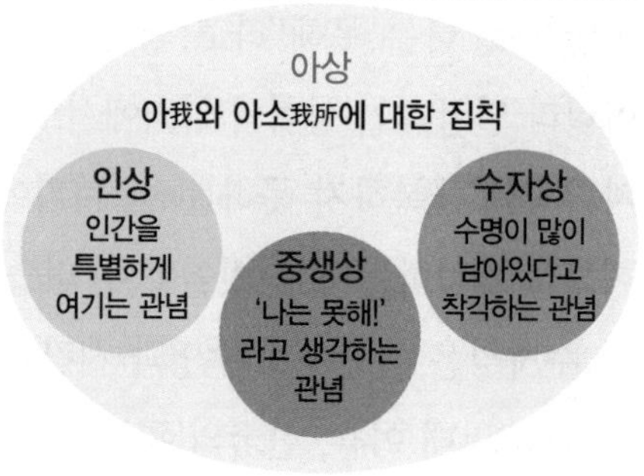

아상
아我와 아소我所에 대한 집착

인상
인간을 특별하게 여기는 관념

중생상
'나는 못해!'라고 생각하는 관념

수자상
수명이 많이 남아있다고 착각하는 관념

금강경의 사상四相 비교

금강경의 원보리심 – 상심常心

보살의 원보리심은 상구보리上求菩提와 하화중생下化衆生입니다. 일체중생을 구함으로써 성불의 길을 걷겠다는 다짐입니다. 하지만 이는 필연적으로 한 가지 의문을 품을 수밖에 없음을 앞에서 밝혔습니다.

'일체중생을 구하는 것이 과연 가능한가?'라는 의문입니다. 성불에는 반드시 공덕이 필요하고, 이 공덕은 일체중생을 구하는 것으로써 얻을 수 있습니다. 그렇기에 하화중생이 불가능한 일이라면 상구보리 또한 불가능한 일이 되는 것입니다.

대승정종분의 답변은 이러한 유병有病에 빠진 보살에게 중생을 구하겠다는 원보리심을 반야의 눈으로 다시 보라고 말합니다. 반야의 눈으로 중생을 올바로 볼 때 광대한 중생을 구하지 못해 성불하지 못할까 전전긍긍하며 원보리심을 포기하는 일은 없어질 것이기 때문입니다.

사심 중 상심은 중생이 본래 무여열반에 이미 들어있는 존재임을 말하고 있습니다. 다만 보살이 아직 무상의 진리를 체득하지 못한 분별의 눈으로 중생을 바라보기 때문에, 보살의 눈에는 중생이 중생으로 보이는 것입니다. 『유마경』에는 중생의 실체를 꿰뚫는 다음과 같은 문장이 있습니다.

> "모든 중생이 근본적으로 적멸寂滅의 상태에 있어 다시는 결단코 사라지지 않는다."

만약 이 무상반야의 눈으로 중생을 바라본다면 광대한 중생을 구하지 못할까 봐 전전긍긍하는 의심은 단박에 사라집니다. 또한 특정한 중생에게 무여열반을 꽃 피우도록 도운 후에도 중생을 구했다는 생각이 없게 됩니다.

하지만 보살의 역설에서 언급했던 것처럼 반야의 눈으로만 중생을 바라본다면 무병無病에 빠져 중생을 구하겠다는 자비서원의 마음이 생기지 않을 수 있습니다. 그러므로 부처님께서는 광대한 중생을 자연스럽게 바라보되, 그 부담을 줄여 줄 관점을 제시하고 있습니다.

부처님께서는 일체중생이 아무리 많아도 결국 9가지 종류의 카테고리로 구분될 뿐임을 밝히고 있습니다. 이 9가지는 태란습화胎卵濕化의 4가지, 색色이 있는 것과 없는 것의 2가지, 상想이 있는 것과 없는 것 그리고 있는 것도 없는 것도 아닌 것의 3가지입니다.

부처님께서 제시하시는 조언은 만약 무량한 중생을 구제하는 것이 부담스럽다면, 9가지 종류의 중생을 구하는 것으로 관점을 바꿔보라는 것입니다. 사람은 숫자가 불러오는 개념에 큰 영향을 받기 때문에 무량함에는 압도되지만, 9가지라고 생각하면 훨씬 쉽게 받아들입니다. 이 둘은 사실 똑같이 일체중생을 구하는 일이지만, 관점 하나 바뀐 것만으로도 부담감이 상당히 줄어드는 효과가 있습니다.

보살은 자비와 반야의 조율에 실패했을 때 두 가지 병을 앓습니다. 자비에 치우치면 유병有病을 앓고, 반야에 치우치면 무병無病을 앓습니다. 그리고 모든 의심은 이 두 병으로부터 비롯됩니다. 그러나 자비와 반야는 서로의 병을 고치는 약으로써 상호보완의 역할을 합니다. 금강경 속에서 이 반야와 자비의 가르침이 순환되는 것은 보살의 병을 고치기 위해서입니다. 보살은 조율이 완숙될 때까지 의심에 시달리는 것이 당연하다는 것을 받아들이고, 자비와 반야를 약으로 삼아 실천적 중도를 연습해야 합니다.

금강경의 행보리심

금강경의 사심은 곧 부처님의 마음입니다. 보살은 이 마음을 갈고 닦아야 하는데, 이를 위한 구체적인 수행 방법은 결국 무주상보시입니다. 금강경을 결집하기 이전에도 보살의 수행에 관한 교리들은 존재했습니다. 사실 부파 불교의 경전에서도 보디삿따의 수행에 대해 언급된 부분을 찾아볼 수 있는 것을 보면, 보살승 운동이 어느 날 갑자기 생겨난 것이 아니라 오랜 세월 동안 잠재적으로 논의해 오던 사상이라는 것을 알 수 있습니다.

초기 불교에서 보살은 오직 부처님의 전생뿐입니다. 보살은 성불의 길을 걷겠다고 서원한 이후 4아승기겁 10만 대겁의 세월 동안 십바라밀 수행을 합니다. 부파 불교에서는 오바라밀을 말하기도 하고, 육바라밀 등 다양한 숫자의 바라밀 수행을 말하기도 하는데 시간이 흐름에 따라 육바라밀의 모습으로 정착됩니다.

『입보살행론』에서는 보리심을 원보리심과 행보리심으로 나눴습니다. 이 중 행보리심의 구체적인 내용은 다름 아니라 바로 육바라밀입니다. 그런데 왜 굳이 육바라밀이 아니라 행보리심이라고 표현하는 것일까요? 그것은 상구보리 하화중생의 서원을 지닌 채 실천하는 육바라밀이기 때문에 원보리심이 결여된 육바라밀과 구분하는 것입니다. 그렇기에 바라밀을 실천하는 것이 보리심을 닦는 수행 방법입니다. 이것은 금강경에서도 마찬가지인데, 다만 육바라밀을 보시바라밀 한 가지로 포섭하여 무주상보시로 표현한 것 뿐입니다.

육바라밀이 보시에 포섭되는 원리를 살펴보겠습니다. 보시는 세 종류로 구분할 수 있는데 재시財施, 무외시無畏施, 법시法施입니다. 이 중 재물로써 다른 사람에게 베푸는 재시는 보시에 해당되고, 두려움에서 벗어나도록 돕는 무외시는 지계와 인욕에 해당됩니다. 마지막으로 법시는 정진과 선정 그리고 반야바라밀에 해당되기 때문에, 육바라밀이 세 가지 보시에 포섭된 것입니다. 그렇기에 금강경의 수행을 무주상보시라고 표현하지만, 이는 무주상육바라밀로 표현해도 무방합니다.

금강경의 행보리심이 특별한 이유는 육바라밀 앞에 무주상이 붙어있기 때문입니다. 금강경 이전에도 보살의 수행법은 이미 육바라밀로써 정리되었습니다. 만약 금강경의 수행법이 단순히 육바라밀이라면 이는 그저 과거의 답습일 뿐입니다. 하지만 금강경의 행보리심은 무주상을 전제로 함으로써 이전 육바라밀 수행을 한 차원 높은 수준으로 탈바꿈시킨 것입니다. 이전 육바라밀 수행이 1세대라면 무주상육바라밀은 2세대로서 이 둘은 완전히 다른 수행이라고 표현해도 과언이 아닙니다.

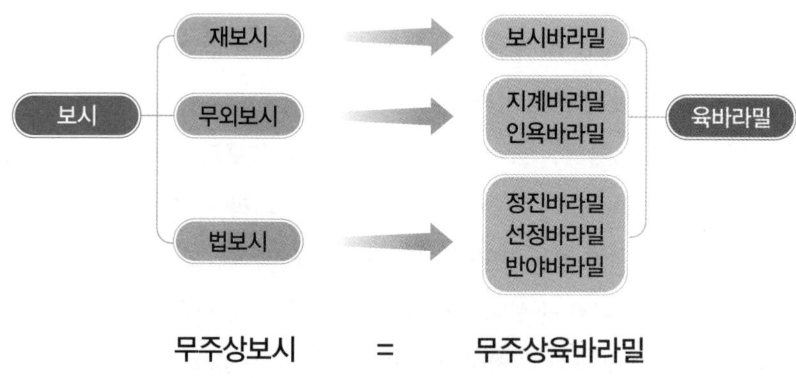

금강경의 행보리심

육바라밀 수행은 직선적 구조가 아니라 나선형의 순환구조입니다. 보시바라밀로부터 시작되어 반야바라밀로 나아가는 이 수행의 차제는 금강심이 완성되기 전까지 끝없이 순환합니다. 금강경의 무주상육바라밀이 1세대와 다른 점은 무주와 무상을 바탕으로 한 육바라밀이라는 점입니다. 무주상육바라밀은 이미 육바라밀을 어느 정도 익혔다는 전제이기 때문에 반야를 기반으로 한 보시를 실천하는 것입니다.

지금까지 언급된 금강경의 수행차제를 정리해 보겠습니다. 먼저 금강경의 예비 수행을 살펴보자면, 초기 불교 재가불자의 수행인 삼귀의와 시계생천이 첫 번째입니다. 다음으로, 성불의 길을 서원하는 원보리심을 일으키는 것이 두 번째입니다. 또한, 이 원보리심을 바탕으로 육바라밀의 행보리심을 실천하는 것이 세 번째입니다. 이렇게 예비 수행을 통해 보살로서의 기본적인 수행 경험을 갖춘 상태가 되면 비로소 금강경의 무주상보시를 원만하게 실천할 수 있는 것입니다.

육조 혜능 스님은 금강경의 대의를 '무상無相을 종宗으로 삼고, 무주無住를 체體로 삼으며, 묘용妙用을 용用으로 삼는다.'고 표현했습니다. 무주상보시와 배대한다면 당연히 보시가 묘용일 것입니다. 그런데 여기에 묘妙자가 붙는 이유는 무엇일까요?

불교 용어 중 이 묘자는 주로 반야를 표현하는 경우가 많습니다. 진공묘유眞空妙有라는 표현처럼 반야공성은 미묘하기 때문입니다. 많은 사람들이 부처님의 무아설법을 들으면 몸과 마음이 없다고 받아들여 두려워하지만, 이는 무아를 잘못 이해하는 것입니다.

무아는 오온이 없다는 것이 아니라 오온의 화합을 나라고 여기는 관념이 잘못되었다는 것입니다. 오온의 화합은 결코 내가 아니기에 자아의식은 진공이지만 몸과 마음은 끊임없는 변화 속에서 인연 화합으로 존재하기에 묘유입니다. 윤회에 대해 흔히 가지는 의문 중 하나가 '내가 없는데 무엇이 윤회하는가?'인데, 이 질문도 무아를 잘못 이해하고 있기 때문에 생기는 의문입니다. 이러한 오해를 풀기 위해서는 다음의 문장을 되새기며 사유해 보아야 합니다.

"주체는 없지만, 경험은 있다."

다시 묘용으로 돌아가서 설명해 본다면, 이 묘자가 붙은 이유도 금강경의 보시가 그냥 보시가 아닌 미묘한 보시로 반야를 근본으로 한 보시이기 때문입니다. 단순한 보살수행보다 금강행자의 수행이 수승한 이유는 바로 이 반야를 근본으로 한다는 명제 때문입니다. 하지만 그냥 보시를 실천하기도 어려운데, 반야를 근본으로 하는 보시는 정말 어렵지 않을까요?

속도가 아니라 방향

금강경에서는 분명히 반야를 중요시합니다. 그렇기에 원보리심과 행보리심에도 무주상이 붙게 되는 것입니다. 그 어떤 행위라도 반야의 눈으로 바라보는 것이 금강경의 전제입니다. 현시대에서 이 무주상을 중시하는 태도는 매우 큰 가치를 지닙니다. 한국 사회는 지금까지 '빨리빨리'를 외치며 달려왔지만, 이제는 속도가 아니라 방향이 중요한 시대가 도래했기 때문입니다.

“부처님 당시 목갈라나 존자는 탁발에서 돌아오는 길에 한 아귀를 만났습니다. 그 아귀는 수많은 망치가 쉴 새 없이 내리쳐지는 고통을 받고 있었습니다. 목갈라나 존자는 부처님께 이 아귀에 대해서 질문을 올렸는데 그 사연은 다음과 같습니다.

옛날에 절름발이 사냥꾼이 있었는데, 그는 새총 기술이 매우 뛰어났습니다. 그는 앉은 자리에서 새총을 쏘면 높은 나무의 나뭇잎에 코끼리 무늬를 새길 수 있을 정도의 기술을 가지고 있었는데, 우연히 그 나라의 왕과 인연이 되었습니다. 왕의 스승인 제사장은 잔소리가 매우 심했기에 왕은 사냥꾼에게 염소똥을 제사장 입에 몰래 넣어달라고 부탁했습니다.

약속된 날 제사장은 역시 잔소리를 시작했는데, 그때 사냥꾼은 염소똥을 단 한 발의 실수도 없이 전부 제사장의 입 안으로 넣었습니다. 제사장은 잔소리에 너무 열중한 나머지 입에 똥이 들어간 것도 몰랐는데, 이 모습을 본 왕이 말했습니다.

“스승님이시여, 당신은 잔소리에 너무 몰두해 입에 똥이 들어가는 것조차 모르고 있습니다.”

그 후 제사장은 잔소리를 덜 하게 되었고, 왕은 크게 기뻐하며 절름발이 사냥꾼에게 큰 포상을 내렸습니다. 이 사냥꾼의 출세 소식을 들은 한 사람은 새총 기술을 배우기로 결심하고는 정성 들여 사냥꾼의 새총 기술을 전부 배웠습니다. 그는 더 이상 배울 것이 없자 자신도 사회에 나가 실력을 뽐낸 후 출세를 하기로 마음먹었습니다. 사냥꾼은 그 사내에게 이렇게 주의를 주었습니다.

"새총으로 살인이나 살생은 하지 마시오, 부모나 처자식이 없고 맞추어도 벌금이 없는 것을 맞추는 정도에서 끝내야 할 것이오!"

그 사내는 빨리 실력을 뽐내고 싶었지만, 대부분의 생명체들이 주인이 있거나 가족들이 있었기 때문에 새총을 쏠 때 책임을 져야 했습니다. 이것이 싫어 망설이며 대상을 찾던 도중 한 벽지불이 탁발을 하러 걸어가는 모습을 봤는데, 그는 가족도 주인도 없어 보였습니다.

그는 잠시 망설이다가 벽지불의 귓구멍에 정확히 새총을 쐈습니다. 돌멩이는 벽지불의 왼쪽 귀를 통과해 오른쪽 귀로 나왔는데, 이 벽지불은 큰 통증 때문에 곧바로 꾸띠로 돌아가 열반에 들었습니다.

마을 사람들은 존경하던 벽지불이 열반에 든 것을 크게 슬퍼했는데, 이 사내는 상황 파악을 못 하고 벽지불의 귀에 돌을 쏜 자신의 솜씨를 자랑했고, 그는 마을 사람들에게 몽둥이로 두들겨 맞아 죽은 후 곧바로 아비지옥에 태어났습니다.

일대겁의 시간을 아비지옥에서 지냈지만 벽지불을 쏜 악행은 여전히 과보가 남아 있었기 때문에, 그는 아귀가 되어 끝없이 망치로 두개골이 깨지는 고통을 겪고 있는 것이었습니다. 부처님께서는 이 어리석은 아귀의 모습을 비구들에게 알려주신 후 이렇게 말씀하셨습니다.

"비구들이여, 어리석은 자가 기술을 배우거나 힘이 있으면 불이익을 초래한다. 어리석은 이는 기술과 힘으로 자신과 남을 해치기 때문이다." ❞

열심히 노력하는 것은 중요합니다. 이것은 모든 수행과 성취의 기본기입니다. 그러나 그 방향성이 올바르지 않다면, 이 노력은 그저 파멸을 앞당길 뿐입니다. 무주상의 전제는 보살에게 올바른 방향성을 제시합니다. 끝없이 이어지는 역설과 딜레마 속에서 보살이 성불의 길을 잘 찾아갈 수 있도록 안내하는 나침반 역할을 하는 것이 바로 무주상입니다.

무주상은 무주와 무상이 결합한 것으로 무주는 깨어있음의 요소와 배대되고, 무상은 반야와 연결됩니다. 사띠 훈련을 통해 깨어있음의 힘이 커지면 무조건 삶에 도움이 되는 것이 아닙니다. 도둑, 사기꾼 등 범죄자들도 깨어있음의 힘이 큰 것이 사실이지만, 그들은 반야정견이 없는 깨어있음의 힘 때문에 오히려 불행에 빠집니다. 이처럼 정견 없는 사띠는 위험합니다.

사실 정견 없이는 정진, 선정, 보시, 인욕 모두가 다 위험합니다. 남에게 해를 끼치는 것은 물론이요, 자신과 세상을 파멸로 이끄는 것이 바로 무주상의 부재입니다. 이러한 대표적인 인물이 바로 악마 파순입니다. 그는 뛰어난 신통의 위력으로 삿된 견해에 사로잡혀 부처님과 수행자들을 방해하고는 합니다. 수행자가 이런 함정에 빠지지 않기 위해서는 무주와 무상을 고루 잘 익혀 나아가야 합니다. 금강경에서 세 가지 수행을 하나로 합친 무주상보시라는 합성어를 강조하는 이유가 바로 이것입니다.

보살과 보살마하살

"아상, 인상, 중생상, 수자상이 있다면 그는 보살이 아니다."

금강경에는 이런 표현이 자주 등장합니다. 이것은 무주상을 기반으로 한 육바라밀의 실천을 이상적인 모습으로 보고 있기 때문인데, 일반적인 금강행자는 이 표현을 볼 때마다 왠지 불편한 느낌을 받을 수도 있습니다. 왜냐하면 아 · 인 · 중 · 수상을 온전히 단멸한 부전도심을 이루는 것은 결코 쉬운 일이 아니기 때문입니다.

이 불편한 마음을 해결하기 위해서는 보살에도 차별이 있다는 점을 알아 두어야 합니다. 보살의 차별은 오직 보리심의 발전을 기준으로 이루어지는데, 이는 안심의 힘이 얼마나 지극해졌는지의 여부와도 통합니다. 실제로 금강경의 일상무상분에서는 안심의 지극함을 기준으로 부파 불교의 성인의 구분인 수다원, 사다함, 아나함, 아라한을 새롭게 정의합니다.

보리심은 원보리심과 행보리심으로 나뉩니다. 이 둘의 차제는 명확합니다. 여행을 떠날 때 가는 게 먼저가 아니라 가고 싶은 것이 먼저인 것이 당연하듯, 원보리심이 먼저이고 이후가 행보리심입니다. 물론 이런 의문을 가질 수도 있습니다.

'누군가는 성불하겠다는 원보리심 없이도 바라밀 수행을 할 수 있지 않을까?'

당연히 가능합니다. 초기 불교의 수많은 재가불자들은 원보리심 없이도 보시와 지계바라밀을 수행했습니다. 출가자들의 바라밀 수행은 다양하고 지극했습니다. 그러나 그들을 보살이라고 부르지 않는 이유는 보살의 정체성과 연관이 있습니다. 보살의 정체성은 바라밀 수행에 있는 것이 아니라 원보리심의 여부에 있습니다. 불자가 삼귀의의 마음을 통해 화생하듯, 보살은 원보리심의 서원을 모태로 하여 화생합니다. 만약 원보리심 자체가 없다면 그는 아무리 수행력이 뛰어나고, 자비심이 있다고 해도 보살이 아니라 수행자입니다. 『입보살행론』에서는 이를 명확히 정의하고 있습니다.

“보리심을 일으키면 윤회의 쇠사슬에 얽매인 가련한 자도 보살이라 불리며 세간의 천신과 사람들이 함께 받듭니다.”

범부 또는 성인이 보살로 화생하는 방법은 오직 원보리심의 여부에 있습니다. 원보리심을 일으키는 것만으로도 그는 고귀한 법왕자로 새롭게 태어나는 것입니다. 이를 전통적으로 '명칭이 바뀌는 이익'이라고 표현합니다. 이는 거지가 왕자로 신분이 바뀌는 것만큼 큰 변화이기에 삶의 방향성, 그리고 세상과의 관계 모두가 한순간에 변화하는 것입니다.

금강경을 남이 아닌 자신의 이야기로 받아들일 수 있는 권장 수준을 이미 밝혔습니다. 그것은 두 가지로써 선남자 선여인인지의 여부와 원보리심의 유무입니다. 『입보살행론』에서는 보리심을 원보리심과 행보리심으로 구분하지만, 개인적으로는 여기에 증보리심證菩提心을 더해야 한다고 생각합니다. 이 세 가지 보리심은 보살을 구분하는 기준이 되는데 원보리심을 일으킨 존재는 초심보살, 행보리심을 실천하는 존재는 본생보살, 증보리심에 가까워진 존재는 대보살인 보살마하살로 볼 수 있습니다.

초심보살은 이제 갓 태어난 아기와 같습니다. 아무리 고귀한 신분과 재능을 지니고 있는 존재라 해도 갓난아기는 사실상 힘이 없습니다. 원보리심을 일으킨 보살이 처음에는 아 · 인 · 중 · 수 상이 그대로 남아 있다 하더라도 전혀 이상한 일이 아니라는 뜻입니다.

아기로서의 초심보살이 자비로운 보호와 보살의 교육을 잘 받고 나면 스스로의 힘이 생기기 시작할 것입니다. 그때가 되면 고귀한 불보살의 가문에 어울리는, 아 · 인 · 중 · 수상을 제거하는 행보리심 수행에 힘쓰는 본생보살이 될 것입니다. 이를 통해 전도심이 점점 청정해지게 될 것이고, 마음이 점점 광대심과 제일심을 닮아갈 것입니다. 이처럼 금강심의 힘이 커져 안심이 굳건해지면 그를 보살마하살이라고 부를 수 있습니다.

비록 금강경 원문에 본생보살은 등장하지 않지만 보살마하살은 자주 언급됩니다. 이를 하나의 단어인 보살마하살로 볼지, 보살과 마하살로 볼지는 경을 보는 이들의 견해에 따라 달라집니다. 하지만 개인적으로는 보살과 마하살을 구분하여 금강행자의 마음속 부담을 줄이는 것이 안심법문에 더 어울리는 선택으로 보입니다. 『아티샤의 명상요결』에 이런 문장이 등장합니다.

"야크의 짐을 소에게 지우지 말라."

힘이 훨씬 센 야크가 짊어지는 짐을 소에게 지우는 순간, 소는 다리가 부러지고 주저앉을 것입니다. 그럼 소는 다음부터 다시는 짐을 짊어지고 싶어 하지 않게 될 것입니다. 마찬가지로 초심보살에게 아 · 인 · 중 · 수상이 남아 있는데, 그런 마음을 쓰면 보살이 아니라는 부담스러운 경책이 반복되어 초심보살의 보리심을 갉아먹는 독으로 작용할 수 있습니다. 그렇기 때문에 진정한 보살승의 태도는 지혜와 자비심으로 초심보살이 갓난아기처럼 힘이 없는 것을 자연스럽게 여기면서 그들의 보리심을 양육하는 것입니다.

"보살마하살의 짐을 초심보살에게 지우지 말라."

초심보살	본생보살	보살마하살
원보리심	행보리심	증보리심

보살과 보리심의 관계

금강경의 구조

금강경은 여타의 논서와 달리 딱 떨어지는 구조로 나누기는 어렵습니다. 왜냐하면 주 · 수 · 단이 반복적으로 순환하는 구조이기 때문입니다. 이러한 구조는 언뜻 보면 다소 불규칙해 보일 수 있지만, 교육 효과는 매우 뛰어난 구조입니다. 교육학자 하워드 가드너Howard Gardner는 그의 저서 『다중지능Multiple intelligences』에서 최고의 교육법 중 하나를 이렇게 소개합니다.

> "개념이나 이론에 숙달하려면 그 자료에 지속해서 노출되어야 한다. 왜냐하면 대다수의 사람들이 한 번에 개념이나 이론을 이해할 수 없기 때문이다. 그러나 같은 내용을 똑같은 방식으로 여러 번 제시하는 것은 적절하지 못하다. 개념이나 이론이 다양한 모습과 맥락으로 제시될 때 학생들은 훨씬 더 쉽게 이해한다."

저는 개인적으로 이 교육법을 선호하여, '나선형 반복 학습법'이라고 이름 붙이고 있습니다. 금강경이 인류의 훌륭한 교과서인 이유 중 하나는 그 형식과 구조마저 이 나선형 반복 구조를 이루고 있기 때문입니다. 금강경은 무주와 무상 그리고 보시를 반복하되, 매번 새롭고 흥미로운 소재를 활용하여 초심보살의 마음을 훈습하는 교육 프로그램입니다. 즉, 금강경은 무주상보시의 나선형 반복 구조를 이루고 있습니다. 여기에 더해 금강경은 무주상보시에 대한 난이도에 따라 차제를 구분할 수도 있습니다. 난이도는 최상승근기, 상근기, 중근기 그리고 하근기 법문으로 구분되는데, 32분설을 기준으로 나누면 다음과 같습니다.

먼저 법회인유분 제일은 최상승근기를 위한 비언어적 법문입니다.

법회가 열리는 연유에 관해서 설명할 때 언급했듯이, 이미 최상승의 근기에게는 법문의 시작과 동시에 법문은 끝이 났습니다. 금강심으로 살아가는 부처님의 일상은 그 자체로 부가적인 설명이 필요 없는 최고의 법문이기 때문입니다. 그렇기에 최상승의 근기에 해당하는 수보리 존자는 그 속에서 깨치는 바가 있었던 것입니다.

다음으로 대승정종분 제삼까지는 최상승근기를 위한 언어적 법문입니다. 똑같은 최상승근기라 하더라도 후대의 수행자는 수보리 존자와는 다르게 부처님의 삶을 옆에서 직접 경험할 기회가 없습니다. 즉, 비언어적 가르침에 대한 기회 자체가 끊어진 것입니다. 그렇기에 후대의 수행자들에게는 언어적 법문이 필요합니다.

수보리 존자는 이처럼 후배들을 위해 그들이 보리심 수행 중 공통으로 지니게 될 핵심을 질문했습니다. 그리고 이에 대한 가장 간단한 부처님의 답변이 바로 대승정종분 제삼까지의 내용으로써 전체 경전을 꿰뚫는 맥락입니다. 최상승근기 보살들은 이 짧은 법문만으로도 충분히 금강심으로 나아갈 수 있습니다.

최상승근기인 수보리 존자와 소수의 보살대중을 제외한 상근기, 중근기 그리고 하근기 보살들은 좀 더 자세한 설명이 필요합니다. 부처님께서는 이를 위해 무주정념의 실습 방법, 무상반야의 연습문제, 보시서원의 점검 기준을 나선형 반복 구조로써 제시합니다.

상근기를 위한 법문은 정신희유분 제육까지인데, 묘행무주분을 통해 무주의 실습 방법, 여리실견분을 통해서는 무상의 연습문제, 정신희유분을 통해서는 보시의 자기 점검을 다루고 있습니다. 상근기 보살은 무주상보시에 대한 단 한 번의 상세 설명만으로도 길을 찾을 수 있습니다.

이후 여법수지분 제십삼까지는 중근기를 위한 법문입니다. 이때 비로소 이 가르침의 정식 명칭이 등장하기 때문에 어떤 학자들은 이후의 반복되는 내용들을 후대에 붙은 사족으로 여기기도 합니다. 하지만 이는 보리심 수행을 실천하며 끊임없는 번뇌와의 줄다리기를 겪어보지 않은 이들의 견해일 뿐입니다. 실습이 아닌 논리로써 금강경을 바라보는 이들에게는 불규칙하게 반복되는 듯한 내용이 불필요한 사족으로 보일 수도 있습니다. 하지만 사족처럼 보이는 그 반복이 바로 보살의 수행과정 그 자체이기 때문에 금강행자는 매번 이 경전을 독송할 때마다 다른 내용으로 받아들여지고 다른 이익을 얻게 되는 것입니다.

하근기를 위한 법문은 마지막인 응화비진분 제삼십이까지입니다. 하근기의 초심보살들은 원보리심의 뿌리가 미약하고, 공덕과 정진의 힘이 미약하기에 반복적으로 훈습하는 것이 매우 중요합니다. 하근기의 신심은 끊임없는 반복을 거쳐야만 도약할 수 있기 때문입니다.

그러나 간과하지 말아야 할 것은 최상승근기부터 하근기까지 금강경이 4단계의 차제로 구분된다고 하여, 그 내용에 수준 차이가 있는 것은 결코 아닙니다. 앞에서도 재차 강조했듯이 금강경은 그저 처음부터 끝까지 금강심을 말합니다. 그렇기에 그 내용의 난이도는 처음부터 끝까지 동일합니다. 다만 금강행자의 근기에 따라 얼마나 반복 훈습을 거쳐야 금강심을 눈치채고 안심의 힘이 강해질지는 차별이 있습니다. 즉, 4단계의 차제는 내용에 따른 차제가 아닌 금강보살의 근기 차이를 기준으로 나뉜 것입니다.

금강경은 보살승 운동의 텍스트입니다. 보살승 운동은 남녀노소 할 것 없이 모든 이들이 동참할 수 있어야 합니다. 불성의 대중화를 외치고, 일체중생을 구하겠다는 보살승의 교과서였기 때문에 눈 있는 자는 모두 실천할 수 있는 가장 쉬운 수행법을 고안했고, 그것이 바로 '수지'와 '독송'입니다.

만약 수행자가 글을 모른다면 최소한 수지는 할 수 있고, 글을 안다면 수지독송을 할 수 있습니다. 물론 이것이 익숙해지고 배움이 발전한다면 서사유통하고 위인해설을 할 수도 있겠지만 그 시작은 분명 수지독송입니다. 경을 지니고만 있어도, 그저 독송하기만 해도 금강심에 도달하는 수행이라니, 이 얼마나 쉬운 수행입니까? 수행이 효능을 지닐 수 있는 비밀은 다름 아니라 모든 근기를 고려한 무주상보시의 나선형 반복 구조에 있었습니다. 이제 금강경을 수지독송하고 싶은 마음이 생기지 않나요?

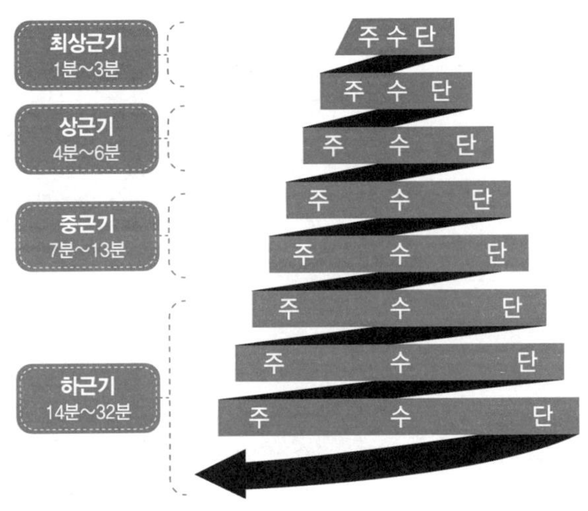

금강경의 구조

P A R T

03

수보리 존자의 세 번째 질문

부처님께서는 보리심을 일으킨 보살이 중생을 구제하는 힘의 근본은 보시라고 하셨다. 그리고 보살이 보시를 하는 대상은 중생이라고 하셨다.
"중생의 실체가 있지 않다면 대체 누가 보시를 받는 것인가?"

무주상보시, 사띠

04 묘행무주분 / 집착 없는 보시

妙行無住分 第四

"또한 수보리여! 보살은 어떤 대상에도 집착 없이 보시해야 한다. 말하자면 형색에 집착 없이 보시해야 하며 소리, 냄새, 맛, 감촉, 마음의 대상에도 집착 없이 보시해야 한다.
수보리여! 보살은 이와 같이 보시하되 어떤 대상에 대한 관념에도 집착하지 않아야 한다."
復次須菩提 菩薩於法 應無所住 行於布施 所謂不住色布施 不住聲香味觸法布施 須菩提 菩薩應如是布施 不住於相

반야의 실천법 – 무주

금강경의 보리심인 사심을 밝힌 다음에는 묘행무주분이 등장합니다. 이 부분에서는 반야를 전제로 행보리심을 수행하는 구체적인 방법을 설명합니다.

> "또한 수보리여! 보살은 어떤 대상에도 집착 없이 보시해야 한다."

부처님께서는 보살이 행보리심을 실천할 때 경계에 머무르지 않아야 함을 강조하시는데, 이것이 바로 무주상보시입니다. 무주상이 무엇인지를 알기 위해서는 일단 무주와 무상, 둘의 관계부터 살펴봐야 합니다. 우리는 바깥 경계의 존재가 실재한다고 여기는데 이는 무상을 모르는 것입니다. 이렇듯 상이 실재한다고 여기면 그 존재에게 마음을 빼앗기게 되는데 이것이 무주에서 벗어난 것입니다. 즉, 무상을 모르기 때문에 무주를 못 한다는 것입니다. 이 연관 관계를 뒤집어서 생각해 보면 무상을 알기 위해서는 무주를 갈고 닦으면 된다는 논리가 성립됩니다. 그렇기에 부처님께서는 완성해야 하는 금강심의 네 가지 모습을 말씀하신 후 곧바로 무주의 실천을 강조하십니다. 이 실천은 무주상을 근본으로 하는 행보리심으로 초심보살을 안내할 것입니다.

마찬가지로, 무주는 반야의 실천문인데, 이를 알기 위해서는 일단 주住라는 것이 무엇인지를 알아야 합니다. 주는 머무른다는 것인데, 이는 오직 사띠를 말하고 있습니다. 범부들은 자신이 머무르는 곳이 바깥 경계의 장소라고 착각합니다. 하지만 자세히 관찰해 보면 우리는 오직 경험에 머무른다는 것을 알 수 있습니다. 즉, 몸이 아니라 마음이 머무는 곳이 바로 주입니다.

예를 들면, 지금 누군가 법당에 머무르고 있다고 가정해 보겠습니다. 만약 누군가가 그에게 어디에 머물고 있는지를 묻는다면 당연히 법당이라고 답하겠지만, 사실 그는 자신의 사띠가 머무는 다양한 생각들로 끝없이 옮겨 다니는 여행을 하고 있습니다. 다시 말하면, 앉아 있는 그 자리에서 다른 나라를 경험하기도 하고, 미래의 삶으로 가기도 하며, 어릴 적 과거의 장소에 머무르기도 하는 것입니다.

사람들은 스스로 삶을 바꾸고 싶어 합니다. 하지만 경험을 바꾸지 못한다면 그것은 불가능합니다. 연속되는 경험이 바로 삶이기 때문입니다. 그리고 경험을 바꾸는 것은 다름 아니라 사띠입니다. 이러한 내용을 바탕으로 경험을 바꾸는 핵심을 배워 보겠습니다. 먼저 이 문장을 되뇌어 보십시오.

"주의력이 머무는 것만을 경험할 수 있다."

주의력은 사띠의 번역어 중 하나인데, 우리는 주의력을 두지 않는 것은 눈앞에 있어도 경험하지 못합니다. 실험해 볼까요? 당신의 발바닥은 지금 어떤 상태인가요? 길게 설명할 필요는 없습니다. 다만 이 질문을 받기 전에 당신은 발바닥을 경험할 수 있었나요? 아마 발이 몸에 붙어 있다는 것조차 몰랐을 것입니다. 발바닥이 없다가 생긴 것도 아닌데 경험을 못 했던 것은 그곳에 주의력을 두지 않았기 때문입니다. 당신은 분명히 이 글을 읽는 것에 주의력을 두고 있었을 것입니다. 그래서 이 글을 읽는 것 외에 다른 모든 것들의 경험은 불가능했을 것입니다. 다른 모든 것들이 세상에서 사라졌기 때문에 경험을 못 하는 것일까요? 아닙니다! 그저 한 곳에 주의력을 두니 지금, 이 순간 곁에 있는 다른 것들에 주의력을 두지 못했을 뿐입니다. 외계의 대상이 없기 때문에 경험을 못 하는 것이 아니라, 주의력을 두지 않았기 때문에 경험을 못 하는 것입니다.

군대에서는 주의력이 어딘가에 사로잡혀 있는 상태를 얼빠졌다고 표현합니다. 대개가 망상에 주의력을 빼앗겼기에 정작 중요한 주변 상황을 인지하지 못 하는 것입니다. 이럴 때 군대에서는 얼차려를 하는데, 주로 몸을 쓰도록 만듭니다. 힘들게 몸을 쓰면 망상에 빼앗겼던 주의력이 지금, 이 순간으로 되돌아오기 때문입니다.

깨어있음, 알아차림, 마음챙김, 주의력 등 다양한 번역어가 존재하는 사띠를 갑자기 설명하는 이유는 다름이 아니라 이것이 바로 무주의 비밀을 풀 수 있는 열쇠이기 때문입니다. 책의 서두에서는 수보리 존자가 부활시키고자 했던 가치로 불방일정진을 손에 꼽았습니다. '방일하다'는 것은 얼빠져 있는 상태를 말하는 것인데, 이 상태로는 무주가 불가능합니다. 무주는 불방일한 마음챙김과 깊은 연관이 있습니다.

얼빠진 상태에서는 경험을 바꾸지 못합니다. 물고기가 그물에 걸리듯 망상 경계에 사로잡혀 있기 때문입니다. 하지만 깨어있음의 상태에서는 경험을 바꾸는 것이 가능하기에 인생도 바꿀 수 있습니다. 경험의 열쇠에 해당하는 사띠의 주인이 되었기 때문입니다. 보살은 성불이라는 위대한 성취를 원하기 때문에 큰 공덕이 필요하다고 느낍니다. 사띠의 주인이 되면 가장 수승한 공덕을 성취하는 보시의 행보리심을 실천할 수 있습니다.

보시 공덕의 크기를 논할 때 최상의 보시는 삼륜三輪이 청정淸淨한 보시라고 합니다. '삼륜청정'이란 '보시를 하는 자와 보시를 받는 자 그리고 보시물이 청정한 것'을 말합니다. 이 삼륜청정을 얻는 가장 간단한 방법은 '무주상보시'입니다. 대상에 사로잡히지 않고 그 실체를 꿰뚫어 보는 무주상의 마음으로 보시를 한다면 가장 뛰어난 공덕을 낳는 보시가 됩니다. 육조 혜능 스님은 출가 전 저잣거리에서 한 스님의 금강경 독경 소리를 듣고 깨달음을 얻었다고 합니다.

> "응무소주 이생기심
> 應無所住 而生其心
>
> 마땅히 사로잡히는 바 없는 마음을 일으켜라."

깨어있음의 힘이 좋아질 때 우리는 어떤 경계에도 사로잡히지 않고 무주에 주할 수 있게 됩니다. 부처님께서는 어디에도 사로잡히지 않는 적절함에 머무는 이 상태를 '중도'라고 표현했습니다. 육조 혜능 스님은 금강경의 한 구절을 듣고 중도를 엿봤을 것입니다. 그리고 어디에도 사로잡히지 않은 중도의 마음으로 무상의 진리에 나아갔을 것입니다. 그렇기에 무상의 '종'으로 나아가기 위한 '체'로써 무주를 강조한 것입니다. 무주가 바로 무상의 문입니다. 부처님께서는 팔만 사천 법문 중 '불방일정진'이라는 표현을 가장 빈번하게 사용하셨다고 합니다. 경험을 바꿔 고통에서 벗어나는데 사띠가 가장 중요한 역할을 하기 때문입니다. 초기 경전에서 사띠의 확립이 자주 강조되는 이유 역시도 마찬가지입니다.

'무주-사띠-불방일' 이것이야말로 경험을 바꾸는 열쇠입니다.

정념과 무주상

사띠는 팔정도 중 정념수행과 연관이 깊습니다. 팔정도 설법은 초전법륜에서부터 처음 등장하는데, 이는 중도를 이루기 위한 수행법입니다. 팔정도 수행의 핵심은 '정견'입니다. 정견의 기반이 없이는 정사유, 정정에 다다를 수가 없으며 따라서 '정正'자를 붙일 수가 없습니다. 그런데 흥미롭게도 부처님께서 설하신 팔만 사천 법문 중에는 정견보다 '정념'이 더 자주 언급됩니다. 무주가 무상의 문 역할을 하듯, 정념을 바탕으로 한 정진이 정견의 입구이기 때문입니다.

보살승의 수행법인 육바라밀에 정념이 빠진 것은 매우 안타까운 일입니다. 물론 선정에 사띠의 요소가 포섭되었다고 볼 수도 있습니다. 하지만 부처님의 육성으로 가장 많이 언급하셨던 단어가 대승불교의 표면에서 실종된 것은 분명합니다. 하지만 특이한 점은 금강경에서는 비록 사띠의 용어가 무주로 바뀌었어도 여전히 중요시된다는 점입니다.

'정념'이라는 단어는 '정견 + 념'의 합성어입니다. '정견'은 팔정도의 핵심으로서 '사성제, 무아를 아는 것'입니다. '념'은 반복해서 언급했던 '사띠'입니다. 따라서 '정념'은 '무아를 근본으로 한 깨어있음'을 말하는 것입니다. 이는 무상을 근본으로 한 무주인 무주상과 정확하게 일치합니다. 금강경은 보살승 운동의 극초기에 결집했기 때문에 불방일(정념)을 아직 중요시 여겼던 것입니다.

부처님께서 가장 자주 말씀하셨다는 '불방일정진'을 금강경 용어로 바꾸어보면 '무주상보시'입니다. 무상은 정견에 해당되고, 무주는 사띠에 해당됩니다. 그리고 보시는 바로 보살의 정진이니 금강경의 무주상보시는 불방일정진의 정신을 계승하여 성불의 길에 알맞게 발전시킨 것으로 해석할 수 있습니다.

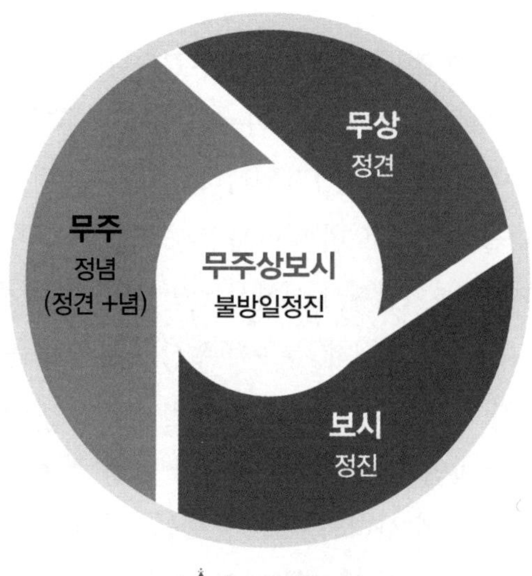

무주상보시

인도 금강경의 법회인유분 제일의 마지막 부분에는 부처님께서 마음챙김을 하시는 장면이 등장합니다.

> "공양 후에는 탁발로부터 돌아오셔서 발우와 가사를 제자리에 내려놓으시고
> 두 발을 씻고 미리 준비된 자리에 앉으셨다.
> 가부좌를 결하고, 곧게 몸을 세우고, 전면에 마음챙김을 확립하시고서."

많은 사람들은 무주상수행의 핵심 힌트가 될지도 모르는 '전면에 마음챙김을 확립'하는 이 부분을 간과하는 것 같습니다. 마음챙김을 확립하는 것은 선정에 드는 것과 다릅니다. 이는 위빠사나와도 다릅니다. 마음챙김은 2차적인 수행 기법이 아닌 정견을 바탕으로 깨어있는 기본 상태입니다. 마음챙김 수행을 통해 사띠의 질이 좋아지면 이를 바탕으로 위빠사나 또는 사마타로 수행이 발전하게 되기에, 팔정도 수행에서 정념과 정정을 구분했던 것입니다. 좀 더 정확히 표현하면, 정념을 바탕으로 정정이 이루어지는 것입니다. 많은 수행자들이 사띠와 집중의 차이를 구분하지 못한 채 수행을 하는 것은 참으로 안타까운 일입니다.

명상효과에 대한 연구 보고서를 보면, 명상 수행의 효과로서 가장 의미있는 것은 충동 억제 및 자기조절 능력 향상입니다. 명상 수행 중 사띠가 활성화되면 뇌의 전전두피질의 활동이 활발해진다고 합니다. 또한, 뇌과학자들과 명상수행자들은 협업을 통해 전전두피질이 경험을 조절하는 역할을 담당하고 있다는 사실을 밝혔습니다.

사띠가 확립되지 못한 수행자는 의도를 가지고 애를 써야 전면에 마음챙김을 할 수 있습니다. 하지만 부처님처럼 사띠가 확립된 수행자는 의도 없이도 자연스럽게 마음챙김이 이루어집니다. 경계가 있을 때는 사띠가 자연스럽게 옮겨 다니지만, 특별한 경계가 없을 때 사띠의 주처住處는 대개가 전면입니다. 이는 명상을 하면 전전두피질이 활성화되는 것과 유사한 원리로서 전면에 마음챙김하는 것은 무주상의 기본 자세를 보여주는 것입니다.

명상하면 전전두피질이 활성화되는 것과 수행자가 할 일을 마친 후 자리에 앉아 전면에 마음챙김을 확립하는 모습이 제 눈에는 겹쳐 보입니다. 전전두피질이 활성화되어 충동 억제력과 자기조절 능력이 향상

되는 것과 사띠의 주인이 되어 경험을 바꾸는 것 역시 제 눈에는 겹쳐 보입니다. 금강행자가 행동을 바꾸고, 경험을 바꾸며, 삶을 바꾸고, 세상을 바꾸기 위해서는 불방일정진을 계승한 무주상보시를 기본자세로 삼아야 한다는 것을 기억해야 합니다.

세상이 무너지다

사띠 수행을 이해하기 위해서는 번역어를 되새겨 볼 필요가 있습니다. 특히 사띠의 번역어 중 '깨어있음'과 '알아차림' 그리고 '주의력'은 매우 중요하기에 이를 하나씩 살펴보겠습니다.

가장 기본이 되는 번역어는 '깨어있음'으로, 이는 '생각에 사로잡혀 있지 않은 또랑또랑한 의식 상태'를 말합니다. 모든 사람들은 이미 이 깨어있음을 충분히 활용하면서 살아왔기에 익숙할 것입니다. 이 또랑또랑한 깨어있음은 일종의 준비 상태입니다. 이 상태에서 우리는 다가오는 인연경계를 알아차리게 됩니다.

'알아차림'이란 이처럼 '대상을 잘 느끼고 경험하는 것'을 의미합니다. 깨어있음이 없는 의식을 방일하다고 표현하는데, 방일한 상태에서는 옆에서 누가 자신을 불러도 듣지 못하는 경험을 하기도 합니다. 즉, 방일하면 알아차리는 힘 역시도 약해지는 것입니다. 개인적으로 '무주에 주한다'는 표현을 자주 쓰는데, 무주의 상태가 깨어있음이라면 무주의 상태에서 대상을 살펴보는 것은 알아차림이라고 할 수 있습니다. 금강경 원문에서는 대상에 사로잡혀 있는 상태를 눈이 멀어 있는 것으로 비유하는 반면, 깨어있음의 상태는 눈이 매우 밝아진 것으로 비유합니다. 어두운 곳에서 대상을 보는 것과 밝은 곳에서 보는 것의 차이가 바로 알아차림 질의 차이가 될 것입니다. 참고로 또 다른 중요한 번역어로는 '마음챙김'이 있는데, 이처럼 깨어있음과 알아차림의 상태에서는 '마음이 번뇌로부터 보호된다는 것'을 의미합니다.

사띠의 여러 번역어 중에서 가장 직관적이라고 여겨지기 때문에 가장 빈도 높게 활용하는 용어는 '주의력注意力'입니다. '주의'의 '주' 자는 '물 댈 주注'를 사용했는데, 이는 마치 원하는 논에 물을 대듯 원하는 대상에 사띠를 두는 모습을 시각적으로 묘사한 단어입니다. 사띠 명상에서는 경험과 함께 드러나는 이 주의력에 대한 감각을 키우는 것이 매우 중요합니다. 사띠의 질이 좋아지면 물질을 인식하듯 주의력이 선명하게 감지되는데, 그때부터 사띠 수행은 가속도가 붙습니다.

사띠 수행을 이어나가다 보면 그 성취에 따라 사띠의 주처가 달라집니다. 사띠에 대한 주도권을 번뇌, 망상에게 빼앗긴 범부들의 경우 사띠가 망상 경계에 사로잡혀 있습니다. 즉, 얼빠진 채 살아가는 것인데 부처님께서는 이런 상태의 삶을 꿈꾸는 것처럼 살아간다고 표현하셨습니다. 심리학자들도 역시 이런 상태를 '가수면 상태'라고 표현하는데(Lundy, R. *Journal of Abnormal Psychology 104 (1)*, 1995), 이렇게 번뇌, 망상에 사로잡혀 사는 삶은 변화가 어렵습니다.

부처님께서는 사띠의 질을 좋게 만드는 수행법으로 사념처四念處를 제시하셨습니다. 깨어있는 힘으로 알아차림 해야 하는 대상을 신수심법身受心法 네 가지로 구분하신 것입니다. 이처럼 사념처 수행을 하는 사띠 수행자들은 사띠의 주처가 경계에서 마음으로 옮겨집니다. 외부를 바라보는 삶에서 내면을 바라보는 삶으로 방향성이 바뀌는 것인데, 이러한 회광반조廻光返照가 완숙해지면 객관세계는 무너져 내립니다.

범부는 객관세계가 실재한다고 생각합니다. 경계에 사띠를 빼앗겼기 때문에 그 실체를 꿰뚫어 보기는커녕 개념화된 경계상에 집착하며 살아가기 때문입니다. 하지만 사띠 수행자에게 있어 경계는 아무리 크고, 아름답고, 화려하더라도 그저 육경일 뿐입니다. 금강경에서는 경계에 머무르지 않는 보시란 무엇인지를 좀 더 자세하게 표현합니다.

> "보살은 어떤 대상에도 집착 없이 보시해야 한다. 말하자면 형색에 집착 없이 보시해야 하며 소리, 냄새, 맛, 감촉, 마음의 대상에도 집착 없이 보시해야 한다. 수보리여! 보살은 이와 같이 보시하되 어떤 대상에 대한 관념에도 집착하지 않아야 한다."

부처님께서는 사띠 수행을 하는 제자들에게 주관 세계를 육근, 객관세계를 육경으로 해체해서 바라보기를 권장하셨습니다. 이렇게 바라볼 때 실재하는 것처럼 느껴지는 경계상이 사실은 무상이라는 것을 알 수 있기 때문입니다. 예를 들어 보겠습니다. 이 글을 바라보던 시선을 돌려 주변을 바라보세요. 혹시 사람이 있나요? 그 사람은 당신에게 있어 보이는 대상인 색경입니다. 그렇죠? 그럼 당신이 바라보는 것은 사람인가요? 아니면 색경인가요? 망상 경계에 사로잡힌 방일한 사람과 깨어있는 수행자의 차이는 여기서 생겨납니다. 만약 경계상境界相에 사띠가 머문다면 사람과 사람은 모두 차별이 존재합니다. 하지만 사띠가 좀 더 안으로 들어온 수행자에게는 사람과 사람, 사람과 나무, 나무와 쓰레기 등의 차별이 없습니다. 왜냐하면 그 모든 것이 그저 보이는 대상인 색경일 뿐이며, 사띠의 주처가 육경상六境相으로 들어간 것입니다.

만약 사띠 수행이 더 완숙된다면 더욱더 깊은 차원으로 주처가 옮겨집니다. 색 · 성 · 향 · 미 · 촉 · 법 어떤 경계든 결국은 경험이 이루어지기 위해서는 사띠가 붙어야만 합니다. 사띠가 더욱더 깊은 차원으로 향한 이들은 사띠 그 자체인 깨어있음을 대상으로 사띠를 둡니다. 이것은 비유하자면 육경의 경험이 들어가는 마음 문 앞에 주처가 있게 되는 것입니다. 이들에게는 육경의 차별조차도 사라지기에 심지어 보이는 것과 듣는 것도 평등해집니다.

사띠의 주처가 념상念相으로 들어간 이들은 그 수행이 더욱 지극해지면 심지心地를 발견합니다. 범부들은 흔히 마음 작용이 마음이라고 착각합니다. 하지만 마음 작용은 엄연히 마음과 다른 면이 있습니다. 예를 들어 마음은 바다와 같이 변함이 없지만, 마음 작용은 그 바다에 치는 파도와 같은 것으로 볼 수 있습니다. 이렇듯, 분별을 근본으로 하는 마음 작용으로부터 자유로워질 때 우리는 불이不二의 마음인 심지를 체득하게 됩니다.

결국 회광반조의 수행단계는 온갖 차별상에 눈이 멀어 고향에서 고향 찾는 나그네 꼴을 면하지 못하던 범부들이, 수행을 통해 사띠와 무상의 지혜가 점점 깊어지고 이에 따라 마음이 고요해지는 과정입니다. 이렇게 고요한 마음인 심지를 발견한 이들에게는 마음과 마음 작용의 차별이 사라집니다. 눈을 가리는 이분법의 장애가 사라졌기 때문에 그들에게는 지금 이 마음 그대로가 바로 금강심인 것입니다.

사띠 수행이 무상의 진리와 합일되어 깊어지면 온갖 차별이 난무하는 세상은 점점 무너져 내립니다. 세상이 무너진다는 말을 좀 더 설명하자면, 객관세계인 우주가 무너진다는 것이 아니라 경험되는 차별적 세상이 무너진다는 것입니다. 이렇게 갖은 오해가 중첩된 번뇌의 장애가 사라지면 있는 그대로의 불지견佛知見이 드러나는 것입니다. 흔들리지 않는 지극한 안심인 금강심에 도달하는 것입니다.

선과 청정

모든 부처님의 공통된 가르침이라고 불리는 '칠불통계七佛通戒'는 이런 내용입니다.

> 모든 악을 그치고, 모든 선은 받들어 행하며, 마음을 청정히 하는 것, 이것이 모든 부처님의 가르침이다.

악은 공덕을 깎아 먹고, 선과 청정은 공덕을 만듭니다. 결국 부처님의 모든 가르침은 '공덕을 쌓아 생천과 해탈 그리고 성불을 성취하라는 것'입니다. 그런데 선과 청정은 어떤 차이가 있어서 구분한 것일까요?

선은 악의 대칭점에 있습니다. 이는 이분법의 세계에서 보다 행복에 도움이 되는 결과를 낳는 행위를 말합니다. 그래서 선업은 유위공덕의 근본이 됩니다. 반면 청정은 선과 악의 이분법이 아니라 이분법을 초월하는 것을 말합니다. 이는 무아의 진리를 근본으로 하는 것입니다. 그래서 청정업은 무위공덕의 근본이 됩니다.

삼륜청정을 논할 때 기본적인 단계에서는 선한 유위공덕에 초점이 맞추어집니다. 하지만 금강경에서는 철저히 무위공덕에 초점을 맞추고 논리를 전개합니다. 앞서 살펴본 것처럼 삼륜청정이 가장 수승한 공덕을 만듭니다. 그리고 삼륜을 청정하게 만드는 가장 쉬운 방법은 바로 무주상의 도리에 있습니다. 그 어떤 경계에도 사로잡히지 않을 때 우리는 보시를 하는 자, 받는 자, 보시물 모두의 실체를 꿰뚫어 아는 청정을 행할 수 있기 때문입니다.

보시를 받는 자가 없는데 보시를 어떻게 할 수 있는지에 대한 의심의 밑바닥에는 공덕에 대한 욕심이 있다는 것을 알아야 합니다. 그렇기에 주체가 없는 행위가 어떻게 일어나는지를 이해하여 이 의심을 해결하는 방법도 있지만, 단순히 공덕을 얻을 수 있다는 보장만 있다면 이면의 욕심이 충족되어 의심을 해결하기도 합니다.

이생의 행복과 내생의 행복을 낳는 선업보다 해탈과 일체지의 궁극의 행복을 낳는 청정업이 훨씬 위대한 공덕입니다. 선과 청정의 구분 그리고 유위공덕과 무위공덕을 구분하고 우열을 논하는 부분은 앞으로 반복적으로 등장할 예정이니 자세한 설명은 뒤로 미루겠습니다.

PART

04

수보리 존자의 네 번째 질문

"보살은 무주상보시를 하는데, 어떻게 복을 받을 수 있는가?"

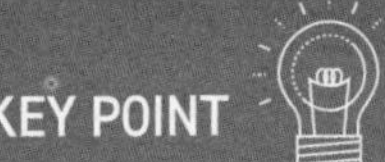

유위공덕, 무위공덕

“왜냐하면 보살이 대상에 대한 관념에 집착 없이 보시한다면 그 복덕은 헤아릴 수 없기 때문이다.”
何以故 若菩薩不住相布施 其福德不可思量

최상의 공덕을 얻는 수행

부처님께서는 인생을 살아가는 데 있어 각자가 추구하는 목적에 따라 네 가지 길이 있다고 하셨습니다. 그 네 가지 길은 파멸의 길, 천상의 길, 해탈의 길, 성불의 길입니다. 인생의 어느 길에 있든 모든 존재는 행복을 추구합니다. 그렇지만 추구하는 행복의 모습과 행복을 추구하는 전략은 모두 다릅니다.

첫 번째 길은 ‘파멸의 길’입니다. 부처님께서는 대부분의 범부들이 탐욕과 분노 그리고 어리석음에 휩싸여 파멸의 길을 걷고 있다고 하셨습니다. 파멸의 길을 걷는 범부들은 잘못된 방법으로 행복을 추구합니다. 그러나 잘못된 길로는 아무리 열심히 가봐야 그 끝에는 오직 고통만이 존재합니다. 불보살님께서는 수많은 범부들이 이 고통의 길로 나아가는 것에 대해 큰 연민을 품고 계십니다.

두 번째인 ‘천상의 길’은 선남자 선여인이 걷는 길입니다. 선남자 선여인은 일반적인 범부와 다르게 재욕, 색욕, 식욕, 명예욕과 같은 세간의 욕망을 충분히 누리고 있는 이들입니다. 이들이 불교에 귀의하는 이유는 현재 누리고 있는 것들을 유지하기 위함이거나 쾌락에 염리심厭離心을 느껴 더 나은 가치인 공덕을 추구하기 위함입니다. 이러한 행복을 얻기 위해 선남자 선여인들은 시계생천의 방향성으로 유위공덕有爲功德

을 추구하며 살아가는데, 이를 천상의 길이라고 합니다. 천상의 길은 대부분의 재가불자들이 추구하는 삶의 방식으로, 파멸의 길을 벗어나 천상의 길로 들어서는 것만 해도 삶은 크게 변화하고 행복에 한층 가까워집니다.

세 번째인 '해탈의 길'은 세간의 욕망이나 쾌락에 염리심을 느끼는 이들이 시계생천의 가르침을 뛰어넘어 열반의 행복에 이르기 위한 가르침을 닦는 길입니다. 이는 무위공덕無爲功德을 추구하는 것으로 부처님께서는 이를 해탈의 길이라고 하셨습니다.

마지막으로 '성불의 길'은 보살승 운동에 동참하는 초심보살이 혼자만의 해탈이 아니라 모든 중생을 구하겠다는 대자비심을 토대로 일체지를 얻고자 하는 원보리심의 가치를 추구하며 걷는 길입니다. 성불의 길은 세상을 구하는 길입니다. 모든 존재는 고통에서 벗어나 행복해지고 싶어 합니다. 천상의 길은 큰 쾌락을 불러오지만 조건이 다하면 다시 고통에 떨어지는 제한적인 행복입니다. 해탈의 길은 이 제한이 풀리고 열반의 온전한 행복을 누리지만, 그 범위가 오직 자신에게만 적용됩니다. 성불의 길은 광대심을 추구하기에 그 적용 범위가 무량하고, 제일심을 추구하기에 가장 수승한 무여열반을 공유합니다. 그렇기에 이것이 바로 가장 넓고 깊은 행복을 추구하는 길입니다.

금강경을 결집한 이들은 자신들을 '보살승'이라고 칭하였습니다. 또한 '최상승'이라고도 불렀는데, 원보리심을 지닌 채 무주상행보리심을 실천하는 것이 최상의 공덕을 만드는 수행이라는 점을 강조한 표현입니다. 성불의 길을 걷는 초심보살은 가치의 우선순위가 이미 바뀌어 있습니다. 자신이 아닌 일체 중생을 위해, 유위공덕이 아닌 무위공덕을 닦는 것입니다.

금강경의 가르침은 누구나 들을 수 있지만 이를 무리 없이 소화하기 위해서는 두 가지 권장 사항을 충족해야 합니다. 첫째 선남자 선여인일 것, 둘째 원보리심을 지닐 것입니다. 이 권장 사항에 숨겨져 있는 비밀은 초심보살의 조건에서 찾을 수 있습니다. 선남자 선여인으로서 세간의 모든 욕망이 만족되어 있고 유위공덕에 대한 욕망이 적어서 광대심과 제일심을 닦는 무위공덕, 즉 원보리심에 초점을 맞출 수 있어야 하는 것입니다. 이렇게 무위공덕에 초점이 맞춰져 있다면 금강경의 가르침이 귀에 쏙쏙 들어오고 공감이 되는 것은 자연스러운 일입니다.

성불의 길을 추구하는 초심보살들에게는 공덕에 대한 욕심만이 남아있습니다. 성불의 길로 나아가는 추진력이 공덕에 있기 때문입니다. 그렇기에 성불의 길을 추구하는 보살들이 '머무르지 않는 보시를 하면 공덕을 받을 수 없지 않을까?'하고 의심하는 것은 매우 중요한 문제입니다. 재물에 대한 탐욕으로 비유하면 회사원이 통장이 없어서 일하고도 월급을 받지 못하는 것과 유사한 상황이라고 볼 수 있습니다. 따라서 초심보살에게 이러한 의심이 생기는 것은 당연한 일이지만 원보리심을 일으킨 보살로서의 서원을 이루기 위해서는 반드시 풀어내야만 하는 과제입니다.

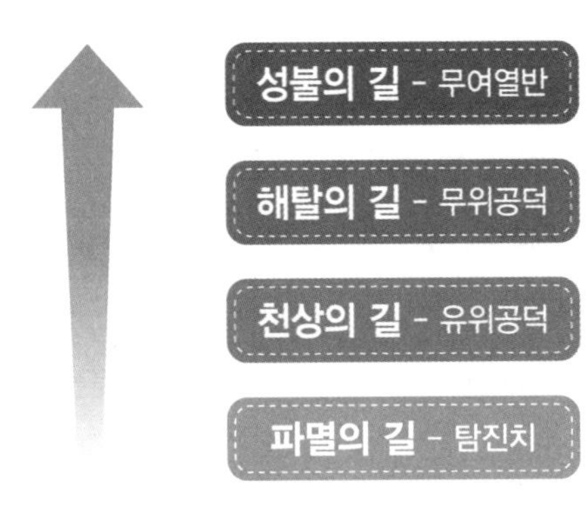

최상의 공덕을 얻는 수행

"수보리여! 그대 생각은 어떠한가? 동쪽 허공을 헤아릴 수 있겠는가?"
"없습니다, 세존이시여!"
"수보리여! 남서북방, 사이사이, 아래 위 허공을 헤아릴 수 있겠는가?"
"없습니다, 세존이시여!"
"수보리여! 보살이 대상에 대한 관념에 집착하지 않고 보시하는 복덕도 이와 같이 헤아릴 수 없다. 수보리여! 보살은 반드시 가르친 대로 살아야 한다."
須菩提 於意云何 東方虛空 可思量不 不也世尊 須菩提 南西北方 四維上下 虛空 可思量不 不也世尊 須菩提 菩薩無住相布施福德 亦復如是 不可思量 須菩提 菩薩但應如所教住

무주 수행의 실습주제

무주 수행은 곧 사띠 수행입니다. 금강경에서는 사띠 수행의 실습 방법 한 가지를 반복해서 제시하는데 그것은 광대심 실습입니다. 본문을 얼핏 보면 그저 삼륜청정한 무주상보시가 얼마나 위대한 공덕인지를 찬탄하는 문장처럼 보이고, 이를 위해 시방의 허공을 비유한 것이라고 단순하게 생각하기 쉽습니다. 하지만 여기에는 무주 수행의 실습주제인 광대심을 연습하는 방법이 숨겨져 있습니다.

광대심, 제일심, 상심, 부전도심인 사심은 곧 부처님의 마음입니다. 이 마음을 연습하여 닮아가면 갈수록 성불의 길은 진전되는 것입니다. 그렇기에 어디에도 사로잡히지 않은 무주의 마음으로 사심을 연습하는 것은 중요합니다. 이곳에서는 무주 중도의 상태에서 광대심을 연습할 것을 권고하고 있습니다.

광대심의 연습 방법은 다음과 같습니다. 먼저 깨어있음을 강화합니다. 다음으로 상상력을 활용하여 동쪽 방향의 허공을 상상합니다. 그 광대한 개방감의 느낌을 기억해둔 채 점점 한 방향씩 인식의 범위를 넓혀서 허공을 상상합니다. 그렇게 이어서 시방 모두를 인지 범위로 삼아 허공의 광대함을 상상합니다. 실습을 통해 엿본 광대하게 열린 마음이 바로 부처님의 마음이라는 것을 기억하고, 이를 바탕으로 사심을 기억해야 합니다.

첫째, 무주상보시는 이 광대함만큼의 무량한 공덕을 낳는다는 점을 기억합니다. 둘째, 이 광대한 허공에 가득한 중생에게 최상의 보시를 행하는 것이 바로 성불의 길이라는 점을 기억합니다. 셋째, 무량한 중생을 돕는다고 해도 단 하나의 경계에도 사로잡히지 않는 중도의 마음을 유지해야 한다는 점을 기억합니다. 넷째, 이를 실천하기 위해 끊임없이 마음속 아 · 인 · 중 · 수상을 청소해야 함을 기억합니다.

무주의 실습 방법 중 처음으로 등장한 광대심 수행에 대해서 살펴봤습니다. 물론 광대심 수행법에는 사심이 모두 어우러져 있습니다. 금강경을 소의경전으로 하는 초심보살은 이 네 가지 마음을 반드시 연습해야 합니다. 광대심과 제일심의 자비서원에 주住해야 하고, 상심의 무상반야로써 단斷해야 하며, 부전도심의 정진을 수修해야 합니다. 이는 그대로 무주상보시이며, 불방일정진입니다.

P A R T

05

수보리 존자의 다섯 번째 질문

보살은 부처가 되기 위해 보시를 하여 복을 짓고 중생을 교화한다. 하지만 부처님께서는 중생은 공하므로 보시하는 사람, 보시받는 사람, 보시하는 물건 3가지가 모두 허상이라고 하셨다.

"그렇다면 어떻게 무상 수행으로 유상의 결과를 얻을 수 있는가? 어떻게 여래의 32상 80종호를 얻을 수 있는가?"

KEY POINT 무상

05 여리실견분 / 여래의 참모습

如理實見分 第五

"수보리여! 그대 생각은 어떠한가? 신체적 특징을 가지고 여래라고 볼 수 있는가?"
"없습니다, 세존이시여! 신체적 특징을 가지고 여래라고 볼 수는 없습니다. 왜냐하면 여래께서 말씀하신 신체적 특징은 바로 신체적 특징이 아니기 때문입니다."
부처님께서 수보리에게 말씀하셨습니다.
"신체적 특징들은 모두 헛된 것이니 신체적 특징이 신체적 특징 아님을 본다면 바로 여래를 보리라."
須菩提 於意云何 可以身相 見如來不 不也世尊 不可以身相 得見如來 何以故 如來所說身相 卽非身相 佛告須菩提 凡所有相 皆是虛妄 若見諸相非相 則見如來

'존재한다'의 의미

무주의 실습 과제를 하나 지나고 나니, 이제는 무상의 연습문제가 대두합니다. 이는 부처님 설법의 본론인 무아의 진리와 맞닿아 있기에 매우 중요합니다. 물론 세상의 모든 상식과 거꾸로 되어있는 이 진리는 어려운 면이 있습니다. 무아의 논리 자체는 어렵지 않지만, 그것을 받아들이는 사람은 본능적으로 이를 거부하기 때문에 생기는 어려움입니다. 그렇기에 대부분의 근기는 반복해서 연습문제를 푸는 과정이 필수적입니다.

연습문제를 풀기 전에 먼저 무상을 이해할 수 있는 몇 가지 논리를 소개하겠습니다. 그중 가장 먼저 배워야 할 것은 존재한다는 표현에 숨겨진 의미입니다. 부처님께서는 모든 중생이 고금 이래 두 명의 왕에게 지배당해 왔다고 표현하셨습니다. 그 왕의 이름은 유有와 무無입니다. 이에 대해 반기를 들고 혁명에 성공한 사람은 현 인류 역사상 석가모니 부처님이 최초입니다. 그는 유왕과 무왕의 지배를 초월한 중도의 법을 발견하셨고, 이를 통해 법왕이 되어 수많은 사람들을 이 지배에서 벗어날 수 있도록 이끌었습니다. 법왕의 무아의 왕국 입구에는 이런 현판이 붙어 있습니다.

"주체는 없지만 경험은 있다."

이를 자아라는 단어로 대체하면 '자아는 없지만 경험은 있다'로 바뀝니다. 수많은 사람들은 자아가 있다는 생물의 기본 본능에 사로잡혀 있기 때문에, 쉽게 이를 받아들이지 못합니다. 이를 이해하고 받아들이는 것이 해탈의 초석이 될 것입니다.

수보리 존자의 의문도 무상의 진리가 향하는 초점을 정확하게 가려내지 못함으로써 일어나는 것입니다. 그는 상 없음의 수행을 통해 부처님의 육신이 상으로 나타났음을 모순이라고 여겼습니다. 이는 상이 없다는 것을 색신이 없다는 것으로 잘못 받아들인 것입니다. 부처님께서 말씀하시는 무아의 진리란 곧 색신이 자아가 아니라는 것으로 이를 '아공'이라고 합니다. 또한 색신의 형상이 범부의 개념처럼 고정된 형태로 존재하지 않는다는 것이 '법공'입니다.

'존재한다'는 것은 두 가지 숨겨진 의미를 품고 있습니다. 첫째는 '독립적'이라는 뜻이고, 둘째는 '변화하지 않는다'는 뜻입니다. 이는 서양철학의 이데아 사상에도 노골적으로 묻어 있습니다. 아무런 의존 없이 홀로 존재하며 변함없는 영원성을 자랑하는 것이 바로 '이데아'이고, 이는 중세에 이르러 '신'으로 그 이름이 바뀌었습니다. 그 명칭을 무엇으로 바꾸든 상관없이 모든 인류는 궁극적인 존재가 있다고 믿었고, 이를 찾기 위해 오랜 시간 동안 노력했습니다. 부처님의 무아중도는 이 존재를 추구하는 역사와 전면전을 선포하신 것입니다.

부처님께서는 세상의 모든 존재가 '연기緣起적'이라고 표현했습니다. 이는 앞서 말했던 존재의 두 가지 의미와 정반대입니다. 첫째로 만물은 독립적이 아니라 '상호의존적'이라는 뜻이고, 둘째로 만물은 변화하지 않는 것이 아니라 '단 한 순간도 멈추지 않고 끝없이 변화한다'는 뜻입니다. 이것이 후에 제법무아諸法無我와 제행무상諸行無常으로 정리되는데, 이 존재에 대한 선언은 현 인류의 역사상 유례없는 대사건입니다.

이 유왕과 무왕에 대한 역모逆謀는 성공적으로 이루어지고 있는 것으로 보입니다. 현시대에는 불교에서뿐 아니라 과학계, 철학계에서도 이 연기의 진리를 받아들이고 있기 때문입니다. 인류의 평균적인 무주상에 대한 앎이 높아지고 있는 이때, 무주상의 본고장 출신인 불자들이 이를 받아들이지 못한다면 이는 꽤 아이러니한 일입니다. 따라서 금강보살들은 무주상을 부지런히 배우고 실천하여 지극히 안심해야 합니다.

구분	일반적 개념	부처님의 중도
공간적 측면	독립적	상호의존적
시간적 측면	변화하지 않음	매순간 변화함

'존재한다'의 개념 비교

상相이란 무엇인가?

인간의 삶은 끊임없이 변화하는 경험의 연속입니다. 그리고 이 경험은 인식된 마음일 뿐입니다. 그렇기에 무상을 이해하기 위해서는 마음의 인식과정을 간단히 배울 필요가 있습니다. 불교심리학에서는 인식이 일어나기 위해 반드시 필요한 마음 작용을 촉觸, 작의作意, 수受, 상想, 사思 5가지로 꼽습니다. 그 작용 하나하나를 살펴보겠습니다.

주관적 감각기관인 육근과 객관세계인 육경이 만나면 인식이 생깁니다. 예를 들어, 당신의 안근과 이 글이 만나는 과정을 세분화해서 상상해 봅시다. 안근이 책의 글자와 닿는 것을 '촉觸'이라고 합니다. 그리고 그 촉처觸處에 주의력을 두는 것을 '작의作意'라고 합니다. 이렇게 사띠가 닿은 경계는 마음으로 들어오는데 이를 '수受'라고 합니다. 이때 본능적인 느낌이 형성된다고도 합니다. 그런 다음, 마음은 이 받아들인 정보에 대하여 아뢰야식을 검색한 후 구체적인 개념을 떠올리는데 이것이 '상想'입니다. 이렇게 개념화된 마음에 대해 좋은 것은 취하려고 하고, 싫은 것은 피하려고 하는 등의 의도를 일으키는데 이것을 '사思'라고 하는 것입니다. 이 다섯 가지 마음 작용은 거의 동시에 일어나는데, 시간의 차이가 아니라 논리적 차이로 인해 이러한 작용의 순서가 정해지는 것입니다.

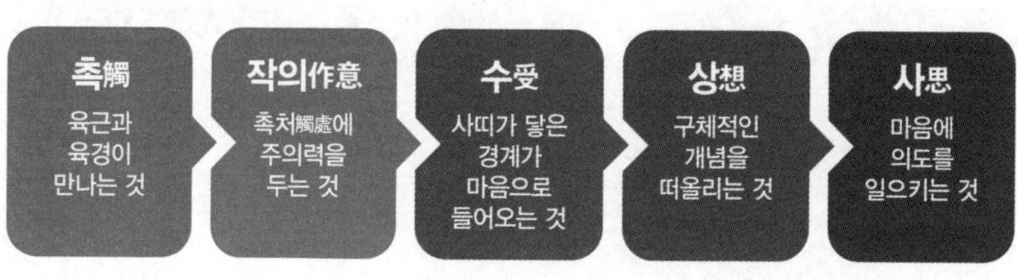

마음의 인식과정

근대 철학사의 중요 인물인 칸트Immanuel Kant는 그의 저서를 통해 인간은 있는 그대로의 세계를 인식하지 못하는 한계가 있음을 밝혔습니다. 그리고 인간 이성의 불확실성에 대한 이 충격적인 연구는 학계 전반에 큰 영향을 미치게 됩니다. 이것이 충격적인 이유는 지금까지 학계의 모든 연구가 인간의 감각기관과 이성을 도구로 사용했는데, 칸트는 도구 자체에 오류가 있다는 것을 밝힘으로써 이 도구를 바탕으로 축적된 모든 결과를 불신할 수밖에 없도록 만들었기 때문입니다. 마찬가지로 불교심리학을 배우고 이해하기 시작하는 이들 역시 큰 충격을 받게 됩니다. 사람은 자신의 인식을 바탕으로 세상을 경험하는데, 이 인식에 오류가 있다면 그것은 자신의 경험 모두를 의심해 봐야 한다는 결론으로 이어지기 때문입니다. 예를 들어, a라는 장미가 있는데 한 사람이 이 장미를 인식했습니다. 이 사람은 a를 보는 것일까요? 아니면 a를 조건으로 인식된 a1이라는 상을 보는 것일까요? 칸트는 인식되기 전의 경계인 a를 물자체物自體라고 표현했습니다. 이는 a의 상인 a1과는 명백히 다릅니다. 장미상인 a1은 장미가 아니라 마음작용이기 때문입니다. 마음작용과 물자체인 장미가 어떻게 같을 수 있을까요?

불교심리학에서는 우리의 인식되는 경험을 보는 마음과 보이는 마음의 조화로 정리합니다. 우리는 외부 경계를 경험한다고 생각하지만, 이는 착각으로 오직 보는 마음인 견분見分이 보이는 마음인 상분相分을 경험할 뿐입니다. 물자체와 상분 사이에는 미묘하지만 커다란 격차가 있습니다. 분명히 상분은 물자체를 비추는 그림자이기에 유사성이 존재하지만, 뛰어넘기 어려운 얇은 막과도 같은 것이 존재합니다.

금강경의 핵심이 되는 무상의 철학은 존재론에 관한 것이 아니라 인식론에 관한 것입니다. 존재 그 자체가 어떠한지를 논하기보다는 인식된 경험의 오류를 논하고 있는 것입니다. 그 결과, 반야의 지혜이자 무아의 지혜를 나타내기 위한 새로운 용어에 '상相'이 선택된 것입니다. 상은 이미 물자체가 아니라 상분을 뜻하는 것입니다.

수보리 존자의 다섯 번째 질문은 이 지점에서 발생합니다. 삼륜이 청정하기에 무상의 존재가 무상의 중생에게, 무상의 보시물을 보시하면 최상의 공덕이 생긴다는 것은 받아들였습니다. 하지만 이러한 무상의 공덕으로 어떻게 32상을 갖춘 여래의 유상 색신을 얻을 수 있겠는지를 의심하는 것입니다. 이는 무상의 인因으로 유상의 과果를 받는 것은 논리적 오류가 있음을 지적하고 있습니다. 이것은 금강경에서 말하는 무상의 진리를 인식론이 아니라 존재론으로 바라보고 있기 때문에 생기는 오류입니다. 또한 바로 무병에 빠진 것으로, 반야의 눈에 치우쳤을 때 나타나는 전형적인 증세입니다. 무상이라고 했더니 부처님의 몸과 마음이 없는 것이라고 착각하는 것입니다.

부처님의 오온은 없는 것이 아닙니다. 다만 그 존재 방식이 범부의 상식과는 다른 것입니다. 기억을 되살려볼까요? '존재한다'라는 것에는 두 가지 특징이 있습니다. '독립적'이고 '영원불변'하다는 것입니다. 하지만 부처님의 오온은 이런 방식과 정반대인 조건에 의지하며 끊임없는 변화 속에서 존재합니다. 이분법의 개념으로는 이 연기를 담아내지 못합니다. 그렇기에 우리에게 인식된 부처님의 신상身相은 연기적 실재인 물자체와 다릅니다. 이 오류를 지적하는 것이 바로 인식론적 무상입니다. 물론 존재론적으로도 부처님의 몸과 마음인 물자체는 정해진 모양이 없기에 마찬가지로 무상입니다.

여래의 모습을 있는 그대로 보기 위해서는 일단 지금 바라보는 상이 틀렸다는 것을 알아야 합니다. 오류를 모른다면 당연히 오류를 극복할 수 없기 때문입니다. 18세기를 살아간 칸트는 인간은 물자체를 결코 볼 수 없음을 단언했고 수많은 불자들도 중생이 진리의 세계를 있는 그대로 보는 것은 어렵다는 것을 인정합니다. 희망적인 것은 칸트의 선언에 충격을 받은 이들과는 다르게 불자들에게는 이를 극복할 수 있는 금강의 길이 이미 주어져 있습니다. 이 길을 받아들이기 위해서는 이런 의문을 품는 것에서부터 시작해야 합니다.

'어떤 이유로 나는 인식된 세계인 상에 갇혀 살아가게 된 것일까?'

감각, 감정, 생각의 장애

물자체를 인식할 수 있다면 그것은 있는 그대로를 바라보는 여실지를 얻은 것입니다. 하지만 이 여실지가 어려운 이유는 인간이라는 존재가 세상을 인지하는 방식에 세 가지 태생적인 한계가 있기 때문입니다. 그것은 바로 감각, 감정, 생각인데 이것이 장애가 되어 우리는 상분의 꿈에 갇히게 됩니다.

인간의 감각기관은 그 인지 범위의 한계가 뚜렷합니다. 눈은 가시광선 외의 빛을 인식하는 것이 불가능하며, 귀 역시 들을 수 있는 주파수 범위가 매우 협소합니다. 이러한 육근의 한계는 그 자체만으로도 물자체를 왜곡하는 경향이 있습니다. 예를 들면, 인간의 귀에 들리지 않는 주파수의 소리를 크게 틀면 신기하게도 사람은 그 속에서 온전한 침묵을 느낄 수 있습니다. 그 이유는 백색소음이 다른 모든 소리를 압도하기에, 사실은 시끄러운 상황이 인간의 인식에는 침묵으로 왜곡되는 것입니다.

다음으로 감정의 한계는 이 감각의 오류를 한층 부추깁니다. 육근이 육경과 촉이 일어나서 그곳에 주의력이 가면, 마음은 경계를 받아들이고 개념화된 상분을 생성합니다. 이 과정 중 상분이 생성될 때 감정은 이를 특유의 색깔로 물들입니다. 기분 좋은 날은 길가의 평범한 가로수가 빛나 보이고, 우울한 날은 똑같은 가로수가 함께 슬퍼 보이는 것이 그 예입니다. 이러한 경험의 변화는 대상이 아닌 감정의 영향입니다.

여기에 더해 생각의 한계는 깊은 오해를 만들어냅니다. 감각의 오류로 실제의 모습이 아닌 상분을 생성하고, 이 과정에서 감정의 색이 끼어들어 오염을 시켰다면, 생각은 이에 대해 잘못된 판단을 하는 것입니다. 예를 들어, 첫인상이 나빴던 사람을 다시 만날 때 그 사람이 매우 착한 행동을 하고 있음에도 불구하고, 나빴던 첫인상을 근거로 삼아 그의 행동을 오해하는 판단을 내리는 것입니다.

감각과 감정, 그리고 생각의 한계를 배열한 순서는 의도적입니다. 이는 인간이 극복하기 어려운 순서로 된 배열인데, 불교 교리에서는 이를 차례로 견혹見惑과 수혹修惑, 그리고 소지장所知障이라고 표현합니다. 일체지를 방해하는 장애는 크게 번뇌장煩惱障과 소지장 두 가지입니다. 번뇌장의 명칭은 번뇌 그 자체가 올바른 인식을 방해함을 본뜬 것이고, 소지장은 이 장애가 알아야 할 바를 알지 못하도록 막는 것을 본뜬 명칭입니다.

번뇌장에서 벗어나면 해탈한 아라한이 되고, 소지장에서 벗어나면 일체지를 얻어 성불한다고 합니다. 그렇기에 장애가 끊어지는 순서는 번뇌장 이후 소지장입니다. 번뇌장은 다시 견혹과 수혹으로 나뉘는데 견혹은 올바른 견해를 가짐으로써 끊어지는 장애이고, 수혹은 오직 선정과 수행의 힘으로만 끊어지는 장애입니다. 끊어지는 순서는 견혹 이후 수혹입니다.

인간의 뇌는 이 순서를 예측할 수 있도록 만드는 모양을 지니고 있습니다. 인간의 뇌를 세 부분으로 나누면 본능과 감각을 다루는 뇌간이라고 불리는 원시뇌, 감정을 다루는 변연계, 생각을 다루는 대뇌피질로 구분할 수 있습니다. 세 가지 부분은 대뇌피질이 가장 바깥에 있고, 변연계가 중간 그리고 가장 깊은 곳에 원시뇌가 있습니다. 뇌를 변화시키는 과정도 역시 바깥 부분일수록 쉽다고 하니, 생각이 감정보다는 교정이 쉽고, 본능과 감각보다는 감정을 교정하기가 쉬운 것은 자연스러운 일입니다.

우리는 외부 경계인 물자체를 만났을 때 그것을 한번 걸러서 상을 만들어 인식합니다. 이것을 거르는 과정에서 감각, 감정, 생각의 오류에 물드는 개념화가 이루어지는 것입니다. 세상을 있는 그대로 바라보기 위해서는 이 개념화된 상을 극복하는 무상의 지혜가 필수입니다. 여러분이 온 삶을 통해 바라보는 세상은 모두 객관적 실체가 없는 마음의 상일뿐입니다.

감각이 만드는 환상

불교의 교리는 이 세상을 법계라고 부릅니다. 그리고 이 법계를 10가지 유형의 카테고리로 구분하는데 이를 '십법계十法界'라고 합니다. 십법계는 크게 나누면 성인의 세계 4가지와 범부의 세계 6가지로 구분하는데, 이를 사성육범四聖六凡이라고 표현하기도 합니다. 이 중 육범이 바로 우리가 알고 있는 육도윤회六道輪廻의 세계입니다.

십법계 하나하나는 객관적 세계로 인정하며, 이는 주관세계와 상응합니다. 이 관계를 간단히 설명해보면 객관적 아귀세계는 탐욕이라는 주관세계와 상응하는 것입니다. '상응한다'는 뜻은 '아귀계는 중생의 탐욕을 원동력으로 존재하고 유지된다는 것'이고, '탐욕에 물든 의식은 아귀계에 자석처럼 끌려간다는 뜻'이기도 합니다.

아귀계가 탐욕을 특징으로 한다면 아수라계는 분노와 상응합니다. 축생은 어리석음을 대표하는 곳이고, 탐진치가 종합적으로 많다면 지옥계와 상응합니다. 선악반반의 의식은 인간계와 상응하고, 선이 우세하지만, 자만을 특징으로 하는 의식은 천상계와 상응합니다. 물론 천상계의 경우, 욕계와 색계, 그리고 무색계 천상으로 세분되어 상응하는 원인이 모두 다릅니다. 욕계는 선업공덕으로 충분히 상응되지만, 색계와 무색계 천상은 오직 선정수행의 힘과 상응합니다.

사성의 세계 역시 마찬가지인데 성문계는 문사수聞思修 중 문혜와 상응합니다. 연각계는 사혜와, 보살계는 수혜와 상응합니다. 특히 보살계는 원보리심을 지닌 채 행보리심을 닦는 것을 특징으로 하는 세계입니다. 마지막으로 불계는 일체지와 상응하는데, 이것이 보살이 도달하고자 하는 지극한 안심의 완성인 금강심입니다.

이것을 근거로 보면, 중생은 스스로의 번뇌와 상응하는 육도의 객관세계에서 태어나게 됩니다. 그리고 그 세상은 영락없이 실제로 느껴집니다. 하지만 앞서 살펴본 바와 같이 그 모든 외계의 경계들은 그저 상분으로 경험될 뿐이기에, 물자체가 아닌 마음의 환상입니다. 또한 현대물리학은 물자체도 정해진 모양이 없다는 진리를 밝혔습니다. 그렇다면 우리는 정해진 모양이 없는 것을 어떻게 특별한 모습으로 경험하며 살아가는 것일까요?

이 비밀은 감각 즉 육근에 있습니다. 지옥, 아귀, 축생, 아수라, 인간, 천상의 존재들은 지금 이 자리에 중첩되어 있지만, 각각의 존재들은 서로 충돌 없이 다른 세계를 경험하고 있습니다. 이것이 가능한 이유는 육도중생 각자가 완전히 다른 육근을 지니고 있기 때문입니다. 이것이 바로 상응의 비밀입니다. 비유하자면 똑같은 풍경을 서로 다른 색깔의 선글라스를 낀 6명의 사람이 동시에 보는 것과 같습니다. 그들에게 보이는 풍경의 진실은 모두 다 다를 수밖에 없는 것입니다.

따라서 분노가 강렬한 사람이 아수라계에 태어나는 것은 당연한 일입니다. 그것은 아수라계가 실재하는 것도 아니며, 분노한 사람이 죄업 때문에 벌을 받으러 끌려가는 것도 아닙니다. 그저 하나의 정보가 중생의 육근에 인풋Input 되었을 때 아수라계의 세계, 그리고 분노하는 개인적 경험들이 아웃풋Output 되는 것뿐입니다. 인풋된 정보가 그대로 아웃풋되는 그 진실을 모르기 때문에 우리는 육경의 세계와 육근의 경험이 실재한다고 착각하게 되는 것입니다. 사실은 인풋과 아웃풋 둘 다 그저 상분일 뿐인데 말입니다.

감각의 장애가 태생적인 이유는 중생의 윤회세계가 서로 섞여 잡란해지지 않고 유지될 수 있도록 고안된 설계이기 때문입니다. 어떤 분은 이 말을 들으면 그 설계는 창조주의 뜻이라고 생각할 수 있지만, 독립적이며 영원불변한 창조주는 없습니다. 그저 이 선험적인 세계의 설계는 모든 중생의 광대한 행위들이 무량한 세월 동안 축적되어 온 우주적 빅데이터Big Data인 공업의 결과물일 뿐입니다. 중생의 육근은 윤회를 벗어나지 못하는 장애물이며, 동시에 우리가 살아가는 세상을 유지하는 원천입니다. 따라서 이 육근과 경험의 상응 관계에 대해 잘 이해하고, 있는 것을 그대로 받아들일 때 우리는 성불의 길에 한층 더 가까워질 수 있습니다.

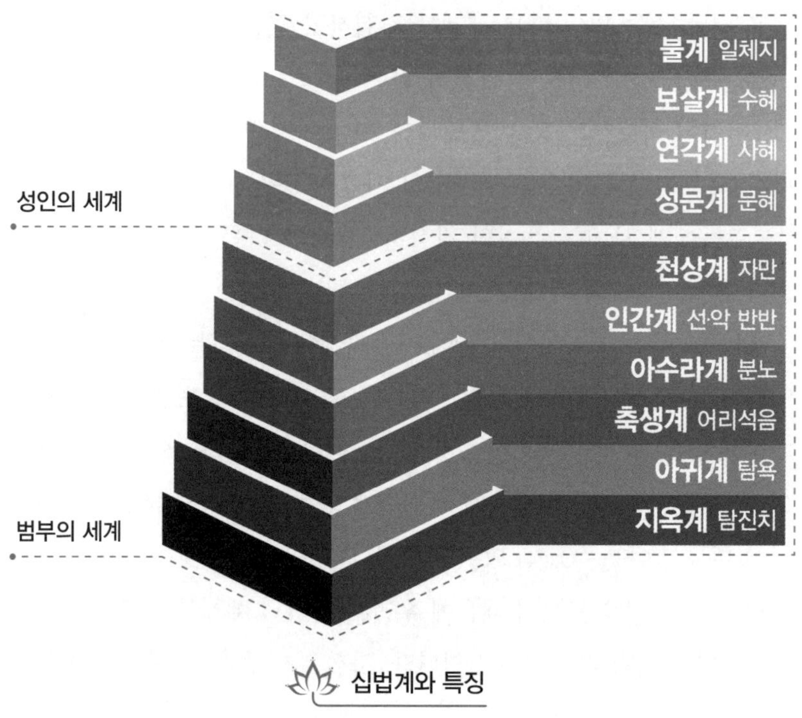

십법계와 특징

무상이 품고 있는 삼공三空

불교사에서는 금강경을 처음 결집하는 시기를 대승 불교의 초기로 바라봅니다. 이때는 부파 불교를 '소승'으로 칭하고 이에 대한 대칭점으로 본인들을 '대승'이라고 부르는 관점이 무르익기 전이기에 자신들을 '보살승'으로 칭하였습니다. 후에 초기 대승 불교는 반야부 경전들을 중심으로 발전해나가며 무상의 진리는 '공空'이라는 단어로 대체되어 갔습니다. 무아가 무상으로 그리고 무상이 공으로 변천된 것입니다. 이 공은 크게 두 가지 대상에 적용됩니다. 하나는 자아 관념을 대상으로 하는 '아공', 다른 하나는 만물인 법 자체를 대상으로 하는 '법공'입니다.

지극히 논쟁적인 부파 불교의 해결책으로 추구된 것이 대승 불교이지만, 대승 불교 역시 시간이 지나며 사변적으로 변화합니다. 특히 모든 개념을 깨뜨리는 반야 공성까지도 일종의 개념화가 이루어져 공상空相에 집착하게 되는 악취공의 탄생은 큰 비극이었습니다. 반야의 예리한 칼날을 실력 없는 주인이 다루어 스스로 목을 베어버리는 결과를 낳은 것입니다. 그리고 이에 대한 약으로 정리되는 것이 '구공俱空'입니다.

구공은 '아공과 법공 또한 공하다'는 뜻입니다. 공성에 대한 논리를 꿰뚫어 증득하지 못하면 이것 또한 하나의 개념화가 되어 집착의 대상이 되는데, 구공은 이 공병空病을 치료하는 약입니다. 전통적으로 금강경의 대의가 '아집과 법집을 파하고, 삼공의 도리를 드러낸다.'라고 정리되는 것은 바로 이 공병 때문입니다.

중생은 유왕과 무왕에게 지배당하고 있다는 점을 이미 밝혔습니다. 이를 초월하는 가르침이 바로 중도인데, 대승 불교에서는 이를 '공'이라고 표현합니다. 하지만 사람들은 이 공성의 진리를 끊임없이 혼동합니다. 이유는 밝혔던 것처럼 공성의 논리가 어려워서가 아니라, 자아가 이 공성의 논리에 저항하기 때문입니다. 아공으로써 자신을 부정하고 심지어 괴멸시키려고 하는 시도이기에 자아의 저항은 필연적입니다. 끊임없이 온갖 방법을 활용하여 보살을 헷갈리게 하는 것이 바로 자아의 생존전략입니다.

우리는 무아라는 말을 들으면 흔히 '몸과 마음이 없다는 소리인가?'라고 생각합니다. 이것은 무왕에게 지배당한 것입니다. 그래서, 그게 아니라 몸과 마음은 연기적으로 존재한다고 약을 제시하면 다시 이렇게 생각합니다. '아! 몸과 마음은 있다는 말이구나!' 이것은 유왕에게 지배당한 것입니다. 이렇듯 금강보살이 삼공을 터득해가는 길은 끝없이 딜레마Dilemma를 반복합니다. 시계추의 진자운동처럼 유왕과 무왕에게 반복적으로 끌려 다니다 보면 어느새 중도공의 자리를 터득하게 되는 것입니다.

금강경의 무주상보시가 나선형 반복 구조로 이루어진 이유가 바로 이것입니다. 자아 관념이 존재하는 한 아무리 뛰어난 두뇌를 가진 천재라고 하더라도 결국 유왕과 무왕에게 지배당하는 것을 되풀이해야 합니다. 이는 인위적 노력인 유위로써 해결될 수 있는 문제가 아닙니다. 그 이유는 노력하는 주체는 자아인데, 과연 자아가 자신의 소멸을 위한 노력을 그냥 내버려 둘까요?

이 공성의 진리는 오직 끝없는 실수를 통해 익숙해짐으로써 체득이 가능합니다. 이 지난한 과정을 한 번에 건너뛸 수 있는 방법은 없습니다. 돈오頓悟라는 말에 현혹되지 마세요. 돈오도 과거생의 점수漸修 없이는 절대 일어나지 않습니다. 이것은 복권당첨을 바라는 어리석은 사람이 돈오만을 바라보며 시간을 낭비하는 것과 같으며, 불자들이라면 낭비할 시간에 차라리 한 번이라도 더 무주상보시를 연습하셔야 합니다. 그러면 공성을 잠시 알 것 같다가 곧 다시 혼동하게 될 것입니다. 하지만 실망하지 마세요. 계속되는 혼동과 실망을 발판으로 노력한다면 이 진자운동의 경험이 바로 공성을 깨닫는 최대의 재산인 점수가 될 것입니다.

무상의 첫 번째 연습문제 – 여래의 신상

지금까지 무상의 연습문제를 풀기 위한 기본 지식을 익혔습니다. 금강경은 지금까지 이해한 바를 적용하여 풀 수 있는 연습문제를 제공합니다. 이 연습문제 출제 방식의 흥미로운 점은 무상을 적용하는 첫 번째 소재가 부처님이라는 점입니다. 이는 매우 혁신적인 태도로 다른 종교나 철학에서는 취할 수 없는 방법입니다. 서양 종교의 경우 종교의

宗에 해당하는 것은 신神입니다. 반면 불교의 경우 부처님보다 더욱 중요한 것은 법法이기에 종宗의 초점 자체가 다릅니다. 이러한 관점을 지니고 있기에 법으로써 불을 논하는 것이 가능한 것입니다.

만약 부처님을 신처럼 섬기는 이가 있다면 그는 무상의 첫 번째 연습문제부터 공포를 느낄지도 모릅니다. 종교적인 신심의 대상이자, 모든 불교 철학의 주인, 그리고 모든 불자에게 근본 스승이 되는 부처님께서 과연 실재하는가를 묻는다니! 이 얼마나 불경스러운 질문입니까? 불교의 위대함은 가장 높은 가치를 가장 먼저 해체하는 이러한 과감함에서 비롯됩니다.

부처님의 정체성은 무엇일까요? 가장 먼저 부처님의 색신을 떠올릴 수 있습니다. 32상 80종호로 대표되는 성인의 상호를 갖춘 거룩한 부처님의 모습이 우리에게 익숙한 불상의 모습이기 때문입니다. 누군가는 색신보다는 정신이 바로 부처님이라고 판단하는 경우도 있을 것입니다. 이유는 부처님께서는 성불하기 전에는 '고타마 싯다르타'라는 보살이고, 왕자이며, 수행자였지 부처님이 아니었기 때문입니다. 깨달음을 이룬 후 비로소 부처님이 된 것이기에, 깨달음을 품고 있는 정신이 보다 분명한 정체성이라고 여기는 것입니다. 누군가는 가르침이 바로 정체성이라고 생각할 수도 있습니다. 만약 부처님이 성불하신 후 범천의 권청을 무시하고 열반에 드셨다면 어떻게 되었을까요? 세상에 지금처럼 부처님의 가르침은 전해지지 않았을 것인데, 만약 그런 상황이라면 누가 부처님을 부처님이라고 부를 수 있었을까요? 세상을 향한 설법이 있었기 때문에 그는 제자들에게 부처님이라는 정체성으로 불리게 된 것입니다. 부처님의 정체성은 이처럼 색신과 정신 그리고 설법을 근거로 하는데 이 세 가지 중 가장 먼저 무상의 연습문제로 뽑힌 것이 바로 '색신'입니다. 과연 부처님의 거룩한 신상은 부처님이라고 할 수 있을까요?

묘행무주분에서는 보살이 경계에 머무르지 않는 보시를 해야 함을 천명했습니다. 그리고 경계에 머무르지 않는다는 것은 결국 육경에 머무르지 않는 것임을 조언했습니다. 중생들은 이 육경 중 색경에 가장 쉽게 빠지는 경향이 있습니다. 심지어는 '보이는 것만 믿는다'라는 표현이 있을 만큼 감각기관 중 안근에 대한 신뢰는 깊습니다. 물론 그만큼 색경이 자극적이라는 뜻도 될 것입니다.

불자들의 외모지상주의

현대를 살아가는 청년들에게 있어 성형수술은 더 이상 낯설지 않은 행위입니다. 외모를 중시하는 시대이고, 아름다운 외모가 힘이 되기 때문입니다. 이런 시대 풍조를 '외모지상주의'라고 합니다. 그런데 이러한 현상이 과연 현대에만 있었던 일일까요? 인간은 무시이래 외모지상주의의 풍조를 겪어 왔습니다. 그것은 안근이 지니고 있는 강렬한 자극 때문인데 부처님 당시에도 색경에 빠지는 현상은 똑같았습니다. 부처님께서는 일찍이 이런 말씀을 하신 적이 있습니다.

> "불자들이 여래에게 신심을 가지는 네 가지 원인이 있다. 첫째는 외모에 반해서, 둘째는 목소리에 반해서, 셋째는 위의에 반해서, 넷째는 가르침이 담고 있는 진리에 반해서이다.
> 이 중 가장 많은 사람들이 중요시하는 것은 바로 외모이다."

부처님을 직접 만났던 인도의 불자들은 부처님의 외모와 목소리 그리고 위의를 보고 반하여 귀의하는 경우가 대다수였다고 합니다. 아마도 부처님의 외모는 정말 거룩했던 것 같습니다. 물론 아름다운 정신에 아름다운 외모가 깃드는 것은 자연스러운 이치입니다. 하지만 너무 강렬하게 외모에 집착하면 그것은 문제를 낳습니다. 부파 불교 중 설일체유부의 경우 성불의 과정에 대하여 정말 황당한 주장을 합니다. 『비바사론鞞婆沙論』 제176권에 이런 표현이 있습니다.

"보살은 비록 3무수겁을 지나면서 여러 가지 난행고행을 두루 닦았다 하더라도 묘상업妙相業을 닦고 익히지 않는다면, 오히려 '나는 보살이다'라고 말해서는 안 된다."

이 말은 3아승기겁 동안 십바라밀 수행을 완성하여 정신이 이미 불지에 가까워졌다고 하더라도 묘상업을 닦지 않으면 성불하는 것이 아니라는 주장입니다. 묘상업은 다름 아니라 32상 80종호를 갖추는 것이니, 색법을 중요시했던 설일체유부다운 주장이라고 할 수 있지만 정말 황당한 논리입니다. 그들은 인용한 문장의 끝부분에 명확히 이렇게 표현합니다.

"무엇을 가지런히 하여야 보살이라고 하는가?
상이숙업을 조작하고 증장할 수 있어야 보살이라고 한다."

그렇다면 그들은 이미 정신이 완성된 보살이 성불하기 위해 묘상업을 닦는 기간을 얼마로 잡았을까요? 『비바사론』 제177권에서는 대략 100대겁이라고 주장합니다.

"이 상이숙업相異熟業은 얼마나 많은 시간을 지나야 수습修習이 원만합니까?"
"대체로 100대겁을 지나야 한다."

설일체유부는 정신이 완성된 보살도 무려 100대겁을 더 수행하여 반드시 묘상업을 갖추어야 함을 주장한 것인데, 그 근거는 이 묘상업이 바로 중생구제를 위한 조건이기 때문이라고 합니다. 앞서 부처님의 말씀처럼 수많은 중생이 여래의 외모에 끌려서 귀의하는 것은 사실이지만, 100대겁을 닦아서 묘상업을 갖추지 못하면 부처님이 아니라는 식의 주장은 매우 극단적입니다.

이러한 설일체유부의 주장은 금강경을 결집했던 보살승들의 시각으로는 이해할 수 없는 황당무계 그 자체였을 것입니다. 대부분의 불자들은 이 외모 중심주의에 휩쓸릴 수밖에 없는 상황이었기에 보살승의 눈에는 안타깝기 그지없는 상황이었을 것입니다. 상이 실재한다고 믿고, 그것에 주의력을 빼앗기며, 결국은 집착하게 되는 이 오류를 타파하기 위해 첫 번째 무상의 연습문제가 출제됩니다. 자, 이제 무상의 연습문제를 풀어볼 준비가 되셨나요?

32상이 여래입니까?

금강경 속 여래는 수보리 존자에게 이렇게 묻습니다.

> 수보리여! 그대 생각은 어떠한가? 신체적 특징을 가지고 여래라고 볼 수 있는가?

이는 설일체유부가 유행시킨 부처님의 외모지상주의에 대한 근본적인 대항입니다. 현대의 외모로써 사람을 판단해도 괜찮은지에 대한 문제의식을 넘어서는 외모로써 교주를 판단할 수 있느냐에 대한 중대한 문제 제기입니다. 이에 대해 수보리 존자는 이렇게 답변합니다.

> 없습니다, 세존이시여! 신체적 특징을 가지고 여래라고 볼 수는 없습니다. 왜냐하면 여래께서 말씀하신 신체적 특징은 바로 신체적 특징이 아니기 때문입니다.

앞서 무상을 이해하기 위한 제반 논리를 배운 이유는 이 문장을 이해하기 위해서입니다. 우선 결론은 32상을 갖춘 형상을 여래라고 보면 안 된다는 점입니다. 그 이유를 풀어내는 방식은 매우 흥미로운데, 색신보다는 법신이 중요하기 때문에 여래라고 보면 안 된다는 식의 설명이 아니라 그 유명한 금강경의 즉비卽非의 논리로써 설명하고 있습니다.

이 즉비의 논리를 이해하기 위해서는 앞서 배운 물자체와 상분에 대한 내용을 떠올려야 합니다. 이를 본문에 적용해보면 첫 번째 제시되는 '여래께서 말씀하신 신체적 특징'의 신체적 특징은 이미 언설로써 표현되었고 듣는 이가 받아들인 32상의 상분을 말합니다. 그리고 뒤에 이어지는 '신체적 특징'은 상분의 근거가 되는 32상을 갖춘 물자체를 말합니다. 그러니 '여래신상 즉비신상'을 바꾸어 해석하면 '여래의 상분은 즉비 여래의 물자체이다.'가 되는 것입니다.

이 즉비의 논리는 무상의 연습문제를 푸는 공식이기에 앞으로 반복해서 활용할 예정입니다. 그러므로 좀 더 정밀한 공식으로 정리해 둘 필요가 있습니다. '여래신상 즉비신상'에서 신상은 두 번 등장하지만 살펴본 바와 같이 둘은 다릅니다. 하지만 인식된 여래의 모습인 상분은 물자체인 여래의 모습을 경계로 생성된 그림자이기에 유사성을 품고 있습니다. 그렇기에 공식을 정리하면 다음과 같습니다.

> A는 즉비 A1이다.

여리실견분에 해당되는 무상의 연습문제는 이 공식을 통해서 풀어내시면 됩니다. 그런데 이 부분의 결론에는 아주 유명하고 중요한 문장이 등장하는데 구마라집본을 기준으로 보면 이렇습니다.

> "범소유상 개시허망 약견제상비상 즉견여래
>
> 凡所有相 皆是虛妄 若見諸相非相 則見如來"

이 부분은 중국 금강경 전통에서 경 전체를 통틀어 가장 중요한 문장 중 하나로 손에 꼽힙니다. 그리고 그 해석은 범용적으로 이루어지기 때문에 어떤 상황에서도 적용할 수 있습니다. 하지만 인도 금강경에서는 이 부분의 해석을 여래의 32상에 초점을 맞추어 특수하게 해석하는데, 그 차이는 범소유상 중 상을 바라보는 관점의 차이로부터 비롯됩니다.

> "32상으로 인식되는 신상과 여래는 같지 않다. 만약 인식된 32상이 여래의 실상과 다르다는 것을 안다면 참된 여래를 볼 수 있을 것이다."

상을 32상으로 바라보면 이처럼 위의 문장은 여래의 색신에 적용되는 특수한 논리가 됩니다. 하지만 즉비공식을 적용하여 살펴보면 보다 범용적인 해석이 가능합니다. 예를 들면, 이렇습니다. 범소유상의 상은 상분입니다. 이를 적용해 '범소유상 개시허망'을 해석해보면 '무릇 인식된 상분은 모두 허망하다'가 됩니다. '약견제상비상' 중 '제상'은 상분이고 '비상'의 상은 물자체입니다. 이를 적용하여 해석하면 '만약 모든 상분이 물자체가 아님을 본다면'이 됩니다. '즉견여래'는 '즉시 여래를 본다'는 뜻으로 봐도 좋고, '즉시 있는 그대로를 본다'는 뜻으로 봐도 무방합니다. 이를 의역하여 해석하면 '무릇 존재한다고 여겨지는 것들은 모두 상분이기에 실재가 아니다. 만약 상분이 물자체와 다름을 볼 수 있다면 있는 그대로를 엿볼 수 있을 것이다'가 됩니다. 이 문장을 특수하게 해석해도 좋고 범용적으로 해석해도 좋지만, 둘 다 알아 두고 활용하는 것이 가장 좋습니다. 두 가지 유형 모두 뛰어난 지혜를 배울 수 있기 때문입니다.

우리는 무상의 첫 번째 연습문제를 푸는 과정을 거쳤습니다. 그 내용 전반을 복습해 보겠습니다. '존재한다'는 것은 두 가지 의미를 품고 있습니다. 첫째는 '독립적'이라는 것, 둘째는 '불변하다'는 것입니다. 존재한다는 생각이 오류인 이유는 현실에는 이런 존재가 없고, 오직 개념의 세계에서만 존재하기 때문입니다. 우리는 이처럼 개념화된 인식을 상분으로 표현했습니다. 육근과 육경이 촉, 작의, 수, 상, 사의 과정을 겪으며 드러나는 상이 바로 무주상보시 속 상인데, 우리의 경험은 모두 이 상을 보는 것에 지나지 않습니다. 이 상분이 실재인 물자체와 같다고 착각하는 것이 위험한 이유는 상분과 물자체는 180도 다르기 때문입니다.

독립적이고 영원불변한 존재는 오직 상분의 세계에서만 허락됩니다. 하지만 현실에서 이런 존재는 없습니다. 오히려 현실의 상분의 바탕이 되는 물자체는 상호의존적이며 끊임없이 변화합니다. 상분을 실재라고 오해하는 것은 변화하는 것이 영원하다고 우기는 것이고, 인연에 의해 존재하는 것에 대해 관계를 끊어내는 단절을 만드는 것입니다. 이 상에 대한 착각이 바로 아치와 법치의 어리석음이고, 이를 근본으로 탐진치 등의 108번뇌가 자라나는 것이니, 이 오해가 중생의 끝없는 고통의 근본입니다. 이 얼마나 위험한 오해입니까?

P A R T

06

수보리 존자의 여섯 번째 질문

"무상 수행으로 무상의 결과를 얻는다는 것은 매우 심오한데, 누가 이것을 믿고 이해할 수 있겠는가?"

청정한 믿음, 돈오와 점수

06 정신희유분 / 깊은 믿음

正信稀有分 第六

수보리가 부처님께 여쭈었습니다.
"세존이시여! 이와 같은 말씀을 듣고 진실한 믿음을 내는 중생들이 있겠습니까?"
須菩提白佛言 世尊 頗有衆生 得聞如是言說章句 生實信不

믿을 수 있겠습니까?

여리실견분에 담겨 있는 무상의 연습문제는 꽤나 충격적입니다. 이는 불자들에게 불상을 모셔놓고 이를 부처님으로 여기며 신행활동을 하는 마음을 전면적으로 부정당한 것처럼 받아들여질 수도 있습니다. 또한 충격적인 점은 범부가 만약 눈앞에서 부처님을 보더라도 그 상분으로는 부처님을 볼 수 없다고 말하는 것입니다.

이런 충격적이고 난해한 진실을 수보리 존자 자신은 이해할 수 있었습니다. 하지만 과연 일반적인 범부와 초심보살들이 무상의 원인이 유상의 결과물로 이어질 수 있다는 심오한 진리를 받아들일 수 있을지는 미지수입니다. 그래서 수보리 존자는 부처님께 이러한 우려를 담아 질문하는 것입니다.

앞에서 설명할 때 무상의 논리를 어렵지 않도록 표현했지만, 사실 이 논리는 단순하면서도 이해하는 것이 꽤나 어렵습니다. 물론, 수보리 존자는 자아 관념이 무상이라는 아공을 넘어서, 모든 존재들에 대해 인식된 상들도 모두 공하다는 법공의 진리를 듣고 이에 대한 진실한 믿음이 일어났습니다. 그는 준비가 되어있었기 때문입니다. 하지만 충분한 근기가 성숙되지 않은 이들이 이 무상을 이해하고 받아들이는 것은 어려운 일입니다.

사실 개인적으로 많은 불자들이 모여 있는 곳에서 금강경 법회를 진행해보면, 10년 이상 불교 공부를 열심히 한 불자들도 이 무상의 논리를 쉽게 이해하지 못하는 경우가 많습니다. 번뇌로 혼란한 마음은 이 가르침 자체를 못마땅하게 느끼고 거부하기 쉽습니다. 그것이 바로 자아본능의 저항입니다. 20대 초반 청년들이 모여 있는 군부대에서 법회를 할 때 저는 이런 질문을 하곤 했습니다.

"출가하기 좋은 재능은 있을까요?"

출가에 재능이 있는 사람은 존재합니다. 그것을 판별하기 위해서 군인들에게 무상의 논리를 설명해 줍니다. 그리고 이렇게 묻습니다.

"여러분은 지금 나를 보는 것이 아니라 상분의 마음을 보고 있습니다. 이 말을 이해할 수 있나요?"

그럼 수백 명의 병사들 중 몇 명이 이해할 수 있다고 손을 드는데, 이것이 바로 일반적인 비율입니다. 수백 명 중 몇 명 말입니다. 물론 그들이 제대로 이해하고 있는지는 다시 문답을 거쳐 봐야 알 수 있을 것입니다.

집착 없는 대상을 무상으로 논할 때도 결과가 이러한데, 만약 그 상이 강렬한 집착의 대상이라면 그 저항은 훨씬 더 강렬해질 것입니다. 인도 금강경이 설해지던 시기에 수많은 불자들은 설일체유부의 교설에 물들어 있었고, 그것을 진리로 받아들이며 집착하고 있었을 것입니다. 그런 상황에서 부처님의 진정한 정체성이 32상에 있는 것이 아니라고 말한다면 과연 그들은 이 말에 얼마나 강렬히 저항했을까요?

이는 비유하자면 교회에 가서 예수님의 십자가는 허상이라고 말하는 것과 비슷한 효과를 지닐 것입니다. 만약 교황청에 가서 당신들이 믿는 하나님은 실재하지 않는다고 주장한다면 십자군전쟁이 다시 발발할 수도 있지 않을까요? 혹시 특정 종교를 비방하는 것으로 오해하실까 봐 조금 덧붙이자면, 만일 부처님께서 되살아나셔서 지금의 한국불교는 소승적이라고 비판한다면 불자들이 받아들일까요? 아마 부처님께서도 그 절에서 쫓겨나시지 않을까요? 이게 바로 중생의 상에 대한 집착과 진리에 대한 저항입니다.

부처님께서 수보리에게 말씀하셨습니다.
"그런 말 하지 말라. 여래가 열반에 든 오백년 뒤에도 계를 지니고 복덕을 닦는 이는 이러한 말에 신심을 낼 수 있고 이것을 진실한 말로 여길 것이다."
佛告須菩提 莫作是說 如來滅後 後五百歲 有持戒修福者 於此章句 能生信心 以此爲實

보시에 대한 첫 번째 시험

금강경은 무주상보시에 대한 나선형 반복 구조를 띠고 있다고 말했습니다. 그중 무주에 대한 실습 과제와 무상에 대한 연습문제는 이미 한 번씩 언급되었습니다. 이제 보시에 대한 첫 번째 시험이 등장하는데 이런 질문으로 대표할 수 있습니다.

"상이 없다는 이 진리를 진심으로 받아들일 수 있겠는가?"

사실 수보리 존자로 대표되는 보살승들에게 이 문제는 후대에 일어날 일이 아니라 현실에서 겪고 있는 일들입니다. 후오백세가 가리키고 있는 지점은 오백 년이 다섯 번 반복된 말법시대를 의미하는 것이 아니라, 부처님이 열반에 드신 후 오백 년이 좀 더 지난 시기에 시작된 보살승 운동의 시대를 말하는 것이기 때문입니다. 다만 그들은 경전을 결집할 때 부처님 당시에 이 설법이 일어나는 모습으로 연출했기 때문에, 자신들이 살아가는 시기를 오백여 년 뒤의 미래세로 묘사했을 뿐입니다. 보살승 운동을 하는 이들에게 이 정신희유분의 시험 주제는 매우 중요합니다. 왜냐하면 보살승의 태생적인 특성 때문에 그들은 서사유통書寫流通과 위인해설爲人解說을 위해 반드시 포교 일선으로 나아가야 했기 때문입니다.

지금 이 시대에 금강경을 읽고 배우는 이들에게는 범부들이 이 가르침을 받아들이지 않고, 저항하는 것은 그저 남의 일일 뿐입니다. 하지만 이와 다르게 당시의 보살승들에게는 이 시험이 생명을 걸어야 하는 위험도 높은 '당면 현실'이었습니다. 완전히 무지한 불자들, 법집에 가득한 불자와 외교들을 대상으로 광장에 나가 그들이 집착하는 대상을 소재로 무상의 진리를 말한다는 것은 사실 굉장히 위험한 도전이기 때문입니다.

만약 광장에 나가 무상의 진리를 말했을 때 아무도 이 진리를 받아들이지 않는다면 이 효과 없는 포교를 계속 이어나갈 수 있을까요? 심지어 무상의 진리에 대한 저항 때문에 언어와 신체적인 폭력에 노출되는 경우도 발생할 텐데, 이 경우 하화중생의 수행 자체가 너무나도 두려워서 포기해야 한다고 느낄 것입니다. 수보리 존자의 질문은 당시의 보살승들에게는 이런 의미였습니다.

이러한 상황은 부처님께서 성불하신 후 설법을 하지 않고 무여열반에 들려고 하셨던 것과 비슷합니다. 그리고 그때 범천의 권청 역할을 하는 것이 바로 금강경 속 부처님의 답변으로서 보살승의 포교자들에게는 희망을 안겨줍니다.

> 대다수의 중생들은 이 진리를 받아들이지 못할 테지만,
> 근기가 무르익은 중생은 분명히 청정한 믿음을 낼 것이다!

상 없음의 진리에 대해 청정한 믿음을 낼 수 있는지 시험에 답변할 준비가 되셨나요? 당신의 대답은 예스Yes 또는 노No, 무엇인가요? 예스Yes라면 당신은 상근기입니다. 하지만 노No라고 하더라도 걱정하지 마세요. 자비로우신 부처님께서는 모든 보살과 마하살들을 선호념하고 선부촉하시기 때문에 아직 청정한 믿음이 나지 않았을 경우, 비난하시기보다 그 대처방안을 자비롭게 말씀해 주셨습니다.

노NO! 일 경우의 수행 방법

부처님께서는 금강경을 통해 지금까지 최상승기를 위한 비언어적 법문, 언어적 법문을 말씀하셨습니다. 그리고 묘행무주분부터는 상근기를 위한 무주의 실습과 무상의 연습문제를 말씀하셨습니다. 다음으로는 근기에 대한 시험이 계속 이어지는데, 이때 부처님께서는 청정한 믿음을 내는 이들을 '지계수복자持戒修福者'라고 하셨습니다. 그러나 만약 당신이 청정한 믿음이 나지 않는다고 해도 걱정하지 마세요. 당신만 특별한 것이 아니라 대다수가 그럴 뿐만 아니라, 청정한 믿음을 일으킬 수 있도록 부처님께서는 근기를 성숙시키는 수행법까지 제시하셨습니다. 그럼 '지계수복'이라는 것이 무엇인지 구체적으로 살펴보겠습니다.

'지계'는 의심할 여지없이 계율에 관한 내용입니다. 그런데 복을 닦는다는 '수복'은 그 방법론이 두 가지로 나뉩니다. 초기 불교에서

재가불자가 복을 닦는 방법은 복전에 대한 공양인 보시바라밀 수행입니다. 그렇기에 만약 이 지계수복을 재가불자 기준으로 본다면 '보시와 지계를 통해 공덕을 쌓은 이'라는 뜻이 될 수 있습니다. 다만 출가자의 경우 이 복은 선정에서 누리는 지복至福을 상징합니다. 선정에 들어간 의식에서는 탐욕과 분노가 그치기 때문에 가장 순수한 의식을 통해 경험되는 지극한 행복을 누린다고 합니다. 지금 이 순간 행복해지는 최상의 방법 중 하나가 바로 선정인 것입니다. 그렇기에 출가자의 입장에서 지계수복은 '계율과 선정의 공덕을 갖추고 있는 것'입니다.

이는 출가자의 수행법인 계정혜戒定慧 삼학의 순서와도 동일한데, 혜학에 대한 언급이 빠져 있는 이유는 무상의 진리를 배우는 것이 바로 혜학이기 때문입니다. 계학戒學과 정학定學에 대해서 충분히 준비가 되어 있는 근기의 존재들은 이 무상의 혜학에 대해 쉽게 청정한 믿음을 일으킬 수 있습니다.

이 지점에서 생각해 봐야 하는 주제가 하나 있습니다. 금강경의 뒷부분에서 언급될 도과에 대한 주제인데, 그중에서도 수다원에 대한 내용입니다. 수다원은 '성인의 흐름에 들었다'는 뜻으로 무아에 대한 앎이 시작되었다는 말입니다. 그런데 흥미로운 점이 하나 있습니다. 부처님께서 수다원에 대해서 말씀하실 때 재가불자와 출가자의 수다원을 다른 방식으로 표현하셨다는 것입니다.

'부처님을 만난 불자들은 수다원이 너무나 쉽게 되는 것이 아닌가?'

초기 경전을 읽다 보면 누구나 이런 의문을 가질 수 있습니다. 부처님께서 성불하신 후 1년 정도가 지났을 때 빔비사라왕과의 첫 만남의 자리에는 약 2만 명의 바라문들이 함께하였습니다. 그 자리에서 부처님께서 설법을 마치시자 2만 명의 바라문 대부분이 수다원과를 얻었다고 하는데, 이 정도면 수다원을 찍어내는 공장과도 같은 효율입니다.

수다원에 대한 정밀한 연구는 매우 중요합니다. 이는 깨달음에 대해 뜬구름 잡는 것과도 같은 고정관념들로부터 벗어날 수 있도록 도와주기 때문입니다. 부처님께서는 분명 깨달음을 사향사과四向四果로서 차별을 두셨는데, 불자가 이 가르침을 무시하고 '깨달음에는 차별이 없다.'는 주장을 펼치는 것은 매우 이상한 일입니다.

이해를 돕기 위해서, 초기 경전에서 수다원에 대한 묘사를 한 유형 두 가지를 소개하겠습니다. 첫째는 재가불자를 향한 수다원의 기준으로서 '불법승계佛法僧戒에 대한 확신이 있다면 수다원이다'가 있습니다. 둘째는 출가자를 향한 수다원의 기준으로서 '계금취견戒禁取見과 의심疑心 그리고 유신견有身見이 사라지면 수다원이다'가 있습니다.

이 둘은 엄격함에서 차이가 나는데, 사실 불법승계에 대한 확신을 지닌다는 것은 의심을 끊고 이를 통해 신심을 지니는 것입니다. 출가자에게는 여기에 더해 계금취견과 유신견을 끊을 것을 요구했던 것입니다. 계금취견에 대한 정의는 '의식儀式을 통해, 그리고 엄격한 계율을 통해 성불할 수 있다는 등의 잘못된 믿음을 버리는 것'입니다. 이는 넓게는 '집착하는 사견을 버리는 것'을 의미합니다. 그중 특별히 중요한 사견은 유신견인데, 이는 '오온의 화합을 자아라고 여기는 관념'입니다.

정리해 보면 재가불자에게 수다원은 신심의 영역이었던 반면, 출가자에게 있어서 수다원은 이해의 영역이었습니다. 수다원에 대한 좀 더 자세한 내용은 일상무상분에서 다시 다루는 것으로 하고, 일단 재가불자와 출가자의 수다원 기준이 달랐다는 점만 기억해두시면 됩니다.

다시 지계수복으로 돌아가면 지계수복은 상황에 따라 지계수복하는 항목을 다르게 제시합니다. 그리고 원인이 되는 수행 항목에 따라 당연히 결과도 달라지므로 청정한 믿음 역시 차이가 생깁니다.

만약 지계수복이 보시와 지계라면 청정한 믿음은 단순히 무상의 진리에 대한 믿음입니다. 이와는 다르게 지계수복이 계학과 정학이라면 이를 바탕으로 하는 청정한 믿음은 신해信解를 넘어서는 직관적인 무아의 경험입니다. 부처님께서 무아라고 말씀하셨기 때문에 이를 받아들여 믿는 것, 그 이치를 이해하는 것, 무아를 직접 체험하는 것은 각기 완전히 다른 경험입니다. 바다가 있다는 것을 믿는 것과 바다에 대해서 이해하는 것, 그리고 바다에 직접 들어가 보는 것이 완전히 다르듯이 말입니다.

물론 보살승의 수행에 있어서 재가와 출가의 구분이 열어진 것은 분명하지만, 굳이 이름으로 나누지 않더라도 근기와 수행에 투자하는 열정은 개개인이 분명히 다릅니다. 그렇기에 이 지계수복에 대한 두 가지 해석은 1단계 방법과 2단계 방법의 차제로 구분해도 좋을 것 같습니다.

만약 여리실견분까지 금강경을 읽고도 청정한 믿음이 나지 않는다고 해도 걱정하지 마세요. 우리는 왜 그런지 원인을 알았습니다. 또한 부족한 부분을 채울 수 있는 수행 방법까지도 알았습니다. 걱정하기보다는 스스로 필요한 단계를 선택하여 지계수복하세요. 그것이 무상의 진리에 한 발짝 더 다가가는 올바른 자세입니다.

“이 사람은 한 부처님이나 두 부처님, 서너 다섯 부처님께 선근을 심었을 뿐만 아니라 이미 한량없는 부처님 처소에서 여러 가지 선근을 심었으므로 이 말씀을 듣고 잠깐이라도 청정한 믿음을 내는 자임을 알아야 한다.”
當知是人 不於一佛二佛三四五佛 而種善根 已於無量 千萬佛所 種諸善根 聞是章句 乃至一念 生淨信者

돈오와 점수

만약 도반과 함께 간절하게 수행하고 있는데, 도반만 수행의 진전이 있고 당신은 아무런 성과가 없다면 기분이 어떨까요? 기분이 나쁜 것은 둘째 치고, 혹시 도반만 갑자기 성과가 생긴 것에 대해 불공평하다고 느낄 수 있지 않을까요? 그럴 때는 이것을 꼭 기억해두세요.

'세상에 갑자기란 없고, 공짜도 없습니다.'

청정한 믿음은 결코 갑자기 생기는 것이 아닙니다. 이것은 오랜 시간의 지계수복을 통해 쌓은 공덕의 결과입니다. 동북아시아 불교에서는 이와 같은 돈오와 점수의 문제가 오랜 기간 동안 지속된 논쟁 주제입니다. 이를 통해 돈오돈수頓悟頓修, 돈오점수頓悟漸修, 점오점수漸悟漸修 등 다양한 유형의 수행이 언급되었는데 이 모든 주장은 나름의 근거가 존재합니다. 이 중 보조국사 지눌 스님의 『수심결修心訣』 속 돈오점수를 소개하겠습니다.

> 대체로 도에 들어가는 데는 여러 가지 많은 문이 있지만 요약해서 말하면 돈오와 점수의 두 문에 지나지 않는다. 비록 돈오돈수가 가장 높고 수승한 근기가 들어가는 문이라고 하지만 과거를 미루어 보면 이미 여러 생 동안 깨달음에 의하여 닦아 점차로 익혀오다가 금생에 이르러 듣자마자 곧 깨달아 일시에 마치는 것이니 실로 말하면 이 역시 먼저 깨닫고 뒤에 닦는 근기인 것이다. 그러므로 이 돈오와 점수의 두 문은 모든 성인의 길이다.

삶은 미시적으로 살펴보면 한 생이지만 거시적으로 살펴보면 무한한 생입니다. 불자들은 넓은 시간관을 가지고 자신의 삶을 바라볼 수 있어야 합니다. 그래야만 훈수 두듯이 자유롭고 집착하지 않는 삶을 살아갈 수 있습니다. 만약 거시적인 관점에서 바라본다면 돈오라는 것은 무의미해집니다. 한 생만을 놓고 보기 때문에 돈오가 있는 것처럼 착각하는 것이지, 무량한 생을 펼쳐놓고 본다면 돈오는 그저 점수가 쌓인 결과물일 뿐입니다.

중국 금강경은 선禪의 발전과 그 역사를 함께 합니다. 유독 선사들이 중요시했던 경전이 바로 이 금강경이기 때문입니다. 이는 무주의 실습이 선과 통하는 바가 분명하고, 무상의 진리는 선을 통해 이루고자 하는 안심의 원천이기 때문입니다. 그래서인지 다양한 선사들의 가르침을 금강경과 병행해서 공부할 때 그 효과가 증폭되는 경향이 있습니다.

지눌 스님의 『수심결』 속 돈오점수 역시 금강경의 수행 구조와 매우 유사합니다. 원보리심을 일으키는 것이 돈오라면, 행보리심을 실천하는 것은 점수에 해당합니다. 또한 구하는 바가 사라지면 그것이 바로 안심이며, 불심이 금강심이라는 것을 확신하는 것이 돈오라면 이 금강심을 이루기 위한 무주상보시의 수행은 점수가 됩니다. 만약 보리심을 일으키지 않고 수행하거나, 지금 이 마음에서 의심만 끊어지면 금강심이라는 대신심의 돈오 없이 수행한다면 지눌 스님은 이렇게 혼내셨을 것입니다.

"그것은 우치선愚癡禪이다!"

무상의 진리에 대해 청정한 믿음이 일어나지 않는다면 우치선에 빠질 가능성이 높습니다. 이것이 금강경의 보시에 대한 첫 번째 시험 주제입니다. 만약 시험에 탈락했다면 실망해야 할까요? 지계수복을 해야 할까요? 씨앗 없이 생겨나는 과실은 없습니다. 만약 안심의 달콤한 과실을 맛보고 싶으시다면 지금 당장 지계수복을 실천하시면 됩니다. 그것이 가야 할 길입니다.

지계수복조차도 어렵다면?

금강경을 배우기에 적합한 근기는 분명히 존재합니다. 그리고 이는 생각보다 높은 수준을 요구하는 듯합니다. 하지만 현대의 금강경이 아니라 결집 당시 보살승 운동은 남녀노소 누구든 가리지 않고 모든 근기를 포함했어야만 합니다.

만약 지계수복 중 보시와 지계를 실천하는 것조차 어렵다면 어떻게 해야 할까요? 금강경 수행을 포기해야 할까요? 아닙니다! 부처님께서는 모든 중생에 대한 자비심으로 길을 제시하셨습니다. 앞서 인용한 원문에 이런 힌트가 등장합니다.

> "이 사람은 한 부처님이나 두 부처님, 서너 다섯 부처님께 선근을 심었을 뿐만 아니라 이미 한량없는 부처님 처소에서 여러 가지 선근을 심었으므로…"

부처님께서는 넌지시 이렇게 힌트를 주시는 것입니다.

"만약 지계수복의 수행을 실천하기가 어렵다면 먼저 부처님을 섬기며 선근善根을 심어야 한다."

석가모니 부처님이 지금 이 시대에는 부처님이지만, 당시의 제자들에게는 가까운 스승이었습니다. 그렇기에 부처님을 섬긴다는 것은 바로 스승을 섬긴다는 것을 의미합니다. 스승을 존경하고 헌신하는 연습이 된다면 이 선근으로 지계수복의 수행은 자연스럽게 이루어집니다. 이를 인도에서는 '구루 요가'라고 표현하는데, 이것은 만 가지 수행의 기반이 됩니다. 올바른 수행을 오랫동안 이어 나가기 위해서는 선스승, 선도반, 그리고 선도량이라는 세 가지 수행의 기반을 갖춰야 한다고 합니다. 이 중 선스승을 모시고 섬기는 것이 바로 구루 요가입니다.

훌륭한 스승은 제자들을 안심시키는 선호념과 제자들을 더 발전할 수 있도록 권선하는 선부촉의 힘을 지니고 있습니다. 또한 함께 있는 것만으로도 의식이 발전하도록 만드는 비언어적인 축복과 함께 문답을 통해서 길도 일러줍니다. 스승은 이처럼 수행자들에게 있어 최상의 보물입니다. 그렇기에 티베트 불교 전통에서 불법승 삼보에 귀의하고 추가로 선스승에게 귀의하는 마음을 지니는 것입니다. 스승에게 귀의한다는 것은 무엇을 실천하는 것일까요?

첫째는 스승을 경애하는 것입니다. 경외를 품고 있지 않은 채 아무리 말로 스승님이라고 불러 봐야 아무 소용이 없습니다. 스승이 제시하는 올바른 길과 자신의 견해가 서로 다를 때, 이 경외심이 없다면 제자는 그저 자신의 고집대로 행동할 것이기 때문입니다. 또한 스승을 아끼고 사랑하는 마음이 있어야 합니다. 그렇지 않다면 가르침을 자신이 소화하지 못해 버거운 순간 사제관계를 버리고 도망가기 쉽기 때문입니다.

둘째는 스승에게 공양을 올려야 합니다. 수행 전통에 따라 올릴 수 있는 공양물의 종류가 다릅니다. 정성스럽게 청정한 공양물을 준비하여 스승에게 공양 올리는 과정은 그 자체로 경애심을 표현하는 방법이자 스스로의 자만과 인색함을 끊어내는 수행이고, 경애심을 증장시키는 효과가 있습니다.

삼보에 귀의하는 마음은 모든 수행의 근본이 됩니다. 만약 금강경의 반야 수행이 어렵고, 지계수복조차 하기 어렵다면 먼저 스승에게 귀의하는 연습부터 해보시는 게 어떨까요? 이것이 금강경 속 부처님의 제안입니다. 오랜 시간 스승을 섬기며 공양하는 연습을 하고 금강경을 수지독송하다 보면 어느 순간 자신도 모르게 지계수복에 물들어 있는 자신을 발견하게 될 것입니다. 그렇게 금강경에 물들어가는 시기는 분명히 도래할 것입니다.

"수보리여! 여래는 이러한 중생들이 이와 같이 한량없는 복덕 얻음을 다 알고 다 본다. 왜냐하면 이러한 중생들은 다시는 자아가 있다는 관념, 개아가 있다는 관념, 중생이 있다는 관념, 영혼이 있다는 관념이 없고, 법이라는 관념이 없으며 법이 아니라는 관념도 없기 때문이다."
須菩提 如來悉知悉見 是諸衆生 得如是無量福德 何以故 是諸衆生 無復我相人相衆生相壽者相 無法相亦無非法相

누락되는 공덕은 없다

부처님의 지혜를 나타나는 대표적인 두 가지 표현이 있습니다. 하나는 '여실지'로서 '있는 그대로를 보는 지혜'를 의미하고, 다른 하나는 '일체지'로서 '알고자 하는 것을 걸림 없이 아는 지혜'를 의미합니다.

영화 엑스맨X-Man 시리즈에는 초능력을 지니고 있는 이들을 위한 학교가 등장합니다. 그리고 그 학교의 대표 역할은 찰스Charles 교수가 맡고 있습니다. 찰스 교수는 세상의 정보를 듣는 능력을 지니고 있는데, 이 능력을 증폭시켜주는 기계 장치를 사용하면 엄청난 범위의 정보를 듣고 활용할 수 있습니다. 그런데 영화 속 찰스 교수는 능력을 활용할 때의 모습이 고통스러운 것처럼 표현됩니다. 엄청난 정보의 홍수가 입력되는 것을 정신이 감당하지 못하는 것입니다.

많은 사람들은 전지전능의 전지 그리고 일체지를 '모든 것을 아는 지혜'라고 생각합니다. 하지만 만약 모든 정보를 무차별적으로 받아들여야 한다면 그것은 아마도 고문일 것입니다. 우리가 성불하려는 이유가 고문당하기 위해서는 아닌데 말입니다.

의상 조사 『법성게法性偈』에는 한국의 불자라면 누구나 들어봤을 유명한 구절이 등장합니다.

> 일중일체다중일
>
> 一中一切多中一
>
> 하나 속에 일체가 모두 들어있고, 일체 속에 하나가 들어있다.

이는 바람에 휘날리는 나뭇잎 하나에 태풍과 사람 그리고 태양과 우주가 모두 포함되어 있다는 것을 의미합니다. 이것이 상식적으로 쉽게 받아들여지시나요? 현대물리학은 다양한 이론과 실험들을 통해 하나 속에 만물이 포함되어 있다는 사실을 보다 쉽게 설명하고 있습니다. 양자물리학에서는 모든 만물을 양자의 화합으로 바라봅니다. '나 그리고 너, 자연과 세상은 모두 양자로 이루어져 있다'는 뜻입니다. 그런데 이 양자에는 매우 특이한 성질이 하나 있습니다. 양자끼리는 단 한 번이라도 접촉하면 공간을 초월하여 즉시 정보를 공유하는 특징이 있다고 합니다. 예를 들면, A라는 양자와 B라는 양자가 한 번 접촉한 이후 서로 반대쪽 우주로 날아갔다고 하더라도 A에 일어나는 정보를 그 즉시 B가 알 수 있다는 뜻입니다.

러시아 과학자들은 이를 증명하기 위해 무섭고 잔인한 실험을 했습니다. 한 어미 토끼가 새끼를 낳자마자 그들은 새끼 토끼를 격리하여 약 300Km 떨어진 섬으로 데리고 갔습니다. 어미 토끼는 새끼를 단 한 번도 보지 못한 상태입니다. 멀리 떨어진 섬에서 새끼를 한 마리씩 죽이면 이때 어미에게는 어떤 일이 벌어질까요? 그들은 어미 토끼의 뇌파를 측정하는 도구를 설치한 후 신호에 맞춰 새끼 토끼를 차례로 죽였다고 합니다. 결과는 놀랍게도 새끼가 죽음을 맞이할 때 어미 토끼는 영문도 모른 채 뇌파에 큰 충격이 있었다고 합니다. 이는 양자의 화합으로 이루어진 존재들에게 정보가 공유된다는 것을 보여주는 증거입니다.

양자물리학자들은 이 양자를 '신의 입자'라고도 부릅니다. 양자 하나하나는 세상 모든 양자의 정보를 동시에 알고 있기 때문입니다. 이것이 가능한 이유를 간단하게 설명해 보겠습니다. A와 B 양자가 서로 접촉을 합니다. 그럼 B에 A가 묻게 되는데 이를 BA라고 부르겠습니다. 그리고 BA가 C라는 양자와 접촉을 합니다. 그럼 C는 그 즉시 CBA가 됩니다. 양자들은 이처럼 무량한 양자와 직간접적으로 접촉하며 서로의 정보를 공유하는 상태를 만드는데, 이 지점에 일체지의 비밀이 숨겨져 있습니다.

사실 양자로 구성된 인간은 당연히 일체지를 지니고 있어야 합니다. 왜냐하면 그것이 양자의 특성이기 때문입니다. 하지만 이 양자의 특징이 미시세계에서는 분명히 나타나지만 거시세계에서는 정확히 적용되지 않는데, 그 이유는 다양한 장애와 저항 때문입니다. 아마도 중생을 이루고 있는 양자들은 지금도 우주 반대편에서 이루어지는 일들을 정확히 알고 있을 것입니다. 하지만 중생이라는 마음은 아 · 인 · 중 · 수상의 장애물 때문에 그 일에 대해 알 수 없습니다.

이는 본래 일체지를 지닌 양자의 능력이 사라진 것이 아니라 중생의 번뇌가 이 능력을 막고 있는 것뿐입니다. 광대심과 제일심 그리고 상심을 이루기 위해 아 · 인 · 중 · 수상의 장애, 감각과 감정 그리고 생각의 한계를 극복해야 하는 이유가 바로 이것입니다. 그리고 이 일체지를 얻는 과정은 없던 것을 새롭게 얻는 것이 아니라 이미 지니고 있던 지혜를 발견하는 과정입니다. 즉, 더하기가 아니라 빼기의 과정인 것입니다.

아 · 인 · 중 · 수상을 모두 극복하고 사심을 증득하는 공덕은 무량합니다. 이 무량한 공덕을 증득한 존재는 최상의 지혜를 얻습니다. 이러한 금강심을 완성하신 부처님께서는 분명히 일체지를 지니고 있습니다. 그러니 두려워하지 마세요. 지금, 이 순간 불보살님은 금강 보살이 실천하고 있는 모든 선업 공덕을 단 하나의 누락도 없이 모두 알고 있습니다. 그러니 혹시 선업 공덕의 대가가 없을까 봐 걱정하지 않아도 됩니다. 은행에서 입금 데이터를 놓치는 경우는 종종 있을지도 모르지만 부처님의 일체지에는 그런 일이 없습니다. 그러니 '혹시 수행하고 기도해도 공덕이 없으면 어떻게 하지?'라는 핑계로 정진을 게을리하는 것은 이제 그만하는 게 어떨까요? 시간과 땀 그리고 에너지를 투자한 올바른 정진은 절대로 배신하지 않습니다. 오직 이 수행공덕만이 윤회계의 삶을 관통하며 나를 도울 수 있는 최고의 재산이 됩니다.

"왜냐하면 이러한 중생들이 마음에 관념을 가지면 자아 · 개아 · 중생 · 영혼에 집착하는 것이고 법이라는 관념을 가지면 자아 · 개아 · 중생 · 영혼에 집착하는 것이기 때문이다.
왜냐하면 법이 아니라는 관념을 가지면 자아 · 개아 · 중생 · 영혼에 집착하는 것이기 때문이다."
何以故 是諸衆生 若心取相 則爲着我人衆生壽者 若取法相 卽着我人衆生壽者 何以故 若取非法相 卽着我人衆生壽者

법공의 또 다른 의미

금강보살은 사상을 극복하여 부전도심을 이루어야 합니다. 이 부분에서는 사상뿐만 아니라 법상과 비법상을 더하여 육상으로 극복되어야 하는 대상을 확장 시킵니다. 앞에서 아공과 법공을 설명하기 위해 다섯 손가락의 비유를 활용했습니다. 복습해보면, '오온이라는 다섯 손가락의 화합을 우리는 자아라고 여기는데, 이것이 잘못되었다는 것을 말하는 것'이 바로 '아공'입니다. '법공'이란 '다섯 손가락 하나하나인 색 · 수 · 상 · 행 · 식 각각이 모두 실존하지 않는다'는 것입니다.

기억나시나요? '존재한다'는 것에는 '독립적'이라는 뜻과 '불변한다'는 뜻이 숨겨져 있습니다. 이를 기억하지 못한다면 분명 '색온이 존재하지 않는다'는 의미를 완전히 없다는 무無의 개념으로 받아들일 가능성이 높습니다. 그렇게 우리는 무왕에 의해 지배당하게 되는 것입니다. 법공이 말하는 '존재하지 않는다'는 것은 '조건에 의지하여 끊임없이 변화하는 상태인 연기'를 의미합니다. 다시 말하면, 법은 만물 그리고 만물의 구성요소들로써 모두 무상입니다.

금강경에서 언급되는 법상과 비법상의 '법'은 '만물'을 의미하는 광의뿐 아니라 '진리와 가르침'을 의미하는 협의도 포함하고 있습니다. 인용한 원문에 '비법상이 생겨나면 아 · 인 · 중 · 수상에 집착하고 있는 것이고, 법상이 생겨나도 아 · 인 · 중 · 수상에 집착하는 것'이라는 내용이 있습니다. 이를 협의로 살펴보자면 비법상이란 어떤 개념이 진리에 어긋나 있다는 판단이고, 법상은 어떤 개념이 진리와 상응한다는 판단입니다. 그런데 만약 이러한 견해에 집착한다면 결국 유왕과 무왕에 의해 지배당하게 됩니다. 아무리 진리를 대상으로 하는 상이라고 하더라도 이는 여전히 이분법에 사로잡혀 있는 것이고, 이를 원문에서는 '아 · 인 · 중 · 수상에 집착하는 것'이라고 표현한 것입니다.

정리해 보면 법공에는 두 가지 의미가 있습니다. 이는 '만물에 대한 상이 공하다는 것'과 '진리에 대한 상이 공하다는 것'입니다.

이 진리에 대한 상이 공하다는 것이 추가됨으로써 아공과 법공, 그리고 구공의 삼공이 금강경 원문에 모두 언급되었습니다. 아공과 법공이 '비법이다' 또는 '법이다'라고 집착하는 것을 깨뜨리는 구공이 바로 '진리상공眞理相空'이기 때문입니다. 진리는 분별을 떠난 불이不二입니다. 하지만 언어와 생각의 세계는 오직 이분법입니다. 세상의 진리를 말로 표현하거나 생각으로 헤아리는 순간 그저 법상이 되는 이유는 불이를 이분법의 그릇에 담을 수 없기 때문입니다. 노자의 『도덕경』이 '도가도비상도道可道非常道'라는 표현으로 시작되는 것과 진리를 '불가사의不可思議'라고 표현하는 것 역시 마찬가지입니다.

금강경 속 무상의 가르침이 향하고 있는 지점은 상의 그릇에 담겨 있는 내용물이 아닌 그릇 그 자체입니다. 그 내용물이 아인중수, 비법과 법, 그 무엇이든 상관없이 상의 그릇에 담겨 있는 한 그것은 공하다는 것을 말하고자 하는 것입니다. 이 상은 있는 그대로의 실재가 아닌 그저 인식된 상분일 뿐이라는 사실을 우리가 기억할 때, 여래를 볼 수 있는 가능성은 열리기 시작합니다. 이것이 바로 부처님의 유명한 가르침 중 하나인 '법을 보는 자 여래를 본다'는 의미입니다.

"그러므로 법에 집착해도 안 되고 법 아닌 것에 집착해서도 안 된다. 그러기에 여래는 늘 설했다. 너희 비구들이여! 나의 설법은 뗏목과 같은 줄 알아라. 법도 버려야 하거늘 하물며 법 아닌 것이랴!"

是故 不應取法 不應取非法 以是義故 如來常說汝等比丘 知我說法 如筏喩者 法尚應捨 何況非法

법집이 지닌 폭력성

중생이 분노하는 이유는 오직 번뇌 때문입니다. 하지만 중생은 항상 세상 때문이라고 핑계를 댑니다. 이 오해는 외부에 피해를 주는데 분노는 폭탄과도 같아 터지면 나와 남 모두에게 피해를 주기 때문입니다. 분노가 일어나는 원인을 분명히 이해할 때 우리는 세상에 피해를 주는 존재가 아니라, 세상을 돕는 보살의 길을 걸을 수 있습니다.

분노가 일어날 때 우리는 흔히 이렇게 표현합니다. '폭발한다' 폭발하기 전에는 이렇게 표현하죠. '뚜껑이 열린다' 부글부글 끓기 전에는 이렇게 표현합니다. '거슬린다' 거슬리는 이유에 대해서는 이렇게 표현합니다. '왜 자꾸 나를 건드냐?' 이러한 표현을 참고하면 화가 나는 원인을 거슬러 추적해 볼 수 있는데, 분노의 근본적인 원인은 바로 '나를 건들기' 때문입니다. 그런데 무엇을 건드는 것일까요? 몸을 치고 갔나요?

아닙니다! 건든다는 것은 몸이 아니라 마음속에 집착하고 있는 상을 건드는 것입니다. 만약 상 자체가 없다면 누구도 그를 건드릴 수 없습니다. 그렇기에 분노는 각종 상에 대한 고집이 그 원인입니다. 상을 실재와 같다고 여기고, 그것에 사띠가 사로잡힌 것입니다. 결론적으로 그 상에 집착하는 마음이 없다면 우리는 화가 나지 않습니다.

흥미로운 점은 그 모든 상중에서도 가장 강렬한 분노를 폭발시키는 것이 아 · 인 · 중 · 수상이 아닌 법상이라는 것입니다. 개인적인 탐욕이나 분노가 아무리 강해 봐야 그 폐해는 그리 강렬하지 않지만 법상으로 인한 분노는 차원이 다릅니다. 세상에 존재했던 거대한 전쟁들은 모두 법집 때문에 일어난 것입니다. 정치관에 대한 법상, 종교에 대한 법상, 진리에 대한 법상 등이 만들어낸 분노가 얼마나 많은 생명을 앗아갔는지 역사는 증명하고 있습니다.

그 어떤 집착보다도 법집이 무서운 이유는 이 분노가 정당하다고 여기기 때문입니다. 아집은 스스로 자각하는 순간 양심이 되살아나 창피한 줄을 알지만, 법집은 오히려 자신을 더욱 분노하게 만들고 정당한 희생이라는 명목하에 자신과 타인 모두를 불태웁니다. 심지어 수많은 목숨을 빼앗는 전쟁을 성전聖戰이라고 표현하는데 이는 명백한 오류입니다. 세상에 정당한 분노와 폭력 그리고 전쟁은 없습니다. 이 법집이 무서운 또 다른 이유는 중생을 사랑하고 그들을 구하겠다는 자비심을 지닌 보살조차도 이 법집에 휩싸여 분노하는 순간, 중생을 해치는 폭력에 사로잡힌다는 것입니다.

금강경을 결집하던 시기는 논쟁과 법집의 시대였습니다. 승가를 상징하는 최상의 가치였던 화합조차도 이 법집과 논쟁에 의해 깨져버린 상황에서 법집을 경계하는 가르침을 중요시 여기는 것은 필연이었을 것입니다. 그렇기에 부처님께서는 원문에서 자신의 가르침조차도 뗏목처럼 버릴 수 있어야 한다는 점을 강조하신 것입니다.

문자반야는 법을 전달하는 효율적 수단이지만 실상반야를 개념화하는 한계를 지니고 있습니다. 불이의 진리조차 언어화하는 순간 이분법의 감옥에 갇히는 것입니다. 하지만 이분법의 세계를 살아가는 중생에게 불이의 진리를 전달할 수 있는 방법은 오직 문자와 개념에 의지하는 길뿐입니다. 그렇기에 부처님께서는 설법을 하셨습니다.

이 설법은 오직 그 시간, 그 조건에서, 그 사람에게만 적용되는 방편이라는 사실을 기억해둬야 합니다. 알맞지 않은 가르침을 진리라는 명목으로 아무 곳에나 적용한다면, 이는 폭력적인 어리석음일 뿐입니다. 강을 건넌 이들이 뗏목에 집착해 오히려 거추장스러워진 짐 덩어리를 짊어지고 산행하는 어리석음을 저지르게 될 것입니다.

법을 보는 자 여래를 본다

“두 명의 절친한 비구가 함께 안거를 보냈습니다. 안거가 끝난 후 수행보고를 위해 부처님을 찾아가는데, 중간에 있는 마을들에 가뭄이 들어 탁발이 굉장히 어려웠습니다. 그들은 먹지도 못하고 마시지도 못하면서 근근이 수행력으로 버티며 제따와나 근처까지 도달했습니다. 하지만 그들의 수행력은 딱 거기까지였습니다.

이제 그들은 당장 물 한 모금도 마시지 못한다면 죽음을 맞이하게 될 상황에까지 이르렀습니다. 하지만 눈앞의 물에는 각종 미생물들이 가득했기 때문에, 물을 마시면 살생하게 되는 것이었습니다. 그 비구들은 살생을 하고 부처님께 나아가야 할까요? 아니면 그 자리에서 죽어야 할까요? 한 비구는 그 자리에서 죽는 것을 선택했습니다. 그리고 한 비구는 물을 마시고 부처님께 나아갔습니다. 이때 부처님께서는 유명한 문장으로 비구를 경책하십니다.

“육신이 가까이 있다고 여래를 보는 것이 아니다. 멀리 있더라도 법을 보는 자 여래를 본다.””

초기 불교에서부터 누누이 이어지는 전통은 부처님의 정체성이 색신이 아닌 그의 정신에 있다는 것입니다. 이것이 대승 불교에 이르러 색신과 법신의 이분법으로 정리되고, 후에 법신法身, 보신報身, 화신化身의 삼신설로 완성된 것입니다. 초기 경전 속에서 정신을 중요시 여기는 또 다른 예화를 소개하겠습니다.

“부처님께서 3개월 뒤 열반에 드시겠다고 선언하신 후, 수많은 비구들은 절망했습니다. 아라한들은 할 일을 마쳤기에 동요가 없었지만 아직 도과를 증득하지 못한 이들에게 스승의 열반에 대한 소식은 매우 큰 사건이었습니다.

그래서 비구들이 각처에서 삼삼오오 모여 후일을 의논하고는 했는데, 띳사 장로는 홀로 이렇게 생각했습니다.

'부처님께서는 삼 개월 후에 빠리닙바나에 드신다고 말하는데 나는 아직 나쁜 욕망에서 벗어나지 못했다. 그러니 부처님이 살아계실 때 노력을 분투하여 반드시 아라한과를 성취해야겠다.'

장로는 이후 비구들과 어울리지 않고 행주좌와에 사띠를 챙기며 열심히 정진했습니다. 그런데 이 모습을 본 비구들은 장로를 의심했고 부처님께 찾아가 이렇게 보고했습니다.

"부처님이시여, 띳사 장로는 부처님에 대한 존경심이 없습니다."

부처님이 열반에 드시는데 장로가 슬퍼하지도 않고 대책을 세우지도 않자, 범부 비구들은 그가 스승의 열반을 슬퍼하지 않는다고 생각했던 것입니다.

부처님께서 이 보고를 듣고 나서 띳사 장로를 불러 그의 마음가짐을 듣고는 이렇게 찬탄합니다.

"비구들이여, 띳사처럼 행하는 사람이 나를 진실로 존경하는 사람이다. 꽃과 향을 올리며 존경을 표하는 사람은 나를 진실로 존경하는 사람이 아니다. 높고 낮은 법을 얻기 위해 열심히 수행하는 사람이 나를 진실로 존경하는 사람이다." ”

색신에 아무리 좋은 꽃과 향을 올려 봐야 부처님의 은혜를 갚을 수는 없습니다. 부처님께 은혜를 갚는 방법은 오직 불방일정진하여 도과를 증득하는 것입니다. 부처님의 색신을 섬기는 것이 아니라 깨친 정신을 섬기는 것이 바로 비구가 해야 하는 일입니다. 더군다나 보살승을 추구하는 이들은 이에 더해 중생을 깨치도록 도움으로써 부처님의 은혜를 갚습니다. 부처님의 법신을 혼자서만 만끽하는 것이 아니라, 일체 중생과 공유하고 세상을 구하는 것이 은혜를 갚는 방법인 것입니다.

여리실견분을 통해 32상을 갖춘 색신으로는 부처님을 볼 수 없다는 것을 밝힌 보살승들이 이번에는 새로운 무상의 연습문제를 제시합니다. 그리고 그 주제는 다름 아니라 부처님의 법신인 깨달음과 가르침에 대해서입니다. 과연 부처님의 깨달음과 설법은 존재하는 것일까요?

진리, 법法이란 무엇인가?

많은 사람들이 '불교는 깨달음을 추구한다'는 고정관념을 가지고 있습니다. 하지만 부처님께서는 사실 진리를 깨닫고자 출가하신 것이 아닙니다. 그것은 배부른 철학자들의 사변일 뿐이고, 부처님께서는 오직 고통에서 벗어나는 길을 추구하셨습니다. 그는 현실에 산재해 있는 생로병사의 고통에 충격을 받았고 이 죽음의 두려움에서 탈출하고자 출가한 것입니다. 그렇기에 부처님께서는 설법 전후 이런 정형구를 사용하셨습니다.

> "불사의 문은 열렸다. 눈 있는 자 누구나 와서 보라."

불사의 문을 열고자 했던 부처님께서는 수행 도중 알게 된 사실이 있었습니다. 공교롭게도 이를 완성하기 위해서는 진리를 깨달아야 한다는 것입니다. 여기서 말하는 진리는 이분법의 틀에 담겨 있는 개념이 아닙니다. 오히려 이 이분법이라는 인식의 틀을 초월한 불이의 인식을 표현하는 것입니다. 이분법의 인식은 진리의 내용조차도 망상으로 만들지만, 불이의 인식에서는 모든 망상조차도 진리입니다. 이러한 인식에 도달한 부처님을 찬탄하는 구절 중 이런 문장이 있습니다.

천상천하무여불 시방세계역무비

天上天下無如佛 十方世界亦無比

하늘 위 하늘 아래 부처님과 같은 분은 없다.

온 우주를 통틀어서 그 어떤 존재라도 비교조차 할 수 없다.

부처님과 세상의 그 어떤 존재도 비교할 수조차 없는 이유는 그 틀 자체가 다르기 때문입니다. 세상에 속한 존재들은 이분법의 틀 안에 갇혀 끊임없이 오르락내리락하며 1등을 다투고 있습니다. 그들끼리는 얼마든지 비교가 가능합니다. 하지만 부처님께서는 이분법의 그릇인 윤회 자체를 초월하여 불이의 세상을 살고 있기에, 비교 자체가 불가능합니다. 불이의 의식에는 너와 내가 없는데 어떻게 비교할 수 있겠습니까?

이웃 종교에서는 아담과 이브가 선악과를 먹고 에덴동산에서 쫓겨났다고 합니다. 그럼 에덴동산으로 돌아가려면 어떻게 해야 할까요? 선악과를 뱉어 버리면 됩니다. 이 선악과의 정체가 바로 이분법이고, 이 이분법을 정화하는 것이 바로 깨달음입니다.

금강경에서는 이 이분법을 아 · 인 · 중 · 수상인 사상과 법상과 비법상을 더하여 육상으로 표현하고 있습니다. 그것이 무엇이든 상이 있다고 속는 순간 우리는 이분법의 감옥에 갇히지만, 무상을 꿰뚫어 보는 순간 윤회 감옥을 열고 자유로워질 수 있는 해탈의 열쇠가 손에 쥐어지는 것입니다. 부처님께서 불사의 문을 열 수 있도록 만든 깨달음이 무엇인지에 대해서는 학자들의 의견이 분분합니다. 하지만 학자들은 중도와 연기가 그 깨달음을 표현한다는 것에 대부분 동의합니다. 이러한 부처님의 깨달음과 가르침을 법이라고 표현합니다.

앞서 살펴봤던 것처럼 법에는 두 가지 의미가 동시에 존재합니다. 만물을 법이라고도 하고, 진리를 법이라고도 합니다. 서양의 학계에서는 이 둘을 아예 다른 표기법으로 구분하기도 합니다. 부처님의 가르침인 진리로서의 법은 대문자를 사용하여 Dhamma라고 표기하고, 일반적인 만물로서의 법은 소문자를 사용하여 dhamma로 표기하여 구분합니다. 이것만 보더라도 서양학자들이 부처님의 가르침인 법으로서의 Dhamma를 더 높이 평가하고 있다는 것을 알 수 있습니다. 여기까지 잘 이해하셨다면 이제 무득무설분에서 제시되는 무상의 연습문제를 쉽게 풀 수 있을 것입니다.

PART

07

수보리 존자의 일곱 번째 질문

부처님께서는 여래는 형상에서 벗어나 있으며, 법 또한 취하지 말라고 말씀하셨다.
"만약 부처님도 법도 무상하다면 부처님도 법도 없다는 것이다. 그렇다면 부처님께서는 어떻게 깨달음을 얻었으며 어떻게 가르침을 베푸시는 것인가? 어째서 부처님도 없고 법도 없다는 것인가?"

KEY POINT 법공

07 무득무설분 / 깨침과 설법이 없음

無得無說分 第七

"수보리여! 그대 생각은 어떠한가? 여래가 가장 높고 바른 깨달음을 얻었는가? 여래가 설한 법이 있는가?"
須菩提 於意云何 如來得阿耨多羅三藐三菩提耶 如來有所說法耶

무상의 두 번째 연습문제

무상의 두 번째 연습문제는 바로 "법Dhamma은 존재하는가?"입니다. 다시 기억을 되살려 복습해 보겠습니다. '존재한다'는 것은 두 가지의 뜻이 있다고 했습니다. '독립적'이고 '영원불변'한 것이 존재한다는 의미입니다. 이러한 판단이 지닌 근본적인 문제는 이러한 존재가 오직 개념의 세계에서 상으로만 존재할 뿐이고, 현실에서는 이와 정반대의 속성을 지니고 있다는 점입니다.

좀 더 복습해 보자면 상분과 물자체의 차이를 떠올려 봐야 합니다. 중생은 상분을 보면서 살아가고 부처님께서는 물자체를 인식하며 살아갑니다. 이것이 부처님과 중생의 인식이 180도 다른 이유입니다. 있는 그대로의 진리를 이분법의 상에 담을 수 있는 방법은 없습니다. 그중 티끌만큼의 특징만을 언어로 담아낼 뿐입니다. 예를 들어, 바다라는 단어가 표현할 수 있는 모습은 실재하는 바다를 한 숟가락으로 뜬 것보다 적은 것과 같습니다.

법집의 시대에 논쟁이 이루어지고 화합이 깨진 이유는 최상의 법이 있다는 착각 때문입니다. 최상의 법이란 단지 이분법의 틀을 깬 것을 의미합니다. 하지만 이분법의 틀을 깨지 못하고 갇혀 있는 중생들은 이 틀 안의 개념들 중 비교를 통한 최상의 법이 있을 것이라고 착각합니다. 만약 그들에게 그런 법은 없다고 말한다면 어떻게 될까요? 그럼 틀을 부정하는 것이 아니라 틀 안에 존재하는 최상의 법이 없다고 착각할 것입니다. 유왕과 무왕에 의해 지배당하고 있기 때문입니다. 이것이 바로 이분법의 틀에 갇혀 있다는 증거입니다. 여전히 이분법의 틀에 갇혀 있는 보살들은 충분히 의심을 가질 수 있습니다. 왜냐하면 부처님의 색신뿐 아니라 진리까지도 공성임을 듣고는 이 부작용으로 무왕에게 지배당할 수 있기 때문입니다.

32상도 법상도 없다는 것은 무왕의 함정에 빠진 보살들에게 있어서는 부처님의 정체성을 완전히 부정하는 것처럼 느껴질 것이고, 그렇기에 이는 거대한 의심으로 다가올 것입니다. 이처럼 혼란에 빠져 있는 보살 대중의 의심을 풀어주기 위해 부처님께서는 흔들리지 않은 수보리 존자에게 무상의 두 번째 연습문제를 다음과 같이 출제하시는 것입니다.

> "그대 생각은 어떠한가? 여래가 가장 높고 바른 깨달음을 얻었는가? 여래가 설한 법이 있는가?"

파사현정破邪顯正의 방식

부처님은 교법을 펼치실 때, 뗏목의 비유로써 법을 표현하셨습니다. 질문자의 근기가 다르면 똑같은 질문에도 각각 다른 답변을 해주셨기 때문에 부처님의 교법은 매 순간 변화했습니다. 즉, 정해진 개념으로서의 법, 보편적으로 어디에든 적용되는 고정불변하는 법이 있는 것이 아니라 법은 다만 삿된 집착을 깨뜨리는 가장 적절한 방편의 모습으로 드러난다는 것을 보여주셨습니다.

금강경은 보살들이 품고 있는 의심을 해결하는데 파사현정의 방식을 활용합니다. 이는 그저 집착된 개념을 깨뜨리는 것이지, 그것을 대체하는 올바른 개념을 설명하는 방식은 아닙니다. 부처님께서 중간중간 수보리 존자에게 반문하는 방식을 활용하여, 그의 답변을 들어보는 이유는 스스로 사로잡힌 개념을 깨뜨리는 것이 가르침일 뿐, 반드시 전달해야 하는 개념은 없기 때문입니다.

있는 그대로의 세계인 진여에 대해 가장 체계적으로 분석한 논서 중 하나인 『대승기신론大乘起信論』에서는 진리를 크게 둘로 구분합니다. 하나는 이분법의 틀을 완전히 떠난 리언진여離言眞如이고, 다른 하나는 이분법의 틀인 언어에 의지해 표현되는 의언진여依言眞如입니다. 이를 일반적인 불교 교리에서는 진제와 속제로 구분하기도 하는데, 이것은 진리를 인식하는 틀 자체가 다름을 구분하는 것입니다.

"법은 존재하는가?"

이에 대한 가장 단순한 답변은 '불이의 법은 이분법의 틀로 담아내지 못하기에 법은 존재하지 않는다는 것'입니다. 이것이 리언진여이자 진제의 답변 방식입니다. 파사현정이기에 이처럼 집착 자체를 파하면 반야를 관조할 수 있게 됩니다. 하지만 이는 잠시일 뿐 대개의 초심 보살은 곧 유왕과 무왕에게 다시 지배당합니다. 그렇기에 전문수행자를 위한 진제적 설명 방식만으로는 충분치 않습니다.

포교를 위한 설명 방식은 좀 더 속제적입니다. A에 대한 집착을 직접 부수기보다는 그보다 더 나은 개념인 B를 제시하는 방식입니다. 포교대상의 관심사에 대한 흥미로운 이야기들을 활용하고, 좀 더 나은 집착의 대상을 추천하는 것입니다. 하지만 이런 속제적 방식 또한 결국은 진제를 위한 징검다리일 뿐입니다.

따라서 후대에 전승된 금강경에는 속제적인 이야기들은 대부분 사라지고, 진제적인 파사현정의 답변들만이 남아 있는 실정입니다. 하지만 속제적인 이야기들도 그 소재들로서 흔적이 남아 있으니 이를 살려낸다면 모든 근기를 만족시키는 금강경을 되살려낼 수 있을 것입니다.

수보리가 대답하였습니다.
"제가 부처님께서 말씀하신 뜻을 이해하기로는 가장 높고 바른 깨달음이라 할 만한 정해진 법이 없고, 또한 여래께서 설한 단정적인 법도 없습니다. 왜냐하면 여래께서 설한 법은 모두 얻을 수도 없고 설할 수도 없으며, 법도 아니고 법 아님도 아니기 때문입니다."
須菩提言 如我解佛所說義 無有定法名阿耨多羅三藐三菩提 亦無有定法如來可說 何以故 如來所說法 皆不可取 不可說 非法 非非法

충격요법

금강경에서 무상을 설명하는 방식은 매우 독특합니다. 『입보살행론』에서는 보시 수행하는 방법을 다음과 같이 설명합니다.

> "처음에는 지푸라기 같은 것을 베푸는 연습을 해야 한다.
> 이것이 익숙해져서 점점 큰 것을 베풀 수 있게 되면
> 궁극에는 목숨마저도 지푸라기처럼 아낌없이 베풀 수 있게 된다."

이것은 일반적인 방법으로, 작은 것에서부터 시작해 큰 것으로 나아가는 방법론입니다. 하지만 금강경은 이 반대의 방식을 취하는데, 불자들에게 있어서 가장 민감한 집착을 가장 먼저 파하고 있습니다. 불자들에게 있어 집, 가족, 재산 등도 강렬한 집착의 대상이겠지만, 보살에게 있어서 가장 강렬한 집착의 대상은 바로 성불과 부처님입니다. 무상의 첫 번째 연습문제는 부처님의 형상이었고, 두 번째는 법상의 구체적인 모습인 진리상과 설법상인 것입니다.

32상과 최상의 깨달음 그리고 부처님께서 중생에게 선물하신 설법에 강렬히 집착하고 있던 이들에게 이 무상의 진리는 청천벽력과 같은 말들입니다. 부처님께서 깨달으신 진리는 존재하지 않는다는 말을 들으면 아마 하늘이 무너지는 듯한 충격을 받을 수도 있을 것이고, 깊은 곳에서부터 끓어오르는 강렬한 저항심과 마주할지도 모릅니다.

이 강력한 충격요법이 유용한 이유는 가장 수승한 가치로 여겼던 부처님에 대한 상을 우선적으로 파했기 때문에 그보다 집착이 덜한 상들이 파해지는 충격은 쉽게 수용하는 효과가 있습니다. 가장 신성하게 여기는 상을 가장 먼저 파하는 충격을 전하는 이 방식, 세상 그 어떤 종교도 취할 수 없는 불교만의 방식입니다.

논쟁의 원인은 허망하다

인도불교는 20개가 넘는 부파로 나뉘었습니다. 그들은 법에 대한 다른 관점 때문에 각자의 부파를 만든 것인데, 이는 최고의 법이 무엇인가에 대한 추구와 연관이 있습니다. 인도 문화 속에서는 논쟁이 매우 일반적입니다. 그들은 오랫동안 최고의 법을 통한 인간 완성의 길을 추구했고 그 결과물이 바로 인도의 갖가지 정신문화이지만, 그 어떤 논쟁이든 어리석음에 불과함을 부처님께서는 강조하셨습니다. 『숫타니파타 Sutta-nipāta』에서는 논쟁에 대해 이렇게 말합니다.

> "그들은 '이것만이 청정하다.'고 고집하며, '다른 가르침은 청정하지 않다.'고 말합니다. 자신이 집착하는 것만이 아름답다고 하면서, 많은 사람들은 제각기 자신들의 진리를 고집하고 있습니다."

논쟁의 시작은 분명 이처럼 최상의 법을 추구하는 것에서 시작됩니다. 하지만 최상의 법이 있다고 여기는 순간, 이 어리석음은 눈덩이처럼 불어나고 번뇌와 뒤섞여 목적조차 변질되기 시작합니다.

> "그들은 토론을 좋아하여 집회에 뛰어들어 서로 상대방을 어리석은 자라고 여기며, 칭찬을 받기 위해 자신을 착하고 건전한 자라고 하면서, 다른 전제 위에 기초해서 논쟁을 일삼습니다."

논쟁을 즐기는 이들에게 최상의 법을 찾는다는 것은 그저 명분일 뿐입니다. 언젠가부터 그들은 그저 논쟁을 즐길 뿐이고, 그저 논쟁의 승리를 맛보고 싶을 뿐입니다.

> "집회에서 논쟁에 참가한 사람은 칭찬을 받고자 노력합니다. 그러나 패배하면 수치스럽게 여기고, 공격할 것을 찾다가, 비난을 받으면 화를 냅니다. 논쟁의 심판자들이 그가 말한 바에 대해서 '그대는 패배했다. 논파 당했다.'고 하면, 논쟁에 패배한 자는 비탄하고 슬퍼하며, '그가 나를 짓밟았다.'고 울부짖습니다."

만약 최상의 법을 찾고자 하는 목적이 여전하다면, 자신이 논쟁에 졌을 때 기뻐야 합니다. 왜냐하면 본래 목적대로 더욱 훌륭한 법을 찾았기 때문입니다. 하지만 만약 논쟁에 졌을 때 분하고 슬프다면 이것은 이미 논쟁의 목적이 변질된 것입니다. 번뇌에 사로잡혀 오직 승리의 맛을 추구하고 있는 것입니다. 부처님께서는 모든 수행자들에게 논쟁의 무익함을 간절하게 말씀하십니다.

> "이러한 논쟁이 수행자들 사이에 일어나면, 이들 가운데 득의와 실의가 엇갈린다. 사람들은 이것을 보고 논쟁하지 말아야 한다. 칭찬을 얻는 것 외에 어떤 이익도 없기 때문이니라."

또한 부처님께서는 만약 누군가가 논쟁을 하자고 덤벼들 때의 대처 방안 역시 이렇게 말씀하십니다.

> "견해를 가지고 논쟁하여 '이것이야말로 진리다'라고 말하는 사람들이 있거든 그대는 그들에게 '논쟁이 일어나면, 그대와 상대해 줄 사람은 이 세상에 없다'라고 말하시오."

최상의 법은 정해진 상이 없습니다. 모든 상을 깨뜨리는 진리를 그 어떤 상으로 표현할 수 있을까요? 이것은 지우개로 그림을 그릴 수 있다고 착각하는 것과 같이 법과 상을 구분하지 못하는 것입니다. 만약 최상의 법이라는 것이 무상임을 안다면 이 무상법을 바탕으로 설법하신 8만 4천 법문 역시 무상하다는 것을 쉽게 받아들일 수 있을 것입니다. 두 번째 무상의 연습문제는 법과 설법에 적용되기에 둘처럼 보이지만 하나만 풀리면 나머지는 보너스로 풀리는 문제인 것입니다.

"그것은 모든 성현들이 다 무위법 속에서 차이가 있는 까닭입니다."
所以者何 一切賢聖 皆以無爲法 而有差別

성인의 차별 – 의식수준

사쌍팔배四雙八輩, 보살의 52위 등은 깨달음에도 수준 차이가 있음을 분명히 말하고 있습니다. 이 차이를 나누는 기준은 오직 무위법無爲法뿐입니다. 이 무위법은 범부와 성인을 나누는 기준이기도 한데, 범부는 무위의 흐름에 들지 못했기 때문에 이 기준은 제외하겠습니다.

무위법으로 차별이 있다는 뜻은 얼마나 무위의 힘이 강해졌는지를 의미합니다. 무위의 힘이 강해진다는 것은 자아의 힘이 약해짐을 의미하고, 이는 의도가 약해지는 것을 의미합니다. 그렇기에 무위의 힘과 자아의 힘, 의도의 힘은 반비례 관계에 가깝습니다.

서양에는 기독교 신비주의자들의 흐름이 그들만의 수행문화를 만들어냈습니다. 이들의 교과서 역할을 하는 『기적수업Helen Schucman, A Course in Miracle』이라는 텍스트에는 그들의 수행 목적이 매우 흥미롭게 기술되어 있습니다. 신비주의자들의 목적은 자아가 사라지는 것입니다. 그 이유는 하나님의 뜻을 세상에 전달하는 온전한 통로가 되기 위해서는 자아라는 중간 오류가 없어야 하기 때문입니다. 그들은 하나님의 '온전한' 종이 되기 위해 자아로부터 '완전히' 해탈하기를 원합니다. 이러한 논리로 본다면 신비주의자들의 수행 정도는 자아의 항복과 연관이 깊습니다. 자아의 힘이 사라질수록 점점 무위에 가까워지며, 이것이 그들의 수행계위修行階位를 구분하는 기준이 될 것입니다.

신비주의자들의 경우 수행이 높아질수록 성령의 빛이 강해진다고 표현합니다. 이는 보살들이 수행계위가 높아질수록 반야의 빛이 강해지는 것과 같은 현상입니다. 서양의 성인들을 묘사한 그림에도 후광이 표현되고, 불교의 탱화에도 불보살의 경우 신광과 두광이 표현되는데, 이 밝은 광명은 모든 성인들의 공통점입니다. 데이비드 호킨스David R. Hawkins 박사는 그의 저서 『의식혁명Power vs. Force』을 통해 인간의 의식을 수치화하고 단계를 나누어 특징을 설명하였습니다.

신에 대한 관점	자기에 대한 관점	수준	로그	정서	진행과정
참나	존재 힘(있음)	깨달음	700–1000	형언할 수 없는	순수한 의식
전존재	완벽한	평화	600	지복	빛 비춤
하나	온전한	기쁨	540	평온	변모
사랑하는	상냥한	사랑	500	경외	계시(드러남)
현명한	의미 있는	이성	400	이해	추상
자비로운	조화로운	수용	350	용서	초월
영감을 주는	희망찬	자발성	310	낙관주의	의도
능히 할 수 있게 하는	만족스러운	중용	250	신뢰	해방
허락하는	실현 가능한	용기	200	긍정	힘의 부여
▲ 신뢰 수준					
▼ 거짓 수준					
무관심한	까다로운	오만	175	경멸	격앙
앙심을 품은	적대적인	분노	150	미움	공격
부인하는	실망스러운	욕망	125	갈망	노예화
가혹한	깜짝 놀라는	공포	100	불안	위축
무정한	비극적인	비탄	75	후회	낙담
단죄하는	절망적인	무관심, 증오	50	절망	포기
보복하는	사악한	죄책감	30	비난	파괴
멸시하는	가증스러운	수치심	20	굴욕	제거

의식 지도

그는 의식 수치 600이상을 깨달음의 상태라고 표현했습니다. 즉, 깨달음의 상태에서는 의식 수치 600으로부터 1,000까지 차별적인 단계가 있다는 뜻입니다. 그렇다면 이 수치의 차이는 무엇으로부터 비롯된 것일까요? 그것은 다름 아니라 의식이 지닌 빛의 강도로 차별을 삼았다는 것입니다. 이는 경의 가르침에서 말하는 무위로써 성인의 차별이 생긴다는 것과 같은 원리입니다. 성자의 수준이 오직 무위로부터 비롯된 이유는 무엇일까요? 삼귀의가 불자의 모태이고, 원보리심이 보살의 모태이듯 무위로 들어가는 문인 무상반야가 바로 모든 성인의 모태이기 때문입니다.

PART

08

수보리 존자의 여덟 번째 질문

부처님께서 부처도 없고 진리도 없다고 말씀하신 것은 이해를 했다.
“하지만 상이 없는 사람이 어떻게 뛰어난 복덕을 얻는 것인가?”

KEY POINT 최상의 공덕

08 의법출생분 / 부처와 깨달음의 어머니, 금강경

依法出生分 第八

"수보리여! 그대 생각은 어떠한가? 어떤 사람이 삼천대천세계에 칠보를 가득 채워 보시한다면 이 사람의 복덕이 진정 많겠는가?"
수보리가 대답하였습니다.
"매우 많습니다, 세존이시여! 왜냐하면 이 복덕은 바로 복덕의 본질이 아닌 까닭에 여래께서는 복덕이 많다고 하셨기 때문입니다."
須菩提 於意云何 若人 滿三千大千世界七寶 以用布施 是人 所得福德寧爲多不 須菩提言 甚多世尊 何以故 是福德 卽非福德性 是故如來說福德多

공덕은 광대하니 걱정 말라

수보리 존자의 답변을 들은 보살들은 마음이 또 흔들립니다. 중생도, 부처님도, 법과 설법도 실체가 없다면 과연 공덕을 어떻게 받을 수 있는지 의심을 품는다는 것은 무병에 걸린 것입니다. 어찌 보면 이러한 의심은 이 글을 읽는 이들에게도 타당해 보일 수 있습니다. 주체가 없는데 어떻게 공덕을 받을 수 있을까요? 이는 비유하자면 통장이 없는데 월급을 어떻게 받을 수 있는지를 의심하는 것과 같습니다. 어떤가요? 보살들의 마음이 흔들릴 만한 일인가요?

이 의심을 해결하기 위해서는 근본적인 욕망이 무엇인지를 알아야 합니다. 보살이 결국 공덕을 받을 수 있으면 되는 것 아닌가요? 또한 그 공덕이 크고 무량하다면 좋은 일 아닌가요? 어려운 원리는 일단 마음이 안심된 뒤에 차차 배울 문제입니다. 그렇기에 부처님께서는 무병의 약인 자비서원을 강조하시면서 중생을 향한 보시가 공덕이 무량하다는 점을 보증해주시는 것입니다.

원문에는 광대심을 보다 발전된 방식으로 연습할 수 있는 실습 주제가 숨어 있습니다. 또한 여기에는 제일심을 연습할 수 있는 주제도 함께 주어져 있습니다. 처음 광대심을 연습할 때는 동쪽 허공을 상상하는 것으로 시작하여 시방의 허공을 모두 관상하도록 했습니다. 이렇게 마음의 공간감이 넓어지는 것만으로도 초심보살의 마음은 인색함과 집착이 줄어들고 광대심에 가까워지는 효과가 있기 때문입니다.

이번에는 근기가 다른 보살들을 위해 새로운 방식으로 광대심을 연습합니다. 모든 사람은 각자 다른 재능을 지니고 있기에 누군가는 단순히 허공을 상상하는 것이 쉽고, 누군가는 시방의 허공을 상상하는 것이 쉬우며, 누군가에게는 삼천대천세계를 상상하는 것이 쉽습니다. 이처럼 세 가지 방식에 대한 선호도는 사람마다 다른데, 이는 누군가는 개념을 활용하는 것을 쉽게 생각하는 반면 누군가는 직관적 통찰을 더 쉽게 여기기 때문입니다.

이번에 제시되는 광대심에 대한 실습 방식을 연습하기 위해서는 삼천대천세계에 대한 기반 지식이 전제되어야 합니다. 따라서 이 방식을 본격적으로 배우기 전에 의문에 대한 답변을 먼저 정리하겠습니다.

> “무상의 수행으로도 공덕을 받을 수 있다. 심지어 머무는 수행보다 훨씬 더 무량한 공덕이 생기니 걱정하지 말라!”

이처럼 부처님께서 무상의 수행공덕에 대해서 확신을 주셨으므로 안심하시고 공덕을 쌓으시면 됩니다.

불교의 공간적 세계관

불교의 진제적 입장에서의 공간은 공간이라는 개념일 뿐이기에 환상입니다. 하지만 속제적 입장에서는 공간이 비록 환상이지만 개념으로서 존재한다는 입장이기에 이에 대해 논하게 되는데 불자들이 배우게 되는 공간 즉, 공간적 세계관은 매우 광대합니다. 이러한 광대한 공간을 마음에 품고 살아가는 것은 큰 도움이 됩니다. 왜냐하면, 그 자체로 광대심을 닮아가는 수행이기도 하고, 또한 인색함을 다스리는데 광대한 공간감은 큰 도움이 되기 때문입니다.

불교적 입장에서 우리가 사는 사바세계를 '남섬부주南贍部洲'라고 부릅니다. 이는 세상의 일부로서 동서남북 모두에 인간들이 살아가는 섬인 사천하가 있다고 상상했습니다. 이러한 사천하의 중심에는 수미산이 있습니다. 이 수미산은 물질적인 산을 말한다기보다는 이 세계의 중심을 상징화한 것으로 봐도 무방합니다. 그리고 수미산을 중심으로 여덟 개의 산과 여덟 개의 바다가 둘러싸고 있는데 이것을 '구산팔해九山八海'라고 합니다.

수미산의 꼭대기쯤부터는 사천왕천으로 시작되는 28층의 천상세계가 존재하고, 남섬부주와 북구로주北俱盧洲 지하세계에는 지옥이 존재한다고 합니다. 이처럼 수미산을 중심으로 여섯 가지 윤회세계가 모여 있는 것을 하나의 '세계'라고 부릅니다. 수많은 중생이 살아가는 이 세계의 크기는 분명 광대하지만, 불교의 공간적 세계관에서의 이 세계는 먼지처럼 작은 일부일 뿐입니다.

이런 작은 세계가 천 개 모이면 그것을 '소천세계'라고 부르며 소천세계가 천 개 모이면 '중천세계', 중천세계가 천 개 모이면 '대천세계'라고 부릅니다. 대천세계는 천이 세 개가 모였기 때문에 이름하여 '삼천대천세계'가 됩니다. 그러니 삼천대천세계는 수미산을 중심으로 한 세계가 1,000,000,000개 모여 있는 세계인 것입니다. 그럼 이 삼천대천세계가 공간의 가장 큰 단위일까요? 아닙니다! 마찬가지로 이 역시 법계의 먼지와 같은 작은 일부일 뿐입니다.

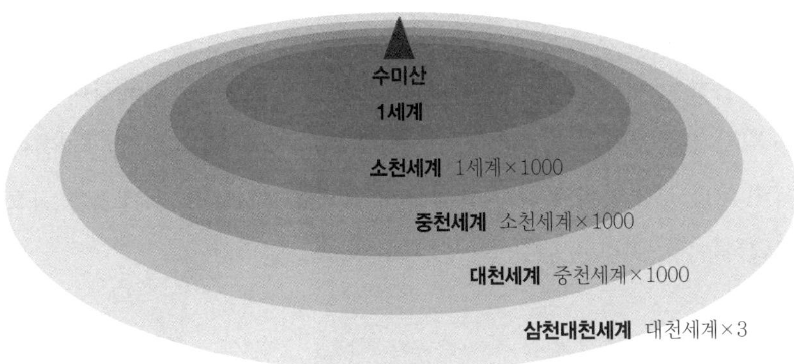

불교의 공간적 세계관

이러한 계층적 공간관은 근현대의 천체물리학에 그대로 활용되었습니다. 우리가 살아가는 '지구'를 포함하고 있는 '태양계', 이런 태양계가 천억 개가 넘게 모여 있는 것이 바로 '우리은하', 이런 은하가 천억 개 넘게 모여 있는 것이 '은하단'입니다. 그리고 이 은하단이 다시 천억 개가 넘게 모인 것을 바로 '우리우주'라고 합니다.

계층적 비교를 해보자면 '지구-남섬부주, 태양계-세계, 은하-소천세계, 은하단-중천세계, 우리우주-삼천대천세계'입니다. 현대의 천체물리학 결론이 2,500년 전 불교의 공간적 세계관과 유사성을 지니고 있다는 점을 본다면 그 옛날 부처님과 스님들의 뛰어난 지혜를 추측해 볼 수 있습니다.

그렇다면 천체물리학자들은 삼천대천세계에 해당하는 우리우주가 이 우주의 끝이라고 생각할까요? 아닙니다! 불교와 과학에서는 공통의 의견을 지니고 있는데, 이러한 세계가 무한히 존재한다는 것에서 동일한 관점이 있습니다.

공간적 세계관을 간단히 배워보니 어떤가요? 이 개념들을 활용하여 공간에 대한 상상을 보다 구체화할 수 있나요? 금강경 속에서 광대심을 연습하는 새로운 방식은 이처럼 개념을 적극적으로 활용하여 마음을 확장하는 것입니다. 이를 통해 중생은 좁쌀만한 작은 인색한 마음에서 벗어나 부처님의 무량한 광대심을 닮아갈 것입니다. 광대심을 직접 연습하는 것, 이것은 무주 수행의 중요한 요소입니다.

망설이면 끝

'해탈'이라는 표현은 '묶여있는 것을 풀어버리고 벗어나서 자유로워진다'는 의미입니다. 부처님께서는 윤회 속의 존재를 묶고 있는 사슬에 대하여 정확하게 알려주셨는데, 이는 낮은 단계의 족쇄 5가지와 높은 단계의 족쇄 5가지입니다. 이 족쇄와 성인의 단계에 대해서는 일상무상분에서 자세히 다루도록 하겠습니다. '족쇄에 묶여있다는 것'은 '자유롭지 못하다'는 뜻입니다. 많은 사람들이 자유를 구속하는 것은 외부적 요인이라고 착각하지만, 부처님께서는 스스로의 자유를 구속할 수 있는 존재는 오직 자신뿐이라고 강조하셨습니다. 이 내적 요인에 의한 부자유를 일상에서 경험할 수 있는 순간이 있습니다.

예를 들면, 100명의 사람들이 모인 광장에서 갑자기 누군가 자신을 지목했다고 상상해 보세요. 그리고는 노래를 한 곡 부르라는 예상 밖의 요구를 받는다면, 일어서서 당당하고 자연스럽게 노래를 부르실 수 있을까요? 아마도 대부분의 사람들이 그 상황에 놓이면 마음은 갖가지 근거를 붙여가며 몸이 일어나 노래를 부르지 못하도록 족쇄를 채울 것입니다. 그러나 이러한 모든 내면의 족쇄를 끊어버리고 자유로워지는 것, 이것이 바로 해탈입니다.

삼륜이 청정한 보시는 최상의 공덕을 낳는다고 했습니다. 그중에서도 보시하는 주체가 이러한 족쇄로부터 자유로울수록 훨씬 더 훌륭한 보시를 실천할 수 있는데 이를 잘 보여주는 『법구경』 속 이야기를 하나 소개합니다.

> “부처님 당시 쭐라 에까사따가라는 이름을 가진 바라문이 있었습니다. 그의 이름은 '옷이 한 벌뿐인 자'라는 뜻인데, 실제 그와 그의 아내는 오직 옷이 한 벌뿐이었습니다. 그래서 부부는 외출도 서로 번갈아 가면서 할 수밖에 없었기에 부처님 법문을 듣기 위해서 아내는 낮에, 남편은 밤에 사원에 갔습니다. 바라문은 그날 부처님 법문을 듣자마자 온몸에 다섯 가지 환희가 용솟음쳤습니다. 그는 삼보에 대한 강렬한 신심이 솟구쳤기에, 무엇이든 보시하고 싶었습니다. 그가 가진 것은 옷 한 벌이 전부였기 때문에 그는 이 옷을 공양 올리기로 마음먹었습니다. 부처님께 공양을 올리기 위해 옷을 벗으려는 찰나 문득 그의 마음에는 이런 족쇄가 생겨났습니다.
>
> '내가 이 옷을 부처님께 바치면 나와 내 아내에게 옷이 한 벌도 없게 된다.'
>
> 이 생각은 시작에 불과했습니다. 그의 마음에서는 꼬리에 꼬리를 물고 끝없는 이기심이 올라와 공양을 올리고자 하는 선한 마음을 방해했습니다. 그는 번뇌의 족쇄에 자유를 잃어버린 것입니다. 초경부터 시작된 그의 신심과 욕심의 줄다리기는 계속되었는데, 중경을 지나 말경에 이르러서야 그는 드디어 이런 결론을 내렸습니다.

'욕심과 신심이 싸우고 있는 동안 초경, 중경이 지나가 버렸다. 이기심이 늘어나면 사악도의 괴로움에서 어떻게 벗어날 수 있겠는가? 그러니 이 옷을 바쳐야겠다!'

그는 그 순간 용감하게 옷을 벗어 부처님 발아래 정성스럽게 공양을 올린 후 큰 소리로 세 번을 외쳤습니다.

"나는 이겼다! 나는 이겼다! 나는 이겼다!" ❞

진정한 승리자는 외부의 적이 아닌 자신의 족쇄를 풀어낸 사람입니다. 그래서 자아의 속박으로부터 완전히 자유로워진 부처님을 '대웅'이라고 부르는 것입니다.

❝ 이렇게 환희롭게 승리를 외치는 바라문의 목소리를 들은 빠세나디 대왕은 문득 궁금했습니다. 그래서 뭘 이긴 것인지를 가서 물어본 후 전후 사정을 듣게 되었는데, 그것을 들은 국왕은 매우 환희로운 마음으로 생각했습니다.

'바라문이 한 일은 정말 어려운 일이다. 그에게 상을 내리겠다.'

바라문은 대왕으로부터 네 마리 코끼리와 네 마리 말, 사천 냥의 돈과 네 명의 시녀, 네 명의 하인과 네 개의 마을인 사종 포상을 하사받았습니다.

비구들은 이 바라문의 보시와 그 결과를 바라보며 서로 이런 이야기를 나눴습니다.

"쭐라 에까사따까는 정말 훌륭한 일을 했습니다. 그는 선행하자마자 사종 포상을 받았습니다. 선행한 즉시 커다란 복을 받았습니다."

부처님께서는 이 대화를 듣고 이렇게 답하셨습니다.

"비구들이여, 그가 만약 초경에 보시했다면 십육종 포상을 받았을 것이고, 중경에 보시했다면 팔종 포상을 받았을 것인데, 그가 말경에 가서야 보시를 했기 때문에 사종 포상을 받은 것이다. 선행하려는 사람은 이를 억누르지 말고 일어난 즉시 행해야 한다. 선을 더디게 행하면 작은 보상이 천천히 따라오기 마련이니 망설이지 말고 즉시 행하라."

일어서서 노래를 불러야 하는 상황에도 이는 똑같이 적용됩니다. 만약 조금이라도 망설인다면 눈에 보이지 않는 수많은 족쇄가 점점 더 늘어나서 결국 노래를 시작조차 못 하도록 만듭니다. 그런 경험이 분명 있으실 것이라 생각합니다.

보시하는 것도 마찬가지입니다. 마음속에서 선의 측면의 힘이 강해지는 기회가 다가왔을 때 재빨리 보시를 실천하지 않는다면, 결국은 번뇌에 그 마음을 전부 사로잡혀 선한 마음은 흔적도 없이 사라질 것입니다. 삼륜청정 중 보시하는 주체의 청정을 확보하기 위해서는 이처럼 족쇄로부터 마음이 자유로워야 합니다.

"먹을 때는 몸을 아끼지 말아야 한다."

어릴 적 할머니가 하셨던 말이 기억에 남습니다. 이 말처럼 중생을 구하고자 하는 보살들도 부처님의 말씀을 명심해야 합니다.

"보시할 기회가 온다면 아끼지 말고 재빨리 실천해야 한다."

"다시 어떤 사람이 이 경의 사구게만이라도 받고 지니고 다른 사람을 위해 설해 준다고 하자. 그러면 이 복이 저 복보다 더 뛰어나다. 왜냐하면 수보리여! 모든 부처님과 모든 부처님의 가장 높고 바른 깨달음의 법은 다 이 경에서 나왔기 때문이다. 수보리여! 부처의 가르침이라고 말하는 것은 부처의 가르침이 아니다."

若復有人 於此經中 受持乃至四句偈等 爲他人說 其福勝彼 何以故 須菩提 一切諸佛 及諸佛阿耨多羅三藐三菩提法 皆從此經出 須菩提 所謂佛法者 卽非佛法

무엇이 제일 공덕이 큰가? – 제일심 실습

자본주의에 물들어 있는 현대인들에게 있어 연봉이 얼마인가는 직업 선택에 있어 매우 중요한 요소입니다. 마찬가지로 공덕을 중요하게 여기는 불자들에게 있어서는 공덕이 얼마나 큰지가 매우 중요한 문제입니다. 공덕이야말로 원하는 행복을 성취하는 근본이 된다고 여기기 때문입니다.

보살들이 끊임없이 무상의 수행에 대해서 의구심을 가지는 바는 다름 아니라 이 공덕을 정말 얻을 수 있는지에 대한 여부입니다. 이는 물론 무병에 시달리고 있는 증세이기도 하지만, 만약 우리가 일하고 보수를 받지 못하는 상황에 놓였다고 생각해 보면, 그 의심이 이해될 수 있습니다. 보살이 광대심과 제일심을 연습하는 이유는 그것이 최상의 공덕을 낳기 때문입니다.

'공덕'이라는 것은 '행복에 도움이 되는 습관'을 지칭합니다. 여기에서 행복은 크게 두 가지 행복으로 나뉠 수 있는데, 이는 세간의 행복과 출세간의 행복입니다. 그렇기에 행복의 씨앗인 공덕 역시 두 가지로 나뉠 수 있는데, 유위공덕과 무위공덕입니다. 이 둘을 연결해보면 유위공덕의 씨앗은 세간의 행복을, 무위공덕의 씨앗은 출세간의 행복을 낳습니다.

세간의 행복이란 꿈과 같은 윤회 속에서 돈, 명예, 건강, 사랑 등 좀 더 나은 조건을 누리는 것을 말합니다. 출세간의 행복이란 이 윤회의 꿈에서 깨어나는 것입니다. 이 둘 중 무엇이 더 가치 있는 행복일까요? 이는 정해진 답변이 없습니다. 왜냐하면 각자의 기준에 따라 판단이 달라지기 때문입니다. 만약 세간의 행복에 강력하게 사로잡힌 존재라면 출세간의 행복을 준다고 해도 싫을 수 있고, 반대의 경우도 마찬가지일 것입니다. 금강경을 수행하는 보살들은 같은 가치를 추구하는 도반이기에 공유되는 명확한 기준이 있습니다. 이 기준으로 본다면 당연히 세간의 행복보다는 출세간의 행복이 훨씬 더 가치가 높습니다. 그렇기에 공덕 역시 유위공덕보다 무위공덕이 더욱 큰 가치를 지닙니다.

금강경에서는 성불의 길을 걸어가기 위해 보시를 실천하여 공덕 짓기를 권합니다. 또한 공덕을 더욱 증폭시키기 위해 무주와 무상을 기반으로 한 무주상보시를 강조합니다. 대다수의 범부들에게 있어 안 그래도 하기 어려운 보시를 무주상이라는 난해한 마음가짐으로 하라고 하는 이유는 다름 아닌 공덕의 증폭을 위해서입니다. 아무리 어려운 일이라도 연봉을 올릴 수 있다면 그것을 배우고 실천하듯, 초심보살은 반드시 무주상의 마음을 배워야 합니다. 이러한 최상의 공덕에 대한 원리를 품고 있는 주제가 바로 제일심입니다.

거대한 공간인 삼천대천세계에 보석을 가득 채운 후 그것을 보시하는 것보다 금강경 사구게를 보시하는 것이 공덕이 더 큰 이유는 무엇일까요? 앞에서 배운 용어를 활용하면 보석을 보시하는 것은 유위공덕을 만들고, 법을 보시하는 것은 무위공덕을 만들기 때문입니다. 재보시로 아무리 큰 유위공덕을 얻는다고 해도 그 만큼에 해당하는 세간의 행복을 만들 뿐이지 이를 충분히 즐기고 나면 분명히 끝이 납니다. 반면 무위공덕은 윤회의 꿈을 깨고 성불하도록 만들기 때문에 그 행복에는 끝이 없습니다.

흥미로운 점은 부처님께서 재보시를 통해 생겨나는 유위공덕을 한 단계 업그레이드 할 수 있는 방법을 말씀하셨다는 점입니다. 그 비밀은 다름 아니라 무주상에 있습니다. 무주상의 수행이 보살을 무위로 이끌기 때문에 재보시 앞에 무주상이 붙는다면 공덕의 성격이 변화합니다. 무주상재보시는 유위공덕이 아닌 무위공덕을 낳을 수 있는 것입니다. 유위공덕조차 그 성격을 변화시킬 수 있는 최상의 수행 방법, 무주상의 힘이 정말 놀랍지 않나요?

무주상보시의 함정

대한불교조계종의 소의경전은 금강경입니다. 그리고 금강경의 핵심 수행은 바로 무주상보시입니다. 그런데 이상한 점은 이처럼 보시라는 단어를 중요시하는데 현재의 대한불교조계종이 놓인 상황을 살펴보면 세력적인 면에서 매우 위축되어 있습니다. 이유는 매우 복합적이겠지만 그중 하나는 바로 이 무주상보시를 잘못 해석하고 있기 때문입니다.

무주상으로 재보시를 한다는 것은 보시하고도 했다는 마음이 없는 것을 의미합니다. 즉, 내가 뭘 좀 했다고 잘난 척하거나, 알아주기를 바라거나, 무엇인가 보답이 오기를 바라는 등의 마음은 삼륜청정 중 보시하는 이의 마음이 청정하지 못한 것이기에 그 공덕을 깎아 먹습니다. 하지만 한국 불자들이 반드시 유념해야 하는 점은 누구나 보시를 처음 실천하면 집착을 하는 것이 당연하다는 것입니다. 심지어 부처님 당시에는 보시한 후에 당당하게 서원을 말하는 것이 너무나도 당연한 문화였습니다. 또한, 부처님과 제자들은 그에 어울리는 축원을 해주셔서 불자들의 마음을 환희롭게 안심시켰습니다.

앞서 배웠듯이 인도의 불자들은 행복하기 위해서는 공덕을 지어야 한다는 관념이 강했습니다. 그들에게는 공덕이 큰 곳에 보시하는 것이 당연했고, 그 공덕으로 서원하는 바를 이루고자 하는 것이 자연스럽고 당당한 일이었습니다. 일반인들이 일해서 돈을 벌고 그것으로 사고 싶은 것을 사면 즐겁듯이, 불자들은 보시를 통해 공덕을 얻어 원하는 일을 성취하는 것이 즐거웠습니다. 그렇게 보면, 불자들이 보시하는 것이 당연히 즐겁지 않았을까요?

보시하는 습관을 만들기 위해서는 보시를 즐거워하는 마음이 필요합니다. 또한 보시 공덕을 통해 서원을 이루어보는 경험을 해보는 것도 중요합니다. 그래야만 보시를 반복적으로 할 수 있고, 점점 더 큰 것을 보시할 수 있도록 마음이 변화하는 것입니다. 그리고 이렇게 마음의 인색함을 극복하면 점점 더 바라는 바 없이 보시하는 무주상보시의 용량은 커지게 됩니다. 『입보살행론』의 「정진품」에는 이런 표현이 있습니다.

> "정진이란 선을 즐거워하는 마음이다."

즐거운 일은 노력하지 않고도 열심히 실천하게 됩니다. 오히려 남들이 말리고, 못하게 막으면 몰래하기까지 합니다. 만약 보시를 즐거워하는 마음만 생긴다면, 이미 무주상보시를 익히기 위한 최상의 조건이 갖추어졌다고 볼 수 있습니다.

무주상보시에 대한 잘못된 적용은 바라는 것을 위한 유주상보시를 금기시하는 것입니다. 이는 보시가 즐겁지 않도록 만드는 요인으로 작용합니다. 심지어는 보시를 하면서 죄책감을 품도록 만들기도 합니다. 보시하면서 서원을 품는 것은 자연스러운 일인데, 그 마음을 보게 되면 자신을 마치 속물처럼 느끼도록 유도하게 됩니다. 이런 상황이 반복되면 보시를 할수록 점점 더 죄책감은 늘어가고 자존감은 떨어지게 되니, 과연 누가 보시하고 싶을까요?

사람들은 각각 다른 무주상보시의 용량을 지니고 있습니다. 이 용량보다 큰 것을 보시하면 당연히 마음은 버거워지고, 또한 억지로 한다면 자꾸 본전 생각이 날 수 있습니다. 이런 용량초과의 부작용은 충분한 보시 연습을 통해 극복이 가능합니다. 보살의 마음이 광대심으로 거듭날 수 있는 가장 쉬운 방법은 바로 이 무주상의 용량을 늘리는 보시입니다.

제일심에 대한 언급은 앞으로도 자주 나올 것입니다. 그때마다 재보시와 법보시 그리고 목숨을 보시하는 공덕의 크기를 자주 비교할 텐데 오해하시면 안 되는 점이 하나 있습니다. 부처님께서 재보시보다 법보시의 공덕이 수승하다는 것을 말씀하신 이유는 재보시를 하지 말라는 것이 결코 아닙니다. 오히려 재보시를 충분히 훈련하라고 강조하시는 것입니다. 그렇기 때문에 수보리 존자는 삼천대천세계에 칠보를 가득 채워 보시하면 공덕이 광대하다고 답변하는 것입니다.

재보시는 불법을 옹호하고, 불법을 세상에 펼치며, 불법을 후대에 전하는 기본기입니다. 재보시가 활발히 이루어지지 않는 불교는 청정함을 잃어버리고 세력이 위축되기 마련입니다. 또한 재보시를 수행의 수단으로 삼는 재가불자들의 입장에서도 복전에 대한 신심을 잃게 되며, 마음은 인색함에 사로잡히게 될 것입니다.

시대와 문화를 초월하여 모든 종교에서 강조하는 행복한 삶의 기본기이며, 십바라밀의 첫 번째 자리에 있는 재보시를 불자들은 활발하게 활용해야 합니다. 그래야만 지계수복자가 되어 무상의 진리에 청정한 신심을 일으킬 수 있을 것이고, 또한 보시의 용량이 늘어나 무주상보시의 무량한 공덕을 지을 수 있을 것입니다. 보시의 생명이 끊어진 종교는 죽은 종교입니다.

성인과 현자의 모태 – 무상반야

범부란 상이 실재한다는 착각에 깊게 집착하는 이들입니다. 반대로 성인은 상의 허구성을 꿰뚫어 보는 이들입니다. 이는 별 차이가 아닌 듯 보이지만 인식의 틀 자체를 교체하는 것이기에 하늘과 땅보다 더 현격한 차이가 있습니다.

사실 대부분의 사람들은 평생 살아가면서, 자신이 오직 마음만을 보면서 살아간다는 진실을 꿈에서조차 상상하지 못합니다. 이미 범부의 인식 체계에 너무나 강렬하게 속박되어 있기 때문입니다. 만약 철학, 과학, 종교, 수행자 등이 정보를 제공하지 않는다면 이는 결코 믿을 수조차 없는 일입니다.

금강경과 인연된 한국의 보살들은 행운아입니다. 무주상보시를 나선형으로 반복하며 의심을 끊어내는 이 가르침을 익히다 보면 자연스럽게 금강심에 익숙해집니다. 그저 독송하는 것만으로도 반야의 힘이 강해지는 것입니다. 이는 범부를 성인으로 바뀌게 하는 연금술로써 세상에 둘도 없는 희유한 배움의 기회입니다.

파사현정의 결과물은 정해진 바가 없습니다. 오직 삿된 집착을 깨부수는 것, 여기까지가 파사현정의 범위이기 때문입니다. 혹시 '그렇다면 파사현정이 아니라 파사라고 하는 게 더 합리적이지 않은가?'라고 생각할 수도 있습니다. 하지만 현정이 붙은 것은 매우 합리적인데 왜냐하면 파사의 순간 그 자리에는 각자의 인연에 맞는 올바름이 드러나기 때문입니다.

많은 사람들은 이 올바름의 자리에 드러나는 깨달음이 정해져 있다고 생각합니다. 보물찾기를 통해 얻는 최고의 선물이 정해져 있듯이 말입니다. 하지만 그 자리에 드러나는 것은 정해진 바가 없는, 지극히 개성적인 차별상입니다. 나한전 속 아라한들의 모습이 천차만별인 것은 바로 이 원리를 보여주고자 하는 것입니다.

모든 성인과 현자, 보살과 부처님들은 반야를 모태로 화생합니다. 이것은 공통입니다. 그렇기에 모든 부처님과 그들의 깨달음이 바로 이 경전에서 나오는 것입니다. 금강경은 반야바라밀인 금강심 그 자체로서 모든 성인의 근본입니다. 모든 성인들은 같은 방법과 과정을 거쳐 똑같은 공덕을 증득하는 것이 아닙니다.

어떤 공덕이 드러나게 될지는 깨닫기 전 지은 업에 따라 천차만별 달라집니다. 이것이 차별입니다. 정말 기대되지 않나요? 금강심을 익혀냄으로써 이 글을 읽는 당신이 어떤 개성을 지닌 성인으로 화생할지, 행복한 기다림을 즐길 마음의 준비를 해야 합니다.

PART

09

수보리 존자의 아홉 번째 질문

부처님께서 부처도 없고 법도 없다고 하셨으니, 둘 다 얻을 수 없는 것이다. 하지만 세존께서는 제자들에게 사성제의 법을 말씀하셨다. 그리고 제자들은 그 진리에 의지해 성인의 과보를 얻었다. 그리고 성인의 과보에 머물렀다.
"그런데 왜 세존께서는 어디에도 머무르는 바가 없다고 하셨는가?"

KEY POINT  도과, 무위, 최상의 깨달음

09 일상무상분 / 관념과 그 관념의 부정

一相無相分 第九

"수보리여! 그대 생각은 어떠한가? 수다원이 '나는 수다원과를 얻었다.'고 생각하겠는가?"
須菩提 於意云何 須陁洹 能作是念 我得須陁洹果不

네 가지 성인의 차별

부처님께서는 흔들리는 보살들에게 무주상보시의 공덕이 무량하니 걱정하지 말고 일체중생을 구하는 대자비의 서원을 실천하라고 부촉해 주셨습니다. 그러자 이번에는 유병에 걸렸습니다. 공덕에는 실체가 있다고 믿기 시작한 것입니다. 이로 인하여 생긴 의심은 얻을 법이 없다고 말씀하셨지만 결국 수행을 성취한 이들은 도과道果를 얻고 무위 열반에 머무른 것 아닌가에 대한 의심입니다.

부파 불교에서는 최상의 법을 추구했습니다. 그리고 이를 수행하는 과정에서 각자가 인정하는 도과에 대한 개념이 생겨났습니다. 이는 매우 중요한 논쟁의 대상이었습니다. 자신의 부파가 지니고 있는 도과의 개념이 진실이라는 것을 증명해야 자부파의 수행자들이 도과를 얻은 성인이라는 것을 증명할 수 있었기 때문입니다. 논쟁 전반을 이해하기 위해 먼저 도과에 대한 기본적 교리를 살펴보겠습니다.

사과四果는 차례로 수다원, 사다함, 아나함, 아라한입니다. 윤회세계에 있는 중생들은 10가지 족쇄에 묶여있다고 합니다. 이 족쇄를 묶는 기둥 역할을 하는 것이 자아이기 때문에, 10가지 족쇄는 자아의 힘을 유지하도록 돕는 역할을 하는 것입니다. 10가지 족쇄는 다시 낮은 단계의 족쇄 5가지와 높은 단계의 족쇄 5가지로 구분됩니다. 낮은 단계의 족쇄 5가지는 의심, 계금취견, 유신견, 감각적 쾌락에 대한 욕망과 적의입니다. 높은 단계의 족쇄 5가지는 색계에 대한 갈애와 무색계에 대한 갈애, 자만과 들뜸 그리고 무명입니다.

금강경의 가르침과 같이 성인의 도과는 오직 무위법에 들어간 깊이에 따라 차별이 생길 뿐입니다. 이 10가지 족쇄에 대한 설명은 무위법에 깊이 들어가는 과정을 좀 더 구체적인 개념을 활용하여 설명한 것입니다. 수다원은 의심과 계금취견 그리고 유신견을 끊어냅니다. 사다함은 감각적 쾌락에 대한 욕망과 적의가 옅어지고, 아나함은 둘을 완전히 끊어낸다고 합니다. 아라한은 나머지 높은 단계의 족쇄를 모두 끊어내는데, 10가지 족쇄가 모두 끊어져 더는 자아를 지탱할 힘이 없습니다. 그렇기에 아라한을 무아에 대해 더 배울 것이 없다는 뜻의 무학無學이라고 부르기도 하는 것입니다.

여기까지가 네 가지 성인에 대한 기본적인 교리입니다. 여기서 우리가 눈여겨 봐야 할 것은 수다원은 믿음과 이해의 영역에 해당한다는 점입니다. 의심은 믿음으로 해결되고, 계금취견과 유신견은 사견이기에 정견의 올바른 이해로써 해결이 됩니다. 해결되는 족쇄를 살펴보면 이처럼 믿음과 이해로써 성취되는 것이 바로 수다원입니다. 여기에 더해 수다원은 여전히 욕망과 적의가 그대로 남아 있습니다. 이것이 줄어들기 시작하는 것은 사다함부터입니다. 이러한 점을 보더라도 수다원은 견해가 바뀌었을 뿐, 감정과 본능은 여전히 남아 있다는 것을 알 수 있습니다. 그렇기에 초기 경전 속에서 수다원에 해당하는 재가불자들이 여전히 탐욕과 분노에 휘둘리는 모습을 보여주는 것입니다. 만약 수다원을 정확히 바라보지 못한다면 성인이 탐욕에 휘둘린다는 것이 도저히 이해되지 않을 것입니다. 감정에 대한 이야기를 좀 더 해보자면 쾌락에 대한 욕망과 적의는 아나함이 되어야 완전히 끊어진다는 점을 기억해야 합니다. 불자들은 자꾸 자신이 분노하는 것에 대해서 분노하고, 스스로 욕망을 지니고 있다는 점을 발견할 때 죄의식을 가집니다. 이러한 현상은 수다원에게 성인의 경지라 생각하여 깨달음의 높은 잣대를 들이대듯, 스스로에게도 터무니없는 기대를 하여 괴로운 상태가 되는 것입니다. 부처님께서 탐욕과 분노로부터 자유로워져야 한다고 강조하신 것은 행복의 방향성을 말씀하신 것입니다. 하지만 정확한 평가 기준에 대해 무지하면 기대 수준이 너무 높아져 타인을 바라보면서 엉뚱한 비방을 하게 되고, 자신을 바라볼 때는 죄의식을 지닌 채 자존감이 점점 낮아지는 함정에 빠지게 됩니다.

이 10가지 족쇄를 수행자가 반복해서 고찰한다면 스스로 자신에게 너무 높은 기대를 하지 않을 수 있습니다. 현재의 자신에게 알맞은 기대 수준으로 자신을 평가해야지, 수다원도 되지 못한 범부가 자꾸 아나함의 잣대로 자신을 평가하고는 '나는 정말 나쁜 사람이다. 이 상황에서 화를 내다니!'라는 생각에 사로잡혀 '아무리 기도하고 정진해도 소용이 없구나. 분노 하나 다스리지 못하다니!'라는 생각으로 수행을 포기한다면 이것은 정말 어리석은 것입니다. 심지어 자만과 들뜸은 아라한이 되어야 끊어진다고 하니, 번뇌에 자주 빠지는 범부들은 스스로에 대해 오만한 비난을 이제 그만 멈추고 그 힘을 행복을 위한 정진에 투자해 보는 것이 어떨까요?

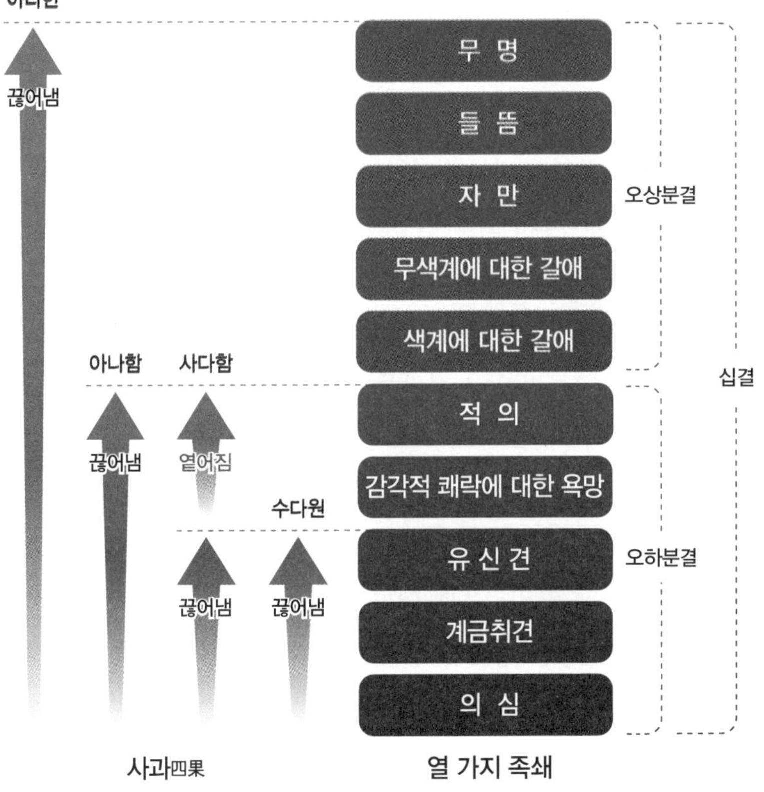

네 가지 성인의 차별

수보리가 대답하였습니다.
"아닙니다, 세존이시여! 왜냐하면 수다원은 '성자의 흐름에 든 자'라고 불리지만 들어간 곳이 없으니 형색, 소리, 냄새, 맛, 감촉, 마음의 대상에 들어가지 않는 것을 수다원이라 하기 때문입니다."
須菩提言 不也世尊 何以故 須陁洹 名爲入流 而無所入 不入色聲香味觸法 是名須陁洹

얻음이 아니라 버림

부파 불교가 성행하며 논쟁이 활발할 때 각 부파의 수행자들은 어쩌면 이런 방식으로 논쟁에서 이기려고 했을지도 모릅니다.

"나는 이러한 수다원과를 얻었다! 그러므로 내가 말한 것이 더 최상이다!"

이런 논증 방식은 효과적으로 작용했을 가능성이 높습니다. 프랑스 에펠탑에 가보지 않은 사람들이 이에 대해 논하고 있는 자리에서 누군가 "내가 가서 보고 왔다!"고 한마디 하면 상황이 종료되기 때문입니다. 하지만 이는 이후에 부작용을 불러올 수 있습니다. 너도나도 서로를 이기기 위해 도과를 얻었다고 말하거나, 자부파의 어떤 수행자가 도과를 얻었는데 이렇게 말했다는 방식으로 논쟁을 하게 되면 이를 검증할 명확한 방법이 없기 때문에 혼란만 가중시킬 가능성이 있습니다.

원문의 "수다원과를 얻었다고 생각하겠는가?"라는 질문은 두 가지 방식으로 해석될 수 있습니다. 첫째는 수다원과라는 실체가 있어서 얻을 수 있다고 생각하는지에 대한 여부이고, 둘째는 수다원과를 얻었다고 자랑하며 논쟁하겠는지에 대한 여부입니다. 만약 진정으로 도과를 얻은 존재라면 도과를 가지고 자랑하거나 이를 논쟁의 도구로 활용하지 않을 것입니다.

아마도 당시 부파 불교 간의 논쟁에서는 도과를 얻었다는 식의 주장이 자주 등장했을 것이고, 이는 혼란을 야기했을 것입니다. 그렇기에 금강경의 가르침은 도과를 가지고 논쟁의 근거로 삼거나, 논쟁의 주제로 삼는 등의 행위에 대해 크게 경계하는 뉘앙스를 지니고 있습니다. 경전에서는 도과에 대한 새로운 관점을 바탕으로 이런 행위가 잘못된 이유를 제시합니다. 이는 무주상의 도리를 활용한 관점으로, 기존의 10가지 족쇄의 기준과는 차별적입니다.

수다원은 '무아의 흐름에 들어갔다'는 뜻입니다. 하지만 금강경의 가르침은 이 수다원에 대해 정반대의 개념으로 해석합니다. 이는 꽤 극적인 반전으로서 수다원은 어딘가에 들어간 것이 아니라, 어디에도 들어간 바가 없기에 수다원이라고 명칭 한다는 해석입니다.

이는 앞서 묘행무주분에서 경계에 머무르지 않는 무주 수행에 대해 말씀하신 것의 연장입니다. 그렇기에 어디에도 들어간 바가 없다는 것의 구체적인 의미로 해석해보면, 색 · 성 · 향 · 미 · 촉 · 법 육경 어디에도 들어가지 않은 것이 바로 수다원입니다. 이 수다원에 대한 설명을 잘 이해해야만 금강경의 도과에 대한 관점을 이해할 수 있습니다.

수다원의 특징으로 언급하는 또 다른 내용은 7번의 생 안에 반드시 해탈한다는 것입니다. 이러한 내용을 근거로 더 자세히 설명해 본다면, 수다원은 어떤 흐름에 든 존재가 아닙니다. 왜냐하면 무아의 흐름이라는 것 자체가 실체가 없는 개념일 뿐이기 때문입니다. 오히려 육경에 사로잡히지 않는 힘이 강렬해지기 시작한 존재가 바로 수다원입니다. 수다원이 만약 경계에 실체가 있다고 집착하여 대상에 사로잡히더라도 7번의 시도 안에 자유로워질 수 있다는 의미입니다.

굳이 원문에 언급이 되어있지 않은 7번이라는 숫자를 활용하여 수다원을 해석한 이유는 이어지는 사다함과 아나함에 대한 설명에서 숫자가 활용되기 때문입니다. 이 숫자는 다름 아니라 유위에 머물렀다가 무위에 이르는 시간 차이를 말하는 것입니다. 무위에 대한 감각을 바탕으로 대상에서 벗어나 안심할 수 있어야 수다원이고, 이 안심으로 되돌아가는 힘은 도과가 올라갈수록 점점 더 강해지는 것입니다.

도과라는 것은 얻을 수 있는 대상이 아닙니다. 얻는다는 것은 대상의 실체가 있어야만 성립되는 개념입니다. 족쇄설을 바탕으로 봐도, 무위의 안심으로 되돌아오는 관점에서 봐도 도과는 얻는 것이 아니라 버리는 것입니다. 족쇄를 끊어버리고, 대상에 사로잡힌 것을 버림으로써 드러나는 파사현정의 안심인 것입니다.

"수보리여! 그대 생각은 어떠한가? 사다함이 '나는 사다함과를 얻었다.'고 생각하겠는가?"

수보리가 대답하였습니다.

"아닙니다, 세존이시여! 왜냐하면 사다함은 '한 번만 돌아올 자'라고 불리지만 실로 돌아옴이 없는 것을 사다함이라 하기 때문입니다."

"수보리여! 그대 생각은 어떠한가? 아나함이 '나는 아나함과를 얻었다.'고 생각하겠는가?"

수보리가 대답하였습니다.

"아닙니다, 세존이시여! 왜냐하면 아나함은 '되돌아오지 않는 자'라고 불리지만 실로 되돌아오지 않음이 없는 것을 아나함이라 하기 때문입니다."

"수보리여! 그대 생각은 어떠한가? 아라한이 '나는 아라한의 경지를 얻었다.'고 생각하겠는가?"

수보리가 대답하였습니다.

"아닙니다, 세존이시여! 왜냐하면 실제 아라한이라 할 만한 법이 없기 때문입니다. 세존이시여! 아라한이 '나는 아라한의 경지를 얻었다.'고 생각한다면 자아 · 개아 · 중생 · 영혼에 집착하는 것입니다."

須菩提 於意云何 斯陁含 能作是念 我得斯陁含果不 須菩提言 不也世尊 何以故 斯陁含 名一往來 而實無往來 是名斯陁含 須菩提 於意云何 阿那含 能作是念 我得阿那含果不 須菩提言 不也世尊 何以故 阿那含 名爲不來 而實無不來 是故 名阿那含 須菩提 於意云何 阿羅漢 能作是念 我得阿羅漢道不 須菩提言 不也世尊 何以故 實無有法名阿羅漢 世尊 若阿羅漢作是念 我得阿羅漢道 卽爲着我人衆生壽者

안심과 팔풍

감산 스님은 금강경의 가르침에서 의심을 끊어내는 방법이 매우 특이하다고 강조합니다. 금강경은 의심을 끊어내는 원인이 되는 수행방법과 과정을 자세하게 설명하기보다 의심이 끊어진 결과인 금강심을 반복하여 보여줌으로써 안심에 이르도록 하고 있습니다. 길이 아닌 목적지를 보여주는 방식입니다.

금강경의 안심 법문은 구하는 바가 안심을 깨뜨린다고 말합니다. 그리고 이 구하는 바는 다름 아닌 유위입니다. 그렇기에 무위에 따라 성인의 도과에 차별이 생긴다고 말하는 것은 구하는 마음을 얼마나 잘 안심으로 되돌리는지와 연관이 있습니다. 이것이 금강경에서 안심을 기준으로 말하는 도과의 특징입니다.

범부는 대부분의 시간을 경계에 마음을 사로잡힌 채 방일하게 살아갑니다. 특히 범부들이 사로잡히기 쉬운 경계를 바람에 비유하여 팔풍으로 정리하기도 합니다. '팔풍취부동八風吹不動'이란 '팔풍이 불어도 흔들리지 않는 안심 수행'을 말하는데, '팔풍'이란 이익과 손해, 명예와 불명예, 칭찬과 비난, 그리고 즐거움과 고통입니다.

부처님께서는 팔풍에 흔들리지 않기에 지극한 안심인 금강심으로 살아가고, 범부는 팔풍에 갈대처럼 흔들리기에 불안한 망심으로 살아가는 것입니다. 그런데 중생은 왜 팔풍에 흔들리는 것일까요? 흔들리는 과정을 요약해보면 다음과 같습니다. 예를 들면, 범부는 손해가 되는 경계가 다가왔을 때 그 경계에 실체가 있다고 착각합니다. 그럼 그 경계에 마음이 사로잡히게 되고, 조금 시간이 지나면 이는 집착으로 굳어지게 됩니다. 그럼 손해에서 벗어나기를 구하는 유위의 마음이 강해지는데, 이렇듯 무위에서 벗어나 유위의 마음을 쓰기 시작하면 이것이 바로 안심을 깨뜨리는 근본입니다. 수다원은 이렇게 흔들린 안심을 되돌리는데 7번 정도의 노력이 필요한 것입니다.

윤회 세계와 중생의 마음은 상응한다는 것을 기억하시나요? 초기불교에서 수다원을 정의하는 방식은 7번 만에 안심한다는 것이 아니라, 7번 생의 윤회 안에 해탈한다는 것입니다. 하지만 이 둘은 연관성이 없는 해석이 결코 아닙니다. 왜냐하면 주관과 객관세계는 서로 상응하기 때문입니다. 마찬가지로 사다함은 본래 한번 천상에 태어났다가 인간세계로 되돌아와 해탈한다는 것이 본래의 교리입니다. 하지만 그러한 객관세계는 실체가 없기 때문에 경전에서는 실은 오고 감이 없다고 말한 것입니다. 이는 오직 마음에 상응하는 경험일 뿐이기에, 사다함은 안심을 깨는 유위의 허망한 집착에서 무위의 안심으로 되돌아오는 것이 단 1번의 왕복이면 가능해지는 경계입니다.

이처럼 사다함이 안심으로 쉽게 되돌아올 수 있는 이유는 10가지 족쇄 중 탐욕과 분노가 옅어졌기 때문입니다. 수다원이 탐욕과 분노가 그대로 남아 있었던 것과 다르게 사다함은 이 힘이 약해졌기 때문에 구하는 마음에 집착하고 있는 힘도 약해지는 것입니다. 그렇기에 사다함부터는 안심하기까지 필요한 노력이 많이 줄어드는 것입니다. 여기서 잠깐 짚어 봐야 하는 점이 있는데, 수다원의 경우 탐욕과 분노가 그대로라면 범부와 무엇이 다를까요?

범부는 팔풍의 경계가 공하다는 것을 전혀 모르기 때문에 계속 그 경계에 사로잡혀 있는 상태에서 돌아올 기약이 없습니다. 반면 수다원은 무상의 앎이 생겨나기 시작했기 때문에, 유위의 마음이 생기더라도 돌아갈 무위의 마음에 대한 감각이 생긴 것입니다. 되돌아갈 귀의처가 분명해졌다는 것, 이것이 바로 수다원의 지혜입니다.

아나함의 경우에는 천상으로 나아가 되돌아오지 않고 그곳에서 해탈한다는 의미로 '불환과不還果'라고도 합니다. 하지만 역시 그러한 객관 경계는 실체가 없습니다. 그렇기에 이것도 마음 작용에 관한 것입니다. 아나함은 거친 탐욕과 분노가 완전히 끊어진 상태입니다. 다만 색계와 무색계에 대한 갈애가 남아 있다고 표현하는데, 이는 미세한 생존 본능에 해당합니다. 거친 탐욕이 끊어진다는 것은 사실 구하는 유위의 행위가 거의 끊어진다는 것을 의미합니다. 하지만 여전히 미세한 갈애가 남아 있기에, 미세하게 구하는 마음이 있을 수 있습니다. 이 미세한 유위의 마음을 알아차리는 순간 아나함은 무상의 지혜로써 사로잡혀 있는 대상을 꿰뚫어 보고 돌아올 것도 없이 곧바로 안심하게 되기 때문에 '불환'이라고 하는 것입니다.

아라한은 육도윤회로부터 완전히 자유로워지는 것으로 묘사되지만, 사실 육도의 실체는 없습니다. 이를 좀 더 깊게 살펴보면 다만 10가지 족쇄로 인해 자아가 묶여 있어서 주관과 객관세계는 유지될 뿐입니다. 아라한은 모든 족쇄를 풀어냄으로써 자아를 근본으로 하는 유위의 마음으로부터 완전히 자유로워지는 것인데, 이것이 바로 윤회에서 벗어나는 '해탈'입니다.

수보리 존자의 아라한에 대한 답변은 매우 흥미롭습니다. 수다원과 사다함 그리고 아나함은 "~하기 때문에[是故] ~라고 이름한 것입니다[名]"라고 답변하지만, 아라한에 대해서는 "아라한이라고 일컬을 것이 전혀 없기 때문에[實無有法名阿羅漢]"이라고 답변하고 있습니다. 아라한은 모든 족쇄를 풀었기 때문에 그 어떤 상에도 걸리지 않는 존재이고, 그 어떤 상으로도 표현할 수 없는 존재이기 때문입니다.

아라한은 완벽한 멸상滅相을 이루었기에 사상이 남아 있지 않다고 자신 있게 말합니다. 앞서 살펴본 것처럼 수다원, 사다함, 아나함은 분명히 남아 있는 족쇄가 있기에 멸상을 완성하지 못했습니다. 무위의 힘이 완전하지 못한 것이고, 이에 따라 안심으로 되돌아오는 시간에 차별이 생깁니다. 반면 아라한은 이분법의 틀을 완전히 벗어던진 열반의 인식으로 되돌아갔기에 무위의 힘이 매우 강력합니다. 그렇기에 아라한에게는 더 되돌아가야 할 불안은 없고, 모든 것이 있는 그대로 안심입니다.

『열반경涅槃經』에서 세존이 열반에 드셨을 때의 상황 묘사를 살펴보면 범부와 수다원, 사다함, 아나함은 정도의 차이가 있지만, 마음이 흔들립니다. 하지만 아라한만이 팔풍에 휘둘리지 않는 팔풍취부동의 모습을 보여주는데, 이것이 바로 무위의 힘입니다.

"세존이시여! 부처님께서 저를 다툼 없는 삼매를 얻은 사람 가운데 제일이고 욕망을 여읜 제일가는 아라한이라고 말씀하셨습니다. 저는 '나는 욕망을 여읜 아라한이다.'라고 생각하지 않습니다.
세존이시여! 제가 '나는 아라한의 경지를 얻었다.'고 생각한다면 세존께서는 '수보리는 적정행을 즐기는 사람이다. 수보리는 실로 적정행을 한 것이 없으므로 수보리는 적정행을 즐긴다고 말한다.'라고 설하지 않으셨을 것입니다."
世尊 佛說我得無諍三昧人中 最爲第一 是第一離欲阿羅漢 我不作是念 我是離欲阿羅漢 世尊 我若作是念 我得阿羅漢道 世尊 則不說 須菩提是樂阿蘭那行者 以須菩提實無所行 而名須菩提 是樂阿蘭那行

최상의 깨달음으로 나아가는 여정

대승 불교에서는 성문승과 연각승 그리고 보살승을 구분한 후 성문승, 그중에서도 아라한은 성불의 길로 나갈 수 없다고 주장하기도 합니다. 이것은 어느 정도 일리가 있는 의견이기도 한데, 앞에서 살펴보았듯이 이미 아라한이 되어 버리면 유위의 의도를 일으키기가 어렵기 때문입니다.

성불로 나아가기 위해서는 반드시 그 원동력인 서원이 필요합니다. 이 서원은 유위의 의도를 일으켜 세우는 것이기에, 이미 아라한과를 완성한 이후에 일으킨다는 것은 매우 희박한 확률입니다. 그렇기에 아라한이 되기 전 서원을 일으키지 않았다면 대부분이 무학도를 이룬 후 의식의 성장을 멈추게 되고, 결국 성불의 길을 끝까지 가지 못하는 것입니다.

하지만 이것은 모든 아라한이 성불하지 못한다는 결정론은 결코 아닙니다. 수보리 존자와 같이 희박한 확률을 뚫고 보살행을 실천하는 경우엔 충분히 있습니다. 『묘법연화경妙法蓮華經』의 '회삼귀일會三歸一' 사상은 아라한도 성불이 가능하다고 말합니다. 경전에서는 성문, 연각, 보살의 삼승이 각각 차별이 있는 듯 보이지만 결국은 하나의 불승으로 나아가는 여정일 뿐이라는 관점입니다. 이에 따르면 분명히 아라한 역시 성불로 나아갈 가능성이 있는 것입니다.

그렇다면 초기 불교에서는 이 아라한과 성불의 문제를 어떻게 바라보고 있을까요? 『법구경 주석서』에서는 보살이 수기를 받기 위해 다음과 같은 여덟 가지 조건을 갖추고 있어야 한다는 점을 밝히고 있습니다.

> "첫째는 인간이어야 한다.
>
> 둘째는 남자여야 한다.
>
> 셋째는 한 게송만 들어도 아라한이 될 정도로 통찰지 수행이 무르익어 있어야 한다.
>
> 넷째는 수기를 받는 순간 출가자이어야 한다.
>
> 다섯째는 붓다를 만나야 한다.
>
> 여섯째는 팔선정과 오신통을 갖추고 있어야 한다.
>
> 일곱째는 일체지를 갖춘 붓다가 되겠다고 서원을 세워야 한다.
>
> 여덟째는 몸과 마음을 아끼지 않고 바라밀을 닦으려는 결심이 확고해야 한다."

이 중 일곱 번째인 붓다가 되겠다는 서원이 바로 원보리심입니다. 그리고 여덟 번째 바라밀을 닦으려는 결심이 확고한 것이 행보리심에 대한 결심으로 금강경 속 성불의 길과 비교해 봐야 합니다. 그런데 세 번째 조건의 경우 한 게송만 들어도 아라한이 될 정도라면 의식의 수준이 실질적으로 아라한과 대등한 상태여야 한다는 것입니다. 결국, 아라한에 가까운 존재도 보리심을 일으키고 성불의 길을 갈 수 있다는 의견 아닐까요?

보살승 운동을 주도했던 이들의 경우, 아라한과 성불에 관한 내용을 어떻게 받아들였을까요? 비록 직접적인 표현은 없지만, 경전에 드러나는 여러 가지 정황을 근거로 유추해볼 수 있습니다. 우선 법회에 아라한들이 동참했다는 점, 문답을 나누는 제자가 수보리 존자라는 점, 그리고 무주상의 소재로써 사과四果를 다루고 있다는 점을 볼 때 아라한도 성불의 길을 갈 수 있다는 관점을 지니고 있었을 가능성이 큽니다.

금강경을 결집하던 시대 상황을 고려해 보더라도 보살승 운동을 주도하던 이들은 분명 아라한을 배척하지 않았을 것입니다. 왜냐하면 논쟁과 법집이 판을 치던 시대에 보살승들은 또 다른 논쟁을 만들고자 했던 것이 아니라 논쟁이 종식되기를 원했기 때문입니다. 그러니 부파 불교를 경쟁의 대상이 아닌 성불의 길로 이끌어야 하는 대상으로 바라봤을 것입니다. 또한, 보살승 운동을 주도했던 구성원 역시 사부대중이 모두 포함되어 있고, 그들 중에는 아라한이 있었을지도 모르기에 이러한 아라한의 성불에 대한 관점은 자연스럽습니다.

보살승 운동은 범부도 성불할 수 있음을 명확히 밝히고 있습니다. 그러니 당연히 사과四果 성인을 배제할 이유가 없습니다. 다만 그들이 사과四果 성인을 개념화하고 법집의 대상으로 삼아 시끄러운 논쟁을 일삼는 것을 경계할 뿐입니다. 더 나아가 이러한 논쟁을 종식하기 위해 사과四果의 진정한 뜻을 밝히고 있는 것입니다. 그 기준은 첫째 법은 정해진 상이 없다는 것이고, 둘째 무위로써 모든 성인에 따라 차별이 생긴다는 것입니다.

금강경을 배우는 보살은 악업범부, 선업범부, 재가불자, 출가자, 초심보살, 성문사과, 득력보살, 대보살 등의 모든 차별적인 용어들을 실재하는 개념으로 받아들이기보다는 법공의 눈으로 바라 봐야 합니다. 이 모든 개념은 성불의 길로 나가는 중간 여정의 이름표일 뿐이고, 이는 안심의 힘이 지극해지는 과정이라는 것을 기억해야 할 것입니다.

나는 아라한이다 – 금지어?

일상무상분을 읽는 많은 사람들이 하는 오해하는 것 중 하나는 '만약 아라한이 자신을 아라한이라고 말한다면 그는 아라한이 아니다' 입니다. 이는 마치 홍길동이 아버지를 아버지라고 부르지 못하는 것처럼 아라한이 자신을 아라한이라고 말하는 것이 금지된 것처럼 생각하는 것인데, 이는 대단히 큰 오해입니다.

아라한은 스스로 아라한과를 증득했다는 사실을 압니다. 그리고 아라한이라고 표현할 수도 있습니다. 다만 이 모든 앎과 표현들은 잘난 척이 아닌 무주상의 중도의식에서 이루어지는 선언입니다. 초기 경전 도처에는 아라한의 선언이 이런 정형구로 표현되어 있습니다.

> “나의 생은 이미 다했고, 범행은 이미 확립되었고,
> 해야 할 일은 다 마쳤기에 다음 생을 받지 않는다.”

아라한은 중생의 이분법적 인식 틀을 완전히 벗어난 불이不二의 의식을 바탕으로 삶의 경험을 이어갑니다. 그들은 불이의 의식을 바탕으로 하지만 이분법적인 개념들을 그대로 활용하며 세상과 소통하는 것입니다. 금강경에서 언급하는 아라한은 스스로가 진제의 힘으로 아라한이라는 고정된 상에 사로잡히지 않는다는 것이지 아라한이라는 속제의 언어를 활용하지 않는다는 뜻이 결코 아닙니다. 이 부분을 명확히 이해하기 위해서는 진제와 속제에 대한 구분을 잘해야 합니다.

아라한은 개념과 상에 사로잡히지 않기에 고집이 없습니다. 만약 누군가가 아라한과 다투기 위해 "당신은 아라한이 아닙니다!"라고 비난한다면 아라한은 이렇게 대답할 수도 있습니다. "맞습니다! 전 아라한이 아닙니다!" 두려움의 근본 뿌리인 자아가 완전히 소멸한 대영웅들은 외부 경계를 두려워해 자기방어를 할 이유가 전혀 없기 때문입니다. 또한, 자기를 내세우기 위해 허세를 활용할 이유도 없습니다. 그렇기에 그들은 논쟁 속에서 자기주장을 펼칠 이유가 없습니다. 아라한들은 희론인 논쟁은 져주면 그만입니다. 하지만 아라한이라도 중생제도에 필요하다면 이길 수도 있겠죠?

얻어야 한다는 낮은 자존감, 그리고 얻을 것이 있다는 무상을 모르는 착각으로부터 자유로워져야 합니다. 도과는 '얻는 것이 아니라 버리는 것'이라는 것입니다. 명심해야 할 것은 말을 버린다는 것은 벙어리가 되는 게 아니라는 점입니다. 그저 모든 말과 개념으로부터 자유로워지는 것입니다.

PART

10

수보리 존자의 열 번째 질문

부처님께서는 부처의 과보는 머무는 곳이 아니라고 분명하게 말씀하셨다.
"만일 부처님께서 과보를 얻은 바가 없다면 어떻게 석가모니 부처님께서는 연등 부처님으로부터 미래에 성불할 것이라는 수기授記를 받았는가? 그렇다면 부처의 경지는 성취해야 하는 것이고 부처의 깨달음은 이루어야 하는 것이 아닌가? 그런데 어째서 부처님께서는 그 과보에 머무르면 안 된다고 하신 것인가?"

KEY POINT 수기, 원보리심

10 장엄정토분 / 불국토의 장엄

莊嚴淨土分 第十

부처님께서 수보리에게 말씀하셨습니다.
"그대 생각은 어떠한가? 여래가 옛적에 연등부처님 처소에서 법을 얻은 것이 있는가?"
"없습니다, 세존이시여! 여래께서 연등부처님 처소에서 실제로 법을 얻은 것이 없습니다."
佛告須菩提 於意云何 如來 昔在然燈佛所 於法有所得不 不也世尊 如來在然燈佛所 於法實無所得

연등불의 수기

보살이 공식적으로 지니는 욕심이 있다면 그것은 공덕에 대한 것입니다. 범부들이 돈을 벌어 집을 사듯, 보살들은 무량한 공덕을 지어야 이를 바탕으로 불과를 증득할 수 있다는 논리 때문입니다. 그렇기에 부처님의 과보와 사과四果라는 것은 얻을 수 있는 바가 없다는 것을 인정했음에도 불구하고, 석가모니 부처님께서 보살의 수행 도중 연등부처님께 수기를 받았다는 사실이 기억나자 이런 의문이 생겼습니다. '얻을 것이 없다는데 부처님은 어떻게 수기를 얻었을까?' 작은 의문이 생기자 흐를 곳을 찾던 집착은 다시 불처럼 살아났습니다. 금강행자가 이번에는 다시 유병에 걸려버렸기에, 석가보살이 연등부처님께 무언가를 비밀리에 전수 받았는지 궁금해하기 시작합니다. 아마 이 글을 읽는 분들도 궁금하실 수 있기에 연등 부처님의 수기 일화를 간단히 소개하겠습니다.

"석가모니 부처님께서는 전생에 '쑤메다'라고 하는 부유한 바라문의 삶을 살아가다 모든 것을 버리고 출가하여 히말라야에서 대단한 고행자가 되었습니다. 어느 날 그가 도시에 방문했을 때, 사람들이 디빵까라 여래를 위해 길을 장식하고 있는 것을 보았습니다.

세존께서 방문하시는 날 그 나라의 국왕과 장자들은 디빵까라 여래에게 귀의하고 가르침을 듣고 있었습니다. 쑤메다는 한 곁에서 그 모습을 지켜보고 있었는데, 32상을 갖춘 거룩한 여래의 모습을 보자 환희심이 느껴져 자신도 미래에 부처님이 될 것을 서원합니다.

그는 부처님께 공양을 올리고 싶은 마음에 그동안 모았던 모든 돈을 다 써서 한 바라문 처녀로부터 연꽃 다섯 송이를 샀습니다. 그리고는 여래가 지나가시는 길에 꽃송이를 허공에 뿌렸는데, 이 꽃송이는 신기하게도 땅에 떨어지지 않고 허공을 장엄했다고 합니다.

여래는 신통력으로 이 허공의 꽃송이들을 자신의 머리에 장식하였는데, 이 광경을 목격한 쑤메다는 큰 환희심이 생겨서 자신의 가죽옷을 벗어 땅에 깔고는 여래의 발 앞에 엎드려 자신의 머리카락을 풀어 여래의 발에 묻은 흙을 닦아드렸습니다. 수많은 사람들이 이 감동적인 모습을 바라보고 있는 그 순간 부처님께서는 인연이 무르익었다는 것을 아시고 이렇게 선언하셨습니다.

이 젊은 바라문이 장차 샤끼야 족의 까필라국에 태어나 자신과 같은 부처가 되어 '샤키야무니'라고 불리게 될 것이고, 진리의 수레바퀴를 굴리며 중생을 제도하게 될 것이라고 수기를 주셨습니다. 이를 목격한 수많은 사람들이 인연 따라 진리에 대한 깊은 신심과 이해를 얻게 되었습니다."

이것은 부처님이 전생에 젊은 바라문 쑤메다일 때 연등부처님께 수기를 받은 내용입니다. 어떤가요? 내용을 간단히 살펴보니, 이 일화 속에서 과연 쑤메다보살이 디빵까라 부처님께 수기를 통해 받은 무언가가 있을까요?

보살의 아승기겁

한국불교에서 부처님 오신 날에 연등을 공양 올리는 것은 여러 가지 의미가 있습니다. 그중 하나는 바로 이 연등불 수기로부터 그 의미를 찾을 수 있습니다. 쑤메다 보살이 공양 올린 것이 바로 연꽃이었고 이 일련의 과정 후에 수기를 받았기 때문에 부처님 오신 날 연등을 공양 올리는 것은 쑤메다의 공양을 재현하는 것이자 성불의 원보리심을 일으키는 상징이고, 또한 수기를 원하는 마음이 녹아있는 것입니다.

그런데 무상의 눈으로 조금만 살펴보면 알 수 있는 진실이 하나 있습니다. 수보리 존자의 답변처럼 사실 수기를 통해 쑤메다가 얻은 것은 전혀 없습니다. 혹시 자신감과 같은 비물질적인 무엇인가를 얻었다고 생각하시나요? 물론 그럴 수도 있지만, 과연 그 비물질적인 자신감이 고정불변한 실체가 있나요? 또는 얻음의 대상인가요?

사실 이러한 보살의 수기설은 부파 불교 시절부터 이미 유행하고 있던 내용들입니다. 대승 불교를 배우는 이들이 부파 불교는 소승불교로서 대승 불교와 대척점에 있는 것처럼 느끼지만 그것은 그저 대승불교도들의 생각일 뿐입니다. 이미 기득권을 지니고 있던 부파 불교에게 있어 대승 불교는 그저 새로운 하나의 작은 부파처럼 느껴졌을 것이기에 별로 신경도 쓰지 않았을 가능성이 높습니다. 부파 불교의 논서인『비바사론』에는 석가보살의 수행을 다음과 같이 말합니다.

> 첫 번째 아승기겁에는 7만 5천의 부처님을 만나 공양하였으며, 최초 부처님의 명호는 석가모니였고 최후는 보계불이었다. 두 번째 아승기겁에는 7만 6천의 부처님을 만나 공양을 올렸는데, 최초는 보계불이었고 최후는

연등불이었다. 세 번째 아승기겁에는 7만 7천의 부처님을 만나 공양하였는데, 최초는 연등불이었고 최후는 승관불이었다."

이것이 금강경 결집 당시 가장 유행하는 석가보살 수행의 과정이었을 것입니다. 왜냐하면 당시 가장 유력한 부파였던 설일체유부의 논서에 기록된 내용이기 때문입니다. 앞서 정신희유분에서 지계수복자를 설명할 때 한량없는 부처님 처소에서 선근을 심었다는 표현이 등장하는 것도 이러한 보살의 수행을 반영하여 언급하고 있는 것입니다.

당시에는 보살의 수행이 무르익었을 때인 3아승기겁 중 마지막 아승기겁의 시작에 수기를 받는다고 여기는 것이 일반적이었습니다. 당시의 관념으로는 첫 번째 아승기겁과 두 번째 아승기겁에는 보살이 십바라밀 수행을 이어나가지만 아직 보살에 대한 자각은 분명하지 않다고 생각했습니다. 그러던 중 인연 닿는 부처님에게 수기를 받는 순간, 분명한 서원과 자각이 생기게 되는 것입니다. 물론 수기의 순간부터 최소 1아승기겁 이상의 기간을 더 수행해야 한다고 생각했습니다.

만약 수기를 통해 보살이 무엇인가를 받았다면 그것은 확신과 자각입니다. 이것은 주고받을 수 있는 물질적인 형태가 있는 것이 아닙니다. 이 잡을 수 없는 수기가 물질화된 상징으로 대치된 것이 바로 중국불교의 발우입니다. 스승이 특정 제자를 수법제자로 인정할 때 전달하는 상징으로 발우가 쓰인 것입니다. 육조 혜능 스님이 이 발우를 스승에게 전달받자 기존의 제자들이 이것을 빼앗기 위해 쫓아왔다는 일화가 있습니다. 그들은 그 발우가 있으면 깨닫는다고 생각했을 것입니다. 수기와 발우는 그저 제자가 성불의 길로 확실하게 나아갈 수 있는 조건을 갖추었다는 증명의 상징일 뿐입니다. 그 자체에는 아무런 공능도 없기 때문에 자격 없는 이가 억지로 이를 빼앗아 봐야 아무것도 얻을 수 있는 것은 없습니다.

부처님께서는 그저 보살의 마음에 확신과 자각이 자라날 수 있도록 선호념을 통한 안심과 선부촉을 통한 정진의 힘을 촉발시켜주는 인연이 되어 주시는 것뿐입니다. 이는 보살이 중생을 구하는 여정도 마찬가지이기에 보살은 한 중생도 구한 바가 없는 것입니다. 초심보살들은 이 수기의 일화를 통해 구하는 바 없이 중생을 구하는 여정을 참고해야 할 것입니다.

원보리심이 바로 수기授記

부파 불교 시대까지 보살의 존재가 희유하다고 판단했던 근거 중 하나는 바로 이 수기입니다. 수기를 받기 위해서는 앞서 살펴봤던 8가지 인연이 갖추어져야 합니다. 여기에 더해 8가지 인연을 갖춘 후에도 부처님과 인연이 닿아야만 합니다. 현시대를 살펴봤을 때, 올바른 가르침 없이 아라한이 탄생하는 것도 매우 희유한 일이 분명합니다. 하지만 수기를 받은 보살이 나타나는 것은 이와 비교가 되지 않을 만큼 엄청나게 큰 희유함입니다.

이러한 관념은 안타깝게도 수기를 받지 못하면 성불이 불가능하다는 관점으로 발전했던 것 같습니다. 그렇기에 당시 성불하기를 원하는 소수의 불자들은 그만큼 수기에 집착했을 것이고, 부처님이 부재한 세상을 살아가는 자신들은 수기를 받는 것이 불가능하다는 사실에 절망했을 것입니다. 도무지 성불의 길을 걷는 보살의 수행이 엄두가 안 났을 수도 있습니다. 이와 같은 상을 단박에 해결하는 가르침이 바로 금강경이었습니다.

금강경에서 말하는 원보리심을 일으키면 보살이라는 것은 우리에게 자각을 선물합니다. 이는 3아승기겁의 보살 수행 중 초기로 초점을 바꿈으로써 생겨난 변화입니다. 기존의 수기가 준비를 완전히 갖춘 세 번째 아승기겁 시작에 이루어졌다면, 금강경의 관점은 첫 번째 아승기겁의 시작을 바라보는 것입니다. 이는 아직 아무런 공덕도 갖추지 못한 악업범부라고 하더라도 원보리심을 통해 보살의 자각만 가진다면, 3아승기겁의 성불여행을 시작할 수 있다는 선언입니다!

원보리심을 일으키는 것보다 원보리심을 보호하고 유지하는 것은 결코 녹록지 않습니다. 이 원보리심이 확고해지는데 2아승기겁의 시간이 필요한 것입니다. 그만큼 보살은 팔풍에 의해 끝없이 흔들리고 의심하게 됩니다. 성불의 길 위에서 전진과 후퇴를 반복하며 누군가는 끈질기게 걸어가고 누군가는 완전히 포기해 버리기도 합니다.

초기 보살승 운동이 전개되던 시절 금강경이 지니고 있는 위대한 가치는 바로 수기를 받기 전인 2아승기겁의 시간 동안 초심보살의 마음을 보호하는 방법을 제공한다는 점입니다. 주수단의 수행 원리를 배우고 실천한다면 보리심의 생명을 지킬 수 있기에 보살의 길에서 후퇴하는 안타까운 사건을 예방할 수 있는 것입니다. 금강경은 모든 보살승을 안전하게 태 속에 품고 보호해 주는 어머니입니다.

금강경에서 모든 부처님과 그들의 법이 나오는 것은 당연한 일입니다. 이 금강경의 가르침이 바로 새로운 수기의 방법이기 때문입니다. 연등불에게서 수기를 받은 쑤메다 보살처럼 우리는 모두 지금, 이 순간 금강경으로부터 수기를 받고 있습니다. 금강경을 이미 수지독송하고 있는 한국불교의 불자들은 모두 보살의 자격을 갖춘 것입니다.

PART

11

수보리 존자의 열한 번째 질문

"깨달음도 실체가 없고 부처의 과보도 실체가 없다면 불국토를 장엄할 필요가 없는 것이 아닌가? 그런데 왜 세존께서는 보살행을 하고 불국토를 장엄하라고 하셨는가?"

유상정토, 무상정토, 무주상장엄

“수보리여! 그대 생각은 어떠한가? 보살이 불국토를 아름답게 꾸미는가?”
“아닙니다, 세존이시여! 왜냐하면 불국토를 아름답게 꾸민다는 것은 아름답게 꾸미는 것이 아니므로 아름답게 꾸민다고 말하기 때문입니다.”
“그러므로 수보리여! 모든 보살마하살은 이와 같이 깨끗한 마음을 내어야 한다. 형색에 집착하지 않고 마음을 내어야 하고 소리, 냄새, 맛, 감촉, 마음의 대상에도 집착하지 않고 마음을 내어야 한다. 마땅히 집착 없이 그 마음을 내어야 한다.”
須菩提 於意云何 菩薩 莊嚴佛土不 不也世尊 何以故 莊嚴佛土者 則非莊嚴 是名莊嚴 是故 須菩提 諸菩薩摩訶薩 應如是生淸淨心 不應住色生心 不應住聲香味觸法生心 應無所住 而生基心

보살의 정토

금강경을 결집하던 시기에는 이미 대승 불교의 다양한 가르침들이 초기 유형으로 존재하고 있었습니다. 그중 극초기 대승 불교를 이끌었던 가장 인기 있는 가르침은 바로 현재 실존한다고 여겨지는 타방 부처님과 정토淨土에 관한 내용입니다. 이러한 정토사상은 금강경 곳곳에서 그 흔적을 찾아볼 수 있습니다. 요즘 관점으로 본다면 타방불他方佛의 정토에 대한 이야기들은 판타지 장르입니다. 아름답고 진기한 상상력이 고금을 막론하고 동심을 사로잡는 것처럼 보살의 정토 장엄이 만들어내는 판타지는 당시의 불자들에게 큰 희망을 안겨줬습니다.

사실 보살의 자격이 대중화되는 데 큰 도움을 준 사상은 바로 정토사상입니다. 석가모니 부처님과 그의 제자들이 인도 사회에 보여줬던 자비와 반야의 삶은 불멸 후 불자들에게는 그리움의 대상이었습니다. 이것은 부파가 논쟁을 위해 연구에 전념하는 그들만의 리그로 변질되어 갈수록 더욱 심해졌습니다. 이러한 그리움은 다음과 같은 생각의 변천을 근거로 금강경에 이르게 됩니다.

과거불이 존재하고 미래불인 미륵이 존재한다면 지금, 이 순간 또 다른 삼천대천세계에 부처님이 존재하지 않을까? 삼천대천세계는 무한하니 무한한 부처님이 계시지 않을까? 현재에도 미래에도 무한한 부처님이 출현하신다면 그들의 전생인 보살들도 무한하지 않을까? 그렇다면 그 무한한 보살들은 지금 어디에서 무엇을 하고 있을까? 이러한 논리의 변천을 통해 불자들이 상상하기 시작한 무한한 보살들은 무한한 범부와 구분될 수 있는 기준이 필요했습니다. 그리고 그 기준은 기존의 수기가 아닌 새로운 원보리심의 여부로 바뀌게 된 것입니다. 즉, 보살승 운동의 뼈대는 석가모니 부처님에 대한 그리움으로 시작하여 타방불에 대한 멋진 판타지들로 이루어져 있습니다. 그렇기에 당시의 불자들은 필연적으로 보살이라는 존재에게 정토 장엄을 기대하게 된 것입니다.

수많은 보살들이 정토 장엄을 통해 자신만의 정토를 만든다는 사상은 수많은 불보살과 정토를 상상할 수 있는 근거가 되었습니다. 이러한 시대적 요구는 보살들에게 있어 큰 숙제이자 의무처럼 느껴질 수 있는데, 이러한 점을 해결해 주는 것이 바로 부처님의 질문입니다. 수보리 존자는 이 질문을 즉비의 공식으로 해결합니다.

앞에서 즉비의 논리가 무상을 이해하는 공식이 될 것을 밝힌 뒤에 사실 경전 속에서는 즉비의 논리를 몇 번 더 활용하였습니다. 지금 다시 이 즉비의 논리를 언급하는 이유는 이 공식을 완성하기 위해서입니다. 먼저 원문을 보겠습니다.

> “장엄불토자 즉비장엄 시명장엄
>
> 莊嚴佛土者 則非莊嚴 是名莊嚴”

기억을 되살려보시면, A 즉비 A1 일 때 A와 A1은 상분과 물자체의 관계임을 밝혔습니다. 즉, 부처님께서 말씀하신 장엄인 A는 이미 인식된 후이니 개념의 세계인 상분입니다. 반면 부처님께서 말씀하시고자 하는 장엄인 A1은 인식되기 전의 물자체입니다. 이 공식은 상분이 물자체와 같지 않다는 점을 지적하고 있는 것입니다. 그런데 여기서는 시명장엄이 붙어서 'A 즉비 A1 시명 A2'의 공식을 완성합니다.

달을 가리키는 손가락처럼 달인 물자체와 손가락인 상분은 다릅니다. 다만, 손가락 없이는 달을 보여줄 수가 없기에 결국 손가락의 상을 활용해야만 물자체인 달을 보여줄 수 있습니다. 이처럼 언어는 그 한계가 뚜렷하지만, 언어를 통하지 않고는 소통을 할 수 없어서 결국 언어를 활용하는 이치입니다.

상분은 즉비 물자체입니다. 이것은 분명합니다. 하지만 그렇다고 물자체를 전달하는 것을 포기할 수는 없으니 언어를 빌려야 합니다. 그것이 바로 시명장엄입니다. 그저 물자체를 장엄이라고 명칭 했다는 것을 밝히고 있는 것입니다. 'A 즉비 A1 시명 A2'에서 A과 A1그리고 A2는 모두 다릅니다. 하지만 하나의 물자체를 향하고 있습니다. 우리가 이 인식의 한계를 분명히 깨달을 때 개념에 속박된 오류에서 벗어날 수 있습니다.

수보리 존자가 보살 장엄의 문제를 해결하는 방식은 이처럼 인식론적인 방법론이 활용됩니다. 그런데 이처럼 무상의 공식을 적용하면 무병의 부작용이 드러나서 정토 장엄이 필요 없다는 식으로 받아들일 수 있습니다. 이렇게 되면 자비서원의 힘은 약해져 정작 보살장엄을 게을리하게 됩니다. 이에 대한 약으로 무상의 공식이 아닌 개념의 오류를 교정하여 해결하는 방식 역시 존재하는데, 이는 '보살의 진정한 정토 장엄이란 무엇인가'에 대한 내용입니다.

유상정토와 무상정토

정토는 여러 가지 유형이 있습니다. 당시에도 미륵보살의 용화세계, 아미타불의 서방정토 극락세계 등 다양한 정토가 불자들의 사랑을 받았을 것입니다. 이 중에서도 특히 극락세계는 일종의 최신식 정토로서 수백억 정토를 관람한 후 법장비구 모든 정토의 가장 큰 장점들만을 모아서 만들었다고 합니다. 이곳은 최신상인 만큼 최고의 장엄으로 중생들의 마음을 끌기 때문에 불교 역사상 인기가 가장 많은 정토입니다.

극락세계 정토 장엄을 간단히 소개해 보겠습니다. 이곳의 모든 만물은 아주 미묘한 칠보로 이루어져 있습니다. 이 미묘하다는 것은 진공묘유의 성격인데 굉장히 양자적입니다. 예를 들어 칠보로 이루어진 집이 있다고 하면, 이 집은 바라보는 사람의 취향에 따라 그 모양이 변화합니다. 누군가 황금을 좋아한다면 황금으로, 다이아몬드를 좋아한다면 다이아몬드로 그 모양이 변화하는 것입니다. 이것은 100%의 취향을 저격할 수 있는 디자인인데, 만약 이처럼 관찰자의 마음을 읽고 반영해내는 양자적 물질을 인간세계에서 구현할 수만 있다면 그는 인간 역사상 가장 뛰어난 연금술사로서 이름을 남기게 될 것입니다. 하지만 이는 예토穢土인 인간세계에서는 불가능합니다. 왜냐하면 관찰자인 범부의 마음에 갖가지 장애가 있기 때문입니다. 관찰자의 마음과 상응하는 것은 오직 관찰자의 육근이 깨끗한 정토에서만 가능합니다.

극락장엄極樂莊嚴이 수승한 또 다른 이유는 갖가지 장엄과 접촉했을 때 일어나는 주관적 반응 때문입니다. 우리는 거친 촉감의 물체를 만지면 그에 대해 호불호의 느낌이 생겨납니다. 그런데 극락세계의 모든 장엄은 보는 것, 듣는 것, 촉감까지도 모두 다 단 하나의 맛을 경험자에게 선사합니다. 그것은 다름 아니라 진리의 맛으로, 만약 누군가가 팔정도의 진리가 필요하다면 그가 물을 마셨을 경우 팔정도의 설법을 듣고 깨달음을 얻은 효과를 경험하게 되는 것입니다.

극락세계는 이처럼 극상의 디자인과 함께 최상의 성취를 보이는 금강심의 학교입니다. 그런데 한 가지 정말 파격적인 장점은 극락세계에 왕생하는 방법이 무량한 정토 중 가장 쉽다는 것입니다. 이는 가장 저렴한 대가를 지불하면서 가장 뛰어난 이익을 얻는다는 역설적인 방식으로, 오직 법장비구의 서원과 무량한 세월의 수행 공덕으로 이루어낸 것입니다. 이것이 바로 보살의 정토 장엄으로써 불자들이 품고 있는 희망을 보살들에게 요구하는 것은 당연한 일일 것입니다.

극락세계의 장엄에 대해 논하고 있는 담란의 『왕생론주往生論註』에서는 이 장엄의 실체에 대해 명확하게 표현하고 있습니다. 사실 극락의 장엄은 실체가 없는 무상이고, 이 무상한 경험이 이루어지는 이유는 육근과의 상응 때문이라는 점을 밝힌 것입니다. 앞서 밝힌 미묘한 장엄이 가능한 이유는 다름 아니라 미묘한 육경과 상응할 수 있는 반야의 미묘한 육근 때문입니다.

반야부의 등장 이전에는 보살이 장엄하는 불국토에 대해서 대부분 유상 정토有相淨土의 입장을 취했습니다. 그렇기에 서쪽으로 백 만억 불국토를 지나 실제의 서방정토 극락세계가 존재한다는 입장이었습니다. 그런데 반야부의 등장 이후 유상 정토에 대비되는 무상 정토無相淨土가 등장합니다.

"지금 이 마음이 청정하면 자성의 서방정토다."

이것은 육조 혜능 스님의 『육조단경六祖壇經』에 나오는 무상 정토에 대한 표현입니다. 『유마경維摩經』 속에도 이러한 표현들이 자주 등장합니다.

> 곧은 마음이 보살의 정토요, 깊은 마음이 보살의 정토며,
> 보리심이 보살의 정토이다.

수많은 후대의 선사들도 역시 마음 밖에 정토가 따로 있는 것이 아님을 강조하고 있는데, 이는 분명한 사실입니다. 하지만 그렇다고 무병에 빠지면 안 됩니다. 많은 분들이 무상 정토에 집착하여 객관적인 세상으로써의 극락세계는 없다고 주장하기도 합니다. 이는 우리가 사는 인간 세상이 없다고 말하는 것과 같은 이치로 진공묘유의 중도적 입장에서 벗어나 무병에 걸려 있는 것입니다. 우리는 다시 한번 이 문장을 마음에 새겨야 합니다.

"주체는 없지만, 경험은 있다."

진정한 정토 장엄법 – 무주상장엄

중도적 입장에서 볼 때 보살이 이룩하는 불국토는 마음과 경계가 상응하는 것입니다. 그리고 두 가지 입장 모두 진공묘유합니다. 이 상응의 입장에서 볼 때 객관적 정토 세계를 만들어내는 올바른 수행 방법을 알 수 있게 됩니다. 정토를 만들려면 도량을 청소하고, 장엄하는 것도 중요하지만 그것보다 훨씬 더 중요한 것은 마음을 청정하게 가꾸는 것입니다.

한국불교가 지금까지 이어 온 행태 중 비판받을 만한 요소 중 하나는 너무 절을 가꾸는데 애를 쓴다는 것입니다. 현재 한국불교의 수많은 사찰들은 비어 있는 실정입니다. 출가자는커녕 관리자조차 없어서 사찰이 보존조차 되지 못하고 망가지는 것이 현실입니다. 그런데 이런 상황에

서 법을 가꾸고 수행자를 교육하는 장엄이 아니라, 여전히 새로운 절들을 만들고 장엄하는 불사에 노력한다는 것은 매우 어리석은 일입니다.

마음이 청정하게 장엄된 수행자가 있어야 그에 상응하여 사찰이 필요한 것이고 장엄되는 것입니다. 둘 중 하나에 치우쳐 버리면 그것은 부작용이 생기기 마련입니다. 절만 있고 법이 없으면 소용이 없게 되고, 법만 있고 절이 없다면 초라해집니다.

이 둘 모두를 장엄하기 위해서 보살은 아·인·중·수상을 깨끗이 청소하고, 광대심과 제일심 그리고 상심과 부전도심인 금강심을 완성하기 위해 정진해야 합니다. 다만 주의해야 할 점은 금강경의 모든 수행에는 무주상이 전제된다는 점입니다. 마음을 청정히 하는 수행에 전념하되, 이것 역시 공함을 알고 사로잡히지 않는 무주상장엄을 실천해야 합니다. 육경 어디에도 머무르지 않는 수행, 이것이 바로 보살의 진정한 정토장엄법입니다.

주의해야 할 점은 육경 어디에도 머무르지 않는다고 해서 아무런 선택도 안하는 것이 결코 아닙니다. 머무르지 않는 마음인 깨어있음으로 회귀하되, 그 힘으로 다시 지혜로운 선택을 해야 한다는 것입니다. 그렇기에 무주상의 도리로써 당신이 만들고 싶은 정토를 한 번 선택해 보시기 바랍니다.

전통적으로 정토의 유형은 세 가지입니다. 첫 번째는 '범성동거토凡聖同居土'입니다. 이는 범부와 성인이 함께 살아가는 이 세상을 정토로 만드는 것입니다. 두 번째는 '삼승공토三乘共土'입니다. 삼승공토는 성문, 연각, 보살 등 성인들에게만 허락된 정토입니다. 세 번째는 '대승불공토大乘不共土'입니다. 이곳은 극락세계처럼 정토의 주인에 대한 신앙이 있는 존재들에게만 허락된 정토입니다. 지금의 이 선택이 당신의 정토 장엄의 방향성이 될 것입니다. 무주상의 마음으로 선택한 당신의 정토는 무엇인가요?

P A R T

12

수보리 존자의 열두 번째 질문

"불국토를 장엄하지 않는다면 어디에도 불국토는 있지 않을 것이다. 그렇다면 천 분이나 되는 부처님들께서는 어디에 계시는가?"

KEY POINT  보신, 법신, 무위

"수보리여! 어떤 사람의 몸이 산들의 왕 수미산만큼 크다면 그대 생각은 어떠한가? 그 몸이 크다고 하겠는가?"
수보리가 대답하였습니다.
"매우 큽니다, 세존이시여! 왜냐하면 부처님께서는 몸 아님을 설하셨으므로 큰 몸이라 말씀하셨기 때문입니다."
須菩提 譬如有人 身如須彌山王 於意云何 是身爲大不 須菩提言 甚大世尊 何以故 佛說非身 是名大身

세상에서 가장 키가 큰 사람

최근 방송 프로그램에서는 전 농구선수인 서장훈 씨가 자주 등장합니다. 앉아 있을 때는 실감이 나지 않지만, 다른 연예인들과 함께 서 있는 장면을 보면 그는 말 그대로 거인입니다. 실제로 키가 207cm라고 하니 직접 본다면 깜짝 놀라겠죠? 그런데 더 깜짝 놀랄만한 사실은 유불도儒佛道 삼대 명인 중 하나로 손꼽히는 공자의 키가 221.76cm라고 합니다. 사마천의 『사기史記』에는 공자의 키가 9척 6촌으로 기록되어 있는데, 당시의 1척이 23.1cm였다고 합니다. 이를 바탕으로 계산해본 결과가 221.76cm입니다. 물론 이는 『사기』의 기록만을 바탕으로 하는 것이기에 가설에 불과 하지만 당시 사람들에게 있어 공자가 거인처럼 보일만큼 컸다는 것은 분명한 것 같습니다.

키에 관한 이야기가 흥미를 끄는 것은 거인에 대한 판타지가 고금을 막론하고 인기 있는 주제로 존재해왔기 때문입니다. 아마도 불탑 근처에서 금강경의 가르침을 포교하는 보살승들은 이 거인에 대한 흥미로운 이야기를 주제로 사람들에게 무상의 진리를 전달했던 것 같습니다.

공자의 키만 해도 규격 외의 크기인데, 만약 키가 5m가 넘는다면 그를 인간이라고 부를 수 있을까요? 당연히 거인이라는 새로운 종족으로 분류할 것입니다. 그런데 만약 그 키가 수미산만 하다면 어떨까요? 수미산의 크기가 얼마나 큰지 모르시니 감이 안 오실 텐데 일단 하늘에 닿을 듯하다고 가볍게 상상해보시면 됩니다.

이번에는 좀 더 자세하게 상상할 수 있도록 경전의 기록을 근거로 수미산의 키를 한번 측량해 보겠습니다. 수미산의 키는 8만 4천 유순이라고 기록되어 있는데, 1유순은 대략 11km 정도 된다고 합니다. 그럼 수미산의 키는 약 924,000km가 되는 것입니다. 지구의 하늘 높이가 대략 1,000km라고 하고, 태양의 지름이 대략 1,390,000km라고 하니 수미산만큼 몸이 큰 사람은 대략 태양만 하다고 생각하시면 될 것 같습니다.

사실 보살승들이 언급하고 있는 키 큰 사람의 이야기는 부처님의 보신報身에 대한 내용입니다. 아미타불의 보신은 그 키가 수미산보다 크다고 합니다. 아미타불의 명호중 하나가 무량광無量光이고, 이는 전 세계 공통으로 존재하는 태양 신화와 연결성이 있다는 점을 생각해 보면 흥미롭습니다.

장엄정토분에서는 다양한 정토들에 대한 판타지가 이야기 소재로 쓰였는데, 이를 활용하여 다시 부처님의 몸에 대한 무상의 연습이 반복되는 것입니다. 물론 이번에는 색신이나 법신이 아닌 보신에 적용해보는 것입니다. 금강경에 활용되는 이야기 소재들을 볼 때 이미 결집 당시에는 법신, 보신, 화신의 삼신설이 어느 정도 활용되고 있었던 것 같아 먼저 이 내용을 간단히 정리해 보겠습니다.

법신은 본래 부처님의 정신인 깨달음의 법을 바탕으로 발전한 개념으로, 이 법계를 이루는 근본 진리를 상징합니다. 화신은 본래 부처님의 육신으로부터 발전한 개념입니다. 이는 법신을 근본으로 32상을 갖춘 형상의 몸으로써 부처님이 세상에 출현하는 것을 의미합니다. 보신은 부처님의 수행 공덕이 발전한 개념으로, 그 무량한 수행 공덕을 보신의 몸으로 상징화한 것입니다.

아미타불의 법신은 법계의 진리 그 자체이지만 중생의 눈에는 보이지 않습니다. 그렇기에 보신과 화신으로 나투시는데, 이 중 보신은 수미산보다 크다는 표현을 한 것입니다. 이는 아미타불의 수행 공덕이 수미산보다 더 크다는 것으로 극락세계에서는 이 실체 없는 보신을 경험할 수 있다고 합니다.

극락세계에 태어나는 중생들은 구품연화대九品蓮花臺에서 살아간다고 합니다. 이곳은 일종의 극락 학교 기숙사인데, 그곳을 졸업하고 나오면 극락과 온 법계를 자유롭게 다니면서 중생을 구제할 수 있는 힘을 얻습니다. 구품연화대 학교에서 가장 저학년인 하품하생下品下生의 연꽃은 어린아이 한 명 정도가 들어갈 수 있는 크기라고 합니다. 그리고 품이 올라갈수록 연꽃의 크기는 커진다고 합니다. 상품하생上品下生만 되어도 그 연꽃의 크기가 한반도 정도의 크기가 된다고 하는데, 왜 이렇게 큰 것일까요? 그것은 연꽃 안에 살아가는 중생의 키가 커졌기 때문입니다. 이 키가 바로 수행 공덕의 크기인 것입니다. 극락 학교에 입학한 중생들은 교육을 통해 점점 더 공덕의 키가 자라나고 있습니다.

하품하생의 중생은 처음에는 키가 어린아이만 하다고 합니다. 그가 아미타불의 보신과 만나면 어떤 일이 벌어질까요? 중국의 관정 스님이 『극락유람기』에서 묘사하는 상황을 조금 각색해서 소개해 보겠습니다.

> "하품하생의 중생이 어느 날 길을 걷다가 하늘 끝까지 솟아 있는 황금색 산을 만납니다. 이 산은 거의 절벽처럼 90도로 솟아 있는데 그 끝이 도저히 보이지 않는 것입니다. 이 산은 무엇일까요? 아미타불 보신의 발가락입니다."

보신의 발가락도 하늘처럼 높아 보이는데, 하품하생의 중생이 아미타불의 보신을 본 것이라고 표현할 수 있을까요? 구품연화대의 극락 학교에서 수행하는 목적은 공덕의 키를 키우는 것이고, 상품상생하여 졸업을 할 때쯤 되면 대개 아미타불 보신의 어깨쯤 되는 키를 지닌다고 합니다. 그러니 그때가 되어야 비로소 아미타불을 친견한다는 의미가 성립되는 것입니다. 하지만 이러한 보신을 무상의 눈으로 바라보면 이는 분명히 실체가 없습니다. 오직 육근과의 상응을 통해 목격되는 경험만이 이루어질 뿐입니다.

> 불설비신 시명대신
>
> 佛說非身 是名大身

이것이 수보리 존자가 그 몸이 광대하다고 답변한 근거입니다. 부처님께서 몸 아닌 것을 지칭하여 큰 몸이라고 명칭 하셨다는 것입니다. 이는 역시 무상의 공식을 통한 인식론의 관점에서도 해석할 수 있는데, 부처님께서 몸 아닌 것을 지칭하셨다고 할 때의 몸 아닌 것은 바로 보신의 물자체입니다. 사실 물자체는 모양과 이름이 없습니다. 그저 그것일 뿐입니다. 수보리 존자가 그 몸이 광대하다고 표현한 이유는 달을 가리키는 손가락을 보고 말하는 것이 아니라 달을 곧바로 보고 말하는 것이기 때문입니다. 만약 손가락에 초점이 맞춰져 있었다면 즉비의 공식이 다시 등장했을 것입니다. 수보리 존자는 곧바로 달을 봤기 때문에 부처님께서 말씀하시는 큰 몸이 달을 가리키는 손가락으로 명칭된 것임을 밝히고 있는 것입니다. 또한, 인식론이 아닌 개념의 우월로써 이를 설명할 수도 있습니다. 수보리 존자가 부처님께서 묻는 큰 몸을 광대하다고 답변한 이유는 부처님께서 지칭하신 큰 몸이란 보신의 개념이 아니라 법신을 묻는 것으로 본 것입니다.

이 부분에서 나오는 몸에 대한 소재뿐 아니라 금강경 곳곳에는 포교용 금강경의 흔적이 있습니다. 당대를 관통하는 주된 관심 소재들로써 흥미로운 스토리텔링을 하고, 이를 통해 무주상보시의 수행을 전달하는 기법을 엿볼 수 있습니다. 이를 살려내 교육에 활용한다면 금강경 공부와 수행이 얼마나 재미있어질까요?

11 무위복승분 / 무위법의 뛰어난 복덕

無爲福勝分 第十一

"수보리여! 항하의 모래 수만큼 항하가 있다면 그대 생각은 어떠한가? 이 모든 항하의 모래 수는 진정 많다고 하겠는가?"

수보리가 대답하였습니다.

"매우 많습니다, 세존이시여! 항하들만 해도 헤아릴 수 없이 많은데 하물며 그것의 모래이겠습니까?"

"수보리여! 내가 지금 진실한 말로 그대에게 말한다. 선남자 선여인이 그 항하 모래 수만큼의 삼천대천세계에 칠보를 가득 채워 보시한다면 그 복덕이 많겠는가?"

수보리가 대답하였습니다.

"매우 많습니다, 세존이시여!"

須菩提 如恒河中所有沙數 如是沙等恒河 於意云何 是諸恒河沙 寧爲多不 須菩提言 甚多世尊 但諸恒河 尙多無數 何況其沙 須菩提 我今實言告汝 若有善男子善女人 以七寶滿爾所恒河沙數三千大千世界 以用布施得福多不 須菩提言 甚多世尊

광대심은 얼마나 광대한가?

금강경에서는 사띠 명상을 중요시합니다. 깨어있음이 강해져야 무주의 중도 상태를 활용할 수 있기 때문입니다. 그리고 이 사띠에 대한 응용명상으로 광대심 명상을 반복해서 강조합니다. 물론 이는 대개 공덕에 대한 제일심과 짝이 되어 함께 수행하게 됩니다.

광대심 연습을 처음 제시할 때는 동쪽 허공이 얼마나 큰지를 상상하도록 한 후, 이어서 시방의 허공으로 그 범위를 넓혔습니다. 이것은 매우 직감적인 수행 방법으로, 이것이 성향에 맞는 사람이 있습니다. 하지만 성향이 다른 사람은 이것이 매우 추상적으로 느껴질 수 있는데, 이들을 위해서는 삼천대천세계에 대한 개념을 활용하게 했습니다. 단순히 허공을 상상하라고 하면 막막하지만, 수미산을 중심으로 한 세계를 상상하는 것은 가능하기 때문입니다.

무위복승분에서는 숫자를 활용하여 광대심을 더욱 구체적으로 상상하도록 유도합니다. 앞서 활용했던 이미지를 활용하는 관상이 우뇌적이라면, 숫자를 활용하는 이번 관상법은 좌뇌를 쓰는데 익숙한 이들에게 유리한 광대심 수행입니다. 이 부분에서는 특히 항하의 비유가 처음으로 등장합니다. 인도의 문화에서 항하 즉, 갠지스강은 매우 중요한 위치를 차지합니다. 인도에 성지순례를 가면 갠지스강 한쪽에서는 시체를 태우고, 바로 아래쪽에서는 목욕하는 장면을 목격할 수 있습니다. 요즘은 갠지스강의 수질이 별로 좋지 않다고 하는데, 그렇기에 이 문화를 이해하지 못하는 외국인들에게 그 장면은 매우 충격적입니다. 인도인들에게 갠지스강은 수질이 아무리 안 좋아도 성수聖水입니다. 그 이유는 인도 고대 신화에서 천상세계의 은하수와 연결된 지상의 강이 바로 갠지스강이기 때문입니다. 그들이 이

물로 목욕을 하면 천상에 태어난다고 믿는 이유도 천상의 물이라는 관념 때문입니다.

갠지스강은 약 2,460km의 길이이고, 가장 넓은 곳의 폭은 약 20km 정도라고 합니다. 또한 그 모래가 매우 고와서 사람들이 바다로 착각할 정도라고 합니다. 그러니 그 광대한 전역의 모래 수는 얼마나 될까요? 이 정보를 바탕으로 다시 상상해 보겠습니다. 수미산을 중심으로 하나의 세계를 상상해보세요. 그것이 천 개 모인 소천세계, 다시 천 개 모인 중천세계 그리고 삼천대천세계를 상상해보세요. 그곳을 보석으로 가득 채우는 겁니다. 그런데 그런 삼천대천세계가 갠지스강의 모래 수만큼 있다고 하면 상상이 되나요? 그 모든 삼천대천세계를 가득 채운 보석을 당신이 가지고 있다고 할 때 중생을 위해 보시할 수 있나요?

이것은 부처님께서 반복해서 보살들에게 묻는 질문입니다. 기쁘게 집착 없이 보시할 수 있는 당신의 보시 용량은 얼마나 되는지를 묻고 계십니다. 왜 그럴까요? 반야의 칼날은 너무나도 예리하기에 보살의 서원마저 잘라낼 수 있는데, 이때 보통 무병에 빠져 허무감과 무력감에 사로잡히게 됩니다. 이 무병을 해결하는 약은 오직 자비 서원의 실천 뿐입니다. 그중에서도 가장 기본기인 재보시의 습관이 탄탄해야 이 기초위에 금강심을 세울 수 있습니다. 또한 무상 반야 자체가 믿어지지도, 이해되지도 않는 이들에게 있어서는 지계수복의 실천이 그 무엇보다도 중요합니다.

불자들에게 재보시는 여러 번 강조해도 지나치지 않을 만큼 중요합니다. 이는 수행의 시작부터 끝을 관통하는 무량한 공덕을 만드는 원천입니다. 부처님 당시의 재가불자들은 삼보라는 복전에 재보시하는 것만으로도 각자의 인연만큼 안심을 얻었습니다. 그렇기에 재보시의 공덕에 대한 부처님의 질문에 수보리 존자가 "매우 많습니다!"라고 자신

있게 답변하는 것입니다. 불자의 취미는 보시라고 자신 있게 선언할 수 있을 때 안심의 힘은 더욱 커질 것입니다.

> 부처님께서 수보리에게 말씀하셨습니다. "선남자 선여인이 이 경의 사구게만이라도 받고 지니고 다른 사람을 위해 설해 준다면 이 복이 저 복보다 더 뛰어나다."
> 佛告須菩提 若善男子善女人 於此經中乃至受持四句偈等 爲他人說 而此福德 勝前福德

무위공덕이 왜 수승한가?

배고픈 사람이 있습니다. 그에게 물고기 한 마리를 선물하시겠습니까? 아니면 물고기 잡는 법을 알려주시겠습니까? 유위공덕과 무위공덕을 비교하는 것은 이와 같은 논리입니다. 유위공덕은 원하는 것을 얻도록 하지만 행복을 보장하지는 못합니다. 예를 들어, 누군가 자동차를 한 대 사고 싶다고 서원을 세웠습니다. 그래서 2년간 열심히 일했고, 돈을 모아서 차를 샀습니다. 그는 2년간 열심히 노력한 대가로 얼마나 행복했을까요? 3일? 3년? 개인차가 있지만 아마도 오랫동안 행복을 누리지 못했을 것입니다. 이것이 물고기를 선물하는 유위공덕입니다.

반면 무위공덕은 행복해지도록 하지만 원하는 것을 얻도록 할 수 있을지는 보장하지 못합니다. 예를 들어 누군가는 깨달음을 얻기를 서원했고, 열심히 수행 정진해서 무위에 대한 앎이 생겼습니다. 그 결과 마음이 분노에 사로잡히는 순간, 그의 마음은 돌아갈 곳이 생겼습니다. 한 번, 두 번, 세 번! 그 분노에서 벗어나기 위해 마음으로 몇 번만 노력하면 그는 자유로워집니다. 마음의 평화를 얻게 된 것입니다. 하지만 그렇다고 이 사람이 세계 최고의 재산을 지닐 수 있는 것은 아닙니다. 행복! 이것이 무위공덕의 선물입니다.

이 둘을 비교하는 것은 사실 말도 안 되는 일입니다. 빵 하나를 선물 받는 것과 빵 공장주인이 되는 것이 과연 비교할 수 있는 대상인가요? 무위공덕이 가져오는 무량한 행복을 아는 이들에게는 유위공덕이 가져오는 세간의 행복은 그저 일회성이고, 의존적이며, 불완전한 쾌락이기에 결코 눈에 차지 않습니다.

『성유식론成唯識論』에서는 업이 저장되는 마음의 특성을 '아뢰야식阿賴耶識'이라고 이름 붙였습니다. 아뢰야식은 마치 밭과 같고, 업은 씨앗과 같습니다. 그리고 한번 심어진 씨앗은 사라지지 않고 끝없이 유전되며 조건을 만나는 순간 열매를 맺게 됩니다. 십 년 전, 상처가 어느 날 갑자기 되살아나 마음을 우울하게 만드는 것도, 어렸을 적 도덕책에서 인상 깊게 배웠던 선의 논리가 어른이 된 어느 날 마음의 양심을 흔드는 것도 모두 이 종자가 꽃을 피운 것입니다.

공덕을 단순히 생각하면 마음 밭 속 선한 종자들의 세력이라고 보시면 됩니다. 무위공덕을 짓는다는 것은 깨침의 종자를 마음에 심는다는 것이고, 이것을 촉발시키는 조건이 주어질 때 그는 작든 크든 깨달음으로 나아가게 됩니다. 무위종자無爲種子가 주는 선물은 깨침의 안심인 것입니다. 금강경을 공부하는 보살들은 돈과 명예, 그리고 사랑 등에는 이제 별로 흥미가 없습니다. 만약 그들에게 돈이 필요하다면 아마도 그 이유는 보시하기 위해서일 것입니다. 그들은 저열한 욕망에 더 이상 사로잡히지 않고 오직 더욱 수승한 가치인 깨달음의 길을 가고 싶어 합니다. 이를 위해서 공덕이 필요한 것입니다. 이런 이들에게 무위공덕이 만들어내는 출세간의 행복은 정말 가치 있지 않을까요?

물론 금강경을 읽는 모든 이들이 욕망의 우선순위가 바뀐 것은 아닐 것입니다. 그렇기에 부처님께서는 의도적으로 무엇이 제일의 공덕인지를 반복해서 강조하시며, 초심보살들이 무위공덕으로 나아가기를 선부촉하시는 것입니다. 이것이 바로 제일심의 연습이고, 이를 통해 우리는 스스로의 마음을 끝없이 점검하며 안심으로 나아가야 합니다. 물론 제일의 가치인 무위공덕을 추구하는 방향으로 자신의 마음을 정렬해야 합니다. 시간이 얼마가 걸리든, 이 일은 분명 가치가 있습니다.

12 존중정교분 / 올바른 가르침의 존중

尊重正敎分 第十二

"또한 수보리여! 이 경의 사구게만이라도 설해지는 곳곳마다 어디든지 모든 세상의 천신 · 인간 · 아수라가 마땅히 공양할 부처님의 탑묘임을 알아야 한다. 하물며 이 경 전체를 받고 지니고 읽고 외우는 사람이랴!
수보리여! 이 사람은 가장 높고 가장 경이로운 법을 성취할 것임을 알아야 한다. 이와 같이 경전이 있는 곳은 부처님과 존경받는 제자들이 계시는 곳이다."
復次須菩提 隨說是經 乃至四句偈等 當知此處 一切世間天人阿修羅 皆應供養 如佛塔廟 何況有人盡能受持讀誦 須菩提 當知是人成就最上第一希有之法 若是經典所在之處 則爲有佛若尊重弟子

법신사리가 들어간 법탑

인도의 불자들뿐 아니라 한국의 불자들도 진신 사리탑을 매우 신성하게 여깁니다. 그 이유는 다름 아니라 부처님의 육신의 일부가 그 탑에 존재한다고 여기기 때문에 이를 마치 부처님의 분신처럼 신성하게 여기는 것입니다. 그리고 이 탑을 통해 부처님에 대한 그리움을 해갈하는 것입니다. 하지만 부처님 당시에는 이러한 탑이나 불상을 만드는 것이 흔한 일은 아니었습니다.

당시의 상황을 살펴보면 석가모니 부처님의 육신은 하나였기에, 부처님이 제따와나에 계실 때는 웰루와나의 제자들이, 이와는 반대로 웰루와나에 계실 때는 제따와나의 제자들이 부처님을 그리워했습니다. 불자들은 항상 부처님과 가까이 있고 싶었지만 그럴 수 없는 상황이었습니다. 이를 해결하기 위해 부처님을 대신할 수 있는 상징물이 필요했는데, 그때 거론되었던 다양한 후보 중 적극적으로 활용되었던 대표적 상징물이 바로 보리수입니다.

보리수는 부처님께서 깨달으셨을 때 앉아 계셨던 나무였고, 금강보좌의 상징이기도 하므로 부처님께서는 자신을 대신하여 보리수를 심도록 허락하셨습니다. 초기 경전을 읽다 보면 제따와나 입구에도 보리수가 심어져 있었다고 하는데, 불자들이 부처님께서 부재하실 경우 그 보리수에 공양 올리고 예를 다하며 신심을 고취시키는 장면이 고요하게 묘사됩니다. 지금도 미얀마의 국제명상센터에 가면 부처님께서 깨달으실 때 앉아계셨던 보리수나무의 후손이 입구에 자리를 잡고 있습니다.

부처님에 대한 상징물이 보리수에서 탑으로 변화한 것은 열반하신 이후입니다. 부처님께서 열반에 드신 후 엄청난 양의 진신사리가 나왔다고 합니다. 이는 당시 인도 16대국 간의 다툼을 불러일으킬 만큼 중요한 사건이었는데, 결국 사리는 인도 전역으로 나뉘어 진신 사리탑이 세워졌고, 이후에 전 세계로 퍼져나갔습니다. 하지만 그 개수는 한계가 뚜렷했기 때문에 진신 사리탑을 세울 수 없는 곳도 많았습니다.

대승 불교는 진신 사리탑 근처에서 순례자와 관광객들을 대상으로 가르침을 펼치며 발전했다고 합니다. 그런데 만약 그곳을 관리하는 부파에서 이 활동을 방해했다면 보살승 운동의 가르침을 펼칠 수 있는 광장이 줄어들었을 것입니다. 존중정교분에서는 이러한 상황을 타개할 수 있는 핵심이 담긴 질문을 하고 있습니다.

"육신의 사리와 법신의 사리 중 무엇이 더욱 중요한가?"

육신의 사리가 들어간 것이 바로 진신 사리탑입니다. 그리고 법신의 사리가 들어간 탑은 다름 아닌 이 금강경입니다. 금강경이 부처님의 최상승법으로 골수를 담고 있고, 모든 불보살님이 태어나는 모태가 되기 때문입니다.

그렇기 때문에 당시 진신 사리탑에 공양을 올리는 것이 일반적이었지만, 금강경의 가치를 아는 눈 밝은 이들은 이 가르침이 있는 그곳을 마치 사리탑처럼 신성하게 여길 것이라고 선언하시는 것입니다. 이와 같이 위대한 법신 사리의 가르침 자체가 지혜를 밝게 개안開眼할 수 있는 효능이 있으므로 부처님께서는 세간의 천신들과 아수라들에게 이렇게 명령하시는 것입니다.

"금강경의 가르침이 있는 곳을 불탑처럼 공양하고 보호하며 예배하라!"

금강경은 무위의 공덕을 끊임없이 만들어내는 법신사리탑法身舍利塔입니다. 유위공덕으로 얻어지는 세간의 행복은 희소성이 있기에, 누군가 얻는 순간 누군가는 뺏기는 것입니다. 하지만 무위공덕으로 얻어지는 깨달음의 행복은 이와 완전히 다릅니다. 이는 누군가 얻는 순간, 다른 모든 사람들은 얻기가 점점 더 쉬워지는 효과가 있습니다. 왜냐하면 먼저 깨달은 보살 선배가 후배를 보살의 길로 이끌어주고 고통에서 구제해줄 것이 분명하기 때문입니다. 그렇기 때문에 『입보살행론』에서는 보리심의 공덕을 이렇게 말하고 있습니다.

> "보리심의 나무는 항상 푸르러 끊임없이 열매 맺고 시들지 않으며 잘 커나갑니다."

문자반야가 적혀 있는 금강경 책 자체를 신앙의 대상으로 삼는 흐름은 이러한 가르침에 의해서 생겨난 것입니다. 그래서 법탑 그 자체인 금강경을 가장 높은 정수리에 올린 채 공경하며 예를 다하는 탑돌이를 하는 것입니다.

하지만 반드시 기억해야 하는 점이 있습니다. 만약 성불의 길을 걷기를 원한다면 그러한 기초적인 신信수행의 형태에서 벗어나 금강경을 수지독송하고, 나아가 서사유통하며, 결국은 위인해설하고 해행解行으로 발전해 나아가야 한다는 것을 말입니다. 수지독송의 수행을 통해 우리의 반야는 문자반야를 초월해 관조반야로 그리고, 실상반야의 증득으로 이어질 것입니다.

13 여법수지분 / 이 경을 수지하는 방법

如法受持分 第十三

그때 수보리가 부처님께 여쭈었습니다.

"세존이시여! 이 경을 무엇이라 불러야 하며 저희들이 어떻게 받들어 지녀야 합니까?"

부처님께서 수보리에게 말씀하셨습니다.

"이 경의 이름은 '금강반야바라밀'이니, 이 제목으로 너희들은 받들어 지녀야 한다. 그것은 수보리여! 여래는 반야바라밀을 반야마라밀이 아니라 설하였으므로 반야바라밀이라 말한 까닭이다."

爾時 須菩提白佛言 世尊 當何名此經 我等云何奉持 佛告須菩提 是經名爲金剛般若波羅蜜 以是名字 汝當奉持 所以者何 須菩提 佛說般若波羅蜜 則非般若波羅蜜 是名般若波羅蜜

반야바라밀을 깨부수는 금강의 힘

수보리 존자로 명칭되고 있는 보살승의 대표 제자는 이 가르침이 그 자체로 수기이며, 불모佛母이고, 법탑이라는 사실에 전율했습니다. 그는 이 가르침의 명칭을 듣고 싶었고, 이 가르침을 올바로 받아 지니는 방법을 알고 싶었습니다. 그러자 부처님께서는 가르침의 격에 걸맞은 혁신적인 명칭을 주셨는데 그것은 다름 아닌 '금강반야바라밀경'입니다.

앞서 금강경은 지극한 안심인 금강심을 상징하는 경전임을 밝혔습니다. 그런데 이 부처님의 마음인 금강심에는 단 하나의 상도 끼어들 수 없습니다. 왜냐하면 이분법의 인식틀에서 완전히 벗어난 마음이 금강심이기 때문입니다. 금강경은 모든 상을 깨뜨리는 금강심의 벼락으로 가장 먼저 자신을 내리칩니다. 즉, '금강반야바라밀'은 반야바라밀로 가장 미세한 상마저도 깨뜨려 부수는 금강의 힘을 보여주는 멋진 명칭입니다. 이것은 바로 삼공 중 구공의 의미이고, 부처님께서 반복해서 말씀하시는 법상에 집착하지 않는 힘입니다. 이 명칭은 가르침을 받아 지니는 태도를 가장 명확하게 보여주고 있는데, 부처님께서는 그 어떤 상에도 얽매이지 말 것을 강조하십니다. 이것을 즉비의 공식을 써서 설명해 보겠습니다.

> 불설반야바라밀 즉비반야바라밀 시명반야바라밀
>
> 佛說般若波羅蜜 則非般若波羅蜜 是名般若波羅蜜

부처님께서는 반야바라밀을 설하시려 합니다. 그런데 사실 반야바라밀은 이름 없는 무엇입니다. 하지만 이 무명의 그것은 중생구제를 위해서는 반드시 말로 표현되어야만 합니다. 그렇기에 부처님께서는 이름을 붙여 그것을 '반야바라밀'이라고 표현하신 것입니다. 이를 공식에 적용하면 'A 즉비 A1 시명 A2' 중 A는 설해져 인식된 상분으로서의 반야바라밀입니다. A1은 이름조차 없지만 전달하고자 하는 그것입니다. A2는 상분으로 인식되기 전 부처님께서 물자체를 표현하기 위해 붙인 이름입니다.

부처님께서는 이분법적 인식틀로 일어나는 경험은 실재가 아니라는 사실에 대한 기억을 강조하십니다. 이는 지금 이 순간 이 가르침을 듣고 사유하고 실천할 때도 마찬가지로 적용됩니다. 결코 우리가 이해하는 그 내용이 반야바라밀은 아닙니다. 그것이 반야바라밀이라고 집착하는 순간, 달을 가리키는 손가락을 달이라고 여기며 사랑에 빠지는 꼴입니다. 이 집착의 함정에서 벗어나 달을 바라보고 싶다면 우리는 꼭 이러한 태도로 이 가르침을 대해야 할 것입니다.

"부처를 만나면 부처를 죽여라!"

"수보리여! 그대 생각은 어떠한가? 여래가 설한 법이 있는가?"
수보리가 부처님께 말씀드렸습니다.
"세존이시여! 여래께서는 설하신 법이 없습니다."
須菩提 於意云何 如來有所說法不 須菩提白佛言 世尊 如來無所說

설법한 일이 없는 이유

설법은 진리를 언어로써 전달하는 행위를 뜻하기도 하고, 이를 통해 이미 설해진 법을 의미하기도 합니다. 석가모니 부처님은 45년간 법을 설하는 행위로써 8만 4천의 설해진 법을 남기신 것입니다. 그런데 부처님께서는 단 하나의 법도 설하신 적이 없다고 하시는데 어떻게 이해해야 할까요?

무득무설분無得無說分에서 이미 '최상의 법'이란 존재하지 않는다는 사실을 말했습니다. '존재한다'는 것은 '독립적'이며 '영원불멸'하다는 뜻을 품고 있다는 것을 기억하시나요? 이를 최상의 법에 적용해본다면 듣는 제자와 상관없이 독립적으로 언제 어디서나 항상 적용되는 진리가 존재하는지의 여부가 됩니다. 부처님께서는 그런 진리를 말씀하신 바가 없습니다. 부처님 설법의 특징이 대기설법인 이유는 항상 듣는 이의 수준과 문화를 고려하셨기 때문입니다. 부처님께서는 "눈 있는 자

누구나 와서 보라"라고 선언하실 정도로 본인의 교습법에 자신이 있었습니다. 그리고 그것은 다름 아니라 부처님께서는 '말하는 자'가 아니라 '듣는 자'의 태도를 지니고 있었기 때문에 가능한 것입니다.

세상에 고정된 법은 존재하지 않기에 부처님 역시 제자들에게 반드시 전달해야만 하는 고정된 진리에 대한 집착이 전혀 없었습니다. 만약 그 어떤 고정된 진리를 세상에 전달해야 한다는 고집이 있었다면, 제자들에게 이를 전달하고 가르치고 싶어서 조바심이 났을지도 모릅니다. 왜냐하면 말해야 하고 전달해야 하는 이른바 '구하는 바'가 생겼기 때문입니다.

물론 부처님께서 깨달은 진리는 인식의 틀을 바꾸는 것으로 이는 '자아의 죽음'을 통해 가능해집니다. 이 결과가 고정되어 있는 것처럼 느껴질 수도 있지만, 그 깨침의 경험은 사람마다 모두 다르고 또한 이를 이루기 위한 방법 역시 천차만별입니다. 언제든 누구에게나 적용되는 그런 편리한 진리는 결코 없습니다.

부처님을 '듣는 자'라고 표현한 이유는, 아주 예외적인 몇 가지 경우를 제외하고는 대부분의 설법이 질문에 대한 답변이기 때문입니다. 금강반야의 성불의 길 역시 수보리 존자의 희유한 서원이 아니었다면 이 세상에 결코 드러날 수 없는 설법이었습니다. 그렇기 때문에 법회가 시작되는 연유는 항상 의문과 서원 그리고 질문에서부터입니다.

항상 듣는 자의 태도를 지니고 있었던 부처님은 자신의 의견을 묻기 전에 설하시기보다는 그저 묻는 사람들의 근기에 따라 끊임없이 다른 대응을 할 뿐이었습니다. 이는 응병여약應病與藥의 방식으로써 제자들의 삿된 집착을 깨뜨릴 뿐이지 정해진 진리를 말하는 것이 아닙니다. 만약 부처님께서 말하는 자의 태도를 취하셨다면 아마도 듣는 이들을 고려하지 않은 채 무조건 이 고정된 진리를 이해해야 한다며 억지를 부리셨을 것입니다.

그 어떤 고집도 없이 조건에 따라 변화하며 파사를 이루어내는 도구가 바로 부처님의 설법입니다. 또한 사람들이 오해하듯 이 파사를 통해 드러나는, 고정되어있는 현정의 도리 역시 없습니다. 만약 불자들이 깨치고자 하는 진리가 정해진 바가 있다면, 그것은 대자유를 위한 치열한 정진을 통해 다시 정해진 감옥으로 들어가는 형국이니 이는 정말 큰 사기극일 뿐입니다.

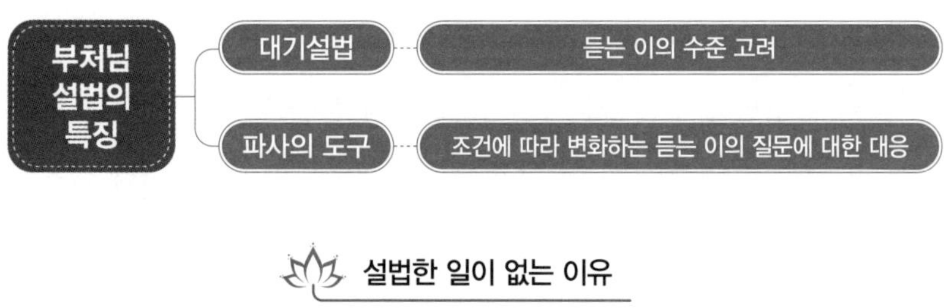

설법한 일이 없는 이유

무위행은 흔적이 없다

부처님의 설법은 이처럼 객관적인 실체가 존재하지 않습니다. 이처럼 설법을 하되 단 하나도 설한 바가 없는 경험이 이루어지기 위해서는 그에 상응하는 주관적인 마음이 필요합니다. 그렇다면 부처님께서는 어떤 마음자리에서 설법하시는 것일까요?

금강경의 언어를 먼저 빌려서 설명하자면, 부처님은 무위를 가장 지극하게 통달하신 분입니다. 이 무위의 힘이 지극한 안심인 금강심의 비결일 것입니다. 그렇다면 무위의 마음자리에서 설법하시는 것이 바로 '듣는 자'로서 소통하시는 비결일 것이고, 설하되 설한 바가 단 하나도 없는 비밀일 것입니다.

『임제록』에는 아주 유명한 '삼구법문三句法門'이라는 내용이 있습니다. 간단하게 설명하자면 제일구의 수준은 허공에 도장을 찍는 것과 같고, 제이구는 흐르는 물에 도장을 찍는 것이며, 제삼구는 진흙에 도장을 찍는 것입니다. 이는 무위의 깊이 차이에 따라 드러나는 경험의 수준을 명확히 보여주는 좋은 비유입니다.

범부는 무위의 마음을 쓸 줄 모릅니다. 오직 무시이래 시작된 유위의 인식 틀에 갇혀서 살아갈 뿐입니다. 그렇기에 그들의 행위는 분명히 하는 바가 있고 명확한 흔적을 남깁니다. 마치 진흙에 도장을 찍으면 흔적이 남는 것처럼 말입니다. 하지만 수행을 시작하여 성인의 흐름에 들어가는 수다원이 되면, 육경 어디에도 들어가지 않는 중도에 대한 감각으로 무위의 마음을 조금씩 활용할 수 있게 됩니다. 그리고 이 힘이 강해지면 언제든지 무위중도의 마음으로 되돌아갈 수 있는 회귀의 힘 또한 강해짐에 따라 사다함, 아나함에 이르게 되는 것입니다. 이렇게 무위의 마음자리를 쓸 줄 알지만 아직 완전하지 않을 때는 그 행위가 마치 흐르는 물에 도장을 찍는 것과 같아 흔적은 남지만, 곧 사라지는 것입니다. 아라한의 경계에서는 번뇌와 진리의 구별이 사라집니다. 모든 상으로부터 자유로워진 불이의 인식에 이르면 무위의 힘이 지극해지기에, 제일구인 허공에 도장을 찍는 것과 같아집니다. 이는 도장을 찍기는 했는데, 흔적이 전혀 없기에 도장을 찍은 바가 없는 상태인 것입니다. 이것이 바로 설하기는 했으나 설한 바가 없는 무위의 경계입니다.

제일구에 이른 이들은 그럼 왜 굳이 설법을 할까요? 그것은 오직 요청을 비롯한 다양한 인연에 의해서 일어나는 행위이지 자신의 욕심이나 고집 때문만이 결코 아닙니다. 그렇기에 그 행위에는 흔적이 남을 수 없는 것입니다. 이것이 바로 주체는 없으나 행위는 있는 상태의 모습입니다. 한국의 고승 경허 선사는 이와 관련하여 아주 재미있는 일화 하나를 남겼습니다.

> 그는 만행 도중 어린아이들이 놀고 있는 무리에 끼어들어 그들에게 한 가지 제안을 했습니다.
> "내가 너희들에게 맛있는 것을 줄 테니 너희는 나를 때려봐라!"
> 아이들은 맛있는 것이 욕심났지만 스님을 때리는 것은 망설여졌습니다. 이에 경허 스님이 재차 제안하자 아이들은 조심스럽게 스님을 막대기로 때리기 시작했습니다. 하지만 경허 스님은 막대기로 맞으면서도 웃으며 아이들에게 이렇게 말했습니다.
> "하하하! 너희들은 나를 때리지 못한다!"
> 아이들은 자신들이 분명히 때리고 있고, 스님은 피하지도 않으면서 저렇게 말하자 약이 올랐습니다. 그래서 점점 더 심하게 스님을 때리기 시작했지만, 스님은 그저 웃으며 그 말만을 반복할 뿐이었습니다. 아이들이 힘들어서 더는 하기 싫다며 그만두자, 스님은 아이들에게 약속대로 맛있는 것을 주고는 그 자리를 기쁘게 떠났다고 합니다.

왜 스님은 분명히 맞고 있으면서도 아이들에게 자신을 때리지 못한다고 말했던 것일까요? 이것 역시 제일구의 이치와 같습니다. 스님은 아이들에게 맞았으나 마음에 동요가 생기지 않았기에 흔적이 없었습니다. 그러니 맞았으되 맞은 것이 아닌 것입니다! 상황은 조금 다르지만 부처님께서 8만 4천이나 되는 가르침을 설하시고, 단 하나의 설법도 한 적이 없다고 말씀하시는 것과 비슷한 제일구의 상황입니다.

아이들은 아마도 스님이 자신들에게 먹을 것을 주기 싫어서 억지로 저런다며 분하게 생각했을지도 모릅니다. 마찬가지로 금강경을 처음 읽는 이들에게는 부처님의 '설한 바가 없다'는 가르침이 마치 발뺌처럼 느껴졌을지도 모릅니다. 부처님께서 거짓말을 하신다며 화를 낼지도 모릅니다. 이 무위의 도리는 결코 이분법의 틀에서는 믿기조차 어려운 일이니 이를 이해하기 위해서는 지극한 안심인 금강심을 연습해야 합니다.

허공에 도장을 찍는 도리를 맛보고 싶지 않으신가요?

PART

13

수보리 존자의 열세 번째 질문

"법신이 형상을 초월하여 모양이 있지 않은 것이라면, 사람들은 아무것도 없다는 단멸에 빠지게 된다. 아무것도 없고 아무런 형상도 없다면 어디에서 법신을 볼 수 있는가?"

진공묘유

"수보리여! 그대 생각은 어떠한가? 삼천대천세계를 이루고 있는 티끌이 많다고 하겠는가?"
수보리가 대답하였습니다.
"매우 많습니다, 세존이시여!"
"수보리여! 여래는 티끌들을 티끌이 아니라고 설하였으므로 티끌이라 말한다. 여래는 세계를 세계가 아니라고 설하였으므로 세계라고 말한다."
須菩提 於意云何 三千大千世界 所有微塵 是爲多不 須菩提言 甚多世尊
須菩提 諸微塵 如來說非微塵 是名微塵 如來說世界 非世界 是名世界

불교의 물리학 – 극미론

법신이 형상이 없다는 말을 듣고 무병에 빠지면 안 됩니다. 왜냐하면 형상이 없다고 아무것도 없는 것은 결코 아니기 때문입니다. 허공은 마치 빈 듯 보이지만 전자기를 비롯한 다양한 것들로 가득합니다. 전자기가 비록 인간의 눈에 보이지 않지만 그렇다고 우리가 경험하고 있는 이 전기가 없다고 말할 수는 없습니다.

만약 보이지 않기 때문에 전기가 없다면 마음도 형상이 없으므로 없다고 말해야 할 것입니다. 하지만 전기와 마음은 턴 온Turn-On 하는 순간 불이 들어오게 되고, 경험이 일어나도록 만드는 공통점이 있습니다. 우리는 그 작용을 통해 전기와 마음이 없는 것이 아니라는 것을 알 수 있습니다. 텅 비어있지만 묘하게 경험으로써 존재하는 이런 상황을 '진공묘유眞空妙有'라고 하면 적절할 것입니다.

불교의 가르침 속에서 삼천대천세계의 가장 큰 물질의 상징은 수미산입니다. 그리고 가장 작은 물질의 상징은 극미極微입니다. 설일체유부는 불교 역사상 가장 특이한 점을 지니고 있는데, 그것은 색법을 중요시한다는 것입니다. 그래서 그들이 남긴 연구 성과들을 살펴보면 사물의 이치를 추구했던 물리학자들과 매우 유사한 사유를 했다는 점을 알게 됩니다. 물리학자들이 지금까지도 물질의 가장 작은 단위를 찾기 위해 입자를 쪼개고 또 쪼개는 시도를 하듯, 설일체유부의 학승들도 색법의 가장 작은 단위를 찾고 싶어 했습니다. 물리학자들과 학승들과의 차이가 있었다면 그것은 단 하나, 전제의 차이입니다. 물리학자들이 실체론에 입각한 사유와 연구를 이어간다면 설일체유부의 학승들은 부처님의 무아의 진리를 기준으로 삼고 있었습니다.

학승들은 무아를 기준으로 볼 때 가장 작은 입자를 찾는 건 불가능하다고 여겼습니다. 그래서 그들은 결국 한 지점에서 타협점을 찾았는데, 그것이 바로 '극미'입니다. 즉, 물질을 쪼개고 또 쪼개는 과정을 상상 속에서 무한히 반복하다 보면 색법의 성질을 잃어버리게 되는 순간이 오는데, 그 직전의 경계선에 있는 미세한 물질에 지극하다는 의미의 '극極' 자를 붙여 '극미'라고 명칭한 것입니다. 금강경에 등장하는 미진微塵은 이러한 극미를 상징한다고 볼 수 있습니다.

부처님께서 삼천대천세계는 극미로 가득 차 있는데, 이것이 얼마나 많은지 물어보신 것에는 두 가지 의미가 있습니다. 첫째는 삼천대천세계의 허공이 비록 빈 것처럼 보이더라도 무량한 수량의 극미로 가득 차 있으니 결코 아무것도 없는 것이 아니라는 진공묘유를 말하기 위함입니다. 둘째는 부처님의 색신을 비롯한 모든 색법은 바로 이 극미의 화합으로 이루어져 있다는 것을 말하기 위함입니다.

물질도 본래 비어있다 – 존재론

삼천대천세계의 허공이 빈 것처럼 보이지만, 사실 그 안은 극미로 가득 차 있습니다. 그렇다면 무엇인가가 존재하는 것일까요? 여기에 대해서는 또다시 답변이 뒤틀립니다. 왜냐하면 극미도 결국 비어있다는 것이 바로 현대물리학의 입장이기 때문입니다. 물리학자들이 반야심경의 색즉시공을 해석하는 방식은 매우 흥미롭습니다. 수행자들은 이 내용을 색온이 무상임을 말하는 것으로 받아들이지만, 물리학자들은 이를 물질이 허공과 어떻게 같은지를 증명하는 방식으로 이해합니다.

물질을 미세한 단위로 쪼개 들어가면 원자가 나옵니다. 그리고 그 원자는 원자핵과 전자로 구성되어 있습니다. 원자핵은 최소한의 물질적인 성질을 지니고 있지만, 전자는 마치 구름처럼 공간에 확률로써 존재하기에, 텅 비어있는 것과 마찬가지입니다. 중요한 점은 원자핵의 크기가 얼마나 작은지 그 여부인데 원자 전체의 0.001% 정도도 안 되는 부피라고 합니다.

이를 좀 더 쉽게 이해하기 위해 원자를 월드컵 경기장의 크기 만큼 부풀렸다고 상상해 보겠습니다. 원자핵의 크기는 그 경기장 가운데에 있는 쌀알 한 톨 정도라고 합니다. 그리고 나머지 경기장을 차지하고 있는 것이 전자인데, 이 전자는 아마도 안개가 끼어 있는 듯이 텅 빈 허공의 모습일 것입니다. 이 원자핵과 전자의 비율이 의미하는 바는 원자로 이루어져 있는 모든 물질이 사실상 거의 텅 비어있다는 것입니다. 심지어 물질적인 특징을 지니고 있는 0.001%의 부분인 원자핵조차 다시 확대해서 살펴보면 역시나 거의 텅 빈 공간이 나타난다고 합니다.

우리가 보고 만지고 맛보는 모든 물질의 실체는 사실상 텅 빈 허공과 같습니다. 이것은 과학적인 실험과 관측을 통해 증명한 진실입니다. 앞서 금강경에서 말하는 무상의 진리를 인식론의 관점에서 설명했지만, 이처럼 존재론의 관점에서 보더라도 모든 존재는 실체가 없습니다. 그저 육근과 육경이 조화를 이루어 만들어내는 일시적인 환영의 경험일 뿐입니다. 불교에서는 이를 인연의 '가화합상假和合相'이라고 합니다.

이 가화합상에서 벗어나는 존재는 없습니다. 부처님의 색신, 법신, 보신 모두 마찬가지입니다. 그 외에도 극락정토, 설법, 수미산, 극미 등 세상의 모든 것들은 그저 인연에 의해 끝없이 흘러가는 가화합상의 물결입니다. 무엇인가가 존재한다고 여기며 그것을 구하고 잡기 위해 애쓰는 노력이 고통을 만드는 이유는 흘러가는 물결을 잡아 두려고 노력하는 어리석음으로부터 비롯되었기 때문입니다. 안 되는 것을 되게 하려니 얼마나 실망이 크겠습니까?

PART

14

수보리 존자의 열네 번째 질문

부처님께서는 법신은 무상하기에 부처라 이름한다고 하셨다. "만일 형상을 초월한 것이 부처라면 지금 눈앞에 보이는 부처님의 32상은 부처님이 아니라는 것인가?"

KEY POINT 보시, 무상

"수보리여! 그대 생각은 어떠한가? 서른두 가지 신체적 특징을 가지고 여래라고 볼 수 있는가?"
"없습니다, 세존이시여! 서른두 가지 신체적 특징을 가지고 여래라고 볼 수는 없습니다. 왜냐하면 여래께서는 서른두 가지 신체적 특징은 신체적 특징이 아니라고 설하셨으므로 서른두 가지 신체적 특징이라고 말씀하셨기 때문입니다."
須菩提 於意云何 可以三十二相見如來不 不也世尊 不可以三十二相得見如來 何以故 如來說三十二相 卽是非相 是名三十二相

최고의 5D 체험기 – 뇌

부처님의 법문을 듣던 보살들은 형상 없는 법신을 이룬 부처님의 32상이 어떻게 경험되는지를 의심했습니다. 허공과 같은 존재를 보고, 듣고, 만질 수 있다는 것이 쉽게 납득되지 않았던 것입니다. 그들의 현실에서는 이 현상을 경험할 수 없었기 때문입니다.

최근 증강현실增强現實 기계들이 대중화되고 있습니다. 이 기계를 활용하면 마치 실제로 경험하는 것처럼 영상과 게임 등을 즐길 수 있습니다. 여기서 중요한 것은 '실제로 경험하는 듯한' 그런 경험을 인간이 기술로 만들어내기 시작했다는 것입니다. 물론, 실제 증강현실 게임을 해보신 분들은 이 말을 심드렁하게 받아들일지도 모릅니다. 왜냐하면 아직은 대중화되어 보급된 기술력이 완전히 실제처럼 느껴지지 않을 수도 있기 때문입니다. 그러나 중요한 점은 이 증강현실 기술이 현실화되기 시작했다는 점입니다. 왜냐하면 기술은 발전하게 되어있고, 어느 임계점에 이르면 기계에 의지하여 누구나 현실과 구분할 수 없는 가상현실의 경험을 즐길 수 있는 미래가 올 것이기 때문입니다.

금강경을 공부하다 갑자기 가상현실에 관한 이야기가 나온 이유는 중생의 경험이 가상현실과 매우 유사하기 때문입니다. 금강경을 결집한 당시에는 이에 대한 비유를 꿈과 같다고 했지만 조금만 더 있으면 삶은 가상현실과 같다는 비유가 등장할 것입니다. 그리고 그 비유를 듣는 이들은 삶의 본질을 꿰뚫는 이해를 얻을 수 있는 방편이 될 것입니다.

꿈에 들어가는 상황을 살펴보면, 잠자리에 눕고 시간이 지나 잠이 들면 일정 시간이 지난 후 우리는 자신의 업의 흐름을 경험하는 꿈속에 빠집니다. 그리고 꿈을 현실이라고 착각하며 그 속에 빠져 새로운 인생을 살아갑니다. 그런데 정말 이상한 점은 꿈에서 깨는 순간, 그 모든 꿈속 경험의 허구성을 인식하고 그 환상 같은 경험은 물거품처럼 사라진다는 점입니다. 꿈속에서는 분명하게 보고, 듣고, 만질 수 있었던 그 경험들이 깨고 보니 허공과 같은 것입니다.

가상현실도 이와 똑같은 구조를 지니고 있는데, 이 기술의 핵심은 뇌를 속이는 것입니다. 우리들의 뇌는 오근에서 받아들이는 정보를 실재라고 착각하고 있습니다. 수많은 심리학자와 뇌과학자들이 공통으로 인정하는 정보는 뇌가 상상과 현실을 구분하지 못한다는 점입니다. 우리가 굳건히 현실이라고 여기며 살아가는 일상의 경험은 뇌라고 하는 고도의 정보처리 장치를 통해 출력되는 꿈, 즉 가상현실과 같습니다. 그렇기에 이 감각의 한계를 뛰어넘은 존재는 현실 속에서 굉장한 자유를 누리는 것입니다. 그들은 상식적으로 불가능한 신통력과 앎을 발휘하는데 이것이 신기해 보일 수도 있습니다.

'자각몽'이라는 상태가 있습니다. 이것은 '꿈속에서 자신이 꿈을

꾸고 있다는 것을 자각한 채 꿈을 지속하는 것'입니다. 처음 자각몽의 상태를 경험하게 되면 대부분은 그 꿈에서 깨어나게 됩니다. 하지만 의도적으로 자각몽을 연습하는 경우가 있는데, 이 경우엔 자각몽이 시작되더라도 그 꿈이 유지되기도 합니다. 또한 자각몽을 경험하는 사람 중에는 꿈속의 상황을 조작할 힘이 생겨 하늘을 날 수도 있고, 남녀의 성별을 바꿀 수도 있으며, 하늘을 무너뜨릴 수도 있습니다. 자각몽이 유지되는 한, 그는 꿈속에서 엄청난 신통력의 자유를 누리는 것입니다.

현실에서 신통력을 누리는 것, 꿈속에서 신통을 부리는 것, 가상현실 게임 속에서 신기한 능력들을 발휘하는 것은 모두 비슷한 구조입니다. 이는 사로잡히지 않은 무주의 상태를 기본으로 했을 때 생겨나는 마음의 힘입니다. 현실을 꿈으로, 가상현실로써 꿰뚫어 볼 줄 알 때 우리는 자유로워지는 것입니다.

단 하나의 상에도 걸리지 않는 부처님께서 눈에 보이는 상으로서의 32상을 보여주실 수 있는 이유는 부처님께서 이와 같은 멸상의 자유를 증득했기 때문입니다. 극락세계의 미묘한 장엄이 중생의 성향에 따라 자유롭게 모습을 변화시키듯, 양자 입자가 관찰자의 의도에 따라 빛으로도 물질로도 모습을 변화시키듯, 부처님께서는 중생의 근기에 따라 화신을 나투실 수 있는 신통방통한 자유를 누리는 것 뿐입니다.

만약 이 모습이 믿기지 않고, 이해도 안 된다면 그것은 중생상에 사로잡혀 자신의 가능성을 제한하고 있는 것입니다. 이는 여전히 윤회라는 꿈에 강렬하게 사로잡혀 그 속에서 헤매고 있는 것이며, 고집스럽게 그 윤회의 꿈에서 깨어나기를 스스로 거부하고 있는 자신의 모습임을 자각해야 할 것입니다.

"수보리여! 어떤 선남자 선여인이 항하의 모래 수만큼 목숨을 보시한다고 하자. 또 어떤 사람이 이 경의 사구게만이라도 받고 지니고 다른 사람을 위해 설해 준다고 하자. 그러면 이 복이 저 복보다 더욱 많으리라."
須菩提 若有善男子善女人 以恒河沙等身命布施 若復有人 於此經中 乃至受持四句偈等 爲他人說 其福甚多

무주상보시無住相布施

무주상보시의 용량에 대한 언급을 몇 번 했습니다. 개인마다 집착 없이 보시할 수 있는 종류와 양이 다른데, 이는 보시하는 행위에 대한 타고난 힘과 더불어 후천적으로 얼마나 보시바라밀을 갈고 닦았는지에 따라 차이가 생깁니다.

부처님 당시 보시를 한다는 것은 매우 쉬운 일이었습니다. 스님들은 매일 약 4km 정도를 걸어서 직접 불자들이 사는 마을로 탁발을 나갔는데, 그때 불자들이 스님들의 발우에 기본적으로 밥 두 숟가락 정도를 공양으로 올렸습니다. 이는 지금과는 매우 다른 상황으로, 가장 수승한 복전福田인 스님들이 매일 재가불자들이 보시수행을 실천할 수 있도록 찾아가는 서비스를 했던 것입니다. 더군다나 그 서비스에 소요되는 기본비용은 매우 저렴했기 때문에 빈부격차와는 상관없이 마음만 있다면 누구나 이 서비스를 누릴 수 있었습니다.

당신이 탁발을 올리는 그 상황에 있다고 상상해봅시다. 당신은 4km를 걸어서 탁발을 나오신 집 앞의 스님께 공양을 올릴 건가요? 아마 불자라면 당연히 올릴 것입니다. 그런데 밥 두 숟가락 공양을 올린 후에 생각하기를 '내가 스님께 밥 두 숟가락이나 올렸다!'라며 내세우고 자랑할 것인가요? 아마 그 정도 공양 올리는 것은 누구나 집착 없는 무주상으로 할 수 있지 않을까요?

보시는 하면 할수록 그 힘이 늘어납니다. 그리고 이는 인색함이 줄어드는 것이기에 보시의 힘과 인색함은 반비례 관계입니다. 좁고 척박하기 그지없는 인색한 마음에서는 단 하나의 선도 자라날 수 없기에 불자들은 반드시 보시를 통해 자신의 마음을 풍요롭게 만들어야 합니다. 보시는 세상과 우호적인 관계를 맺게 합니다. 이처럼 자신을 행복으로 이끄는 보시의 힘을 키우는 방법에는 원칙이 하나 있습니다.

'강도가 아닌 빈도'

사람들이 착각하는 것 중 하나가 큰 보시를 해야 한다는 생각입니다. 하지만 작은 보시를 자주 실천하지 않은 자가 큰 보시를 할 수는 없습니다. 빈도 높은 작은 보시의 반복연습을 통해 점점 더 큰 보시로 나아간 사람만이 강도 있는 큰 보시도 할 수 있는 것입니다. 이것이 무주상보시의 용량을 늘리는 방법입니다.

금강경 속 무주상의 진리를 청정하게 받아들이기 위해서는 지계수복을 연습해야 한다는 부처님의 조언을 잊지 않으셔야 합니다. 그리고 지계수복의 기본기가 바로 재보시에서 비롯된다는 것도 알고 계시리라 생각합니다. 행복하고 싶은 모든 이들이 반드시 기본기로 익혀야 하는 것은 재보시라는 것을 마음속 깊이 새겨둬야 합니다.

무주상보시의 극치

샨티데바 보살은 『입보살행론』을 통해 보살이 보시를 연습하는 방법과 순서를 자세하게 언급합니다. 당연히 그 원리는 작은 것부터 자주 보시를 연습하는 것인데, 논에서는 구체적으로 무엇이 작은 것이고 큰 것인지를 정확히 알려주는 것입니다.

보시의 행위는 마음속에서 집착을 포기함으로써 이루어집니다. 물질, 비물질 그 무엇이든 보시하는 순간 그것의 소유권이 다른 존재에게 양도되기 때문입니다. 보시하고 그 행위에 머무르지 않고 잊어버리는 것이 무주상보시인데, 이것을 가능하게 하려면 반드시 보시의 행위와 더불어 집착을 항복 받는 것이 병행되어야 합니다. 무주상보시가 어려운 것은 바로 이 집착을 항복받는 난이도에 있습니다.

중생이 집착하는 대상은 결국 아我와 아소我所입니다. 그중에서도 나의 소유물로 집착하는 것은 대상보다는 나 자신에게 더욱 강렬한 집착을 품고 있습니다. 나의 소유물이란 재산 또는 명성 그리고 인간관계입니다. 나의 소유물을 보시한다는 것은 결국 재보시의 일종입니다. 그렇기에 『입보살행론』에서도 가장 먼저 재물을 대상으로 보시를 연습할 것을 권합니다.

만약 자신의 전 재산조차 헌신짝처럼 보시할 수 있는 연습이 되었다면, 다음으로 무엇을 보시하는 연습을 해야 할까요? 당연히 가장 소중한 나를 보시하는 것을 연습해야 합니다. 논에서는 먼저 몸을 보시하는 연습을 하고 이후에 마음을 보시하는 연습을 하도록 합니다. 이 중 몸을 보시하는 연습이란 말 그대로입니다. 누군가에게 자신의 몸을 보시했다면 어떻게 될까요? 그가 자신의 몸을 어떤 방식으로 부려먹든 감당해야 합니다. 사람들이 누군가 자신을 부려 먹을 때 억울하다고 생각하는 이유는 몸의 소유주가 자신이라고 생각하기 때문입니다. 하지만 만약 몸을 중생에게 보시했다면 더 이상 소유주는 자신이 아니므로 억울할 것이 없습니다. 물론 논에서는 한 가지 제한이 있습니다. 보시

받은 자가 악행을 하는데 보살의 육신을 동원하는 경우 그것은 거부할 권리를 주는 것입니다. 왜냐하면 보살이 육신을 보시하는 이유는 나와 남을 이롭게 만들기 위함인데 그 본질에서 어긋나기 때문입니다. 이런 경우를 제외하면 자신의 노동력과 시간을 기쁘게 중생을 위해 보시하도록 권합니다.

이것이 온전히 연습 되면 다음에는 목숨을 보시하는 것이 순서입니다. 물론 여기에도 제한이 하나 걸리는데, 만약 보살이 무아에 대한 깨달음이 전혀 없는 범부의 상태라면 목숨을 보시하는 것은 금지입니다. 왜냐하면 목숨을 가지고 인간으로 태어난 가장 중요한 일은 바로 깨달음이기 때문입니다. 만약 깨달음을 이루지 못한 채 목숨을 보시하면 우선순위에 대한 무지함으로 해야 할 것을 이루지 못한 채 목숨을 낭비하는 결과를 초래하기 때문입니다.

만약 보시바라밀을 실천하는 동안 무아에 대한 깨달음을 얻어 목숨까지도 보시할 수 있게 된다면 그다음은 무엇을 보시해야 할까요? 논에서는 자신의 모든 공덕을 보시해야 한다고 말하는데, 이 지점에서 대부분의 사람들이 공감하지 못하는 내용이 드러납니다. 재산과 목숨 그리고 공덕 중 중생들이 가장 쉽게 보시하는 것, 즉 집착을 포기할 수 있는 것은 아마도 공덕일 것입니다. 돈을 보시하는 것은 아깝다고 생각하는 반면, 공덕을 회향하는 것은 아깝다고 느끼지 않을 수도 있기 때문입니다. 하지만 보살의 경우 돈, 심지어 목숨을 포기하는 것보다도 공덕을 포기하는 것을 아깝게 생각하니, 이 얼마나 큰 괴리입니까?

이러한 차이가 생기는 것은 가치에 대한 우선순위가 다르기 때문입니다. 공덕을 돈보다 쉽게 회향하고 베풀 수 있는 것은 지극히 중생적인 관점입니다. 그는 여전히 행복에 진정으로 도움이 되는 가치에 대해 무지하므로, 보시의 실천을 통한 집착의 포기가 불러오는 행복을 경험한 적이 거의 없습니다. 그렇기에 여전히 자본주의적 가치체계에 사로잡혀 있는 것입니다. 보살의 경우 보시바라밀의 실천을 통해 집착을 끝없이 포기하다 보면 자연스럽게 우선순위가 바뀌게 됩니다. 왜냐하면 더 나은 가치를 위해 재산과 몸 그리고 목숨을 포기하는 과정에서 점점 더 밝게 빛나는 안심을 경험했기 때문입니다. 그 순간 보살에게 남는 마지막 욕심 하나는 바로 공덕입니다. 왜냐하면 이 공덕이야말로 행복의 원천이라는 미세한 욕심에서 여전히 자유롭지 못하기 때문입니다. 공덕을 최상의 가치로 두는 이들에게 있어 이 공덕에 대한 포기는 가장 실천하기 어려운 무주상보시의 극치입니다.

다시 본문으로 돌아가, 금강경은 가치의 재정렬을 위한 제일심 수행을 통해 우리에게 다시 묻습니다. 앞서 삼천대천세계를 가득 채운 재물을 보시할 수 있다고 답변했다면, 이번에는 항하의 모래 수만큼 중생을 위해 자신의 목숨을 포기할 수 있는지를 묻고 있습니다. 혹시 항하의 모래 수만큼 포기해야 한다는 것이 아직도 마음에 큰 거부감으로 다가온다면 질문을 이렇게 바꾸면 됩니다.

"그저 한 번이라도 중생을 위해 자신의 목숨을 보시할 수 있습니까?"

보시는 처음 한 번이 어렵지 그다음부터는 점점 쉬워지므로 이렇게 물어도 무방한 것입니다. 고민을 심각하게 해보셨나요? 그런데 그 고민이 무색하게 금강경은 이렇게 말합니다. 사구게 하나라도 다른 중생에게 법보시를 한다면 그것이 무량한 목숨을 보시하는 것보다 훨씬 더 가치가 있다고 말입니다.

당신에게 포기하기 어려운 가치는 무엇인가요? 재산을 보시하는 것, 목숨을 보시하는 것, 법을 보시하는 것 이 중에서 지금 이 순간 당신에게는 무엇이 가장 어려운가요? 그것이 바로 당신의 가치체계의 현주소입니다. 공덕을 포기하는 것이 가장 어렵게 느껴지는 그 날이 초심 보살 모두에게 하루빨리 다가왔으면 좋겠습니다.

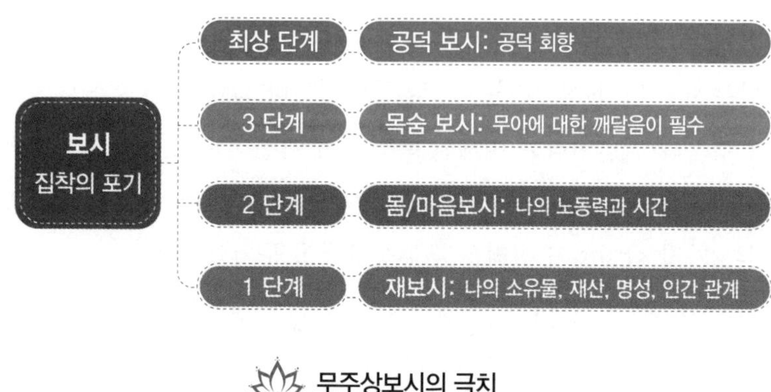

무주상보시의 극치

14 이상적멸분 / 관념을 떠난 열반

離相寂滅分 第十四

그때 수보리가 이 경 설하심을 듣고 뜻을 깊이 이해하여 감격의 눈물을 흘리며 부처님께 말씀드렸습니다.

"경이롭습니다, 세존이시여! 제가 지금까지 얻은 혜안으로는 부처님께서 이같이 깊이 있는 경전 설하심을 들은 적이 없습니다."

爾時 須菩提 聞說是經 深解義趣 涕淚悲泣 而白佛言 希有世尊 佛說如是甚深經典 我從昔來所得慧眼 未曾得聞如是之經

금강경의 분기점

금강경은 성불의 길을 걷기 위한 수행 방법으로써 무주상보시에 대한 나선형 반복 구조를 특징으로 합니다. 그런데 이 구조는 근기에 따라 네 부분으로 나눌 수 있습니다. 최상승근기를 위한 부분은 비언어적 설법인 법회인유분과 언어적 설법인 대승정종분까지이며 이후 상근기 중생을 위한 부분으로는 무주, 무상, 보시의 실습을 각각 한 번씩 하는 정신희유분까지입니다. 그리고 여법수지분까지가 중근기 법문으로 이제 중근기 법문이 끝난 것이고, 마지막 응화비진분까지가 하근기 법문입니다.

금강경의 구조가 근기를 기준으로 나누고는 있지만, 이는 다루어지는 내용의 난이도에 따라 나눈 근기가 아닙니다. 금강경은 처음부터 끝까지 일관되게 금강심을 반복해서 강조하고 있으므로 난이도에는 차이가 없고, 이 금강심에 대한 신심을 일으키는데 필요한 시간의 차이가 바로 근기를 나누는 기준이 되는 것입니다.

하근기 보살의 경우 금강경의 중반부가 넘어가는 지점에서도 아무런 신심이 일어나지 않고, 여전히 혼란스러울 수도 있습니다. 하지만 최상승근기에 해당하는 수보리 존자는 중근기 법문이 끝날 때쯤에 무주상보시의 반복을 통해 금강심에 대한 명확한 체험이 일어났습니다. 마음의 고향에 도착한 그는 큰 기쁨이 일어나 환희용약歡喜踊躍 합니다.

금강경에서 명백하게 드러나는 분기점은 두 곳입니다. 그것은 정신희유분과 바로 이 부분인 이상적멸분입니다. 최상승기 혹은 상근기라면 정신희유분에서 당연히 청정한 믿음이 생길 수 밖에 없습니다. 최상승근기는 무위에 대한 직접 체험을 통해 확신이 생기고, 상근기는 무상의 진리에 대한 이해와 신심이 생기는 것입니다. 이 둘의 차이는 다름 아니라 지계수복의 깊이에 따라 달라집니다.

이상적멸분에 이르면 최상승근기와 상근기, 그리고 중근기 보살들은 각자의 인연에 맞는 신심과 이해 그리고 체득하여 얻는 바가 분명히 있을 것입니다. 무주상보시의 반복을 통해 각자 걸려 있던 장애들을 초월하는 순간 큰 기쁨이 샘솟을 것입니다. 수행자는 정신적으로 강렬하게 사로잡혀 있던 집착으로부터 자유로워질 때 큰 고양감과 환희심을 느낍니다.

초기 경전 주석서에서는 환희심을 작은 희열과 순간적인 희열, 되풀이되는 희열과 들어 올리는 희열, 그리고 충만한 희열의 다섯 가지 종류로 나누어 설명합니다. 이를 좀 더 자세히 살펴보면 작은 희열은 몸에 털이 곤두서는 듯한 느낌의 환희입니다. 다음으로 순간적인 희열이란 벼락 맞은 듯한 느낌의 희열입니다. 되풀이되는 희열은 마치 파도가 밀려오듯 환희심이 반복적으로 밀려오는 것이고, 들어 올리는 희열은 몸을 들어 공중으로 뛰어오르도록 만드는 환희심으로 환희용약이라는 표현이 바로 이것입니다. 마지막으로 충만한 희열은 이런 앞의 희열들이 충만하게 오랫동안 지속되는 것을 말합니다.

환희심에 대한 흥미로운 예를 들면, 남방불교의 국제명상센터에 갔을 때 환희심에 대해 법담을 나눈 적이 있었습니다. 깊은 집중상태에서 초선初善에 처음 들어갈 때 뛰어오르는 듯한 환희심을 느낀다고 하는데, 어떤 수행자가 좌선 도중 초선에 들 때 자신도 모르게 앉아서 공중부양처럼 번쩍 뛰어올랐다고 합니다. 그게 얼마나 높이 뛰어오른 것인지는 알 수 없지만 이런 종류의 신체적 반응이 환희심과 함께 나타나는 것은 분명한 것 같습니다.

수보리 존자가 중근기 법문이 끝나는 시점에서 금강심에 대해 깨닫고, 이 성불의 길이 완전하게 열린 것에 대해서 큰 환희심을 느낀 것은 당연합니다. 자비심 넘치는 그의 마음은 중생에게 성불의 길이 허락된 것을 무척이나 기뻐했을 것이기 때문입니다. 이처럼 벅차오르는 환희심에 수보리 존자는 눈물을 흘리며 이 가르침을 찬탄하는 것입니다.

너무나도 벅찬 환희심 때문에 몸을 주체하지 못하는 경험을 해보신 적이 없나요? 만약 그렇다면 정말 안타깝게도 수보리 존자의 반응을 진정으로 이해하지 못할 수도 있습니다. 앞으로 금강경을 수지독송하며 무주상보시를 실천하다 보면 이 거대한 환희심의 물결을 경험할 수 있는 날이 반드시 찾아올 것입니다.

"세존이시여! 만일 어떤 사람이 이 경을 듣고 믿음이 청정해지면 바로 궁극적 지혜가 일어날 것이니, 이 사람은 가장 경이로운 공덕을 성취할 것임을 알아야 합니다.
세존이시여! 이 궁극적 지혜라는 것은 궁극적 지혜가 아닌 까닭에 여래께서는 궁극적 지혜라고 말씀하셨습니다. 세존이시여! 제가 지금 이 같은 경전을 듣고서 믿고 이해하고 받고 지니기는 어렵지 않습니다. 그러나 미래 오백년 뒤에도 어떤 중생이 이 경전을 듣고 믿고 이해하고 받고 지닌다면 이 사람은 가장 경이로울 것입니다.
왜냐하면 이 사람은 자아가 있다는 관념, 개아가 있다는 관념, 중생이 있다는 관념, 영혼이 있다는 관념이 없기 때문입니다. 그것은 자아가 있다는 관념은 관념이 아니며, 개아가 있다는 관념, 중생이 있다는 관념, 영혼이 있다는 관념은 관념이 아닌 까닭입니다. 왜냐하면 모든 관념을 떠난 이를 부처님이라 말하기 때문입니다."
世尊 若復有人 得聞是經 信心淸淨 則生實相 當知是人 成就第一希有功德 世尊 是實相者 則是非相 是故 如來說名實相 世尊我今得聞如是經典 信解受持 不足爲難 若當來世 後五百歲 其有衆生 得聞是經 信解受持 是人則爲第一希有 何以故 此人 無我相人相衆生相壽者相 所以者何 我相卽是非相 人相衆生相壽者相卽是非相 何以故 離一切諸相 則名諸佛

마음과 마음 작용

중생의 마음은 별명이 많습니다. 불성을 품고 있는 '여래장如來藏'이라고도 불리며, 있는 그대로의 '진여심眞如心'이라고 보기도 하고, 번뇌에 완전히 물들어 있는 '망심妄心'이라고도 불립니다. 그렇다면 관점에 따라 요술처럼 그 모습을 변화시키는 중생의 마음의 정체는 과연 무엇일까요?

이것을 이해하기 위해서는 먼저 마음과 마음 작용을 구분할 줄 알아야 합니다. 마음은 마음 작용의 바탕입니다. 중생에게 인지가 가능한 생각, 감정, 사유, 의도 등은 모두 다 마음 작용으로써 이는 대개가 이분법적인 틀에 갇혀 있습니다. 이처럼 끊임없이 변화하는 마음 작용의 바탕에는 마음이 있습니다. 이 마음은 변화와 부동의 이분법의 틀을 벗어나 있으므로 진정한 의미에서 부동이라고 볼 수 있습니다. 마음 작용이 고요하든 시끄럽든 상관없이 그 차별에 물들지 않기에 절대적 부동인 것입니다. 금강경의 사심을 통해 보여주고자 하는 것은 바로 이 마음인 금강심입니다. 『대승기신론』에서는 이 마음과 마음 작용을 바닷물의 습기와 파도로 비유합니다.

> "불이不二의 마음은 바닷물의 습기처럼 변화 속에서도 변화하지 않습니다. 오직 변화하는 것은 인연 따라 모양이 바뀌는 파도로써 이것이 바로 마음 작용입니다. 마치 바닷물의 습기와 파도가 둘이 아니듯 마음과 마음 작용 역시 둘이 아닙니다. 하지만 습기와 파도는 같은 것도 아니기에 하나도 아닙니다."

중생은 마음 작용에 완전히 사로잡혀 마음을 보지 못하고 살아갑니다. 그렇기에 지금도 사띠의 방향을 조금만 바꾸면 경험할 수 있는 부동의 금강심을 눈치조차 못 채는 것입니다. 금강경의 문자반야가 하는 역할은 이 금강심을 인지하고, 금강심의 활력을 되살려내도록 이끄는 것입니다. 문자반야는 실상반야인 금강심을 가리키는 손가락입니다.

금강심은 무엇인가를 더 얻어야만 볼 수 있는 마음이 결코 아닙니다. 많은 사람들이 중생상에 사로잡혀 자신을 부족하다고 여기지만 실상은 반대입니다. 오히려 강렬하게 사로잡혀 있는 마음 작용들을 덜어낼 때 경험할 수 있는 마음입니다. 그렇기에 금강경의 무주상보시 수행은 더하기가 아니라 빼기입니다. 하지만 지금까지 진실이라고, 옳은 방법이라고 굳게 믿어 활용하던 방향성을 단번에 바꾸는 것은 매우 어렵습니다. 그렇기에 금강의 가르침을 배운 이들도 무수히 반복되는 저항과 발심 사이의 진자운동을 거치게 되는 것입니다.

수보리 존자의 찬탄처럼 이 가르침을 듣고 청정한 믿음을 내는 이들은 매우 희유합니다. 그들의 믿음은 미시적인 관점으로 한 생만 놓고 본다면 정말 기적과도 같은 돈오頓悟입니다. 하지만 부처님께서 증명하셨듯이 거시적인 관점에서는 그들도 이미 무수히 많은 부처님의 처소에서 공양 올리고 선근을 심으면서 지계수복의 공덕을 쌓아왔습니다. 그 시절이 있었기에 지금의 청정한 믿음이 생겨난 것입니다.

이처럼 선근이 무르익은 존재는 소수지만 분명히 세상에 존재합니다. 그리고 그들은 부처님께 금강심의 안심법문을 듣고 곧바로 청정한 믿음을 냅니다. 근기가 뛰어난 이들은 곧바로 마음을 직관적으로 경험합니다. 이를 통해 그들은 무위의 행을 활용할 수 있게 되고, 무위의 힘을 점차 키워나가게 됩니다. 그들은 세간 팔풍의 인연에 흔들릴지라도 돌아갈 무위의 심지心地를 찾았기에 평화롭습니다. 이것이 바로 금강경이 언급하는 사과四果의 성인입니다.

수보리 존자는 이미 무위의 힘이 완성에 가까운 아라한입니다. 그는 시작점 자체가 보살 대중들과는 다릅니다. 그는 이미 안심에 머무르고 있기에 실상을 보는 자입니다. 이런 최상승근기의 존재들에게 부동의 마음자리를 찾는 것은 손바닥을 뒤집는 것처럼 쉬운 일입니다. 하지만 마음 작용의 감옥에 갇혀 있는 이들에게는 결코 쉬운 일이 아닙니다. 지계수복의 기간은 몇 아승기겁이 걸릴지 알 수 없는 지난한 여정입니다.

만약 당신이 마음과 마음 작용의 구분을 직감적으로 관조하게 되었다면 이는 정말 환희로운 일입니다. 매우 희유하고 찬탄 받아 마땅한 일입니다. 그 감각은 고향에서 고향 찾는 나그네를 구원하는 한 줄기 빛입니다. 그것은 마음속에서 의지할 수 있는 열반의 성품을 찾은 것입니다.

이 가르침의 명칭은 금강반야바라밀경이며 부처님께서는 이 경의 명칭대로 가르침을 받들어야 한다고 하셨습니다. 만약 지금 이 순간 반야에 대한 관조가 생겼다고 하더라도, 곧 당신은 그 자리에서 벗어날 것입니다. 그리고는 반야상의 함정에 빠질지도 모릅니다. 그렇기에 반야바라밀조차 금강심의 벼락으로 쪼개버려야 합니다. 단 하나의 상도 남아 있지 않은 존재, 상이라는 빙산을 녹이는 태양과도 같은 힘을 가진 존재가 바로 부처님입니다. 실상의 부동심에 머물 때, 우리는 부처님께서 누리시는 무위의 힘을 통해 대자유를 만끽할 수 있을 것입니다.

마음과 마음작용

부처님께서 수보리에게 말씀하셨습니다.
"그렇다, 그렇다. 만일 어떤 사람이 이 경을 듣고 놀라지도 않고 무서워하지도 않고 두려워하지도 않는다면 이 사람은 매우 경이로운 줄 알아야 한다. 왜냐하면 수보리여! 여래는 최고의 바라밀을 최고의 바라밀이 아니라고 설하였으므로 최고의 바라밀이라 말하기 때문이다."
佛告須菩提 如是如是 若復有人 得聞是經 不驚不怖不畏 當知是人 甚爲希有 何以故 須菩提 如來說第一波羅蜜 非第一波羅蜜 是名第一波羅蜜

에덴동산에서 쫓겨난 적이 없다

만약 누군가가 무상의 진리를 듣고는 조금도 놀라지 않고 두려움 없이 받아들인다면 그는 매우 희유한 사람입니다. 왜냐하면 집착이 강한 중생들에게 이 진실은 자신의 모든 것을 부정하는 듯한 가르침이고, 역린逆鱗을 잡아떼는 것과도 같은 고통일 수 있기 때문입니다.

이웃 종교에서는 아담과 이브가 선악과를 먹고 에덴동산에서 쫓겨났다고 말합니다. 하지만 무상의 진리를 통해서 본다면 선악과를 먹은 후 아무도 에덴동산에서 쫓겨난 적이 없습니다. 이런 말을 에덴동산에서 쫓겨났다고 믿는 이들이 듣는다면 조금도 놀라지 않고, 두려워하지도 않으며 받아들일 수 있을까요?

에덴동산은 불이의 세계였을 것입니다. 그리고 선악과는 이분법의 틀입니다. 그러니 이분법인 선악과를 먹는 순간 아담과 이브는 더 이상 불이不二로 세상을 인식하지 못하게 된 것입니다. 본래의 자리에서 단 한 발짝도 벗어나지 않았으면서도 에덴동산을 볼 수 없으니 스스로의 죄로 인해 쫓겨났다고 생각했을 것입니다.

불이의 세계에서 선악과를 먹는다는 것은 마치 눈이 머는 것과도 같습니다. 실상에 대한 맹인이 되었기에, 그는 눈을 감은 채 망상의 세계를 바라보며 살아갈 수밖에 없습니다. 만약 그 기간이 오래되었다면 어떻게 될까요? 불이의 세계에서 살았다는 사실조차 잊어버리고, 환상인 윤회의 꿈이 현실이라고 믿으며 살아가게 될 것입니다.

이웃 종교의 선악과 설화는 우리에게 말해 주고 싶은 바가 명확합니다. 그것은 중생 모두가 원죄를 지니고 있는 죄인이라는 메시지가 결코 아닙니다. 무조건적인 사랑을 지닌 부모가 자녀들에게 이런 폭력적인 메시지를 전달하고 싶을까요? 그것이 아니라 중생은 모두 본래 불이의 세계를 살아가던 존귀한 존재라는 것을 잊지 말고, 최선을 다해 수행하여 선악과를 뱉어 버리고 그 존귀함을 되찾아 불이의 세계로 돌아오기를 축복하는 메시지입니다.

이는 금강경의 뼈대와도 매우 유사합니다. 부처님께서는 중생이 곧 부처님임을 천명하셨습니다. 하지만 무명에 눈이 멀어 스스로 존귀함을 잊고 중생상을 고집하며 살아가는 이들에게 부처님의 이 자비로운 선언은 두려움의 대상이기에 받아들이기가 어렵습니다. 그럼에도 불구하고 금강경은 메시지를 보내는 것입니다. '빨리 아 · 인 · 중 · 수상을 버리고 사심을 완성하여 금강심을 되찾기'를 말입니다.

이 무상의 진리는 특정 종교나 철학, 학문의 영역에 적용되는 협소한 진리가 아닙니다. 이는 존재의 인식 틀에 관한 논의이기에, 모든 존재의 영역 그리고 그들이 이룩한 모든 문화에 광범위하게 적용 가능한 진리입니다. 다만 이 무상의 진리를 적용하려면 이를 통해 자신이 지니고 있는 집착의 민낯과 마주할 수 있는 용기가 필요합니다.

그러나 이 무상의 진리를 이해하는데 준비가 되지 않은 이들은 오히려 이 무상이라는 약 처방에 의해 이상하게 돌변할 수 있습니다. 왜냐하면 중생들에게 소중하다고 여기는 그 집착의 대상을 건드렸을 때, 아무리 착하고 겸손한 사람도 괴물처럼 무서워지는 것이 번뇌에 잡아먹힌 중생의 속성이기 때문입니다. 금강경과 인연이 되어 지금 이 순간 이를 배운다는 것, 그 자체로 이미 당신은 충분히 용기를 지니고 있는 것입니다.

PART

15

수보리 존자의 열다섯 번째 질문

부처님께서는 재보시와 목숨 보시의 복덕이 아무리 크더라도, 무주상보시의 복덕에 비할 수 없다고 하셨다.
"그러나 재보시가 무주상보시 보다 쉬워도 자신의 목숨을 보시하는 것은 쉽지 않은데 어떻게 자신의 목숨을 보시할 수 있겠는가?"

KEY POINT  인욕바라밀, 무주상인욕

"수보리여! 인욕바라밀을 여래는 인욕바라밀이 아니라고 설하였다. 왜냐하면 수보리여! 내가 옛적에 가리왕에게 온 몸을 마디마디 잘렸을 때, 나는 자아가 있다는 관념, 개아가 있다는 관념, 중생이 있다는 관념, 영혼이 있다는 관념이 없었기 때문이다.
왜냐하면 내가 옛날 마디마디 사지가 잘렸을 때, 자아가 있다는 관념, 개아가 있다는 관념, 중생이 있다는 관념, 영혼이 있다는 관념이 있었다면 성내고 원망하는 마음이 생겼을 것이기 때문이다."
須菩提 忍辱波羅蜜 如來說非忍辱波羅蜜 何以故 須菩提 如我昔爲歌利王割截身體 我於爾時 無我相 無人相 無衆生相 無壽者相 何以故 我於往昔節節支解時 若有我相人相衆生相壽者相 應生瞋恨

인욕의 두 가지 방법론

보시바라밀을 실천함에 있어 난이도에 따라 보시 대상이 변화하는 순서는 이미 살펴보았습니다. 처음에는 재보시, 나아가서는 몸과 목숨 보시, 더 나아가서는 모든 공덕까지도 보시하는 것이 바로 보살의 보시바라밀입니다. 이 순서는 회광반조廻光返照의 이치를 따르고 있습니다. 대상에 사띠가 주하는 시간이 지속되면 중생은 그것에 집착하게 됩니다. 즉, 집착의 대상은 다름 아니라 수행자가 사띠를 빼앗기고 있는 장소입니다.

금강경에서 보살수행자는 사띠를 바깥에서 점차 안으로 되돌려야 한다는 것을 강조했습니다. 이 무주상의 원리를 충실히 따르고 있는 것이 바로 보시바라밀의 순서입니다. 재물을 보시하는 것은 육경에 대한 집착을 포기하는 것이며, 몸과 목숨을 보시하는 것은 육근에 대한 집착을 포기하는 것입니다. 공덕은 육경과 육근보다 더욱 내면으로 들어가며 실체가 없는 마음 작용에 대한 포기입니다. 이처럼 수행의 구조는 무주의 깨어 있음의 힘이 강렬해질수록 내면으로 치닫도록 이루어져 있습니다.

가르침을 듣던 보살대중들은 아직 초심보살인 경우가 많았을 것입니다. 그들은 삼천대천세계에 가득 채운 보석을 보시할 용기는커녕 소유하고 있는 재산의 일부를 보시할 용기조차 아직 일으키지 못했을 수도 있습니다. 그런데 갑자기 목숨을 보시하라고 하니 과연 이것이 가능한 것인지에 대해 의심합니다. 그렇기에 『입보살행론』에서는 '목숨을 보시하는 것은 무아에 대한 앎이 시작된 성인들에게만 허용된다는 것'을 분명하게 밝히고 있는 것입니다. 왜냐하면 오직 성인만이 무아를 앎으로써 진정한 인욕바라밀의 힘을 사용할 수 있기 때문입니다.

만약 인욕바라밀을 실천하지 못한다면 그 목숨 보시는 수행의 기회를 낭비하여 분노만 증폭시키는 자해가 될 뿐입니다. 부처님께서는 가리왕과의 전생담을 예로 들어 무아를 바탕으로 인욕바라밀이 무르익은 존재는 정말 목숨이 위협받더라도 분노하지 않고 보시를 행할 수 있음을 보여주고 있습니다.

> "한 동산에서 보살이 삼매에 들어있었습니다. 그날 가리왕이 사냥을 나와서 사슴을 잡기 위해 발자취를 좇고 있었는데 마침 보살의 앞에 있는 사슴 발자국을 보게 되었습니다. 왕은 보살에게 사슴을 보았는지를 물었습니다. 하지만 보살은 이렇게 생각하며 답변을 거부했습니다.
>
> '중생이 걱정하는 것은 목숨이다. 죽기를 싫어하고 살기를 바라는 것이 어찌 내 마음과 다르겠는가?'
>
> 왕은 답변을 거부하는 보살의 모습에 매우 화가 나서 보살에게 물었습니다.
>
> "너는 어떤 놈이냐?"
>
> "저는 인욕 수행자입니다."
>
> 왕은 꼴 보기도 싫은 수행자가 자신을 인욕 수행자라고 지칭하자 그대로 칼

을 뽑아 오른팔을 잘라버렸습니다. 보살은 자신의 잘린 오른팔을 바라보며 큰 통증 속에서 생각했습니다.

'나의 뜻은 높은 도에 있으니 세상 사람들과 다투지 않겠다. 이 왕은 나 같은 수행자에게도 칼질을 하는데, 하물며 불쌍한 백성들에게는 어떻겠는가! 내가 깨달음을 얻어서 이 사람을 제도하면 수많은 중생들이 구원받을 것이다! 지금 이 고통은 인욕바라밀의 기회로써 깨달음을 이루는 공덕이 될 것이다.'

왕은 수행자가 울고불고 난리치기를 기대했지만, 여전히 고요한 모습을 유지하자 더욱 화가 나서 이렇게 물었습니다.

"인욕 수행자여, 이것도 인욕 할 수 있겠는가? 너는 어떤 놈이냐?"

"저는 인욕 수행자입니다."

왕은 너무나 화가 나서 이성을 잃었습니다. 그는 보살의 왼팔을 자르고 다시 묻고, 또 다리를 자르고 묻고, 귀를 자르고 또다시 묻고, 코마저 자르며 재차 물었습니다. 하지만 보살은 끝까지 인욕하며 분노하지 않았는데, 이 처참한 모습을 지켜보던 사천왕이 매우 화가나 왕을 7조각으로 쪼개서 죽이겠다며 몸을 현신하였습니다. 그러나 보살은 죽음의 위기에 처한 왕을 바라보며 사천왕에게 이렇게 말했습니다.

"사천왕이여, 그를 죽이면 안 됩니다! 이 재앙은 그저 내가 전생에 진리를 받들지 않고 다른 사람에게 몹쓸 짓을 한 씨앗이 열매를 맺었을 뿐입니다. 예전에 내가 뿌린 것을 내가 지금 받는 것이니 나는 순응할 것입니다. 비록 왕이 세상에 해악을 끼쳤지만, 그도 역시 분노의 꼭두각시에 불과한 불쌍한 중생입니다. 나는 자애로운 어머니가 어리석은 자식을 생각하듯 그를 불쌍히 여깁니다. 부디 그를 용서하소서" ”

이 인욕에 대한 이야기는 부처님의 본생담에서 전해지고 있는데, 이때의 보살은 '석가모니 부처님'이고 가리왕은 '교진여'라고 합니다. 교진

여는 초전법륜에서 가장 먼저 아라한이 되는 오비구 중의 한 명입니다. 몸과 목숨이 위태로운 상황 속에서도 인욕바라밀을 통해 보시를 실천한 보살의 수행이 최악의 인연을 최상의 선연인 스승과 제자의 인연으로 변화시킨 것입니다. 이처럼 인욕바라밀은 관계를 바꾸는 마술입니다.

보시바라밀 수행의 힘이 목숨을 보시하는 경계까지 도약하고 싶다면 반드시 인욕바라밀에 대한 수행이 병행되어야 합니다. 또한 이 인욕의 수행은 분노 사회를 살아가고 있는 현대인들에게 있어 가장 직접적이고 실용적인 가르침입니다. 자신의 내면에 숨어 있는 시한폭탄과도 같은 이 분노를 인욕 할 수 있다면 삶이 얼마나 평화로워질까요?

가리왕을 만난 보살처럼 인욕바라밀을 실천하고 싶다면 갖추어야 하는 힘이 두 가지입니다. 이것이 인욕바라밀을 수행하는 두 가지 길인데, 첫째는 올바른 견해를 통해 분노의 실체를 꿰뚫어 봄으로써 견혹見惑을 끊는 것이고, 둘째는 강력하게 분노에 사로잡히는 사띠를 무주의 자리로 되돌려서 수혹修惑을 끊는 것입니다. 각각 자세히 살펴보도록 하겠습니다.

"수보리여! 여래는 과거 오백 생 동안 인욕수행자였는데 그때 자아가 있다는 관념이 없었고, 개아가 있다는 관념이 없었고, 중생이 있다는 관념이 없었고, 영혼이 있다는 관념이 없었다.
그러므로 수보리여! 보살은 모든 관념을 떠나 가장 높고 바른 깨달음의 마음을 내어야 한다. 형색에 집착 없이 마음을 내어야 하며 소리, 냄새, 맛, 감촉, 마음의 대상에도 집착 없이 마음을 내어야 한다. 마땅히 집착 없이 마음을 내어야 한다."
須菩提 又念過去於五百世 作忍辱仙人 於爾所世 無我相 無人相 無衆生相 無壽者相 是故 須菩提 菩薩 應離一切相 發阿耨多羅三藐三菩提心 不應住色生心 不應住聲香味觸法生心 應生無所住心

분노를 해체하여 인욕하기

동북아시아 불교의 선禪이 직관을 철저히 활용한다면, 인도불교는 분석을 적극적으로 활용합니다. 부처님 당시에도 이는 마찬가지였기에 인도불교를 해체주의라고 표현하기도 합니다. 금강경에서 강조하는 무상의 진리도 이 해체를 활용하면 좀 더 쉽게 받아들일 수 있게 됩니다.

'상'이라는 개념의 특징은 사물을 단순화시키는 힘입니다. 수학의 명제 중 간단한 내용을 하나 생각해 보면, 세상에 완벽한 1이라는 숫자가 과연 존재할까요? 결론적으로 현실에는 결코 1이 있을 수 없습니다. 하지만 1과 유사한 수는 무량하게 존재합니다. 개념은 이 무량한 수를 그저 1이라는 개념으로 단순화시켜 버리는데, 서양의 수학과 과학은 이 개념화를 적극적으로 활용함으로써 복잡한 세상을 단순하게 바라볼 수 있게 되었고, 이를 통해 빠른 발전을 이룩할 수 있었습니다.

『밀린다왕문경Milinda-panha』에서는 서양인이었던 밀린다왕이 다양한 질문을 하고 아라한인 나가세나 존자가 명쾌하게 답변을 합니다. 그중에서 가장 빈번하게 나오는 주제는 바로 무아에 대한 질문인데, 그중 한 문답을 요약해서 소개하겠습니다.

밀린다왕은 나가세나 존자에게 나가세나라는 명칭이 실재하는지를 질문했습니다. 그러자 존자는 수레의 비유로써 무아의 진리를 자세하게 설명합니다. 즉, 밀린다왕에게 오는 길에 수레를 타고 왔는데, 그 수레라는 것이 무엇인지를 반문하는 방식을 활용합니다.

수레는 현시대의 자동차이므로 이를 통해 본다면 자동차는 바퀴, 엔진, 본네트, 핸들, 와이퍼, 백미러 등등의 부품으로 이루어져 있습니다. 이 중 무엇이 자동차일까요? 바퀴가 자동차인가요? 핸들이? 혹은 백미러가? 그 어떤 조합을 하더라도 딱히 이것이 자동차라고 할 만한 것은 없습니다. 오직 모든 부품들이 완전히 결합되었을 때 우리는 그 화합물을 '자동차'라고 이름 붙입니다. 이 화합이 깨지는 순간 자동차라는 개념도 역시 깨져버리는 것입니다.

사람도 마찬가지입니다. 사람들은 몸과 마음의 화합물인 오온을 '자아'라고 여기지만 이는 그저 개념일 뿐입니다. 이 자아라는 개념에 대한 집착이 워낙 강렬하기 때문에 오온이 무상이라고 하면 사람들은 두려워하고 거부감을 느낍니다. 이런 반응을 뛰어넘어 무아를 꿰뚫어 알기 위해서는 자아를 해체해볼 필요가 있는데, 이때 활용하는 기법이 자아를 오온으로 해체하여 바라보는 것입니다. 그리고는 질문해 보면 됩니다. 과연 색온色蘊인 몸이 나인가?

몸에 대한 개념 역시 마찬가지입니다. 사람들은 몸의 온갖 구성요소들이 모여 있을 때 이것을 몸이라고 합니다. 만약 팔을 따로 떨어뜨려 놓고 '이것이 내 몸인가?'라고 묻는다면 어떻게 느낄까요? 몸이라는 개념 역시 실체는 없는 것입니다. 이렇게 해체하여 바라보기를 인욕바라밀에도 적용할 수 있습니다.

인욕은 분노를 거두는 훈련입니다. 그렇다면 분노라는 개념을 해체해서 보는 작업을 해야 합니다. 분노는 한자로 '불 화火'자를 쓰는데, 불이 탈 것과 산소 그리고 발화점 이상의 온도 이 세 가지 구성요소의 화합으로 일어나는 것과 마찬가지로 분노도 세 가지 요소에 의해 일어납니다. 분노가 일어나기 쉬운 세 가지 조건들은 첫째, 탐욕으로 인하여 구하는 바가 마음대로 안 되는 불만족이며, 둘째, 어딘가에 사로잡혀 얼빠진 상태에서 흔들리는 마음 상태이고, 셋째, 이 분노가 정당하다고 느끼는 어리석은 견해입니다. 분노라는 개념은 이 세 가지 요소의 화합물인데 흥미롭게도 하나하나를 해체해서 보면 어디에도 분노라는 개념은 없습니다.

해체해서 바라보기가 지닌 또 하나의 장점은 구성요소를 명확하게 인지시킨다는 점입니다. 왜냐하면 이 구성요소 중 어느 하나라도 해결되는 순간엔 최종 화합물인 분노로까지 발전하지 못하게 되고 결국 인욕의 가능성을 높이게 되는 것입니다. 즉, 해체해서 분노를 꿰뚫어 볼 줄 안다면 분노를 사후 처리하는 것이 아닌 분노를 사전 예방하는 수준으로 인욕바라밀을 발전시킬 수 있습니다.

불만족을 해결하기 위해 탐욕을 다스리고, 흔들린 마음을 보호하기 위해 무주의 사띠 수행을 실천하며, 세상 어디에도 정당한 분노는 없다는 정견을 배우는 것, 셋 중 어느 하나의 노력이라도 이어진다면 분노는 현저하게 줄어듭니다. 이것이 바로 견혹을 끊어냄으로써 인욕바라밀 수행의 속도를 한 차원 높이는 방법론입니다.

무시이래 모든 중생은 분노라는 조종관에게 꼭두각시처럼 지배당해왔습니다. 사람들은 원수가 자신에게 해를 끼쳤다고 생각하지만, 사실 그 원수도 그저 분노의 꼭두각시일 뿐입니다. 그렇기에 진정한 적은 원수 뒤에 숨어 있는 분노입니다. 하지만 이 분노는 인간을 지배하며 힘을 포기하지 않기 위해 교묘한 말들로 인간을 속이는데 천재적인 적입니다.

"내가 화가 난 것은 저 사람, 이 상황, 이 세상 때문이야!"

이런 말들로 분노의 진짜 원인을 결코 찾지 못하도록 교란하는 것입니다. 대다수의 사람들은 이런 분노의 작전에 휘말려 살아가기 때문에 진정한 분노의 원인에 대해서 들어본 적조차 거의 없습니다. 지금 이 순간 이에 대해서 배우고 기억하고 이해하는 것만으로도 당신은 세상에서 매우 희유한 존재입니다. 이 분노의 해체에 대한 지식은 매우 수승한 정견수행입니다. 이렇게 해체해서 바라보는 분석의 수행을 익힌다면 우리는 개념화된 각종 상의 실체를 꿰뚫어 볼 수 있습니다.

"마음에 집착이 있다면 그것은 올바른 삶이 아니다. 그러므로 보살은 형색에 집착 없는 마음으로 보시해야 한다고 여래는 설하였다.
수보리여! 보살은 모든 중생을 이롭게 하기 위해 이와 같이 보시해야 한다. 여래는 모든 중생이란 관념은 중생이란 관념이 아니라고 설하고, 또 모든 중생도 중생이 아니라고 설한다."

若心有住 則爲非住是故 佛說菩薩 心不應住色布施 須菩提 菩薩 爲利益一切衆生 應如是布施 如來說一切諸相 卽是非相 又說一切衆生 則非衆生

무주상 인욕법無住相 忍辱法

분노를 해체해서 바라보기만 해도 정견이 생깁니다. 하지만 이것만으로는 분노를 정복하는데 충분하지 않으므로 많은 사람들은 이렇게 표현합니다.

"왜 분노가 일어나고, 왜 인욕해야 하는지 머리로는 이해가 되는데…… 마음대로 잘 안됩니다!"

그리고는 이 정도 분노도 마음대로 하지 못한다고 생각하면서 그동안의 배움과 수행이 헛되다고 생각하는 등 오만한 망상을 부립니다. 이는 크게 잘못된 것으로 분노가 완전히 다스려지는 것은 성인의 도과 중 아나함과가 완성될 때라는 점을 기억해야 합니다. 또한, 온전한 인욕을 위해서는 반드시 선정의 힘이 필요하므로 올바른 견해만으로 분노를 다스리는 것은 역부족하다는 것을 받아들여야 합니다.

인욕바라밀 수행은 크게 세 가지 수준으로 나눌 수 있습니다. 첫째는 분노가 일어난 후에 그것을 밖으로 표출해 해악을 끼치는 걸 참는 것으로 이는 하책입니다. 둘째는 분노가 일어나기 전 세 가지 요소를 알아차리고 이를 조절함으로써 분노를 사전 예방하는 것으로 이는 중책입니다. 셋째는 선정의 힘과 정견의 힘을 조화롭게 활용하여 세 가지 요소의 뿌리를 뽑아버리는 것으로 이것이 가장 높은 수준의 상책입니다.

금강경은 인욕바라밀 수행의 완성으로 이 상책의 수행법을 제시하고 있는데, 그것은 다름 아닌 무주상인욕입니다. 색 · 성 · 향 · 미 · 촉 · 법 어느 경계에도 사로잡히지 않은 채 인욕바라밀을 실천하는 것은 두 가지 요소를 통해 가능합니다. 첫째는 상에 미혹하지 않을 것이고, 둘째는 어디에도 사로잡히지 않은 중도의 자리에 깨어있을 것입니다. 이것이 바로 정견과 사띠의 화합인 정념이자 무주상입니다.

부처님께서는 본생담을 통해 수많은 목숨을 보시하는 모습을 제자들에게 보여주셨습니다. 그리고 이를 반영하여 묘사하는 것이 바로 금강경 속 항하의 모래 수만큼 목숨을 보시한다는 내용입니다. 물론 초심보살에게 있어 이 목숨 보시의 경계는 까마득히 높아 보여 막막하게 느껴질 수 있습니다. 그렇기에 부처님께서는 차근차근 연습할 수 있는 보시바라밀의 순서를 반복해서 보여주십니다.

보시바라밀은 모든 수행의 시작입니다. 그리고 무주상보시는 모든 수행의 완성입니다. 성불의 길을 걷고자 노력하는 보살들은 그 수행의 시작과 끝을 꿰뚫고 있는 이 보시바라밀과 친해져야 합니다. 작은 것부터 큰 것으로, 재물에서 목숨으로, 그리고 지닌 바 모든 공덕을 중생을 위해서 보시할 수 있다면 그것이 바로 부처님의 마음과 전혀 다르지 않은 금강심의 완성입니다.

PART

16

수보리 존자의 열여섯 번째 질문

무상으로 일체가 공해지면 깨달음을 증득한 주체의 지혜 또한 공할 것이다.

"이처럼 아무것도 없고, 깨달음을 증득한 주체도 공하다면 과연 수행을 한다고 해서 그 과보를 증득할 수 있겠는가?"

해방훈련

"수보리여! 여래는 바른 말을 하는 이고, 참된 말을 하는 이며, 이치에 맞는 말을 하는 이고, 속임 없이 말하는 이며, 사실대로 말하는 이다. 수보리여! 여래가 얻은 법에는 진실도 없고 거짓도 없다."
須菩提 如來是眞語者 實語者 如語者 不誑語者 不異語者 須菩提 如來所得法 此法無實無虛

무주상의 리프레시Refresh

보살의 수행은 매우 어려운 편입니다. 안 그래도 어려운데 이 수행에 무주상까지 붙어버리면 끝없는 딜레마에 빠지는 것이 당연합니다. 하지만 이 유병과 무병의 진자운동을 통해 약을 제대로 활용하는 방법을 익혀낸다면 그는 중도의 마음에서 머무름 없이 머무를 수 있게 됩니다. 어디에도 머무르지 않는다는 말을 들으면 많은 사람이 이런 오해를 합니다.

'그렇다면 어떤 것도 선택하지 않는다는 것인가?'

부처님께서 말씀하시는 무주상의 자리는 그렇게 어중간한 태도를 강요하지 않습니다. 오히려 굉장히 역동적인 선택을 권장하는데, 그 이유는 다름 아니라 무주상이 지닌 리프레시 효과Refresh Effect 때문입니다. 흔히 바둑을 둘 때 실력 높은 기사조차 보지 못하는 묘수를 옆에서 훈수 두는 사람을 볼 때가 있습니다. 이는 객관적인 실력의 차이 때문이 아니라 얼마나 그 상황을 무주상으로 바라보는가의 차이입니다. 이처럼 리프레시 효과는 삶의 경험을 훈수 두는 것처럼 경험할 수 있도록 하고, 이는 적절한 선택을 하는 데 매우 큰 도움을 줍니다.

우리는 중요한 문제를 선택하는 순간일수록 점점 더 시야가 좁아지는 경향이 있습니다. 이 선택이 매우 중대한 영향을 미칠 것이라는 부담감이 그 문제에 더욱 집착하도록 만들기 때문입니다. 하지만 이런 상태에서는 결코 좋은 선택을 할 수 없습니다. 정보가 부족하기 때문이 아니라 지닌 바 정보를 온전히 활용하지 못하는 상태에 빠져 있기 때문입니다. 사로잡혀 있지 않은 광대한 시야로 살펴볼 때 지닌바 정보를 최대한 잘 활용할 수 있는 지혜를 발휘할 수 있습니다.

이를 위해서 우리가 반드시 연습해야 하는 것은 무주상의 리프레시입니다. 이를 자유롭게 쓸 수 있다면 우리의 능력은 체감상 10배 이상 증폭됩니다. 그 이유는 시야가 좁아져서 활용하지 못하던 능력들을 자유롭게 활용할 수 있게 되기 때문입니다. 이를 위해 한 가지 사띠 응용 명상법을 소개하겠습니다.

이 사띠 명상법은 '해방훈련'으로 걷거나, 머물거나, 앉거나, 눕거나 등 일상적인 움직임에서 언제든 활용할 수 있는 마음의 일입니다. 우리는 삶을 살아가는 동안 끊임없이 색 · 성 · 향 · 미 · 촉 · 법에 사로잡힙니다. 다만 대상이 끊임없이 바뀌며 집착이 옮겨 다니기에 언뜻 보면 사로잡혀 있지 않다고 생각할 수도 있지만, 그 대상이 어디든 상관없이 대부분의 시간을 사로잡힌 상태로 살아간다는 것은 분명합니다. '해방훈련'은 이에 착안하여 만든 기법으로 종종 자신에게 이렇게 묻는 것입니다.

'나는 지금 깨어있는가?'

이 질문은 일종의 뇌에 대한 명령어입니다. 마치 컴퓨터 검색창에 명령어를 입력하면 프로세스가 움직이듯 뇌도 이 생각을 하는 순간 곧바로 깨어있음의 상태가 됩니다. 일부러 깨어있으려고 노력할 필요가 없습니다. 우리는 이미 충분히 사띠를 활용하는 방법을 터득한 상태이고 뇌와 마음은 충분한 성능을 갖추고 있기에, 그저 묻기만 해도 알아서 깨어있는 상태로 나아갑니다.

여기에서 중요한 점은 감각으로, 만약 깨어있음을 유도하는 훈련이라면 그것은 '해방훈련'일 것입니다. 그러나 우리가 주목해야 하는 감각은 깨어있음의 감각이 아니라 대상으로부터 해방되는 감각입니다. 해방된다는 것은 깨어있는지의 여부를 스스로에게 질문하기 전 분명 어디엔가 사로잡혀 있었을 때 그곳이 색 · 성 · 향 · 미 · 촉 · 법 어디든 상관없이 그곳에서 풀려나는 그 감각을 말하는 것입니다. 즉 반복적인 질문을 통해 그 감각을 익혀내는 훈련이 바로 '해방훈련'입니다.

이 '해방훈련'에 익숙해지면 우리 삶의 질은 크게 도약합니다. 왜냐하면 경험하고 싶지 않은 각종 망상으로부터 더 쉽게 해방될 수 있기 때문입니다. 삶의 행복한 경험이란 결국 좋아하는 경험은 유지하고, 싫어하는 경험에서 벗어나는 것으로부터 이루어집니다. 물론 이보다 높은 수준에 이르면 좋고 싫은 경험 모두를 무위로 수용할 수 있는 힘이 생기지만 말입니다.

이처럼 해방의 힘이 강렬하여 어디에도 사로잡히지 않은 채 삶의 경험을 이어 나가는 존재는 무엇인가를 용기 있게 선택할 수도 있고 과감하게 집착할 수도 있습니다. 심지어 어떤 경우에는 과감하게 악행을 선택하기도 합니다. 예를 들어, 서산 대사는 살생이 악행임을 분명하게 알고 있음에도 불구하고, 고통 받는 민중을 위해 그 악행을 짊어지고 책임지겠다는 마음가짐을 가졌고 승병을 주도했습니다. 그 이후에도 서산 대사는 자신의 악행에 대해 결코 변명하지 않았고 그저 책임질 뿐이었습니다.

부처님께서는 이처럼 해방을 넘어서 완전한 해탈에 이른 존재입니다. 그러므로 그의 신구의 삼업은 그 자체로 실상과 계합합니다. 부처님의 일상은 있는 그대로 금강심의 표현이며, 있는 그대로 법과 일치합니다. 이럴 수 있는 원동력은 다름 아닌 무주상의 힘이라는 것을 초심보살은 명심하여 갈고 닦아야 합니다.

PART

17

수보리 존자의 열일곱 번째 질문

"어디에도 머무르지 않고 마음을 쓴다면 반야에는 어떻게 머무를 수 있는가?"

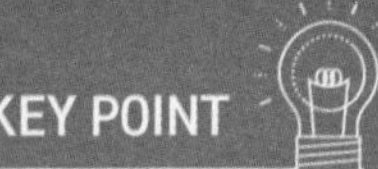

무주의 힘

"수보리여! 보살이 대상에 집착하는 마음으로 보시하는 것은 마치 사람이 어둠 속에 들어가면 아무것도 볼 수 없는 것과 같고 보살이 대상에 집착하지 않는 마음으로 보시하는 것은 마치 눈 있는 사람에게 햇빛이 밝게 비치면 갖가지 모양을 볼 수 있는 것과 같다.
수보리여! 미래에 선남자 선여인이 이 경전을 받고 지니고 읽고 외운다면 여래는 부처의 지혜로 이 사람들이 모두 한량없는 공덕을 성취하게 될 것임을 다 알고 다 본다."
須菩提 若菩薩 心住於法 而行布施 如人入闇 則無所見 若菩薩 心不住法 而行布施 如人有目 日光明照 見種種色 須菩提 當來之世 若有善男者善女人 能於此經 受持讀誦 則爲如來 以佛智彗 悉知是人 悉見是人 皆得成就無量無邊功德

사띠의 공능功能

성불의 길을 걷는 보살의 삶은 수행자의 삶과 마찬가지로 보물찾기와 같습니다. 다만 그 보물이 외처의 비밀스러운 곳에 숨겨진 것이 아니라 눈만 돌리면 지금 당장이라도 찾을 수 있는 곳 즉, 자신의 마음에 숨긴 바 없이 숨겨져 있다는 점이 일반적인 보물찾기와 다를 뿐입니다. 금강심에는 무궁무진한 공덕이 숨겨져 있습니다. 이 보물을 찾은 이는 바로 무한한 삼천대천세계마다 한 분씩 계시는 무한한 부처님들입니다. 이분들이 공통으로 지니고 있는 힘은 일체지, 대연민삼매, 무연자비無緣慈悲 등으로 표현됩니다. 하지만 그들이 찾은 보물을 이러한 간단한 표현으로는 결코 전부 담아낼 수 없습니다. 금강심에 숨어 있는 보물의 가치는 불가사의합니다.

이 금강심에 이르기 위해서는 마음 작용에 사로잡히지 않는 무주상의 힘으로 부동의 마음을 봐야 합니다. 그리고 이를 위해서는 무상의 지혜와 사띠의 공능이 필요합니다. 그렇기에 금강경에서는 빈번하게 무주상의 이치를 반복해서 논하고 있는 것입니다.

법회 속 보살대중은 어디에도 머무르지 않는 마음으로 어떻게 반야에 계합할 수 있는지를 의심했습니다. 그런데 이것은 파사현정破邪顯正의 원리를 여전히 이해하지 못하기 때문에 생기는 오해입니다. 반복해서 강조했듯 이 파사의 자리 그 자체가 바로 현정이지, 특별하게 정해진 현정의 모양이 따로 있는 것이 결코 아닙니다. 즉, 반야상이 따로 있는 것이 아니라는 말입니다. 그렇기에 어디에도 사로잡히지 않는 마음인 무주, 그 자체가 바로 반야에 계합되는 마음입니다.

마음 작용에서 벗어나 마음을 보는 것도 같은 원리입니다. 깨어있음의 마음이 지극해지면 어떤 것에도 사로잡히지 않게 되는데, 그때 또 다른 마음의 상을 찾는 것이 결코 아닙니다. 그저 마음 작용에 휘둘리지 않는 상태가 바로 부동의 마음인 것입니다. 바다를 따로 찾을 것 없이 그저 파도를 바다로 바라볼 수 있는 것처럼 말입니다. 우리는 이미 삶 속에서 항상 마음을 경험하고 있습니다. 다만 그 경험의 가치를 알지 못할 뿐이기에 그 경험의 지속시간이 매우 짧을 뿐입니다.

부처님께서는 사띠의 확립을 통해 마음 작용에 휘둘리지 않는 것의 중요성을 강조하셨고, 이것을 맹인의 비유로써 설명하셨습니다. 어딘가에 사로잡힌 상태, 즉 사띠의 부재는 사람을 맹인처럼 만듭니다. 망상에 사로잡혀 바로 옆에서 조잘대는 친구의 말을 단 한마디도 듣지 못한 경험들이 분명히 있을 것입니다. 그것이 바로 얼빠진 방일한 상태입니다. 반대로 어디에도 사로잡히지 않은 상태, 즉 사띠가 있을 때는 맹인이 개안한 것과 같은 상태가 됩니다. 10년 동안 살았던 동네에서 매일 지나치며 단 한 번도 인식하지 못했던 멋진 나무를 어느 날 우연히 발견하는 그런 경험이 바로 사띠가 가져다주는 개안開眼입니다.

무주의 힘은 그 사람의 격입니다. 사띠의 질이 좋은 사람은 대부분의 분야에서 우수한 실력을 발휘하는 반면, 사띠의 질이 좋지 않은 사람은 대부분의 분야에서 실력을 발휘하지 못하는 경향이 있습니다. 심지어 재능이 충분한 분야에서조차 결국은 성공하지 못하는 경우도 있는데, 이런 상황을 표현하는 명언이 있습니다.

"천재는 1%의 재능과 99%의 노력으로 이루어진다."

만약 삶을 원하는 방식으로 살고 싶다면, 반드시 주목해야 하는 능력이 바로 주의력입니다. 인생을, 경험을 바꾸는 핵심 열쇠가 이 주의력에 있다는 금강경의 반복되는 메시지를 꼭 기억하시고 꿈같은 삶을 행복하게 변화시키는 원동력으로 삼아야 합니다. 물론, 여기서 더 나아가 보살들은 꿈같은 삶에서 깨어나는 삶의 원동력으로 사띠의 힘을 활용해야 할 것입니다.

PART

18

수보리 존자의 열여덟 번째 질문

"무주상 상태의 마음이 반야라 하더라도 어떻게 부처의 마음이 될 수 있는가?"

KEY POINT  전법선언, 수지독송, 무주상 발심

15 지경공덕분 / 경을 수지하는 공덕

持經功德分 第十五

"수보리여! 선남자 선여인이 아침나절에 항하의 모래 수만큼 몸을 보시하고 점심나절에 항하의 모래 수만큼 몸을 보시하며 저녁나절에 항하의 모래 수만큼 몸을 보시하여, 이와 같이 한량없는 시간동안 몸을 보시한다고 하자.
또 어떤 사람이 이 경의 말씀을 듣고 비방하지 않고 믿는다고 하자. 그러면 이 복은 저 복보다 더 뛰어나다. 하물며 이 경전을 베껴 쓰고 받고 지니고 읽고 외우고 다른 이를 위해 설명해 줌이랴!"
須菩提 若有善男子善女人 初日分 以恒河沙等身布施 中日分 復以恒河沙等身布施 後日分 亦以恒河沙等身布施 如是無量百千萬億劫 以身布施 若復有人 聞此經典 信心不逆 其福勝彼 何況書寫受持讀誦 爲人解說

광명과 무주상

『청정도론淸淨道論』에서는 선정수행의 방편으로 상을 적극 활용합니다. 상중에서도 마음으로 보는 심상을 활용하는데, 대표적인 심상은 광명상입니다. 이 광명상을 집중의 대상으로 할 때 선정수행의 효율이 높기 때문입니다.

마음에 광명상이 나타나는 원리는 다음과 같습니다. 처음 정해진 대상에 사띠를 두는 연습을 하다 보면 점점 다른 곳에 사띠를 빼앗기지 않게 되고, 그렇게 집중점에 모인 사띠의 질과 양은 점점 발전합니다. 그리고 충분히 사띠가 강해졌을 때 어느 순간 사띠가 강렬하게 감각되며 그 모습을 드러내는데, 그것이 바로 광명상입니다.

만약 누군가가 기도 중이나 수행 중에 마음으로 강렬한 빛을 봤다고 한다면, 그에게 조언을 해주셔야 합니다. 사전지식이 없는 대부분의 사람들은 그 빛을 신성하게 여기며 성령의 빛이나 부처님의 자비광명이라는 식으로 개념화하고, 결국은 광명상에 집착하게 됩니다. 그럼 수행을 할 때마다 그 광명이 다시 나타나기를 바라며 찾게 되는데, 이런 습관이 생기면 수행이 멈추거나 퇴보하게 됩니다. 광명상이 나타나는 것은 그저 사띠의 질이 좋아졌다는 신호일 뿐이라는 것을 꼭 기억해두어야 합니다.

집중이 될 때 수행자는 어떤 원리로 밝은 빛을 보게 되는 것일까요? 그것은 마음의 본성이 바로 빛이기 때문입니다. 불성의 빛을 가리고 있는 감각, 감정 그리고 생각 등의 각종 상이 사띠의 공능에 의해 임시로 사라지면 불성의 빛은 그 순간 발광하는 것입니다.

『밀린다왕문경』에서는 지혜에 대해 두 가지 특징을 논합니다. 첫 번째, 지혜는 끊음의 특징이 있는데 이는 금강경의 명칭에 붙는 능단의 공능과 정확히 일치합니다. 두 번째, 지혜는 밝음의 특징이 있는데 이것이 바로 무주상의 공능입니다. 원보리심을 일으킨 초심보살이 무주상보시를 반복 수행할수록 점점 더 얼굴이 밝아지는 것은 당연한 이치입니다.

앞서 소개했던 『의식혁명』의 의식지도에서는 인간 의식의 수준을 빛의 세기로 구분했습니다. 의식의 수준을 구분하는데 빛이 쓰였다는 것은 마음의 본성이 광명이라는 전제입니다. 빛의 세기는 진동수로 표현될 수 있으며, 진동수는 세상에 미치는 영향력이라 할 수 있습니다. 처음 의식의 지도를 접하는 사람들은 의식 수치가 200에서 201로 발전했다는 것을 해석할 때 세상에 대한 영향력이 겨우 1만큼 커졌다고 잘못 이해합니다.

호킨스 박사는 의식을 수치화할 때 진동수에 상용로그를 적용했다고 합니다. 이는 개개인의 영향력 차이가 너무 광대해서 1부터 1,000까지의 수치로는 전부 담아낼 수 없었기 때문입니다. 그렇기에 의식 수치 200과 201이 세상에 미치는 영향력은 1의 차이가 아니라 10배 차이입니다.

그는 연구를 통해 사람들이 일생동안 의식 수치가 어떻게 변화하는지 평균값을 냈는데 그 결과, 대부분의 평범한 사람은 평생 다양한 경험을 통해 의식 수치가 5 정도 증가했다고 합니다. 이는 그의 지혜 광명이 100,000배 늘어났다는 의미입니다. 그렇다면 의식 수치 200 정도의 평범한 범부가 수행을 통해 의식 수치가 1,000에 이르러 일체지자가 된다면 도대체 얼마나 지혜 광명이 강렬해진 것일까요?

의식 수치가 200인 사람과 비교했을 때 부처님의 지혜 광명은 무려 10의 800승 배로 강렬합니다. 10이라는 숫자 뒤에 0이 800개가 붙은 만큼 강렬한 부처님의 지혜 광명은 인류의 마음속 모든 어둠에 해당하는 부정적인 에너지를 전부 상쇄시킬 수 있다고 합니다. 그렇기에 부처님과 아라한은 세상을 위해 드러나는 그 무엇인가를 전혀 하지 않는다고 하더라도 이미 세상을 구하고 있는 것입니다. 불교의 공간적 세계관에서 삼천대천세계마다 한 분의 부처님께서 존재한다고 하는 말도 이와 같은 맥락으로 이해해도 좋습니다. 한 부처님의 지혜 광명이 영향력을 미치는 범위이자 한 부처님이 감당할 수 있는 세계의 넓이가 바로 삼천대천세계만큼인 것입니다.

흔히 모든 종교미술에는 성인을 표현할 때 광배를 표현합니다. 이는 단순히 성스러움에 대한 상징이 결코 아닙니다. 종교의 차별을 막론하고 인간 의식의 발전을 이룬 성인들은 그 발광의 힘이 너무나도 강렬하여 주변을 물리적으로 환하게 만들 정도로 사띠와 반야의 힘이 강했다는 것입니다. 고승들의 일화를 보면 반드시 등장하는 발광의 이야기도 이와 같은 맥락입니다.

인도 금강경의 법회인유분 속 마지막 문장에 등장하는, '전면에 마음챙김을 하셨다'는 것이 명상수행자들에게 매우 중요한 힌트라는 것은 이미 밝혔습니다. 조금 더 보충해보자면 광배의 위치는 보통 둘로 표현합니다. 이는 두광인 머리 부근의 광명과 신광인 단전 부근의 광명입니다. 이 중 훨씬 더 보편적으로 등장하는 것은 두광으로써 대부분 전면에서 광명이 드러난다는 사실을 알 수 있습니다.

사띠를 확립하는 수행 방법을 처음 연습할 때는 보통 사띠의 중심점으로 두 군데를 권장합니다. 하나는 호흡할 때 코 끝에 사띠를 두는 것이고, 다른 하나는 아랫배의 움직임에 사띠를 두는 것입니다. 이 둘의 위치는 흥미로운데, 대부분 이 두 곳에 사띠를 두는 훈련을 하기 때문에 신광과 두광이 이 두 곳 부근에서 나타나는 것입니다. 이렇게 광배 위치와 사띠의 중심점은 연결되는 바가 있습니다.

의식의 본성은 광명입니다. 물론 이 광명이 우리가 생각하는 가시광선만을 말하는 것은 아닙니다. 그 본질은 끊임없이 변화하는 진동에 가깝고, 무주상수행이 지극해질 때 이 강렬한 진동이 광명상으로 나투는 것입니다. 그러니 기도와 수행 도중 만약 광명상이 나타난다면 기뻐하되 그것에 집착하지는 말아야 합니다.

일체지의 씨앗 – 법보시

부처님께서는 감각과 감정 그리고 생각의 모든 상으로부터 자유롭습니다. 모든 상을 여의었다는 뜻은 아무런 상도 안 보고 살아간다는 것이 결코 아닙니다. 만약 수행을 장님이 되는 길이라고 하면 즉비 공식이 시명으로 이어지지 않았을 것입니다. 부처님께서는 모든 상으로부터 자유롭기에 즉비이고, 나아가 모든 상을 명료하게 다 볼 수 있는 일체지를 증득하셨기 때문에 시명이 붙는 것입니다.

단 하나의 상에도 걸림이 없는 마음을 금강심이라고 하는데, 이 마음의 특징은 일체지와 무연자비입니다. 수많은 사람들은 이러한 마음으로 살아가는 것이 실제로 가능한가를 의심하지만 지금 이 순간 양자量子의 세계에서도 가능한 일을 부처님의 마음이 못 할 이유는 없습니다. 양자는 한 번이라도 접촉한 양자의 정보를 모두 알게 된다고 합니다. 그렇기에 양자는 법계에 가득한 모든 양자의 정보를 한 찰나刹那에 받아들이는 일즉일체一卽一切인 것입니다. 이것이 양자적 일체지의 방식입니다.

또한 부처님께서는 말하는 자가 아니라 듣는 자의 태도로 관계를 맺는다고 표현하셨는데, 이것은 차별 없이 인연 닿는 모든 존재들에게 선한 영향을 미치는 무연자비가 드러나는 모습입니다. 그런데 양자 역시 일체지를 바탕으로 관찰자의 마음에 반응하여 그 모습까지도 변화한다고 합니다. 고정된 모습을 고집하여 이렇게 보라고 강요하는 것이 아니라 관찰자의 마음을 듣고 그에 대한 반응을 보여주는 무연자비를 양자도 품고 있는 것입니다.

아마도 양자에 일체지 또는 무연자비를 적용하는 표현들이 낯설게 느껴질지도 모릅니다. 왜냐하면 이 두 개념은 인간부류의 존재들에게만 적용된다는 관념에 사로잡혀 있기 때문입니다. 하지만 그 본질을 꿰뚫어 보면 일체지란 결국 걸림 없는 정보의 소통이고 무연자비란 고집 없이 세상의 요구를 들어줄 수 있는 자유입니다.

범부의 마음과 부처님의 금강심은 사실상 하나입니다. 하지만 그들은 일심一心의 재료를 가지고 각기 다른 작품을 만들어내고 있습니다. 범부는 이분법의 마음 작용에 초점을 맞추고 있는데, 이것이 장애가 되어 불성의 갖가지 공덕을 활용하지 못합니다. 반면 금강심은 불이의 마음에 머무르는 바 없이 머무르기 때문에 아무런 장애가 없습니다. 이를 바탕으로 금강심은 양자로 이루어진 일심을 가지고 양자적 특징 모두를 활용할 수 있는 붓다의 작품을 만들어내는 것입니다.

법보시의 공덕이 제일인 이유는 다름 아니라 이 금강심의 씨앗을 선물하는 일이기 때문입니다. 중생이 선물로 받은 이 무위종자를 발아시키는 조건을 만나기만 한다면 그는 윤회의 감옥에서 벗어날 수 있을 뿐 아니라, 일체지와 무연자비 등의 모든 공덕을 전부 누릴 수 있습니다. 아무리 다른 이들에게 목숨을 보시한다고 해도 이 목숨을 받은 이들이 이로써 무엇을 누릴 수 있나요? 대신 죽음을 맞이해준 것이라 할지라도 결국 한 번의 생을 살 수 있는 기회를 준 것 아닌가요? 그럼 그들은 그 삶을 통해 과연 무엇을 얻을 수 있을까요?

목숨을 보시하는 일이 엄청나게 어려운 일이며, 이 수행을 하기 위해서는 정말 큰 무위의 힘이 필요한 것은 사실입니다. 하지만 법보시의 종자가 품은 잠재력 자체는 너무나도 큰 현격한 차이를 보입니다. 그런 의미에서 금강경의 사구게가 지닌 잠재력 또한 무한한 부처님을 탄생하게 할 수 있기에 무한한 공덕입니다. 이러한 내용을 바탕으로 부처님께서는 세상을 구하고 싶은 모든 보살에게 반복해서 이렇게 선부촉하시는 것입니다.

"금강경의 가르침을 수지독송했다면 이제 유통하고 해설하기 위해 길을 나서라!"

"수보리여! 간단하게 말하면 이 경에는 생각할 수도 없고 헤아릴 수도 없는 한없는 공덕이 있다. 여래는 대승에 나아가는 이를 위해 설하며 최상승에 나아가는 이를 위해 설한다.
어떤 사람이 이 경을 받고 지니고 읽고 외워 널리 다른 사람을 위해 설해 준다면 여래는 이 사람들이 헤아릴 수 없고 말할 수 없으며 한없고 생각할 수 없는 공덕을 성취할 것임을 다 알고 다 본다. 이와 같은 사람들은 여래의 가장 높고 바른 깨달음을 감당하게 될 것이다.
왜냐하면 수보리여! 소승법을 좋아하는 자가 자아가 있다는 견해, 개아가 있다는 견해, 중생이 있다는 견해, 영혼이 있다는 견해에 집착한다면 이 경을 듣고 받고 읽고 외우며 다른 사람을 위해 설명해 주지 못하기 때문이다."
須菩提 以要言之 是經 有不可思議不可稱量無邊功德 如來爲發大乘者說 爲發最上乘者說 若有人 能受持讀誦 廣爲人說 如來悉知是人 悉見是人 皆得成就不可量不可稱無有邊 不可思議功德 如是人等 則爲荷擔如來阿耨多羅三藐三菩提 何以故 須菩提 若樂小法者 着我見人見衆生見壽者見 則於此經 不能聽受讀誦 爲人解說

초전법륜과 전법선언

부처님께서는 보리수 아래 금강보좌에서 성불하신 후 초전법륜을 위해 녹야원으로 가십니다. 그곳에서 고행 수행을 도왔던 오비구들을 대상으로 중도에 이르는 방법론을 설법하시는데, 이것이 바로 '초전법륜'입니다. 지금까지 살펴본 것처럼 중도의식은 바로 '무주상'입니다.

초전법륜에서는 이 중도의식에 이르기 위한 구체적인 방법으로 팔정도 수행을 제시하셨는데, 이 법륜이 구르기 시작하면서 첫 안거가 끝날 때쯤 이미 60여 명의 아라한이 세상에 등장합니다. 부처님께서는 아라한들을 모아 놓고 중생을 구하기 위해 길을 떠나기를 명령하셨던 그

전법선언을 소개합니다.

> "수행승들이여, 나는 하늘나라의 올가미와 인간세계의 올가미, 그 모든 올가미에서 벗어났다. 수행승들이여, 그대들도 하늘나라의 올가미와 인간세계의 올가미, 그 모든 올가미에서 벗어났다.
> 많은 사람들의 이익을 위하여, 많은 사람들의 안락을 위하여, 세상을 불쌍히 여겨 하늘 사람과 인간의 이익과 안락을 위하여 길을 떠나라.
> 둘이서 같은 길로 가지 말라.
> 수행승들이여, 처음도 훌륭하고 중간도 훌륭하고 마지막도 훌륭한 내용을 갖추고 형식이 완성된 가르침을 설하라.
> 지극히 원만하고 오로지 청정한 거룩한 삶을 실현하라.
> 본래부터 눈에 티끌이 거의 없는 사람들도 있는데 그들은 가르침을 듣지 못했기 때문에 쇠퇴하고 있다. 그들이 가르침을 들으면 알 수 있을 것이다.
> 수행승들이여, 나도 역시 가르침을 펴기 위해서 우루벨라 지역의 쎄나니가마 마을로 가겠다."

전법선언에는 보리심의 씨앗이 그대로 담겨 있습니다. 보살승 운동은 이 전법선언의 정신을 확장하여 이어받았다고 볼 수 있습니다. 전법은 수행자들에게 있어 하나의 사명입니다. 이 사명의 목적은 오직 인간과 천상을 비롯한 중생을 이롭게 하기 위해서입니다. 그리고 이를 위해서는 목숨을 바칠 수 있는 각오가 필요합니다.

전법선언이 이루어진 상황을 살펴보면 아직 불교는 그 기반조차 불명확한 신흥교단이었습니다. 물론 인도 문화의 특성상 수행자를 존경하기는 했지만, 이름 모를 교단의 가르침에 귀를 기울여 줄 사람들은 흔치 않았을 것입니다. 오히려 그 가르침을 홀대하며 반감을 표하는 경우도 있었을 것이고, 심지어 언어적 육체적 폭력을 가하는 경우조차 있었을 것입니다. 이는 충분히 가능한 상황으로써 전법의 사명을 실천하는 수행자들이 이러한 어려움을 겪는 일은 종종 있을 수 있는 일입니다.

불교가 인도 사회에 뿌리를 내린다는 것은 기존 스승들의 입장에서는 제자를 타종교에 빼앗기는 것입니다. 그래서 초기 경전에는 불교가 다른 교단으로부터 위협을 많이 받았다고 기록되어 있습니다. 구체적으로 부처님의 상수제자였던 목련 존자는 외도들의 폭력으로 인해 죽음을 맞이했습니다. 심지어 부처님께조차 때때로 자객이 찾아왔고, 광장에서도 종종 폭언과 욕설 그리고 비난에 노출되셨다고 합니다.

전법의 길은 이처럼 신변의 위협을 항상 동반하는데, 이를 직접적으로 보여주는 사례로 부처님과 부루나 존자의 대화를 소개하겠습니다. 이 대화는 부루나 존자가 불교가 미치지 못한 불모지에 전법을 떠나려고 하는 상황에서 부처님과 부루나 존자가 나눈 문답입니다.

"부루나야, 수로나 사람들은 거칠고 모질며 성급하고 사납기가 그지없다고 한다. 만약 그들이 너를 욕하고 때리려고 하면 어찌하겠느냐?"
"부처님, 만약 저들이 그러하다면 저는 그들을 어질고 착한 사람이라고 생각하겠습니다. 왜냐하면 그들은 아직 저를 때리지 않았기 때문입니다."
"만약 저들이 너를 때리면 어찌하겠느냐?"
"그래도 저는 그들을 어질고 착한 사람이라고 생각하겠습니다. 왜냐하면 아직 저를 죽이지 않았기 때문입니다."
"만약 너를 죽이면 어찌하겠는가?"
"그래도 저는 그들을 착한 사람이라고 생각하겠습니다. 왜냐하면 수행자는 자신에 대한 집착을 버려야 하는데 저들이 제가 그 집착에서 벗어날 수 있는 기회를 줬기 때문입니다."

전법이라는 것은 이처럼 목숨을 위협받는 매우 위험한 수행이 될 수도 있습니다. 그런데 전법선언에서 보면 충격적인 문장이 있습니다.

> “두 명이 한길로 가지 말라.”

둘이서 가도 그 위험으로부터 자신을 지킬 수 있을지 모르는 상황에서 혼자서 길을 떠나야 한다니, 이 얼마나 무서운 말입니까? 부처님께서 이렇게 명령하실 수 있었던 이유는 이 전법선언을 들었던 구성원 모두는 이미 온전히 준비된 상태였기 때문입니다. 어떤 준비일까요? 폭력으로부터 자신을 지킬 수 있는 무술을 배웠을까요? 그들은 자신의 목숨을 초개처럼 내던질 수 있는 보시바라밀의 준비가 된 아라한들이었기 때문입니다.

보시의 순서가 기억나시나요? 가장 먼저 소유물에 대한 집착을 버려 그것을 베풀고, 다음으로 목숨에 대한 집착을 버려 그것을 베풀며, 나아가 공덕에 대한 집착을 버려 모두 중생을 위해 보시하는 것이 보시바라밀의 완성입니다. 아라한들은 무아에 대한 앎이 완성되어 모든 소유물과 목숨조차 보시할 수 있는 최상승의 근기였던 것입니다.

만약 성불의 길을 안내하는 금강경 가르침의 핵심으로 들어갈 수만 있다면, 불가사의한 공덕을 얻을 수 있습니다. 이 경전은 그 자체로 최상의 보물이고, 법신 사리탑이며, 모든 불보살의 어머니입니다. 그렇기에 최상승의 가르침은 내용을 받아들이는 것도, 전법의 사명을 다하는 것도 아무나 감당할 수는 없습니다.

큰 서원을 지니지 않은 이들이 이 가르침을 접하면 걸림돌이 너무나도 많습니다. 그들은 최상의 가치인 성불의 길을 감당할 생각도 없고, 일체중생을 구하고 싶은 마음도 없습니다. 유위공덕보다 무위공덕을 가치 있게 생각하지도 않을 것이고, 목숨을 보시하고 싶은 생각은커녕 재산조차도 포기하고 싶지 않을 수 있습니다. 어찌 성불의 길에 대한 큰 서원 없이 이 모든 걸림돌을 뛰어넘을 수 있을까요?

제이법륜의 사명

제이법륜은 초전법륜을 기반으로 이루어진 가르침입니다. 그래서 중도의 의식과 전법선언은 제이법륜의 뿌리로써 반영되어 있습니다. 제이법륜인 금강경의 수행에는 예외 없이 무주상이 붙습니다. 이는 무상의 정견과 무주의 정념을 기본전제로 육바라밀을 수행할 것을 촉구하는 것입니다.

이는 아 · 인 · 중 · 수상에 빠져 있는 이들이 실천하기 어려운 가르침이기에 부처님께서는 이 가르침이 대승 그리고 최상승을 위한 내용임을 선언하고 계십니다. 제이법륜을 실천하기 위해서는 최소한 무아에 대한 앎이 있어야 하는데, 무아에 대한 이해라는 것이 구체적으로 무엇인지를 알기 위해 『맛지마 니까야』 중 「일체의 번뇌경」의 내용을 소개하겠습니다. 이 경전에는 자아에 대한 견해 여섯 가지가 나옵니다.

> "첫째, 나의 자아는 존재한다.
>
> 둘째, 나의 자아는 존재하지 않는다.
>
> 셋째, 나는 자아를 가지고 자아를 개념적으로 인식한다.
>
> 넷째, 나는 자아를 가지고 비아非我를 개념적으로 인식한다.
>
> 다섯째, 나는 비아를 가지고 자아를 개념적으로 인식한다.
>
> 여섯째, 말하고, 느끼고, 여기저기에서 선악업의 과보를 받는

나의 이 자아는 영원히 그대로 머물 것이다."

이 여섯 가지의 관점 중에서 무엇을 취하더라도 그는 자아가 실존한다는 아상에 빠져있는 것입니다. 또한 어떤 상이라도 남아 있다면 그것은 결국 아 · 인 · 중 · 수상과 법과 비법상의 육상이 모두 남아 있는 것이기에, 언제든지 대상에 다시 사로잡힐 여지가 있습니다.

초전법륜의 경우 그 기본 대상은 아라한이었습니다. 그들은 자아에 대한 모든 상이 단멸된 존재이기 때문에 전법의 사명을 짊어질 용기가 있었습니다. 그런데 제이법륜의 가르침 속에는 전법의 사명이 더욱 무겁게 느껴집니다. 왜냐하면 금강경을 유통하기 위해 광장으로 나아가야 하는 보살들은 아직 아상에서 완전히 자유롭지 못하기 때문입니다. 그렇기에 그들에게는 더욱 큰 용기가 필요합니다.

가르침의 전반부가 넘어가는 시점에서 우리들은 스스로 자신의 서원을 점검해 봐야 합니다. 부처님께서 내려주신 이 축복 같은 가르침을 과연 내가 축복으로 소화할 수 있을까? 아니면 재앙처럼 두렵게 받아들이고 있는가? 만약 부족한 점이 있다면 끈기 있게 지계수복부터 다시 닦아 큰 서원을 감당할 수 있는 근기를 마련하셔야 할 것입니다.

"수보리여! 이 경전이 있는 곳은 어디든지 모든 세상의 천신 · 인간 · 아수라들에게 공양을 받을 것이다. 이곳은 바로 탑이 되리니 모두가 공경하고 예배하고 돌면서 그곳에 여러 가지 꽃과 향을 뿌릴 것임을 알아야 한다."

須菩提 在在處處 若有此經 一切世間天人阿修羅 所應供養 當知此處 則爲是塔 皆應恭敬 作禮圍繞 以諸華香 而散其處

신심의 촛대

탑은 어떤 역할을 할까요? 거기 가면 깨달음을 얻을까요? 그곳을 순례하면 소원이 이루어지나요? 탑에 예경하는 사람들은 각자 서로 다른 목적이 있겠지만, 여기서는 탑의 가장 수승한 역할이 무엇인지 한번 살펴보겠습니다. 이를 위해 『맛지마 니까야』의 「법탑경」 내용 중 일부를 소개하겠습니다.

"코살라 왕국의 빠세나디 대왕이 어느 날 부처님을 찾아왔습니다. 그는 부처님의 처소에 들어가 세존의 발에 머리를 조아리며 세존의 발에 입을 맞추고 손으로 어루만지면서 극진한 예를 갖춥니다. 그러자 부처님께서는 빠세나디 대왕에게 이와 같은 최상의 존경을 표하는 이유를 묻습니다. 이때 빠세나디 대왕은 자신이 삼보에 귀의하는 이유를 신앙고백 합니다.

"세존이시여, 왕들은 왕들끼리 싸우고, 무사들은 무사들끼리 싸우고, 바라문들은 바라문들끼리 싸우고, 장자들은 장자들끼리 싸우고, 어머니는 아들과 싸우고 아들은 어머니와 싸우고, 아버지는 아들과 싸우고, 아들은 아버지와 싸우고 형제는 형제끼리 싸우고, 형제는 자매와 싸우고, 자매는 형제와 싸우고, 친구는 친구끼리 싸웁니다.

세존이시여, 그러나 저는 여기서 비구들이 화합하고, 정중하고, 논쟁하지 않고, 물과 우유가 섞인 것과 같고, 우정 어린 눈으로 서로를 바라보며 머무는 것을 봅니다. 세존이시여, 저는 이 밖에서 이처럼 화합하여 지내는 다른 대중을 본 적이 없습니다. 세존이시여, 이것도 역시 '세존께서는 정등각자正等覺者이시다. 법은 세존에 의해 잘 설해졌다. 세존의 제자인 승가는 도를 잘 닦는 분들이시다.'라고 세존에 대해 법답게 추론하는 것입니다."

빠세나디 대왕은 교단을 오랫동안 관찰하며 얻은 경험적 근거 6가지를 들며 삼보를 존경하고 귀의하는 이유를 신앙고백 합니다. 부처님께서는 빠세나디 대왕이 떠난 후 비구들을 불러서 이 일화를 말씀하시며 이렇게 명령하셨습니다.

"비구들이여, 빠세나디 코살라 왕은 법의 탑들을 말하고 자리에서 일어나 떠났다. 비구들이여, 법의 탑들을 배우라. 비구들이여, 법의 탑들에 정통하라. 비구들이여, 법의 탑들을 호지護持하라. 비구들이여, 법의 탑들은 뜻을 갖추었고 청정범행의 시작이다." ❞

부처님께서는 법의 탑인 신앙고백을 적극적으로 나누라고 명령하고 계십니다. 그 이유는 삼보에 대한 법담이 청정범행의 시작이기 때문입니다. 이러한 신앙고백을 부처님께서 법탑이라고 명명하신 이유는 탑의 역할을 보여주시기 위해서입니다. 탑의 역할은 다름 아니라 청정범행의 촛불이 번져나가도록 만드는 것입니다.

부처님의 가르침을 '법의 탑'이라고 말하는 것은 금강경에서 갑자기 생겨난 사고방식이 아닙니다. 이미 초기 경전에서도 이런 식의 법신 사리탑에 대한 씨앗은 존재했습니다. 그리고 그 법탑의 역할은 다름 아닌 청정범행을 실천하는 수행자를 길러내는 것입니다. 부처님께서 명령하신 것처럼 법의 탑을 수지하여 배우고, 법의 탑을 독송하여 정통하며, 법의 탑을 서사 유통하여 호지護持해야 합니다. 이것이 성불의 촛불이 번져나가도록 만드는 금강경이라는 법신 사리탑에 예를 다하는 방법입니다. 부처님의 이러한 명령과 법탑이 지니고 있는 위대한 공덕 때문에 법을 옹호하는 여러 천신과 아수라들은 이 경전에 예배하고 공양하며 보호할 수밖에 없는 것입니다.

16 능정업장분 / 업장을 맑히는 공덕

能淨業障分 第十六

"또한 수보리여! 이 경을 받고 지니고 읽고 외우는 선남자 선여인이 남에게 천대와 멸시를 당한다면 이 사람이 전생에 지은 죄업으로는 악도에 떨어져야 마땅하겠지만, 금생에 다른 사람의 천대와 멸시를 받았기 때문에 전생의 죄업이 소멸되고 반드시 가장 높고 바른 깨달음을 얻게 될 것이다."
復次 須菩提 善男子善女人 受持讀誦此經 若爲人輕賤 是人 先世罪業 應墮惡道 以今世人輕賤故 先世罪業 則爲消滅 當得阿耨多羅三藐三菩提

역린을 건드리는 무상의 진리

부처님 가르침의 본론은 무아의 진리입니다. 이를 이해하기 위해서는 '주체는 없지만 경험은 있다'는 표현을 받아들이고 이해할 수 있어야 합니다. 사실 무아의 진리는 그 논리 자체가 크게 어려운 것은 아니지만, 자아의 저항감은 매우 강렬합니다. 무아의 진리를 받아들이는 순간 자아는 세력을 잃고 결국 소멸되어야 하므로 교묘한 논리로써 범부를 혼란에 빠뜨리는 것입니다.

금강경은 무아의 진리를 확장하여 아집뿐 아니라 법집마저도 깨뜨리는 무상의 진리를 말합니다. 또한 굉장히 오묘한 수행인 무주의 마음 쓰는 법을 말하며, 더욱이 성불의 길을 완성하기 위해 일체중생을 구하는 육바라밀 보시행도 제시합니다. 일반적인 범부들에게 있어 이 무주상보시는 이해하기도 어렵고, 실천하는 것도 어려우며, 저항감도 강렬한 수행법입니다.

금강경을 수지독송 서사유통하는 것을 넘어서 직접 광장에 나아가 위인해설 해야만 하는 포교사들의 입장에서는 이 가르침이 이해하기 어렵고 실천하기도 어렵다는 점은 큰 문제가 됩니다. 하지만 이것보다 훨씬 더 큰 문제는 이 금강경의 가르침이 강렬한 저항감을 필연적으로 불러 일으킨다는 점입니다.

금강경은 아 · 인 · 중 · 수상과 법과 비법상을 결코 가만히 놔두지 않습니다. 아무리 재미있는 소재를 바탕으로 설법이 진행된다고 하더라도 결국 본론에서는 집착하고 있는 상을 깨뜨리는 시도가 포함되어 있기 때문입니다. 물론 누군가는 그 내용이 자신과 별로 상관없는 상을 건드리기 때문에 그냥 쉽게 넘어갈 수도 있겠지만, 누군가에겐 분명 그 부분이 역린일 것입니다.

번뇌에 사로잡힌 존재는 누구나 비합리적으로 변화합니다. 이를 분명히 이해하는 것은 중생의 행동을 이해하는 데 큰 도움을 줍니다. 왜냐하면 대부분의 사람들이 종종 번뇌에 사로잡혀 비이성적인 행동을 하게 되는데, 만약 이 사실을 모른다면 우리는 그 사람에게 실망하게 될 것입니다. 그리고 이 실망은 관계를 틀어지게 만드는 종기와 같은 역할을 하게 됩니다.

번뇌에 사로잡히면 남녀노소, 학력과 수행력, 성품의 난폭함과 차분함 등의 모든 인연에 상관없이 비논리적이고 폭력적으로 변화한다는 것을 꼭 기억해두세요. 특히 사람들은 역린을 건드릴 때 매우 빨리 번뇌에 사로잡히는 경향이 있습니다. 번뇌에 사로잡히는 그 순간 갑자기 괴물로 변해버리게 되는데, 광장에 나아가 포교를 하는 이들은 이런 상황을 필연적으로 마주칠 수밖에 없었을 것이고 이런 상황이 그들에게는 매우 큰 위협이었을 것입니다.

금강경의 후반부는 무주상보시에 대한 반복이며, 오랫동안 복습이 필요한 하근기 보살을 위한 법문입니다. 하지만 동시에 최상승근기와 상근기, 그리고 중근기 보살도 이 부분을 똑같이 반복해서 수행하게 됩니다. 이때 상근기 보살들 중 인연이 무르익은 이들은 반드시 포교를 시작해야 합니다. 현재 한국불교의 불자들이 가만히 앉아 고상하게 금강경을 독송하는 것과는 다르게 보살승 운동을 하던 이들에게는 성불의 길을 널리 전달하는 것은 사명이었기 때문입니다.

그들은 인도 전역에 금강경이라는 최상의 법신사리탑을 세우기 위해 전법을 떠났습니다. 그리고는 때때로 상처받고 의기소침하여 돌아왔을 것입니다. 역린이 건드려진 광장의 사람들에게 언어적, 신체적 폭력에 노출되어 보살승 운동에 대해 회의를 느끼며 흔들리고 있었을 것입니다. 이때 필요했던 가르침이 바로 이 능정업장분입니다.

이는 석가모니 부처님께서도 똑같이 우려하셨던 경험이 있는 마음의 갈등입니다. 보리수 밑 금강보좌 위에서 깨달음을 얻으신 후 몇 주가 지난 뒤 부처님께서는 세상에 법을 펴지 않고 열반에 드시려고 했습니다. 물론 결론적으로 범천의 권청으로 법륜을 굴리시기로 하셨지만, 그때 망설이신 이유는 바로 이 저항심 때문입니다.

"과연 세상에 어떤 이가 무아의 진리를 받아들일 수 있겠는가? 괜히 설법해 봐야 고생만 될 것이다."

이러한 필연적 갈등에 대한 진심 어린 조언은 전법 선언의 한 구절에도 반영되어 있습니다.

> "본래부터 눈에 티끌이 거의 없는 사람들도 있는데 그들은 가르침을 듣지 못했기 때문에 쇠퇴하고 있다. 그들이 가르침을 들으면 알 수 있을 것이다."

부처님께서는 중생들의 법에 대한 그리움과 동시에 존재하는 저항감을 분명히 보고 계셨습니다. 그렇기에 필연적으로 중생들에게 실망하게 될 아라한들에게 해결할 수 있는 가르침을 미리 제시해주시는 것입니다.

신학대학에 다니는 예비목사들은 졸업을 하기 전 반드시 스피치 교육을 완수해야 하고, 광장으로 나아가 전도하는 훈련과정을 반드시 거쳐야 한다고 합니다. 지하철이나 길거리 등 사람들이 많이 모인 광장에서 성경을 들고 전도하기 위해 나온 사람들을 만날 때 불자들의 마음은 어떻던가요? 그 마음이 보살승을 바라보는 당시 인도인들의 마음일 것입니다.

후오백세에 보살승 운동에 참여하여 성불의 길에 대한 신심과 배움을 전달하기 위해 광장으로 나아간 보살들의 상황을 이해할 필요가 있습니다. 중생을 구제하겠다는 일념으로 최상의 공덕인 법보시를 실천하기 위해 광장에서 위인해설하던 그들의 상황을 이해하지 못한다면 이 금강경 속 가르침들이 활발하게 살아나지 못할 것입니다.

당시의 보살들처럼 법신사리탑인 금강경 한 권을 가슴에 들고 광장으로 용기 있게 나아갈 수 있는지 자문해보세요. 어떤 답변이 마음속에서 올라오나요? 그 대답이 지금 이 순간 당신이 지닌 보리심의 현주소일 것입니다.

하나님의 계획하심

극락세계에서는 하루에 여섯 번씩 원하는 것들이 하늘에서 비처럼 쏟아져 내린다고 합니다. 마치 미국의 아마존Amazon사에서 시작한 드론drone으로 상품을 배달하는 서비스처럼 말입니다. 한국 사람들이 가족보다도 택배 아저씨를 더욱 반가워한다는 농담이 있듯 원하는 것이 이루어지는 순간은 정말 즐거울 것입니다. 하지만 안타깝게도 우리가 살아가는 사바세계에서는 원하는 것이 쉽게 이루어지지 않는 것이 자연스러운 일입니다.

이런 사바세계에서 행복하게 살아가기 위해서는 우리가 반드시 익혀야 하는 태도가 있습니다. 그것은 원하는 것을 성취했을 때 이를 제대로 즐길 수 있는 태도입니다. 여기에 더해 이보다 더 중요한 태도 하나는, 원하는 것이 이루어지지 않았을 때 이 역경을 받아들이는 태도입니다. 특히 역경을 자주 만날 수밖에 없는 사바세계에서는 이를 소화할 수 있는 지혜가 행복한 삶에 매우 중요합니다.

이웃 종교에서는 사업에 실패했거나, 사랑하는 사람이 죽음을 맞이했거나, 시험에 낙방하는 등 원하지도 않았고 예상치도 못했던 역경이 다가왔을 때 이렇게 생각한다고 합니다. '이 모든 일들은 하나님이 계획하심'이라고 말입니다. 여기서 제가 강조하고 싶은 것은 이들의 태도가 훌륭한지에 대한 여부가 아니라, 과연 불자들에게는 이러한 역경을 소화하는 종교적인 태도가 있는지를 묻고 싶습니다.

역경은 사바세계를 살아가는 모든 이들에게 예외 없이 찾아옵니다. 생로병사의 흐름에서 벗어나지 못하는 한 계속되는 일입니다. 이 역경을 불자들이 종교에 의지해 소화할 수 있도록 금강경의 능정업장분에 있는 가르침을 소개하고자 합니다.

> 보살승 운동을 하는 이들이 남들에게 업신여김을 당하고 왔을 때,
>
> 그들의 스승은 이렇게 말했습니다.
>
> "지금 받는 작은 고통으로 인해 지옥의 큰 고통을 대신했으니 이 얼마나 기쁜 일인가!"

이 가르침의 진실 여부는 중요하지 않습니다. 왜냐하면 이 문장은 역경에 빠진 이들에게 나아갈 방향을 제시하기 때문입니다. 역경이라

는 걸림돌 때문에 엎어져 절망하는 것이 아니라 이를 디딤돌로 삼아 나아갈 힘을 얻을 수 있는 것입니다.

'과거의 어떤 악업으로 어떤 지옥에 갈 것을 지금 이 고통으로 면하는 것일까?'

이런 식으로 따지는 것은 아무런 소용이 없습니다. 이는 독화살을 마음에 꽂아둔 채 범인을 쫓는 것과 마찬가지로 어리석은 일입니다. 역경이 닥쳤을 때 우리에게 중요한 것은 이를 소화하기 위한 관점의 전환과 수행의 힘입니다. 물론 이 가르침을 받아들여 관점을 전환한다고 해서 갑자기 마법처럼 마음이 완전히 평화로워지는 것은 아닙니다. 하지만 분명 마음을 다스리는 기준이 되고, 이 방향성에 맞춰 마음을 다스리기 위한 부단한 노력을 할 수 있도록 만듭니다. 이후에는 무주상의 힘으로 이 들뜬 마음을 다스리면 됩니다.

역경은 우리가 원하지 않거나 준비가 되어있지 않아도 갑자기, 때로는 자주 삶에 찾아옵니다. 그러나 그 순간 금강경의 가르침을 마음에 담아 둔다면 호랑이 굴에서도 정신만 똑바로 차리면 살 수 있듯이, 역경에 휩쓸려 번뇌의 노예가 된 채 파멸의 길로 나아가는 것을 막을 수 있습니다. 언젠가 다시 찾아올 역경을 맞이하기 위해선 이 능정업장분의 가르침을 마음에 담아둬야 할 것입니다.

인력으로 불가능할 때는 오직 기도뿐

몇 년 전, 일산의 포교당에서 생활한 적이 있는데 그 주변에는 눈에 띄는 교회 간판이 있었습니다. LED로 특정한 문구가 반복해서 지나가는 간판이었는데, 이런 문장이 마음에 와닿았습니다.

“원하는 것이 성취되지 않는 이유는 오직 기도가 부족할 뿐입니다.”

작은 배터리로는 할 수 있는 일들이 한정적입니다. 더 큰 힘이 필요할 때는 당연히 큰 배터리를 빌려 써야 하듯이, 보통 범부가 가지고 있는 공덕으로는 애를 써도 할 수 있는 일이 극히 제한적입니다. 군대에 있을 때 지휘관들은 흔히 이런 표현을 하고는 했습니다.

“별을 다는 것은 인력으로 되지 않고 하늘의 뜻에 달려 있습니다.”

‘운칠기삼運七技三’이라는 표현이 있는 것처럼, 사바세계는 인력을 가지고 애쓰는 것만으로 안 되는 일이 참 많습니다. 이럴 때 크리스천들은 오직 하나님께 의지하여 기도합니다. 이에 반해 불자들은 어떤가요? 절망적인 상황에서 정말 목숨 걸고 간절하게 삼보에 의지하여 기도해 본 적이 있나요?『법구경』109번째 게송과 관련된 인연담을 소개하겠습니다.

> “언제나 어른을 섬기고 받들면 네 가지 축복을 받는다.
> 수명이 길어지고 아름다워지며 행복이 늘어나고 힘도 강해진다.”

부처님 당시 한 바라문이 아내와 아이를 데리고, 뛰어난 외도 수행자를 찾아가 공양을 올렸습니다. 그리고 그 수행자는 바라문과 아내를 바라보며 “오래 사시오!”라며 축원을 했습니다. 하지만 아이를 바라보면서는 아무 축원도 하지 않기에, 의아한 마음으로 수행자에게 이유를 물으니 충격적인 말을 하는 것이었습니다.

“바라문이여, 큰 흉사가 기다리고 있어 아이는 일주일 정도 수명이 남았습니다.”

청천벽력 같은 말을 들은 바라문은 외도 수행자에게 그 화를 막아달라고 요청했으나 그는 자신의 공덕으로는 불가능하며, 이 흉사는 오직 석가모니 부처님만이 막을 수 있을 것이라 답변했습니다.

바라문은 급히 부처님을 찾아가 공양을 올렸는데, 부처님께서도 역시 바라문과 아내를 바라보며 "오래 사시오!"라고 축원할 뿐 아이를 바라보면서는 축원을 하지 않으셨습니다. 바라문은 그 모습을 보며 부처님께 전후 사정을 설명한 후 아이의 흉사를 막아주시기를 간절히 청했습니다. 그러자 부처님께서 바라문에게 이렇게 방법을 알려주셨습니다.

"그대의 집 앞에 대형 천막을 친 후 한가운데 의자를 갖다 놓고 그 주위에 열여섯 개의 의자를 가져다 놓으시오. 가운데 의자에 그대의 아들을 앉히고 비구들이 그 주위에 앉아서 일주일 동안 밤낮으로 쉬지 않고 경전을 암송하면 그대의 아들은 흉사를 피할 수 있습니다."

부처님의 명령을 들은 16명의 비구들은 바라문이 준비한 천막에서 칠 일을 쉬지 않고 경전을 암송하였습니다. 마지막 날은 부처님께서 직접 오셨고 수많은 호법천신들이 그 자리에 따라왔습니다. 사실 그 흉사의 정체는 아와룻다까라는 이름을 지닌 야차였습니다. 그 야차는 한 천왕을 12년간 공양한 대가로 이 아이를 일주일 뒤 잡아먹을 수 있는 권리를 얻은 것이고 아이를 잡아먹기 위해 기다리고 있었던 것입니다. 그런데 일주일 동안 비구들이 경전을 암송하며 아이를 보호하고 야차는 천막 밖에 앉아 있었기에 아이에게 다가갈 수가 없었습니다. 심지어 약속된 그 날은 부처님께서 직접 자리에 오셨기 때문에 매우 난감한 상황을 맞이하게 됩니다.

부처님을 따라온 여러 호법 천신들보다 야차의 위력은 부족했기 때문에 그의 자리는 점점 밀려나게 되고 결국 야차는 150km 정도의 거리를 두고 앉게 됩니다. 아이의 머리카락조차 볼 수 없게 된 것입니다. 여기에 더해 갑자기 부처님께서는 밤새껏 『빠릿따』를 암송하셨습니다. 『빠릿따』는 중생을 보호하는 공덕을 지닌 경전인데, 이 『빠릿따』의 공덕으로 야차는 아이의 존재를 느끼는 것조차 불가능해지게 됩니다. 그렇게 약속된 기한이 지나자 야차는 아이를 잡아먹을 수 있는 권리를 잃었고 그렇게 아이는 흉사를 피할 수 있었습니다. 부처님께서는 『빠릿따』 암송이 끝난 후 아이가 삼배를 올리는 모습을 보시며 이렇게 축원하셨습니다.

"오래 살아라!"

그러자 그의 부모는 아이의 수명이 얼마나 될지를 질문했는데 부처님께서는 이렇게 답하셨습니다.

"바라문이여, 이 아이는 백이십 살까지 살 것입니다."

어느 날 비구들이 수명이 늘어난 아이에 대해 법담을 나누는 것을 보신 부처님께서는 이렇게 말씀하셨습니다.

"비구들이여, 수명만 늘어나는 것이 아니다. 사람들이 계를 지키고 청정하게 수행하며 살아가는 사람들을 공경하면 네 가지가 늘어나고, 위험에서 벗어나며, 수명이 끝날 때까지 어려움 없이 살아간다."

이 금강경은 일종의 『빠릿따』입니다. 심지어 초기 경전의 보호주保護呪에는 포함되지 않은 성불의 길이 담겨 있는 최상승법의 『빠릿따』입니다. 그렇기에 이를 법탑으로 삼아 일체의 호법천신들이 보호하고 공양하는 것입니다. 수보리 존자가 찬탄했듯, 그가 아라한이 된 이후로 단 한 번도 상상조차 못 했던 이 무주상보시의 길이 담긴 이 경전이 얼마나 위대한 보호주가 될까요?

금강경을 수행하는 보살로써 인력으로 해결되지 않는 절망적인 역경을 만나게 된다면 그냥 주저앉아야 할까요? 아닙니다! 오직 금강경이라는 『빠릿따』에 의지하여 수지독송한다면 불보살님들과 이 경전을 사랑하고 아끼는 온갖 호법 천신들의 마음을 감동시킬 수 있을 것입니다. 그렇게 간절한 수행으로 세상을 감동시킨다면, 역경은 영적인 각성을 위한 최고의 기회로써 보살을 도약시킬 것입니다.

"수보리여! 나는 연등부처님을 만나기 전 과거 한량없는 아승기겁 동안 팔백 사천 만억 나유타의 여러 부처님을 만나 모두 공양하고 받들어 섬기며 그냥 지나친 적이 없었음을 기억한다."

須菩提 我念過去無量阿僧祇劫 於然燈佛前 得値八百四千萬億那由他諸佛 悉皆供養承事 無空過者

부처님의 숙명통

지혜 광명의 빛이 강해지면 갖가지 상들의 장애는 저절로 녹아버립니다. 그러면 원래 지니고 있던 다양한 공덕들이 자연스럽게 드러나게 됩니다. 부처님께서 지니시는 큰 위력들은 이 지혜 광명이 밝아지면서 드러나는 것입니다. 부처님께서는 연등불을 만나기 전 최소 2아승기겁의 시간 동안 보살행을 실천하셨다는 것이 초기 불교에서의 일반적인 관점입니다. 그런데 금강경을 통해 부처님께서는 2아승기겁을 넘어서는, 무한에 가까운 기간 동안 만난 8백4천만억 나유타 부처님을 단 한 분도 빼놓지 않고 공양하시며 선근을 심었다고 고백하고 계십니다. 부처님의 구루요가 그리고 지계수복의 기간은 정말이지 무량한 세월이었던 것 같습니다. 부처님께서는 어떻게 이 무량한 세월의 일들을 기억하고 계신 것일까요?

일체지가 있기 때문이라고 단순하게 생각할 수도 있지만, 도대체 그 일체지가 무엇이기에 이런 위력을 발휘하는지를 구체적으로 살펴보겠습니다. 부처님께서 아라한과 다른 점이 무엇인지를 보여주는 다양한 교리들이 있습니다. 대표적으로 십력, 사무외, 그리고 육불공지가 있는데 이는 여실지의 깊이에 따라 차이가 난다는 점을 잘 보여줍니다.

그중 십력의 8번째인 전생을 기억하는 지혜에 대해 좀 더 자세히 살펴보도록 하겠습니다.

지혜 광명이 깊어지다 보면 범부, 성인, 보살 모두 더 많은 정보를 있는 그대로 볼 수 있는 힘이 생깁니다. 그중 전생을 기억하는 숙명통의 지혜는 수행자들 간에 차별이 있습니다. 『법구경 주석서』에는 여섯 부류의 사람들이 전생을 기억한다고 말합니다.

> 외도들은 통찰지가 약하기 때문에 40겁까지, 일반 제자들은 100겁까지, 80명의 대제자들은 10만 겁까지, 두 상수 제자들은 1아승기겁 + 10만 겁까지, 벽지불들은 2아승기겁 + 10만 겁까지, 붓다들은 무한대로 전생을 기억한다.

이는 여섯 부류의 수행자들이 얼마나 오랜 전생을 기억할 수 있는지에 대한 내용입니다. 그런데 기간뿐 아니라 명확성에서도 차이가 난다고 합니다.

> 외도들에게 전생에 대한 기억은 반딧불처럼 나타난다. 일반 제자들에게는 촛불처럼, 대제자들에게는 횃불처럼, 상수 제자들에게는 새벽의 별빛처럼, 벽지불들에게는 달빛처럼, 부처님들에게는 맑은 가을 하늘 햇빛처럼 명백하게 나타난다.

이처럼 『법구경 주석서』에서는 숙명통의 차이를 논하고 있는데, 부처님의 지혜는 무한대로 전생을 기억할 뿐 아니라 그 내용이 마치 맑은 가을 하늘 햇빛처럼 명확하게 드러난다고 합니다. 그래서 부처님께서는 이처럼 무량한 세월 동안 무한한 부처님께 단 한 번의 예외도 없이 모두 공양 올리고 섬기는 수행을 했음을 명확하게 확인하고 자신감 있게 밝히고 있는 것입니다.

모든 일에는 순서가 있습니다. 그리고 수행의 순서상 가장 우선시 되어야 하는 것은 스승을 섬기는 일입니다. 티베트 불교에서는 극단적으로 스승을 섬기도록 교육하는데, 심지어 스승을 제자가 버리는 일은 강렬한 악업이라고 비난합니다. 그 이유는 한 번이라도 먼저 제자가 스승을 떠나게 되면 그것이 습관으로 남아서 이후의 사제관계에 지속적으로 악영향을 미치기 때문입니다. 이 흐름을 끊지 못한다면 그는 영영 스승 없이 홀로 수행의 길을 찾아야만 하는 것입니다.

부처님조차 무량한 전생에서 스승 없이 공부한 적은 거의 없다고 합니다. 스승 없이 이 좁고 곧은 성불의 길을 올바로 걷는다는 것은 매우 어려운 일입니다. 아마 바늘구멍에 낙타가 들어가는 것보다도 훨씬 더 어려울 것입니다. 금강경을 공부하는 수행자들은 성불의 길을 걷기 위해 스승을 섬기는 일에 큰 힘을 쏟아야 합니다. 이것이 바로 성불의 길의 기초입니다.

"만일 어떤 사람이 정법이 쇠퇴할 때 이 경을 잘 받고 지니고 읽고 외워서 얻은 공덕에 비하면, 내가 여러 부처님께 공양한 공덕은 백에 하나에도 미치지 못하고 천에 하나 만에 하나 억에 하나에도 미치지 못하며 더 나아가서 어떤 셈이나 비유로도 미치지 못한다.
수보리여! 선남자 선여인이 정법이 쇠퇴할 때 이 경을 받고 지니고 읽고 외워서 얻는 공덕을 내가 자세히 말한다면, 아마도 이 말을 듣는 이는 마음이 어지러워서 의심하고 믿지 않을 것이다. 수보리여! 이 경은 뜻이 불가사의하며 그 과보도 불가사의함을 알아야 한다."
若復有人 於後末世 能受持讀誦此經 所得功德 於我所供養諸佛功德 百分不及一 千萬億分 乃至算數譬喻 所不能及 須菩提 若善男子善女人 於後末世 有受持讀誦此經 所得功德 我若具說者 或有人聞 心則狂亂 狐疑不信 須菩提 當知 是經義 不可思議 果報亦不可思議

금강경이 바로 스승입니다

몇 년 전 봉은사에서 힐링 법회를 한 적이 있습니다. 천여 명의 불자들이 함께하는 그 자리에서 대중들에게 이런 질문을 던졌습니다.

"여러분은 정기적으로 만나 법을 묻는 스승이 있습니까?"

이 질문 끝에 그 자리에 앉아 있는 대중들의 절반 정도는 눈시울이 붉어졌습니다. 그들에게는 믿고 의지할 수 있는 스승이 없었던 것입니다. 불자들은 항상 선스승을 발원하는 반면, 많은 불자들이 잘못된 인연으로 인해 스승에게 실망한 기억을 지닌 채 결국 스승 없이 신행생활을 이어나가는 모습을 자주 발견합니다. 그렇기에 부처님께서 아무리 스승을 섬기라고 간절히 조언하셔도 그들에게는 이 일 자체가 불가능하게 느껴질지도 모릅니다.

금강경을 공부할 때는 남의 일 바라보듯 읽는 것이 아니라 스스로가 수보리 존자와의 대담이 이루어지는 그 법회에 착석하여 직접 듣는 것처럼 읽어야 합니다. 그리고 만약 일시에 당신이 금강경 법회에 참석할 수 있다면, 더는 스승의 부재에 대해서 걱정할 이유가 없습니다. 왜냐하면 본사이신 석가모니 부처님이 스승으로 계시기 때문입니다. 금강경을 공부하는 보살들에게 있어 성불의 길의 근본 스승은 바로 금강경 그 자체입니다. 이 금강경을 법답게 받아 지니며 수지독송, 서사유통, 위인해설 한다면 이는 성불의 길을 안정적으로 걸어갈 수 있는 공덕이 됩니다. 부처님께서는 분명히 공언하십니다.

> "무량한 기간의 전생을 거치며 무한한 부처님을 스승으로 삼아 공양하고 섬겼지만, 만약 누군가가 금강경을 스승으로 삼아 수지독송하며 섬긴다면 그 공덕이 훨씬 더 광대하다."

물론 이러한 선언은 금강경을 믿고 받아들이며 공부할 수 있다는 전제에서 가능한 일입니다. 소승법을 좋아하는 이들은 분명히 이 가르침을 만나더라도 두려워하고 저항하며, 이를 받들어 수행하지 못할 것이기 때문입니다. 가르침의 본뜻을 이해하면서도 이에 놀라거나 두려워하지 않고 용감하게 지닐 수 있다면 당신은 최상승의 가르침을 어깨에 짊어질 수 있는 인연입니다. 만약 이처럼 이 가르침을 감당할 수 있다면 그는 마치 연등불에게 수기를 받은 것처럼 확신하며 성불의 길을 걸어갈 수 있게 될 것입니다. 이는 무한한 시간을 단축하는 공덕인 반야바라밀의 힘을 금강경이 품고 있기 때문입니다.

금강경의 가르침은 이처럼 공덕이 무량합니다. 만약 당신이 이를 받아들여 원보리심을 지닌 채 중생을 구하는 수행을 한다면, 당신은 금강경 속 부처님께 수기를 받은 것입니다. 지금부터 당신의 스승은 금강경이니 안심하셔도 됩니다. 다만 금강경을 스승으로 생각하려면 스승답게 모시는 방법도 알아야 합니다.

수행자에게 스승이 절실한 이유는 두 가지 때문입니다. 첫째는 선호념으로, 마음이 불안정할 때 안심하도록 도움을 주는 존재는 바로 스승입니다. 의심이 생기면 빨리 스승을 찾아가 인터뷰를 통해 이를 해결해야 하는 것처럼 말입니다. 둘째는 선부촉으로, 안주하여 정체되는 순간 성불의 길로 나아갈 것을 촉구하는 존재가 바로 스승이기 때문입니다.

금강경을 스승으로 삼는 수행자들은 선호념과 선부촉의 문제를 경으로부터 해결해야 하는데, 이를 위한 수행 방법이 바로 수지독송입니다. 마음이 불안할 때도, 안주하며 게을러질 때도 우리는 수지독송을 통해 무주상보시를 기억하고 실천해야 합니다. 이렇게 금강경을 항시 지니고 독송하는 것이 '금강경'이라는 스승에 대한 예의이자 공경입니다.

보살승의 사명을 실천하는 방법 – 수지독송

금강경을 통해 성불의 길을 걷고자 하는 보살들은 그 자체로 법탑입니다. 왜냐하면 법신사리인 금강심의 가르침을 몸과 마음에 지니고 있기 때문입니다. 보살들은 이 법탑의 존재에 대해 세상에 선언할 필요가 있습니다. 이 선언을 통해 법탑을 순례하고자 하는 이들은 그 존재를 알게 되고, 그들은 이 순례의 인연으로 법신사리를 나누어 가질 수 있을 것이기 때문입니다.

법탑의 존재를 선언하는 것은 바로 수지독송의 수행입니다. 수지는 법탑이 되는 것이고, 독송은 세상에 알리는 것입니다. 몸에 수지하고 있는 문자반야와 마음에 수지하고 있는 관조반야의 소리를 세상에 들려준다면 그 자체로도 매우 뛰어난 포교 효과가 있는 것입니다.

한 법우님이 처음 절에 다닐 때는 가족들이 이를 반대했다고 합니다. 절에 너무 자주 가니까 사이비 종교에 빠진 것이 아닌지 걱정하기까지 했다고 합니다. 하지만 1년 정도 꾸준히 절에 다니고 집을 법당으로 삼아 금강경 기도를 했더니 조금씩 변화가 찾아왔다고 합니다. 단 한 번도 불교를 믿으라고 강요한 적이 없는데, 가족들이 불교에 점점 더 관심을 가지게 된 것입니다. 심지어 어느 날은 바빠서 기도를 빼먹었더니 가족들이 왜 기도를 안 하는지를 물으며 얼른 기도하라고 자신을 부추겼다고 합니다. 금강경을 수지독송한 포교의 힘이 드러나기 시작한 것입니다.

마음의 본성은 빛이고, 그 빛은 진동입니다. 그렇기에 독송하는 소리의 진동은 그 자체만으로도 듣는 이의 마음을 변화시킵니다. 이 소리를 듣는 존재들이 이 의미를 아는지 모르는지와는 상관없이 금강경의 지혜 광명에 동화됩니다. 반야의 진동은 세상의 어둠을 물리치는 최상의 방편이기 때문입니다.

특히 불법을 옹호하는 천신들은 금강경을 수지독송 해주는 보살들에게 큰 고마움을 느낍니다. 그들은 보살의 입에서 울려 퍼지는 최상의 공덕을 간절하게 듣고 싶어 합니다. 그들에게 있어 공덕은 최상의 가치이며, 금강경의 진동은 최고의 선물이기 때문입니다. 또한 불법을 공부할 수 있는 조건을 갖추지 못한 미물들 역시 금강경의 수지독송 인연은 매우 귀합니다. 그들은 이 지혜 광명의 소리에 닿는 인연만으로도 그 미물의 삶을 탈피할 수 있는 기회를 지니게 되기 때문입니다.

요즘 가정에서 애완동물을 많이 키우는데, 그들에게 줄 수 있는 최상의 보시는 바로 이 금강경 법보시입니다. 이 지혜 광명의 소리를 그들에게 들려주는 것은, 그들을 배불리 먹여주는 것보다, 그들에게 생명을 선물하는 것보다 훨씬 더 크고 영구적인 도움을 줍니다. 그런 의미에서 절집 근처에 인연이 되어 살아가는 동물들은 그 자체로 희유한 기회를 얻은 것이라고 할 수 있습니다. 금강경의 진동이 세상에 이처럼 강렬한 영향력을 미칠 수 있다면, 가장 우선적이고 강력하게 금강심의 영향을 받는 것은 바로 자신입니다. 수지독송을 통해 몸과 마음을 금강의 지혜로 훈습하여 큰 안심을 얻을 수 있기 때문입니다.

출가한 지 얼마 안 되었을 때의 일입니다. 당시 인연 되었던 한 법우님은 손에 닿는 존재들과 대화할 수 있는 신통한 능력을 태생적으로 지니고 있었습니다. 그 법우님은 그 능력을 더욱 갈고닦아 사람들의 세포에 남아 있는 상처들을 치유해주는 테라피스트Therapist가 되었습니다. 당시 함께 금강경을 공부하던 법우님이 금강경 집중수행을 한 후 이 테라피스트와 만났을 때 매우 흥미로운 대화를 나누는 것을 보게 되었습니다. 테라피스트는 금강경을 수지독송하며 집중 수행한 법우님의 몸을 만져보더니 깜짝 놀라서 이렇게 말했습니다.

"도대체 무슨 일이 있었기에 몸의 세포들이 황금색으로 변한 것입니까?"

금강경 수지독송의 진동은 세포를 하나하나 물들여 황금빛 깨침의 에

너지로 바꾼 것입니다. 당시의 이런 경험 이후 저는 금강경을 항시 독송하고는 했습니다. 물론 이 수지독송의 힘이 몸과 마음을 금강으로 변화시킬 것이라는 확신이 있었기 때문에, 제 금강경 수행은 수지독송에서 서사유통으로 그리고 위인해설의 단계로 발전해 나갈 수 있었던 것입니다.

금강경을 수지독송하는 것은 그 자체로 세상을 향한 축복입니다. 부처님의 수기를 온 세상에 전달하는 것이며, 성불의 길을 인연 닿는 모든 중생들에게 권장하는 사명의 실천입니다. 이처럼 뛰어난 수행법을 부처님께서 중생을 위해 찬탄하며 권하시는 것은 매우 자연스러운 일입니다.

17 구경무아분 / 궁극의 가르침, 무아

究竟無我分 第十七

그때 수보리가 부처님께 여쭈었습니다.
"세존이시여! 가장 높고 바른 깨달음을 얻고자 하는 선남자 선여인은 어떻게 살아야 하며 어떻게 그 마음을 다스려야 합니까?"
부처님께서 수보리에게 말씀하셨습니다.
"가장 높고 바른 깨달음을 얻고자 하는 선남자 선여인은 이러한 마음을 일으켜야 한다. '나는 일체 중생을 열반에 들게 하리라. 일체 중생을 열반에 들게 하였지만 실제로는 아무도 열반을 얻은 중생이 없다.' 왜냐하면 수보리여! 보살에게 자아가 있다는 관념, 개아가 있다는 관념, 중생이 있다는 관념, 영혼이 있다는 관념이 있다면 보살이 아니기 때문이다."

爾時 須菩提白佛言 世尊 善男子善女人 發阿耨多羅三藐三菩提心 云何應住 云何降伏其心 佛告須菩提 善男子善女人 發阿耨多羅三藐三菩提者 當生如是心 我應滅度一切衆生 滅度一切衆生已 而無有一衆生實滅度者 何以故 須菩提 若菩薩 有我相人相衆生相壽者相 則非菩薩

발보리심의 반복 – 작보리심

중생의 마음과 부처님의 마음은 하나이며 일심입니다. 『대승기신론』에서는 중생심이 진여문眞如門과 생멸문生滅門의 화합인 일심임을 명확히 밝히고 있습니다. 논에서는 이 일심의 시소게임이 훈습薰習의 힘에 의해 결판난다는 것을 말하는데, 이것이 금강경 속에서는 보리심의 반복을 통한 수행론으로 제시됩니다.

인간의 의식은 그 자체로 매우 유연합니다. 아수라들이 강렬하게 분노에 사로잡혀 있고, 아귀들이 강력한 탐욕에 사로잡혀 굳은 의식을 지니고 있는 것과는 다르게 인간의 의식은 고무줄처럼 유연합니다. 짐승만도 못한 최악의 행동을 하기도 하고, 깨달음을 얻어 천인들의 스승이 되기도 하는 것이 가능한 이유가 바로 이것 때문입니다. 이 광대한 불성의 잠재력을 모두 발휘할 수 있는 것은 육도 중 인간이 유일하기에, 세상의 모든 부처님께서는 인간으로서 성불의 길을 완성하는 것입니다. 인간의 마음은 충분히 노력을 통해 변화시킬 수 있습니다.

성불의 길을 걷기 위해 일체중생을 구제하는 다짐은 원보리심입니다. 그리고 이를 구체적으로 실천하기 위해 무주상보시를 하는 것은 행보리심입니다. 광대한 서원을 품고 자비행과 반야바라밀을 완성하는 여정이 바로 성불의 길인 것입니다. 그런데 하근기 중생들은 반드시 이 마음을 반복해서 일으켜야 합니다. 왜냐하면 탐진치의 흐름에서 벗어나지 못해 무명훈습의 힘이 아직도 남아 있기 때문입니다.

상근기 보살들의 경우는 쉽게 원보리심을 일으키고 쉽게 행보리심을 실천합니다. 그들은 특별히 의심도 없고, 있더라도 쉽게 해결하여 성불의 길을 무난하게 달려갑니다. 그렇기에 그들은 하근기 중생의 마음을 잘 모를 수 있습니다. 그러나 하근기 보살들은 원보리심이 무섭습니다. 그리고 행보리심이 어렵습니다. 하지만 그럼에도 불구하고 성불의 길을 가고 싶은 서원은 포기할 수 없기에 끈질기게 금강경의 가르침에 매달립니다.

'매달린다'는 것은 말 그대로 매우 '위태위태하다'는 뜻입니다. 그들이 매달려 있는 서원의 끈은 언제 끊어져도 이상하지 않습니다. 그렇기에 그들은 더욱 분발하여 금강경을 수지독송해야 하고, 죽기 살기로 무주상보시를 배워야 합니다. 이렇게 애를 써서 노력을 반복할 때 무명훈습의 흐름에 저항할 수 있고, 진여훈습의 힘을 강하게 만들 수 있습니다.

빠른 속도로 달려오는 자동차를 세우기 위해서는 애를 써서 반대로 밀어내는 힘을 반복적으로 가하며 죽기 살기로 노력해야 합니다. 그렇게 포기하지 않고 발버둥을 멈추지 않고 반복하다 보면 어느 순간 임계점이 다가옵니다. 즉, 감속에서 가속으로 넘어가는 인연이 도래하는 것입니다. 그때부터 무주상보시의 수행은 쉬워집니다. 상근기 보살들이 쉽게 보리심을 수행했던 이유는 그들은 이미 이 임계점을 넘어 진여훈습의 흐름을 만들었기 때문입니다.

금강경이 무주상보시에 대한 나선형 반복 구조로 되어있는 이유는, 대부분의 보살들이 보리심을 한 번 일으키는 발보리심만으로는 부족한 상태이기 때문입니다. 이들은 처절하게 무명훈습의 흐름에 저항하며 반복적으로 보리심을 일으켜야 하는데, 이것이 바로 작보리심입니다. 그렇기에 부처님께서는 하근기 중생들의 작보리심을 위해 앞서 수보리 존자와 나눴던 대화를 반복하는 것입니다.

변화하기 위한 발버둥을 멋지지 못하다며 비웃는 사람이 있을 수 있습니다. 맞습니다! 그 모습은 결코 멋지지 못할 수도 있습니다. 하지만 비웃는 그 사람은 멋지게 변화됨을 포기하고 있다는 사실을 알아야 합니다. 그저 무명훈습無明薰習의 흐름에 따라 멋지게 파멸의 길로 쓸려가고 있는 것입니다. 성불의 길을 걷고 싶은 보살들은 이 멋지지 못한 아등바등하는 실수의 반복을 받아들여야 합니다. 오직 성불의 길에 대한 서원으로 그 어떤 망상에도 속지 않고 보리심을 끝없이 반복하는 이 길을 걸어갈 줄 아는 사람이 바로 금강보살입니다.

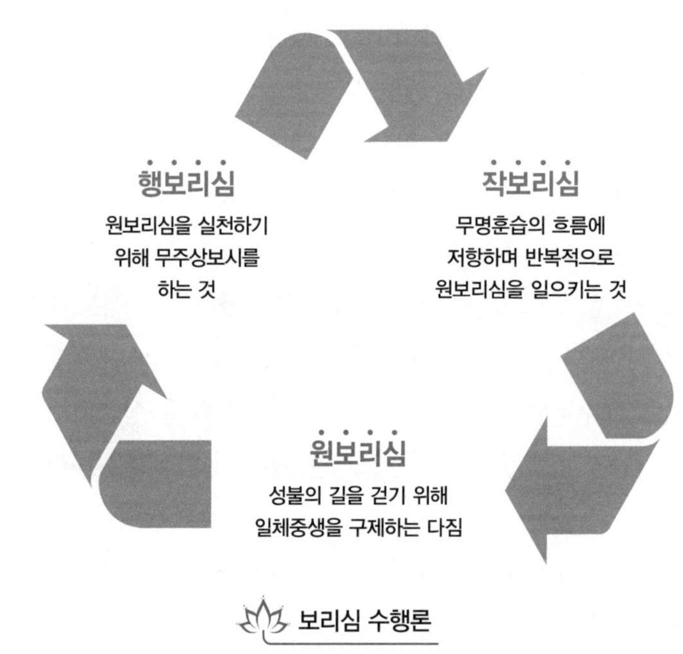

보리심 수행론

"그것은 수보리여! 가장 높고 바른 깨달음에 나아가는 자라 할 법이 실제로 없는 까닭이다."
所以者何 須菩提 實無有法 發阿耨多羅三藐三菩提者

무주상 발심

금강경 수행이 최상의 공덕을 낳는 이유는 난이도가 상당히 높은 하이 리스크 하이 리턴high risk high return 수행이기 때문입니다. 무명훈습에서 벗어나 진여훈습의 흐름을 만들기 위해 발버둥을 치는 와중에도 무주상의 이치를 기억하고 적용하기 위해 노력해야 하는데, 이는 꽤 어려운 일입니다. 하지만 만약 이 어려운 일을 기억하고 실천할 수 있다면 우리는 최고의 공덕을 손에 넣을 수 있습니다.

부처님께서 보살들은 끝없이 작보리심을 반복해야 한다고 천명하셨습니다. 하지만 금세 보리심이라는 것이 실재하지 않는다고 말씀하시니 작보리심을 실천하려고 다짐했던 사람은 힘이 쭉 빠질지도 모릅니다. 우리는 부처님의 이 말씀을 무주상의 이치를 통해 잘 받아들일 필요가 있습니다.

부처님께서 이렇게 말씀하신 이유는 중생은 본래 부처님이라는 점을 상기시켜주기 위해서입니다. 하근기 중생이 작보리심을 반복해야 한다는 것에 사로잡히기 시작하면, 마치 중생이 성불하기 위해서는 보리심이라는 고정된 실체를 얻어야 한다고 생각할 수 있습니다. 이는 큰 착각으로써 중생은 그저 사상을 버리기만 하면 금강심을 얻을 수 있기 때문입니다.

지그문트 프로이트Sigmund. Freud, 칼 융Carl Jung, 그리고 매슬로Abraham Maslow 등과 같은 심리학자들은 현대인들이 노력 기제를 활용하는 데 익숙하다고 표현합니다. 노력 기제란 무엇인가를 얻기 위해서는 반드시 애를 쓰는 과정이 필요하다는 관점입니다. 이는 자신은 부족한 존재이기에 더 나아지기 위해서는 애를 써야 하고, 이것은 무엇인가를 얻어야만 한다는 낮은 자화상에서 비롯되는 것입니다. 이러한 관점과 노력 기제의 방법론은 고금을 막론하고 중생을 지배했습니다. 하지만 중생은 중생상을 버리는 순간 부처님입니다. 중생은 본래 태생적으로 고귀한 존재입니다. 이를 발견하기 위해 우리가 얻어야 할 것은 없고, 오직 버려야 할 것만 있습니다.

보리심을 반복해서 일으킬 때 분명히 기억해둬야 할 점은 보리심은 얻은 바가 없다는 것입니다. 그저 가르침을 수지독송하며 익숙해지면 자연스럽게 마음이 보리심에 물들어가는 것입니다. 이것이 바로 금강경의 수지독송 수행입니다.

PART

19

수보리 존자의 열아홉 번째 질문

부처님께서는 얻을 수 있는 깨달음이라고 하는 법은 없다고 하셨다.

"그러면 내가 얻은 반야는 법이 아니라는 것인가? 세존께서는 연등부처님께 법을 얻어서 성불하셨는데 어째서 깨달음은 얻는 것이 아니며 법은 얻을 수 없는 것이라고 하시는가?"

KEY POINT 성불의 길

"수보리여! 그대 생각은 어떠한가? 여래가 연등부처님 처소에서 얻은 가장 높고 바른 깨달음이라 할 법이 있었는가?"
"아닙니다, 세존이시여! 제가 부처님께서 말씀하신 뜻을 이해하기로는 부처님께서 연등부처님 처소에서 얻으신 가장 높고 바른 깨달음이라 할 법이 없습니다."
부처님께서 말씀하셨습니다.
"그렇다, 그렇다. 수보리여! 여래가 가장 높고 바른 깨달음을 얻은 법이 실제로 없다. 수보리여! 여래가 가장 높고 바른 깨달음을 얻은 법이 있었다면 연등부처님께서 내게 '그대는 내세에 석가모니라는 이름의 부처가 될 것이다.'라고 수기하지 않았을 것이다. 가장 높고 바른 깨달음을 얻은 법이 실제로 없었으므로 연등부처님께서 내게 '그대는 내세에는 반드시 석가모니라는 이름의 부처가 될 것이다.'라고 수기하셨던 것이다."
須菩提 於意云何 如來於然燈佛所 有法得阿耨多羅三藐三菩提不 不也世尊 如我解佛所說義 佛於然燈佛所 無有法得阿耨多羅三藐三菩提 佛言 如是如是 須菩提 實無有法如來得阿耨多羅三藐三菩提 須菩提 若有法如來得阿耨多羅三藐三菩提者 然燈佛 則不與我受記 汝於來世 當得作佛 號釋迦牟尼 以實無有法得阿耨多羅三藐三菩提 是故 然燈佛 與我受記 作是言 汝於來世 當得作佛 號釋迦牟尼

수기授記의 조건

이번에는 보살대중들의 유병이 수기라는 주제를 통해 발병했습니다. 심지어 연등불의 수기를 통해 부처님께서 최상의 반야바라밀이라는 실체를 전해 받은 것이 분명하다고 의심하기 시작한 것입니다. 이는 마치 선가에서 법을 전할 때 그 상징으로 발우를 전하듯 무엇인가를 받았다고 착각하는 것과 비슷합니다.

일단 선가의 전법과 부처님의 수기는 근본부터 다릅니다. 수기는 성불했다고 인정하는 것이 아니라 성불할 것을 예언하는 것입니다. 이는 수기 받는 보살의 의식에 성불의 흐름이 안정화되었기 때문에 가능한 일입니다. 반면 선가의 전법은 완성형으로 스승이 전해주고자 했던 법을 제자가 증득했다는 것을 증명하는 것입니다.

일반적인 보살수행 수기의 조건과 금강경 속 수기의 조건은 다릅니다. 일반적인 보살수행 수기는 앞서 살펴봤던 것처럼 8가지 조건을 갖추어야 합니다. 그리고 그 핵심은 아라한에 가까운 반야의 지혜와 성불의 길에 대한 욕구인 서원입니다. 이 조건들이 화합작용을 일으킬 때 보살의 성불의 길은 안정적인 흐름을 만드는 것입니다.

금강경의 수기는 수보리 존자의 종교개혁 그 자체입니다. 이 특별한 사건 이전 불교계에서는 성불의 길을 걷는 보살을 매우 특별하다고 여겼는데, 이것이 표현된 내용이 바로 수기의 8가지 조건일 것입니다. 하지만 보살승 운동을 하는 이들은 성불의 문을 완전히 개방했습니다. 그들이 말한 성불의 길을 걷는 조건은 오직 하나, 원보리심 뿐입니다. 그렇기에 그들은 선언한 것입니다.

"보리심을 일으킨 존재는 모두 보살이다."

보살승 운동을 하는 이들에게는 보리심을 일으키는 것 그 자체가 수기입니다. 최소 2아승기겁 동안 수만의 부처님께 공양을 올리고 섬기며 십바라밀을 닦았던 옛 보살들과 비교했을 때, 이 수기의 조건이 너무 가볍다고 생각하시나요? 부처님께서는 이것이 가능한 이유를 반야바라밀로써 설명합니다. 무주상의 힘이 있기 때문에 아승기겁의 세월을 압축한 수행의 효율을 불러일으키는 것입니다.

어렸을 적 세상을 구하는 영웅들이 등장하는 애니메이션을 보는 것을 좋아했는데, 그 영웅들은 한 가지 특징을 공유하고 있었습니다. 스스로의 능력을 자각하고 활용하기 전에는 매우 평범한 사람들이었고, 심지어는 자신이 지닌 능력에 대해 전혀 몰랐다는 점입니다. 그런 영웅들을 보며 항상 이렇게 생각했습니다.

'내가 지금 자각하지 못하지만 분명 나는 세상을 구하는 영웅일 거야!'

이 영웅들은 보살과 매우 유사합니다. 전통적으로 보살들이 수기를 받기 전 본인의 정체성에 대해 자각하지 못하는 것은 영웅들과 비슷한 점입니다. 또한 보살 역시 영웅들과 마찬가지로 세상을 구하는 사명을 짊어지고, 매우 오랜 세월 이를 실천하니 이것 역시도 비슷합니다.

금강경 속 수기는 이미 내려졌습니다. 성불의 길을 걷기를 서원한 당신은 이미 미래의 부처님입니다. 다만 솟구치는 의심과 한바탕 줄다리기를 해야 하는 과제가 남아 있습니다. 이 수기를 끊임없이 의심한다면, 그리고 성불의 길을 포기하고 싶은 마음이 반복해서 일어난다면 그 수기는 힘을 발휘하지 못합니다. 부처님께서 말씀하시듯 반야바라밀의 힘으로 의심을 끊어 구하는 바가 멈추어질 때까지 금강경 수지독송을 반복한다면 어느 순간 흔들리지 않는 이러한 자각이 분명히 생길 것입니다.

'나는 성불의 길을 끝까지 걸어가고자 하는 보살이다. 나는 세상을 구하는 영웅이다!'

PART

20

수보리 존자의 스무 번째 질문

부처님께서는 반야의 법이 성불의 원인이라고 하셨다. "만일 반야의 법이 실체가 없다면 성불의 원인이 없는 것이다. 원인이 없다면 깨달음이라는 과보를 어떻게 얻을 수 있겠는가?"

KEY POINT 진여

"왜냐하면 여래는 모든 존재의 진실한 모습을 의미하기 때문이다.
어떤 사람이 여래가 가장 높고 바른 깨달음을 얻었다고 말한다면, 수보리여! 여래가 가장 높고 바른 깨달음을 얻은 법이 실제로 없다. 수보리여! 여래가 얻은 가장 높고 바른 깨달음에는 진실도 없고 거짓도 없다. 그러므로 여래는 '일체법이 모두 불법이다.'라고 설한다.
수보리여! 일체법이라 말한 것은 일체법이 아닌 까닭에 일체법이라 말한다.
수보리여! 예컨대 사람의 몸이 매우 큰 것과 같다."
수보리가 말하였습니다.
"세존이시여! 여래께서 사람의 몸이 매우 크다는 것은 큰 몸이 아니라고 설하셨으므로 큰 몸이라 말씀하셨습니다."
何以故 如來者 卽諸法如義 若有人言 如來得阿耨多羅三藐三菩提 須菩提 實無有法佛得阿耨多羅三藐三菩提 須菩提 如來所得阿耨多羅三藐三菩提 於是中 無實無虛 是故 如來說 一切法 皆是佛法 須菩提 所言一切法者 卽非一切法 是故 名一切法 須菩提 譬如人身長大 須菩提言 世尊 如來說人身長大 則爲非大身 是名大身

선글라스 벗기

금강경에서 말하는 최상의 깨달음은 비유하자면 선글라스 벗기입니다. 중생은 세상을 인식할 때 항상 이분법의 선글라스를 끼고 있습니다. 부처님께서는 이 선글라스를 벗었기 때문에 세상을 있는 그대로 보는 것입니다. 세상 사람들은 자신이 이분법의 선글라스를 쓰고 있다는 사실조차 모르는 경우가 많습니다. 그리고 그 사실을 알더라도 아무런 문제의식이 없는 경우도 있습니다. 또한 문제의식을 가지고 있더라도 이 인식의 과정이 너무나도 미세하고 습관적이라, 이를 초월하는 것을 포기해 버리는 경우도 있습니다.

최상의 반야란 이분법의 선글라스를 벗는 것임을 명확하게 알지 못하면, 조금만 집중을 놓쳐도 사람들은 어느 순간 선글라스를 낀 상태로 최상의 반야를 찾기 시작합니다. 선글라스를 끼고 바라보는 반야는 아무리 찾아 봐야 이분법일 뿐입니다. 그렇기 때문에 금강경의 가르침은 그 어떤 고귀한 진리를 표현한 말과 생각이라도 이를 법상으로 치부하며 법공의 이치로 깨버릴 것을 강조하는 것입니다. 조금 과격한 표현을 사용하는 선사들은 '부처를 만나면 부처를 죽인다'고 표현하는데, 이것 역시 같은 맥락입니다.

선글라스를 벗기 전에는 결코 그 어떤 것도 진정한 반야바라밀이라고 할 수 없습니다. 부처님께서는 선글라스를 쓰고 바라보는 모든 상들의 허망함을 강조하셨고, 이를 알아차릴 때 선글라스를 벗어 던질 수 있는 기회가 생길 수 있음을 말씀하셨습니다. 정신을 똑바로 차리지 못한 채 보살이 해야 할 일을 올바로 하지 않는다면 우리는 끝없는 도돌이표의 지옥에 빠지게 될 것입니다.

법신은 선글라스를 벗어 던진 최상의 진리를 상징합니다. 선글라스를 벗은 채 세상을 바라보면 모든 것이 있는 그대로인 진여 그 자체입니다. 그러므로 중생과 부처님께서는 똑같은 대상을 바라보되 다른 경험을 하는 것입니다. 부처님께서는 중생들에게 반복해서 이 말을 강조합니다.

"모든 중생은 이미 완벽한 부처님"

중생들은 스스로를 중생이라고 비하하며 중생상에 빠져 있습니다. 무주상보시의 연습을 통해 이 갖가지 상들로부터 자유로워질 수 있다면 무위의 힘은 점점 강해져 결국 세상을 뒤덮는 지혜 광명을 발광할 수 있게 될 것입니다. 삼천대천세계의 중생들의 어리석음을 녹이는 광명은 바로 금강경을 읽는 보살들의 미래 모습입니다.

PART

21

수보리 존자의 스물한 번째 질문

부처님께서 보살이 되는 마음을 일으키는 법도 실체가 없다고 하셨다.
"보살은 중생을 제도할 법이 있기에 보살이라고 이름하는데 그 법이 있지 않다면 어떻게 보살이라고 하겠는가?"

KEY POINT 삼공

"수보리여! 보살도 역시 그러하다. '나는 반드시 한량없는 중생을 제도하리라.' 말한다면 보살이라 할 수 없다. 왜냐하면 수보리여! 보살이라 할 만한 법이 실제로 없기 때문이다. 그러므로 여래는 모든 법에 자아도 없고, 개아도 없고, 중생도 없고, 영혼도 없다고 설한 것이다.
수보리여! 보살이 '나는 반드시 불국토를 장엄하리라.' 말한다면 이는 보살이라 할 수 없다. 왜냐하면 여래는 불국토를 장엄한다는 것은 장엄하는 것이 아니라고 설하였으므로 장엄한다고 말하기 때문이다.
수보리여! 보살이 무아의 법에 통달한다면 여래는 이런 이를 진정한 보살이라 부른다."
須菩提 菩薩亦如是 若作是言 我當滅度 無量衆生 則不名菩薩 何以故 須菩提 實無有法名爲菩薩 是故 佛說一切法 無我無人無衆生無壽者 須菩提 若菩薩作是言 我當莊嚴佛土 是不名菩薩 何以故 如來說莊嚴佛土者 卽非莊嚴 是名莊嚴 須菩提 若菩薩 通達無我法者 如來說名眞是菩薩

삼공의 바다는 무한하다

아공我空과 법공法空의 도리는 구공俱空을 만날 때 비로소 완전해집니다. 아공과 법공의 이공만으로는 무병을 치유할 수 없기 때문입니다. 물론 삼공이라는 명칭도 이분법 속 개념에 불과하기에 실체가 없습니다. 하지만 이분법의 선글라스를 벗는 원동력은 삼공의 지혜이기 때문에 이는 매우 중요합니다.

보살은 원보리심을 일으킨 존재라는 것을 말했지만, 사실 보살이라는 개념 역시 실체가 없습니다. 부처님께서는 모든 상을 떠난 존재라고 말했지만, 모든 상을 떠난다는 것 역시 그저 상일뿐입니다. 이것이 명자상名字相과 언설상言說相 그리고 심연상心緣相의 명확한 한계입니다.

보살은 깨어있는 마음으로 잊지 말아야 할 것이 있습니다. 바로 이 문자반야로 표현된 금강경 역시 하나의 도구에 불과한 상이라는 것을 말입니다. 또한 이분법의 틀을 완전히 벗어나기 전에는 반야에 대한 자신의 사유들 역시 상에 불과하다는 것을 말입니다. 그렇다고 구더기 무서워서 장을 못 담그는 어리석음처럼 문자와 언설 그리고 심연상을 활용하는 것을 두려워해도 안 됩니다. 만약 안 쓰고 살아갈 방법이 있다면 모르겠으나, 이 마음 작용은 끝없이 변화하며 이어지기에 심지어 몸이 죽는다 하더라도 이 상의 흐름은 계속됩니다. 그러나 금강경에서는 이와 같은 상의 바다에 뛰어들어 상을 초월하는 방법을 보살에게 제시합니다. 이것이 즉비 공식에 시명이 붙는 이유입니다.

모든 상이 허망한 것을 알면 삿된 것을 깨버리고, 순간순간 드러나는 올바름에 이름을 붙이는 것을 거침없이 행할 수 있습니다. 독을 제대로 알고 잘 쓰면 약이 되는 것처럼, 상으로써 상을 치료하는 약으로 삼는 것입니다. 그리고 그 약이 되는 상의 이름은 바로 '삼공'입니다. 그러니 보살은 진리에 대한 상을 비롯한 모든 상들을 삼공의 바다에 용해시켜야 합니다. 단 하나의 예외도 없이 모두 깨버리는 자세가 무아법에 통달하는 길이 될 것입니다.

PART

22

수보리 존자의 스물두 번째 질문

“만일 보살이 중생을 제도하지도 않고 불국토를 장엄하지도 않는다면 어떻게 여래의 5가지 눈五眼을 지닐 수 있겠는가?”

KEY POINT  무위의 깊이, 일체지

18 일체동관분 / 분별없이 관찰함

一體同觀分 第十八

"수보리여! 그대 생각은 어떠한가? 여래에게 육안이 있는가?""그렇습니다, 세존이시여! 여래에게는 육안이 있습니다."
"수보리여! 그대 생각은 어떠한가? 여래에게 천안이 있는가?""그렇습니다, 세존이시여! 여래에게는 천안이 있습니다."
"수보리여! 그대 생각은 어떠한가? 여래에게 혜안이 있는가?"
"그렇습니다, 세존이시여! 여래에게는 혜안이 있습니다.""수보리여! 그대 생각은 어떠한가? 여래에게 법안이 있는가?"
"그렇습니다, 세존이시여! 여래에게는 법안이 있습니다."
"수보리여! 그대 생각은 어떠한가? 여래에게 불안이 있는가?"
"그렇습니다, 세존이시여! 여래에게는 불안이 있습니다."
須菩提 於意云何 如來有肉眼不 如是世尊 如來有肉眼 須菩提 於意云何 如來有天眼不 如是世尊 如來有天眼 須菩提 於意云何 如來有慧眼不 如是世尊 如來有慧眼 須菩提 於意云何 如來有法眼不 如是世尊 如來有法眼 須菩提 於意云何 如來有佛眼不 如是世尊 如來有佛眼

부처님의 오안五眼

보살대중들은 부처님께서 오안五眼을 지닌다고 하니 이것이 마치 육신의 눈처럼 얻을 수 있는 물질이라고 착각합니다. 그런데 이 오안은 단 하나의 물질도 말하고 있지 않으며 심지어 육안도 마찬가지로 단 하나의 물질도 말하고 있지 않습니다. 설일체유부에서는 안근을 부진근扶塵根과 승의근勝義根으로 구분합니다. 부진근이란 육체에 달려 있는 눈이라는 감각기관을 말하는 것이고, 승의근이란 부진근을 도구로 보는 작용을 일으키는 힘을 말합니다. 이런 구분을 한 이유는 어떤 사람이 후천적으로 맹인이 되었을 때, 눈은 있지만 보지 못하는 경우가 있기 때문입니다. 이것은 눈을 포함한 육체의 감각기관은 그저 도구일 뿐이라는 사실을 알게 합니다.

부처님의 오안은 이처럼 승의근의 차원에서 보는 힘을 말합니다. 좀 더 정확하게 말하면 특정한 대상을 인지하는 능력을 말합니다. 이는 육신의 눈인 부진근처럼 무엇인가를 얻는 것이 아니라 장애가 사라짐에 따라 반야광명의 힘이 커지는 과정에서 드러나는 것이기에 얻을 것은 없습니다.

중생은 상에 미혹하여 있는 그대로를 보지 못한다고 했습니다. 그리고 이 상을 만드는 장애의 종류는 번뇌장과 소지장인데, 이는 생각과 감정 그리고 감각의 장애입니다. 부처님께서 지니시는 오안의 순서는 이러한 장애가 사라지는 순서와 깊은 관련이 있습니다.

오안 하나하나를 간단히 살펴보면 육안은 당연히 육체적 눈으로서, 인간이라면 대부분 지니고 태어나는 감각기관의 힘입니다. 물론 부진근과 승의근 중 당연히 승의근에 대한 이야기입니다.

다음으로 천안은 육안으로는 보이지 않는 것을 보는 힘을 말합니다. 이는 일종의 심안心眼의 첫 단계로써 이제부터는 보는 영역이 아니라 인지하는 영역입니다. 선정삼매의 힘을 통해 드러나는 힘인 이 천안은 보통 죽음을 맞이한 중생이 어디에 태어났는지를 아는 힘으로 소개되었습니다. 물론 이것 외에도 천상세계를 본다든지, 먼 지역을 본다든지, 미래나 과거를 보는 등 신통력과 연관이 있는 힘입니다.

혜안은 무아를 꿰뚫어 아는 힘으로서, 이는 번뇌장이 사라짐에 따라 드러나는 반야광명의 힘입니다. 이 혜안이 깊어짐에 따라 번뇌로부터 점점 자유로워지기에 안심은 더 지극해집니다.

법안은 법공을 아는 힘으로서 소지장에서 자유로워짐에 따라 생기는 힘입니다. 소지장이란 알아야 할 바를 알지 못하도록 막는 장애인데, 이 장애가 사라짐에 따라 외부경계의 상에 대해서도 덜 미혹해집니다. 이 무상의 깊이에 따라 알아야 할 바를 아는 반야광명이 점점 더 드러나는 것입니다.

불안은 앞의 네 가지 눈이 원만해진 것을 의미합니다. 육신의 눈도 수승하고, 최고의 육신통을 지니며, 번뇌장과 소지장을 완전히 제거한 상태이기에 있는 그대로를 보는 여실지와 알아야 할 바를 아는 일체지가 완성되는 것입니다. 이분법의 틀을 완전히 벗어던졌기에 불안의 눈에 비치는 세상의 모든 것은 불완전이 아니라 완전으로서 승화됩니다.

부처님의 오안은 이처럼 무위의 깊이에 따라 성현의 차별이 생긴다는 금강경의 이치를 '눈'이라는 상징으로 개념화한 것입니다. 그렇기에 이 '눈'은 즉비 '눈'이지만 시명, 이름하여 '눈으로 불리는 것'입니다. 그러므로 '부처님께서는 어떻게 오안을 얻게 되었는가?'라는 의심은 착각입니다.

부처님의 오안

"수보리여! 그대 생각은 어떠한가? 여래는 항하의 모래에 대해서 설하였는가?"
"그렇습니다, 세존이시여! 여래는 이 모래에 대해 설하셨습니다."
"수보리여! 그대 생각은 어떠한가? 한 항하의 모래와 같이 이런 모래만큼의 항하가 있고 이 여러 항하의 모래 수만큼 부처님 세계가 그만큼 있다면 진정 많다고 하겠는가?"
"매우 많습니다, 세존이시여!"
부처님께서 수보리에게 말씀하셨습니다.
"그 국토에 있는 중생의 여러 가지 마음을 여래는 다 안다. 왜냐하면 여래는 여러 가지 마음이 모두 다 마음이 아니라 설하였으므로 마음이라 말하기 때문이다. 그것은 수보리여! 과거의 마음도 얻을 수 없고 현재의 마음도 얻을 수 없고 미래의 마음도 얻을 수 없는 까닭이다."
須菩提 於意云何 如恒河中所有沙 佛說是沙不 如是世尊 如來說是沙 須菩提 於意云何 如一恒河中所有沙 有如是等恒河 是諸恒河所有沙數佛世界 如是寧爲多不 甚多世尊 佛告須菩提 爾所國土中 所有衆生 若干種心 如來悉知 何以故 如來說諸心 皆爲非心 是名爲心 所以者何 須菩提 過去心不可得 現在心不可得 未來心不可得

불교의 시간관

불교적 입장에서는 시간도 예외 없이 실체가 없습니다. 이는 이후 발전한 물리학계에서도 유사한 결론을 내리고 있습니다. 아인슈타인은 상대성이론을 통해 시공간이 변화 없이 존재한다는 고정관념의 틀을 깨버렸습니다. 그런데 흥미롭게도 보살승 운동이 일어날 당시의 불자들이 물들어 있는 시간관은 이와 의견이 좀 달랐습니다.

설일체유부는 '삼세실유법체항유三世實有法體恒有'를 주장했는데 이 중 삼세실유의 내용을 살펴보면 과거, 현재, 미래인 삼세가 마치 필름처럼 실재하고, 우리가 경험하는 시간은 이 필름이 돌아감에 따라 드러나는 경험이라는 것입니다. 이 관점이 품고 있는 문제는 과거와 현재 그리고 미래가 지금 이 순간 경험할 수 있는지의 차이만 있을 뿐, 그 필름은 모두 차별 없이 실재한다고 생각하는 점입니다.

금강경에서는 광대심과 제일심을 연습하기 위해 상상과 공간적 개념 그리고 시간적 개념을 활용합니다. 광대하다는 것, 무량하다는 것이 어떤 가능성을 품고 있는지를 반복해서 상상할 수 있도록 갖가지 방편을 활용하는 것입니다. 이렇게 활용되는 시간에 대한 개념을 본격적으로 깨보기 전에 그 개념을 좀 더 정확하게 계산해보도록 하겠습니다.

불교에서는 겁劫이라는 시간 단위를 활용하는데, 이 겁을 설명하는 방식은 여러 가지입니다. 이 중 인간의 수명을 바탕으로 계산하는 겁을 소개하겠습니다. 인간의 수명은 10세에서부터 84,000세까지 변화한다고 합니다. 그리고 그 수명은 100년에 1세씩 늘어나 84,000세가 된 후 이번에는 100년에 1세씩 줄어들어 다시 10세가 되는 기간을 1소겁이라고 합니다. 이를 계산해보면 (84,000-10)×100×2=16,798,000년이 됩니다. 여기에 1중겁은 20소겁이라고 하니 다시 계산해보면 16,798,000×20=335,960,000년이 되고, 1대겁은 4중겁이기에 이를 계산하면 335,960,000×4=1,343,840,000년이 됩니다.

1소겁 = 100년에 1세씩 늘어나 84,000세가 되었다가
다시 100년에 1세씩 줄어들어 10세가 되는 기간
= (84,000–10)×100년×2(반복)=16,798,000년

1중겁 = 20소겁
= 16,798,000×20=335,960,000년

1대겁 = 4중겁
= 335,960,000×4=1,343,840,000년

인간의 수명 : 10세에서 84,000세까지 변화

이 1대겁이라는 단위는 한 소세계가 성주괴공成住壞空을 거치는 기간을 말하기도 합니다. 이 인간의 수명을 기준으로 한 겁의 계산은 겨자씨의 비유와 같은 방식에서 가장 짧은 시간인데도 13억 년이 넘는 것입니다.

보살이 성불의 길을 걷기 위해 필요한 최소의 시간으로 3아승기겁 10만 대겁을 손에 꼽는데, 여기서 말하는 아승기란 무한에 가까운 수를 말합니다. 인도의 시간 단위에서 이 아승기는 항하의 모래 수보다 더 많은 숫자인데, 그만큼의 겁이라니 과연 상상이나 가능한 기간인가요? 하지만 단순히 무한한 시간이라고 하는 것보다는 훨씬 더 구체적으로 상상이 가능하니 광대심과 제일심의 연습 방편으로 시간 단위 역시 차용이 된 것입니다.

신라의 의상 조사가 남긴 유명한 『법성게』에는 화엄학의 시간개념이 잘 소개됩니다. '구세십세호상즉九世十世互相卽'이라는 구절 속 '구세'를 먼저 알아보자면 과거와 현재, 미래를 삼세三世라고 부릅니다. 그런데 과거의 시점에도 분명히 삼세가 존재했을 것이고, 미래도 마찬가지입니다. 그래서 과거와 현재 그리고 미래에 각각 삼세가 있다고 하니 이것이 구세가 되는 것입니다.

물론 과거의 과거에도 삼세가 있을 수 있습니다. 하지만 이렇게 물고 들어가면 무한소급의 오류가 생기기 때문에 구세로써 무한세를 표현하기로 약속한 것입니다. 여기서 끝이라면 불교의 시간관은 실체를 인정하는 오해를 낳을 수 있습니다. 시간의 무상을 드러내기 위한 시간관이 바로 십세입니다. 무한세인 구세에 일세로 추가된 하나의 시간은 무엇일까요? 그것은 다름 아닌 깨어있음의 '일념'입니다.

삶을 살아가면서 우리는 자신의 과거를 종종 되돌아보게 됩니다. 그런데 10년을 살았던, 20년을 살았던, 84,000년을 살았던 것과 상관없이 과거를 돌아보는 그 순간, 시간이 하나의 점으로 느껴질 때가 있습니다. 이런 경험을 해보신 적 없으신가요? 시간은 그저 한 점입니다. 다만 그 일념에서 경험한 기억들이 시간이 있다고 착각을 불러일으키는 것뿐입니다.

구세가 십세로 발전하며 불교의 시간관은 완성됩니다. 구세를 통해 개념화할 수 있는 모든 무한세의 시간을 표현했기에 속제를 무시하지 않고 포섭할 수 있습니다. 그리고 이 무한세의 실재는 그저 끝없이 이어지는 일념의 연속일 뿐, 시간이라는 실체는 없다는 진제도 명확하게 제시된 것입니다. 화엄학은 이 속제와 진제 어디에도 치우치지 않고 모두를 포섭하는 십세를 제시함으로써 중도제의 시간관을 보여주고 있습니다.

과거심 불가득

금강경을 처음 수지독송하는 많은 불자들이 입에 달고 다니는 구절이 있습니다.

> "과거심 불가득 현재심 불가득 미래심 불가득
>
> 過去心 不可得 現在心 不可得 未來心 不可得"

이 구절은 금강경에만 등장하는 특별한 내용이라고 생각할 수 있지만 사실 부처님께서 즐겨 활용하시던 가르침이었습니다. 초기 불교에서는 이 내용이 어떤 상황에서 활용되었는지 그 예를 들어 보겠습니다. 『법구경 주석서』의 「법구경 게송」 142번과 관련되어있는 일화를 간단히 소개합니다.

“부처님 재세시에 재가불자의 몸으로 아라한이 된 존재가 있었는데 그는 산따띠 장관입니다. 그는 코살라국의 국경지방에서 일어난 반란을 진압한 주역으로 국왕은 그의 공을 치하하기 위해 일주일간 그에게 최고의 파티를 열어 주었습니다. 그는 나라에서 가장 아름다운 무희들과 술에 취해 쾌락을 즐겼는데, 그중 한 무희에게 완전히 마음을 빼앗겼습니다. 부처님께서는 이 산따띠 장관이 쾌락을 즐기는 모습을 멀리서 보시고는 이렇게 말씀하셨습니다.

“아난다여, 산따띠 장관을 보라. 그는 바로 오늘 저 모습 그대로 몸에 장신구를 단 채로 나에게 달려올 것이고, 나는 그에게 사구게송을 설할 것이다. 그는 게송 끝에 아라한이 되어 야자나무 일곱 배 높이로 공중에 날아 올라가 가부좌를 틀고 빠리닙바나에 들 것이다.”

그날 산따띠 장관은 낮에는 연못에서 물놀이를 하다가 저녁이 다가오자 또다시 마음을 빼앗긴 무희를 보기 위해 연회장으로 나아갔습니다. 그녀는 무대 중앙에서 춤과 노래 솜씨를 뽐냈으며 모든 사람들은 넋을 놓고 그 모습을 바라봤습니다. 그러나 그녀는 아름답고 우아한 곡선미를 뽐내기 위해 일주일 동안 굶은 상태였습니다. 그 상태에서 그녀는 무리하게 몸을 빙글빙글 돌며 춤을 추다가 갑자기 칼로 도려내는 듯한 복통을 겪고는 입을 벌리고 눈을 치켜뜬 채 쓰러지며 죽음을 맞이하고 말았습니다.

애착하던 무희의 갑작스러운 돌연사를 목격한 장관은 슬픔과 비탄에 빠졌습니다. 마치 붉게 달아오른 화로에 떨어진 물방울이 순식간에 증발해 버리듯이 일주일 동안 마신 술기운도 한순간에 사라져 버렸습니다. 그의 마음은 절실하게 의지처가 필요했기에 이렇게 생각했습니다.

‘부처님 외에 누가 나의 슬픔을 소멸시켜 줄 수 있을 것인가?’

그가 부처님께 나아가 눈물을 흘리며 전후 사정을 고하자 부처님께서는 이렇게 말씀하셨습니다.

"그대는 그대의 괴로움을 소멸시킬 수 있는 유일한 사람에게 왔다. 그대가 헤아릴 수 없이 윤회하는 동안 그녀의 죽음을 보고 비탄에 빠져 흘린 눈물의 양이 저 사대양의 물보다 더 많다. 그러니 눈물을 멈추라."

부처님께서는 진정이 된 장관에게 가르침 끝에 이런 게송을 알려주셨습니다.

"지나간 과거를 붙들고 근심하지 말고 오지 않는 미래를 걱정하지도 말라. 지금 이 순간에도 마음이 머무는 바가 없다면 그대는 평화롭게 살아가리라." ❞

이 게송 끝에 장관은 재가불자의 몸으로 아라한이 되었습니다. 이 법구경 인연담 속 부처님의 게송은 금강경의 구절과 매우 유사합니다. 중생은 과거와 현재 그리고 미래라는 시간이 실재한다고 생각하여 상에 미혹하기 때문에 그곳에 마음을 머무르게 되고, 그렇게 집착하게 됩니다. 만약 그 어디에도 머무르지 않도록 깨어있는 일념의 마음을 쓴다면 우리는 자유로워질 수 있습니다. 구하는 바가 사라지면 이를 통해 안심할 수 있습니다. 팔풍에 휘둘리지 않는 금강심으로 나아가기 위해서는 이처럼 시간을 포함한 모든 상으로부터 자유로워져야 합니다.

인드라망과 빅데이터

금강경의 오안은 일체지자의 불이의 의식을 말합니다. 그렇기 때문에 항하의 모래 수만큼의 중생들의 삼세 마음을 모두 다 알 수 있는 것입니다. 어쩌면 일체지이니 당연한 것 아닌가라고 생각할 수도 있지만 어떻게 이것이 가능한지 원리를 아는 것은 수행자에게 매우 중요합니다.

조지 오웰George Orwell의 소설 『1984』에는 시민을 감시하고 이를 통해 그들을 지배하려고 하는 빅브라더Big Brother가 등장합니다. 그가 지닌 권력의 원천은 정보의 수집과 통제를 통한 '앎'입니다. 이 소설이 쓰인 1949년에는 이러한 일들이 그저 상상 속에서 이루어졌겠지만, 현대의 기술력은 점점 빅브라더를 실현 가능한 일로 만들고 있습니다.

지금 순간에도 전 세계 사람들의 모든 인터넷 활동은 기록되고 있습니다. 이 정보들의 모임을 '빅데이터Big Data'라고 하는데, 구글은 이에 대해 가장 큰 영향력을 지니고 있습니다. 지금 쓰고 있는 이 글도 인터넷을 바탕으로 기록된 것이기에 모두가 빅데이터에 저장되고 있습니다.

사실 불자들에게 있어 이러한 정보의 기록은 새삼스럽지 않습니다. 왜냐하면 이 빅데이터는 그저 세상의 특징을 반영한 것이기 때문입니다. 이 세상은 모든 행위가 기록되게 되어있고, 이 정보가 인과율에 의해 세상의 변화에 영향을 미칩니다. 불교의 유식학에서는 개인의 모든 정보가 저장되는 마음의 특징을 '아뢰야식'이라고 했습니다. 그리고 이 개인을 넘어서는 정보의 저장은 아타나식의 역할임을 개념화했습니다.

이 정보의 기록을 비유적으로 보여주는 것이 제석천왕의 인드라망입니다. 제석천왕은 소세계의 사천하를 다스리고 유지하는 역할을 하는 사천왕들의 수장입니다. 그래서 그는 소세계를 굽어볼 수 있는 힘이 필요한데, 이것이 가능하도록 하는 힘 중의 하나가 바로 이 인드라망입니다.

인드라망은 무한한 씨줄과 날줄로 이어져 있는 하늘의 그물인데, 이 그물코에는 무엇이든 비추는 여의보주가 걸려 있다고 합니다. 무한한 그물코에 있는 무한대의 여의보주에서 일어나는 행위는 그 찰나에 서로가 서로를 비추는 힘에 의해 모든 여의주에 전송됩니다. 이것은 하나 속에 모든 것이 들어 있는 화엄의 일중다다중일一中多多中一의 이치를 잘 보여주는 비유라고 할 수 있습니다.

이는 물리학자들에게도 새삼스레 놀랄 일은 아닙니다. 양자를 연구하는 이들에게 있어 양자가 세상의 모든 정보를 매 찰나 공유하는 것은 당연한 일이기 때문입니다. 양자, 마음, 빅데이터가 모든 정보를 기록한다는 것은 이제는 상식으로 변화하고 있습니다. 이러한 시점에서 중요한 점은 빅데이터를 소유하고 있는지의 여부가 아니라 열람과 해석이 가능한지의 여부입니다. 즉, 양자로 이루어진 모든 존재는 이미 구세십세를 꿰뚫는 무량한 존재의 정보를 소유하고 있습니다. 이는 모든 존재가 이미 일체지의 가능성을 품고 있다는 뜻입니다. 하지만 이를 열람하고 지혜롭게 해석하여 활용하는 것이 누구에게나 가능한 일은 아닙니다.

무위의 힘으로 장애를 초월할수록 반야의 광명은 점점 강렬해지는데, 이를 상징적으로 표현한 것이 바로 금강경의 오안이었습니다. 그렇게 일체지자의 불안을 활용할 수 있는 상태가 되면 아무리 무량한 공간과 무량한 시간 그리고 무량한 수의 존재들의 마음일지라도 자유롭게 열람하고 활용할 수 있게 됩니다. 금강경에서 반복적으로 부처님께서는 일체중생을 바라보고 계신다는 점을 강조할 수 있는 이유가 바로 이 일체지의 힘을 근거로 합니다. 무시이래의 모든 정보를 열람하고 적절히 해석하여 활용할 수 있는 반야의 광명이 바로 불안입니다.

PART

23

수보리 존자의 스물세 번째 질문

부처님께서는 장엄할 국토도 없고 제도 받을 중생도 없다고 말씀하셨다. 수보리 존자는 이 가르침을 듣고 집착이 끊어졌으나 뒤이어 생각한다.

"중생도 국토도 있지 않다면 보시를 해도 복을 받을 수 없고 수행할 필요도 없다. 그러면 복은 어떻게 받는가?"

KEY POINT  공덕과 복덕, 무위의 통달

19 법계통화분 / 복덕 아닌 복덕

法界通化分 第十九

"수보리여! 그대 생각은 어떠한가? 어떤 사람이 삼천대천세계에 칠보를 가득 채워 보시한다면 이 사람이 이러한 인연으로 많은 복덕을 얻겠는가?"
"그렇습니다, 세존이시여! 그 사람이 이러한 인연으로 매우 많은 복덕을 얻을 것입니다."
"수보리여! 복덕이 실로 있는 것이라면 여래는 많은 복덕을 얻는다고 말하지 않았을 것이다. 복덕이 없기 때문에 여래는 많은 복덕을 얻는다고 말한 것이다."
須菩提 於意云何 若有人 滿三千大千世界七寶 以用布施 是人 以是因緣 得福多不 如是世尊 此人 以是因緣 得福甚多 須菩提 若福德有實 如來不說得福德多 以福德無故 如來說得福德多

공덕과 복덕

모든 존재의 행위는 저장됩니다. 이것은 상속의 흐름을 만들고, 이 끝없는 흐름으로 경험이 이어집니다. 주체는 없으나 경험이 이어지는 이유는 바로 이 업의 상속 때문입니다. 우리는 경험을 바꾸기 위해 노력하는데, 이를 통해 무명이 훈습되는 흐름을 역행하여 진여훈습眞如薰習의 흐름을 만드는 것입니다. 이것이 바로 보살행이자 성불의 길입니다.

보살은 이미 재물과 목숨에 대한 집착을 포기하는 보시바라밀의 연습을 해야 한다는 것을 밝혔습니다. 그 후에 남는 집착은 오직 공덕에 대한 것뿐입니다. 하지만 부처님께서는 성불을 위해 복덕을 많이 쌓아야 하는 것이 분명하지만, 동시에 '복덕은 실체가 없음'을 강조하고 계십니다. 이를 좀 더 구체적으로 이해하기 위해 우선 공덕과 복덕을 구분해 보도록 하겠습니다. 사실 불교계에서는 공덕과 복덕이 거의 혼용되는 실정이지만 이를 구분해두는 것이 도움이 될 것입니다.

이 세상에는 존재의 행위를 저장하는 성질이 있습니다. 이 행위를 불교에서는 '업'이라고 하며 업이 남기는 힘을 '업력'이라고 부릅니다. 하나의 업은 동시에 두 가지 측면의 영향력을 지닙니다. 예를 들어 누군가를 향해 욕을 한다면, 이 욕은 주체의 마음에 욕하는 습관을 들이는 동시에 듣는 모든 이들의 마음에 영향력을 행사하여 욕한 주체와의 관계를 변화시킵니다. 즉, 업의 영향력은 내면으로 향하는 것과 밖으로 향하는 측면이 동시에 존재하는 것입니다.

이처럼 안으로 향하는 업을 '나누지 않는다'는 뜻으로 '불공업不共業'이라고 하고, 외부로 향하는 업은 그 영향력이 공유되기에 '공업共業'이라고 합니다. 이 불공업과 공업은 두 개의 업이 아니라 하나의 업의 양면으로써 마치 동전의 양면과 같습니다.

공덕과 복덕을 나누는 기준은 바로 불공업과 공업입니다. 불공업을 통해 생겨나는 영향력은 공덕과 관련이 있고, 공업의 영향력은 복덕과 관련이 있는 것입니다. 즉, 공덕은 개인적인 마음의 성향이지만 복덕은 외부 존재들과의 관계입니다. 여기에 더해 중요한 사실은 이 개인적인 공덕과 관계를 형성하는 복덕은 바로 세상과의 관계를 형성하는 근거가 된다는 것입니다. 이러한 세상과의 관계를 인과율이라고 부를 수 있는데, 이 인과율에 의해 선인선과 악인악과善因善果 惡因惡果의 흐름이 형성되는 것입니다.

사람과 존재의 삶을 관찰하던 역대의 철학자들과 종교인들은 이런 인과율의 흐름을 진리 또는 신이라고 불렀습니다. 특히 이를 신이라고 부르는 것은 일종의 인격화를 거치는데, 이는 그저 인간만이 지니는 관념입니다.

이러한 인격화된 신에 대한 관념을 지닌 이들은 종종 역경을 경험할 때 '신의 마음은 차갑다'고 말합니다. 이는 인과율의 흐름을 인간의 관점에서 바라보려고 하는 착각의 부작용입니다. 불교의 교리에서도 이를 비인격적인 법신으로 상징화했습니다. 다만 불자들은 이 법신 역시 개념일 뿐이기에 그 실체는 공하다는 것을 분명하게 이해해야 합니다. 그리고 공하다고 해서 인과율의 흐름이 없다는 뜻은 결코 아닙니다. 주체가 없어도 작용은 분명히 있기 때문입니다.

불교에서 활용되는 공덕이라는 개념에는 이처럼 개인적인 마음의 성향과 다른 존재와의 관계, 그리고 이를 넘어서는 세상과의 관계가 모두 포함됩니다. 물론 이는 그저 개념일 뿐 실체가 없습니다. 다만 이 공덕이라는 실체 없는 작용은 진여훈습의 흐름을 강렬하게 만들어 중생을 부처님으로 변화시키는 힘이 있습니다. 그렇기에 이 공덕의 효능이 있을 때 중생은 성불의 행복을 누릴 수 있습니다.

무량한 공덕을 쌓는다는 것, 그중에서도 무위공덕을 통해 출세간의 행복을 누린다는 것은 다름 아니라 무위를 통달해간다는 의미입니다. 그리고 무위가 깊어질수록 점점 더 오안이 열리게 되고, 이렇게 드러나는 반야의 광명은 세상의 모든 존재를 행복으로 이끄는 원동력이 됩니다.

업의 관계

PART

24

수보리 존자의 스물네 번째 질문

부처님께서는 형상에 집착하지 말고, 중생을 제도하려 하지 말고, 국토를 장엄하려 하지 말라고 말씀하셨다.
"중생제도와 국토 장엄은 성불의 원인이다. 그 복덕으로 부처의 32상 80종호를 이루는 것이다. 하지만 이제 제도할 중생이 없고 장엄할 국토가 없으니 성불의 원인이 없다. 또한 증득할 깨달음이 없으니 과보도 없다. 이처럼 인과가 끊어졌으니 부처도 없다.
그렇다면 지금 내 앞에 드러난 부처님은 32상 80종호를 어떻게 이루신 것인가?"

법신, 보신, 화신의 관계

20 이색이상분 / 모습과 특성의 초월

離色離相分 第二十

"수보리여! 그대 생각은 어떠한가? 신체적 특징을 원만하게 갖추었다고 여래라고 볼 수 있겠는가?"

"아닙니다, 세존이시여! 신체적 특징을 원만하게 갖추었다고 여래라고 볼 수는 없습니다. 왜냐하면 여래께서는 원만한 신체를 갖춘다는 것은 원만한 신체를 갖춘 것이 아니라고 설하셨으므로 원만한 신체를 갖춘 것이라고 말씀하셨기 때문입니다."

"수보리여! 그대 생각은 어떠한가? 신체적 특징을 갖추었다고 여래라고 볼 수 있겠는가?"

"아닙니다, 세존이시여! 신체적 특징을 갖추었다고 여래라고 볼 수는 없습니다. 왜냐하면 여래께서는 신체적 특징을 갖춘다는 것이 신체적 특징을 갖춘 것이 아니라고 설하셨으므로 신체적 특징을 갖춘 것이라고 말씀하셨기 때문입니다."

須菩提 於意云何 佛可以具足色身見不 不也世尊 如來不應以具足色身見 何以故 如來說具足色身 卽非具足色身 是名具足色身 須菩提 於意云何 如來可以具足諸相見不 不也世尊 如來不應以具足諸相見 何以故 如來說諸相具足 卽非具足 是名諸相具足

모든 것이 법신이다

아미타불의 극락세계를 배우다 보면 생기는 의문이 하나 있습니다. 법장비구는 사바세계의 중생들이 욕심을 부리고 다투기 쉬운 상황을 만드는 원인 중 하나로 좁은 땅을 손에 꼽았습니다. 땅에서는 인간이 누리는 모든 것들이 나오는데, 이것이 부족하니 이를 욕심내며 빼앗으려고 싸움이 이어진다는 것입니다. 이것은 수요와 공급의 법칙으로서 충분히 일리가 있는 의견이며, 인간의 모든 정복 전쟁의 역사를 꿰뚫는 원인이기도 합니다.

법장비구는 극락세계를 구상할 때 이런 문제점을 해결하기 위해 극락의 넓이를 무한대로 늘립니다. 그렇게 탄생한 극락세계의 장엄이 바로 『왕생론往生論』의 양공덕量功德의 장엄입니다. 그런데 이 무한한 극락의 넓이는 필연적으로 이런 의문을 발생시킵니다.

"만약 극락이 무한하다면 지금 이 사바세계도 극락인가?"

무한하다는 것이 지니는 의미를 우리는 광대심 연습을 통해 충분히 알고 있기에, 이 의문이 일리가 있다는 것을 알 수 있습니다. 만약 정말로 극락이 무한하다면 지금 이 자리를 포함한 법계 어디든 극락이어야 합니다. 그런데 왜 이곳은 극락과 다를까요?

이 역설은 진공묘유眞空妙有의 원리로써 해결이 됩니다. 아무리 극락세계가 넓어도 그 실체는 진공입니다. 다만 관찰자의 육근과 상응할 때 극락을 경험할 수 있는데, 이것이 바로 묘유입니다. 사바세계의 중생이 무한한 극락세계를 경험하지 못하는 이유는 다름 아니라 육근이 상응하지 못하기 때문입니다.

사실 무한한 극락세계는 그 자체로 아미타불의 몸입니다. 그렇기 때문에 법장비구로부터 시작된 그의 보살행은 국토장엄을 하는 것처럼 보일 수 있습니다. 하지만 실제로는 보살의 마음을 우선 청정하게 장엄함으로써 아미타불의 신체를 장엄하고 있는 것입니다. 이 모든 장엄은 하나로 통하기 때문에 아미타불은 청정한 마음과 아름다운 몸 그리고 국토의 장엄 모두를 성취했습니다.

다시 말하지만 무한한 극락세계는 아미타불의 몸으로서의 법신이고, 극락의 중심부 연화대 위에 앉아계신 키가 수미산보다 큰 아미타불의 몸은 보신입니다. 또한 극락세계에 태어난 모든 존재들은 아미타불의 화신입니다. 그런데 우리가 여기서 반드시 짚고 넘어가야 하는 점이 있습니다. 아미타불의 법신과 보신 그리고 화신은 서로 다른 것일까요?

만약 법신과 보신이 다르다고 생각한다면 이는 마치 무한한 법신의 세계에서 보신의 형상만큼 구멍을 오려내야 한다고 주장하는 것과 마찬가지입니다. 만약 화신이 법신과 다르다고 한다면? 그렇다면 법신의 영역에는 화신 수만큼의 무한한 구멍이 나 있어야 할 것입니다. 바다와 파도가 다르지 않듯 법신과 보신 그리고 화신은 다르지 않습니다. 법신, 보신, 화신이라는 개념이 실재한다고 착각하면 독립적으로 떨어진 어떤 고정된 모양의 신체가 있다고 착각하게 되어, 어이없는 오해를 불러일으키는 원인이 됩니다.

수행공덕을 상징하는 보신이든, 32상을 갖춘 화신이든 상관없이 모두 상으로부터 자유로워진 청정한 마음, 법신으로부터 비롯된 것입니다. 부처님이 장엄하신 가장 거룩한 모습은 모든 형상의 착각으로부터 자유로워질 때 보너스로 얻어지는 1+1의 선물입니다. 그러니 보살은 다른 생각하지 말고 부지런히 명상의 정진을 실천하면 될 것입니다.

PART

25

수보리 존자의 스물다섯 번째 질문

부처님께서는 중생이 공하고 부처도 공하여 볼 수 있는 상이라는 것은 없다고 말씀하셨다.
"그렇다면 몸이 없는데 누가 법을 설하는 것인가?"

KEY POINT 무위설법

21 비설소설분 / 설법 아닌 설법

非說所說分 第二十一

"수보리여! 그대는 여래가 '나는 설한 법이 있다.'는 생각을 한다고 말하지 말라. 이런 생각을 하지 말라. 왜냐하면 '여래께서 설하신 법이 있다.'고 말한다면, 이 사람은 여래를 비방하는 것이니, 내가 설한 것을 이해하지 못했기 때문이다. 수보리여! 설법이라는 것은 설할 만한 법이 없는 것이므로 설법이라고 말한다."

須菩提 汝勿謂如來作是念 我當有所說法 莫作是念 何以故 若人言 如來有所說法 卽爲謗佛 不能解我所說故 須菩提 說法者 無法可說 是名說法

무위설법과 유위설법

부처님께서는 비설소설분을 통해 설한 바가 없는 무위의 설법을 강한 어조로 말씀하십니다. 만약 누군가가 부처님께서 설한 바가 있다고 한다면 이는 유위설법을 하셨다는 뜻이고, 이는 부처님의 경계를 낮추는 비방이라고까지 말하고 있는 것입니다. 그렇다면 유위설법과 무위설법은 어떤 차이가 있을까요?

존재들이 의도를 갖고 행한 행위는 흔적을 남기기 마련인데, 『임제록臨濟錄』의 삼구법문에서는 이를 세 가지 유형으로 구분했습니다. 부처님의 경우 분명히 허공에 도장을 찍어 흔적이 전혀 남지 않는 제일구에 해당합니다. 만약 부처님께서 이에 해당하지 않는다면 과연 누가 이에 도달하여 무위를 통달할 수 있었을까요?

무위설법이란 제일구의 행위로써 분명 설법을 하시기는 하지만 흔적이 단 하나도 남지 않기 때문에 설한 바가 없습니다. 이 무위설법의 핵심은 의도가 없다는 것입니다. 의도가 없다는 것에 대해 부처님께서는 반복적으로 이렇게 표현하셨습니다. “말하는 자가 아니라 듣는 자”라고 말입니다. 듣는 자의 태도로써 제자들의 질문과 마음에 대한 리액션을 보여주시는 것이 부처님의 설법입니다.

유위설법을 하는 사람들은 결코 대기설법을 할 수 없습니다. 그들은 자신이 말하고자 하는 내용을 마음에 품고 있기에, 청중의 근기를 고려할 수 없습니다. 이런 경우 청중은 그 설법을 듣는 것 자체가 고역입니다. 왜냐하면 그 설법의 내용은 말하는 자가 하고 싶은 말이지 청중이 듣고 싶은 말도, 들을 수 있는 말도 아니며 필요조차 없는 말인 경우가 많기 때문입니다. 이런 제삼구의 법문은 완전히 죽은 언어입니다.

한 상담학 교수님이 했던 농담이 기억납니다. “만약 교수나 법사가 청중 앞에서 자신이 하고 싶은 말, 아는 척하는 말, 못 알아듣는 말만 1시간을 한다면 그는 청중들에게 1시간의 상담료를 지불해야 한다”고 말입니다. 왜냐하면 하고 싶은 말을 들어주는 역할을 하는 사람은 상담가인데 청중들이 그의 상담을 들어줬기 때문입니다. 청중들에게 설법할 기회를 지닌 부처님의 제자라면 이런 고집스러운 유위 법문은 결코 하지 말아야 합니다.

만약 무주상의 진리를 배우지 않은 사람이라면 부처님께서 설법하신 바가 있다고 말할 수도 있습니다. 그는 무주상을 모르고 상에 미혹해 있기 때문입니다. 하지만 만약 비설소설분까지 공부한 보살이 부처님께서 여전히 설한 바가 있다고 고집한다면, 이는 부처님의 법문이 고집스러운 제삼구의 행위라고 비방하는 것과 같은 것입니다. 만약 그렇다면 부처님께서는 오랜 시간 그의 법문을 들은 역사상 모든 제자들에게 상담료를 지불하셔야 되지 않을까요? 무위에 통달한 부처님을 유위로 끌어내리는 비방은 멈춰져야 할 것입니다.

PART

26

수보리 존자의 스물여섯 번째 질문

부처님께서 법신은 진리를 설한 바도 제시한 바도 없다고 말씀하셨다.
"이 법은 매우 심오한데 미래에 믿고 받아들일 수 있는 중생이 있을까?"

중생 부처님

그때 수보리 장로가 부처님께 여쭈었습니다.
"세존이시여! 미래에 이 법 설하심을 듣고 신심을 낼 중생이 조금이라도 있겠습니까?"
부처님께서 말씀하셨습니다.
"수보리여! 저들은 중생이 아니요 중생이 아닌 것도 아니다. 왜냐하면 수보리여! 중생 중생이라 하는 것은 여래가 중생이 아니라고 설하였으므로 중생이라 말하기 때문이다."
爾時 慧命須菩提 白佛言 世尊 頗有衆生 於未來世 聞說是法 生信心不 佛言 須菩提 彼非衆生 非不衆生 何以故 須菩提 衆生衆生者 如來說非衆生 是名衆生

중생과 마음 그리고 부처님은 차별이 없다

금강경 속에는 가르침의 소중함을 강조하는 구절들이 있습니다. 특히 이 경전은 지니고만 있어도 그 자리는 법신사리탑이 있는 곳이자, 무량한 성현들이 탄생하는 곳이 됩니다. 그 결과 이 경전 자체를 신앙의 대상으로 삼아 기도하는 사람들도 나타나게 되었습니다. 그들은 금강경 자체를 신성시 여겨서 금강경을 머리에 올린 채 받들어 모십니다. 혹시나 누군가가 경전을 땅에 내려놓으면 그를 쫓아가 호되게 혼을 내기도 합니다.

이는 매우 이상한 모습입니다. 조금만 더 이성적으로 생각해 보면 이런 모습은 그저 법집에 사로잡힌 어리석음에 불과합니다. 왜냐하면 금강경의 가르침에 따르면 분명 중생은 개념일 뿐 실체가 없기에 이미 부처님입니다. 비설소설분의 내용에서도 수보리 존자가 미래 중생이 이 미묘한 가르침을 받아들일 수 있을지를 걱정하자 부처님께서는 단호하게 중생은 중생이 아니라고 말씀하십니다.

금강경이 귀한 것은 분명하지만, 이 경전은 그저 문자반야입니다. 이에 집착하여 중생이라는 귀한 부처님을 무시한다면 이것은 바로 뗏목이 아까워 태양만한 다이아몬드를 포기하는 것과 같은 어리석은 행동입니다. 보살들은 달을 가리키는 손가락에 빠져 달을 저버리는 실수를 해서는 안 됩니다. 경전만 귀한가요? 사람이 부처님이기에 사람도 매우 존귀합니다. 물론, 이런 존귀상에 사로잡혀 '나는 부처님이다!'라고 말하며 오만해진다면 이것 또한 큰 실수입니다.

다시 말하자면, 경전의 권위를 존중하지 말자는 것이 아니라, 한 관점에 사로잡혀 사람의 격을 낮추어 비굴해질 필요가 없다는 것을 강조하고 싶습니다. 부처님께서는 금강경의 가르침을 통해 분명히 말씀하셨습니다. "우리는 부처님과 조금도 다르지 않은 금강심을 이미 지니고 있다"고 하셨으니 보살은 이 말을 굳게 믿고 당당해져야 합니다.

『화엄경華嚴經』의 광대한 문장 중 대중들에게 유명한 한 문장이 있습니다.

> "마음과 부처님 그리고 중생, 이 셋은 차별이 없다."

이 문장은 불안佛眼의 견지에서 바라본 세상입니다. 세존께서 이분법의 틀에 갇혀 있는 이들에게 간절하게 조언하신 이 가르침을 이제는 믿어야 합니다. 부처님께 귀의한다는 것은 자신의 의견과 부처님의 의견이 다를 때, 자신의 고집을 포기하고 부처님의 의견을 받아들이겠다는 의미입니다. 만약 부처님의 관점이 자신과 다를 때 부처님의 말씀을 믿지 않고 계속 고집만 부린다면 그것은 부처님이 아닌 자신의 고집에 귀의하는 행동입니다.

옛 선사들은 중생이 부처님이라고 하시는 말씀을 철저히 받아들이셨습니다. 간화선을 잘하기 위해서는 삼대 요건을 갖추어야 한다고 말하는데, 이는 '대신심', '대분심', '대의정'입니다. 이 중 대신심은 바로 부처님과 내가 똑같은 불성을 지니고 있다는 진리를 확실히 믿는 것입니다. 이 신심이 갖추어졌기 때문에 선사들은 목숨 걸고 치열하게 정진할 수 있었던 것입니다.

한 유명한 선사는 추운 겨울날 사찰에 땔감이 떨어져 대중들이 얼어 죽을 위기에 처하자, 도끼를 들고 법당에 들어가 목불을 불단에서 내려 쪼갠 후 불쏘시개로 썼다고 합니다. 목불이 부처님인가요? 사람이 부처님인가요? 어디에도 사로잡히지 않는 마음자리로 살아가는 이들에게는 무엇이 중요한지가 좀 더 명확히 보이는 것 같습니다.

사람이 부처님이라는 확신이 있어야 합니다. 금강경에서 이를 반복적으로 강조하는 이유는 이 대신심이 원보리심의 시작이고, 이를 통해 스스로 성불의 길에 대한 가능성을 확신할 수 있기 때문입니다. 금강경 전체의 내용을 통해 이 대신심을 지닐 수 있다면 그는 분명히 보살로 화생할 수 있습니다. 이 대신심이 곧 금강경의 수기입니다.

PART

27

수보리 존자의 스물일곱 번째 질문

부처님께서 법신은 무상하여 얻을 수 있는 법이라는 것은 없다고 하셨다.
"그렇다면 어떻게 일체 선법을 닦아 깨달음을 얻을 수 있겠는가?"

KEY POINT  중도제, 최고의 가르침

22 무법가득분 / 얻을 것이 없는 법

無法可得分 第二十二

수보리가 부처님께 여쭈었습니다.

"세존이시여! 부처님께서 가장 높고 바른 깨달음을 얻은 것은 법이 없는 것입니까?"

부처님께서 말씀하셨습니다.

"그렇다, 그렇다. 수보리여! 내가 가장 높고 바른 깨달음에서 조그마한 법조차도 얻을 만한 것이 없었으므로 가장 높고 바른 깨달음이라 말한다."

須菩提白佛言 世尊 佛得阿耨多羅三藐三菩提 爲無所得耶 佛言 如是如是 須菩提 我於阿耨多羅三藐三菩提乃至無有少法可得 是名阿耨多羅三藐三菩提

속제와 진제 그리고 중도제

보살대중들은 중생이 본래 중생이 아니라는 사실을 받아들이자 최상의 깨달음이 실체가 없다는 사실을 진심으로 공감하게 되었습니다. 금강경의 가르침을 배워오며 속제와 진제를 정확하게 구분할 수 있게 된 것입니다. 그래서 그들의 마음을 대표하여 수보리 존자가 먼저 부처님께 말했습니다.

> "부처님께서는 정말로 깨달음이라는 것을 얻으신 적이 없으시군요!"

장애로부터 자유로워지는 과정이 어떻게 얻는 것으로 표현될 수 있었을까요? 이것은 아귀처럼 얻고 싶은 열망에 쌓인 중생 마음의 반영일 뿐입니다. 이 얻음의 착각에서 벗어날 때 즉, 아상을 유지하는 중요한 기둥 중 하나인 중생상을 무너뜨릴 때 일체중생의 진면목을 올바로 볼 수 있습니다.

자주 반복되는 '즉비시명則非是名'의 공식은 무상을 이해하는 중요한 열쇠입니다. 즉비는 속제인 상분과 진제인 물자체가 같지 않음을 말하는 것입니다. 그런데 이 진리를 전달하기 위해서는 즉비를 전제에 둔 언설상을 활용해야 합니다. 이렇게 시명의 언설을 자유롭게 활용하는 것은 중도제의 태도입니다. 진공이지만 묘유이기에, 진공에 대한 부작용인 허무에 빠지지 않고 묘유를 적극적으로 표현할 줄 아는 것입니다.

20세기를 살았던 철학자 비트겐슈타인Ludwig Wittgenstein은 언어철학의 대가로서 언어와 경험의 관계를 깊이 연구했습니다. 대중들에게 전해진, 그의 상징과도 같은 말은 다음과 같습니다.

"나의 언어의 한계가 세계의 한계를 의미한다."

인간은 언어를 만들어냄으로써 개념을 효율적으로 사용하기 시작했습니다. 언어란 인류문명이 축적되고 발전될 수 있도록 도운 결정적 도구입니다. 하지만 이 언어는 주객전도를 일으켜 인간의 경험을 지배하기 시작했습니다. 인간의 뇌는 마치 컴퓨터처럼 언어 한마디를 듣는 순간 의지와 상관없이 그에 대한 상을 마음에서 경험하도록 길들여진 것입니다.

이것이 바로 문자상, 언설상, 심연상인데 언어를 통한 이 자동화 시스템은 이분법의 인식 틀을 견고하게 유지하는데 핵심적 역할을 합니다. 이는 아담과 이브가 선악과를 뱉어내지 못하도록 만들고, 중생이 열반의 세계로 건너가지 못하도록 만드는 장벽입니다. 하지만 언어의 한계를 분명하게 알고, 이를 극복하는 힘을 키운 이들에게는 더 이상 언어가 두려움의 대상이 아닙니다.

그들은 주객전도의 상황을 다시 되돌려 언어를 도구로 쓸 수 있게 되었습니다. 이분법의 틀을 강화하는 언어를 도구로 하여 이분법의 틀을 깨부술 수 있는 문자반야의 방법을 고안한 것입니다. 그러므로 중도제에 이른 이들은 스스로를 '나'라고 말하는 것을 두려워하지 않으며 꽃을 '꽃'이라고 말하는 것 역시 두려워하지 않습니다. 이는 언설에 지배당하지 않을 수 있는 자신감을 지니고 있기 때문입니다. 이 자신감의 원천은 무상반야의 진리이므로 이는 인류 모두가 익혀야 하는 필수과목입니다.

23 정심행선분 / 관념을 떠난 선행

淨心行善分 第二十三

"또한 수보리여! 이 법은 평등하여 높고 낮은 것이 없으니, 이것을 가장 높고 바른 깨달음이라 말한다. 자아도 없고, 개아도 없고, 중생도 없고, 영혼도 없이 온갖 선법을 닦음으로써 가장 높고 바른 깨달음을 얻게 된다. 수보리여! 선법이라는 것은 선법이 아니라고 여래는 설하였으므로 선법이라 말한다."

復次 須菩提 是法平等 無有高下 是名阿耨多羅三藐三菩提 以無我無人無衆生無壽者 修一切善法 則得阿耨多羅三藐三菩提 須菩提 所言善法者 如來說 卽非善法 是名善法

모든 경전이 최고인 이유

대부분의 대승경전에는 공통적으로 등장하는 문장이 있습니다. 『법화경法華經』은 법화경이 최고의 가르침이라 하고, 『화엄경華嚴經』은 화엄경이 최고의 가르침이라 하며 서로 자화자찬自畫自讚합니다. 처음 경전을 접하는 초보불자들은 이 언설상에 속아서 스스로 집착하는 경전이 최고라며 다투기도 합니다.

이런 최고라는 표현은 대승경전을 결집하던 시대적 상황들을 고려할 때 인도의 논쟁적인 문화가 반영된 악습으로 볼 수 있습니다. 하지만 진리적 입장에서 이 최고라는 표현을 해석한다면 크게 틀린 말은 아닙니다. 정심행선분에서는 높고 낮음을 완전히 떠난 것이 최상의 올바른 깨달음이라고 말씀하시는데, 이 관점을 적용해서 본다면 대승경전 각각이 최상의 가르침이 분명합니다.

한국에서 가장 널리 읽히는 반야부 경전 중 하나인 『마하반야바라밀다심경摩訶般若波羅蜜多心經』에서는 '마하'를 이렇게 해석합니다. '마하는 크다는 의미인데, 이 크다는 것은 작다와 크다의 상대적인 의미가 아니라 이를 초월했기 때문에 절대적으로 크다는 의미이다.' 이것은 이분법의 틀을 벗어난 불이不二를 크다고 말하고 있는 것입니다. 부처님의 가르침이 세월에 따라 변화되어오는 과정을 하나의 나무로 본다면 초기불교는 뿌리에 해당합니다. 그리고 수보리 존자의 르네상스를 기점으로 시작되는 초기 대승의 반야부 경전들은 나무 기둥에 해당하고, 다양한 대승경전들과 밀교, 다양한 문화권에서 발전한 선불교와 각국의 불교 그리고 현대의 불교들은 열매와 꽃에 해당합니다.

지금까지 개성적인 모습으로 발전되어 온 불교의 가르침이 비록 겉보기엔 달라 보이더라도 결국은 한 가지 뿌리를 근본으로 하며 나무 기둥에 의지하고 있는 꽃과 열매일 뿐입니다. 즉, 모든 불교는 무아와 반야의 가르침을 품고 있을 수 밖에 없습니다. 그래서 이 반야의 이치를 품고 있는 대승경전들은 비록 반야바라밀의 산에 오르는 다양한 길을 개성 있게 표현하지만, 결국 산 정상에 오르면 이분법의 틀을 벗어나

불이의 마하를 증득하도록 이끄는 힘이 있습니다.

이처럼 마하를 설명하는 논리를 적용해서 살펴보면 모든 대승경전은 최고의 가르침이며 위대한 진리를 품고 있다는 것은 온전한 진실입니다. 만약 많은 대승경전들을 두고 우열을 따질 수 있다면 이는 산 정상에 오른다는 목표인 진제에 대한 내용이 아니라 정상에 오르는 개성적인 길인 속제에 대한 우열을 논하는 것입니다.

한국의 불자들과 인연 닿은 대부분의 경전들은 최고의 가르침이 분명합니다. 그리고 모두가 최고의 경전이 맞다면 중요한 점은 첫째, 선연이 닿아야 하고 둘째, 근기에 맞아 감동을 받아야 합니다. 어차피 지리산 정상인 천왕봉에 오르는 길은 많기에 다양한 길들 중 어디든 자신의 마음에 드는 길로 올라가면 되는 것입니다. 이러한 이치를 이해했다면 더이상 최고의 가르침을 찾기 위해 헤매지 않아도 됩니다. 보조국사 지눌 스님의 『수심결修心訣』에서는 의심하며 헤맬 이유가 없음을 이렇게 강조하십니다.

> "삼계를 윤회하는 중생의 고통은 불난 집 속에 있는 것보다도 더한 법이다. 그런 고통을 어찌 참고 그대로 머물며 받으려 하는가. 윤회를 벗어나려면 부처를 찾는 길밖엔 없다. 부처를 어디서 찾을 것인가? 부처는 곧 이 마음이다. 마음을 어찌 멀리서 찾으려 하는가? 이 몸을 떠나 따로 있지 않다."

멀리서 찾을 필요도 없고, 새로운 것을 구할 이유도 없습니다. 또한 더 얻어야 할 것도 없고, 앎을 보충할 이유도 없습니다. 그저 의심을 끊어버리고 사띠를 내면으로 향할 때 우리에게는 지극한 부처님의 안심이 드러납니다. '금강심은 지금 이 순간 우리의 마음에 있다'라는 대신심을 마음에 품고 수행해야 할 것입니다.

PART

28

수보리 존자의 스물여덟 번째 질문

"선법이 선법이 아니라고 한다면 어떤 법을 닦아야 하는가?"

육바라밀

24 복지무비분 / 경전 수지가 최고의 복덕

福智無比分 第二十四

"수보리여! 삼천대천세계에 있는 산들의 왕 수미산만큼의 칠보 무더기를 가지고 보시하는 사람이 있다고 하자. 또 이 반야바라밀경의 사구게만이라도 받고 지니고 읽고 외워 다른 사람을 위해 설해 주는 사람이 있다고 하자. 그러면 앞의 복덕은 뒤의 복덕에 비해 백에 하나에도 미치지 못하고 천에 하나 만에 하나 억에 하나에도 미치지 못하며 더 나아가서 어떤 셈이나 비유로도 미치지 못한다."

須菩提 若三千大千世界中 所有諸須彌山王 如是等七寶聚 有人 持用布施 若人 以此般若波羅蜜經 乃至四句偈等 受持讀誦 爲他人說 於前福德 百分不及一 百千萬億分 乃至筭數譬喻 所不能及

육바라밀의 마음 작용

금강경의 가르침 속에서 보시는 단순히 재보시가 아닙니다. 재보시와 무외보시 그리고 법보시를 총칭하는 표현이고 이는 육바라밀을 섭수합니다. 보시에 대한 비교로써 제일심을 논할 때 드러났던 '재물-목숨-공덕'의 보시 순서도 이 삼보시의 순서와 그대로 일치합니다. 재보시는 당연히 재물을, 그리고 무외보시의 극치는 목숨을, 마지막으로 법보시는 공덕을 보시하는 것입니다.

보살이 육바라밀을 닦아 나아감에 따라 마음은 점점 부처님을 닮아갑니다. 육바라밀 각각은 마음을 변화시키는 특정한 양상이 있기 때문입니다. 먼저 보시의 경우 무엇인가를 주고받는 것인데, 이를 위해서는 반드시 마음을 열어야 합니다. 광대심의 시작은 인색하게 닫혀 있는 마음을 보시바라밀을 통해 여는 것부터입니다.

마음을 열었다고 해서 만사형통은 아닙니다. 열린 마음에는 갖가지 통제되지 않는 정보가 드나드는데, 이 정보의 소통은 선악을 구분하지 않습니다. 만약 스펀지처럼 정보를 잘 받아들이는 사람이 악한 사람과 어울리기 시작하면 금세 물드는 부작용이 있는데, 이를 막기 위해서는 열린 마음을 보호할 최소한의 거름망이 필요합니다. 그 역할을 맡고 있는 것이 바로 도덕적 행동으로서의 지계바라밀입니다.

비구들의 경우 250가지 계율의 덕목을 지니고 있기에 이 거름망이 매우 촘촘합니다. 하지만 재가불자들의 경우 느슨한 거름망으로 거를 수 있는 악업들은 한계가 뚜렷합니다. 그래서 이를 통과하여 마음에 침입해서 평화를 깨뜨리는 경험들은 필연적으로 생기게 됩니다. 이때 필요한 것이 바로 인욕바라밀이며. 이는 곧 뜻에 거슬리는 상황을 견디는 힘입니다.

보시로써 마음을 열고, 지계로써 최소한의 방어를 해내되, 인욕으로써 침입한 불청객을 참아내면 분명 마음을 잘 닦을 수 있습니다. 하지만 이것이 효과를 보기 위해서는 오랫동안 반복하여 익히는 노력이 필요한데, 이것이 기초적인 정진바라밀입니다. 이처럼 정진의 힘으로 노력을 이어나가며 경험이 쌓이면 선을 좋아하고 악을 싫어하는 마음의 흐름이 생깁니다. 이 선을 좋아하는 마음을 기반으로 한 노력이 바로 올바른 정진바라밀로서, 이런 정진이 중요한 이유는 마음의 체력을 늘려주는 근본이 되기 때문입니다.

복잡다단한 세상사를 겪으며 마음을 열어젖히면 마음은 자주 시끄러워집니다. 이를 고요하게 진정시켜야만 선악 그리고 청정의 옥석을 가릴 수 있는데, 이때 필요한 것이 바로 선정바라밀입니다. 이 힘은 아 · 인 · 중 · 수상이 마음속에서 날뛰는 것을 억제하는 효과를 지니고 있습니다.

선정바라밀의 힘을 통해 마음이 고요해지면 경험을 명확히 볼 수 있는 기회가 생깁니다. 그리고 이 기회를 살리기 위해서는 마음속 다양한 경험들을 더욱 명료하게 바라보는 힘이 필요한데, 이것이 바로 반야바라밀입니다. 처음에는 반야의 힘으로 상의 겉모습을 자세히 살피고 이해를 얻게 되지만, 반야의 힘이 무르익어 명료함이 극대화되면 상의 실체를 꿰뚫어 볼 수 있게 됩니다. 이것이 바로 무상의 진리를 보는 반야의 힘입니다. 금강경에서 강조하는 보시는 이처럼 육바라밀을 통해 사상을 광대심, 제일심, 상심과 부전도심으로 변화시키는 훈련입니다.

기본기의 중요성

운동을 하다 보면 누군가는 고수가 되는 반면 누군가는 하수에서 실력이 늘지 않습니다. 이는 모든 분야에서도 마찬가지인데, 점점 실력이 높이 올라가는 사람들의 공통점이 하나 있습니다. 그것은 다름 아니라 기본기를 매우 중요시한다는 점입니다. 이는 마음을 닦는 수행자들에게도 똑같이 적용되며 운동도, 수행도, 건물 짓는 것 등등 모든 것에도 기본이 결여된다면 위험한 부실 공사가 되는 것입니다.

사상누각이라는 사자성어 속 일화는 이러한 예를 잘 보여줍니다. 성격 급한 사람이 1층, 2층, 3층 다 필요 없고 4층만 지어달라고 말하는 것은 상식적으로 매우 어리석은 일입니다. 하지만 수많은 불자들은 알게 모르게 사상누각을 반복하고 있기에, 이것은 단순히 남의 일만이 아닙니다. 불자들뿐만 아니라 사회 전반에서 현대인들은 사상누각의 실수를 저지릅니다.

이것은 기본기의 중요성을 잘 이해하지 못하는 것과 더불어 그저 빨리 되었으면 좋겠다는 어리석은 욕망에 눈이 멀어 일어나는 일입니다. 어느 곳에도 사로잡히지 않은 채 마음을 쓰는 것은 무량한 공덕을 낳는 성공의 비결이 되지만, 어딘가에 강렬하게 사로잡힌 채 마음을 쓰는 것은 실패하는 비결이 되는 것입니다.

앞서 살펴본 것처럼 육바라밀은 마음을 변화시키는 과정입니다. 만약 부처님의 마음을 닮아가는 방향으로 변화를 유도하고 싶다면, 기본부터 순서대로 차근차근 수행하는 것이 필수입니다. 우선은 성불의 길을 걷기 위해 일체중생을 구하겠다고 약속하는 원보리심을 일으켜야 하고, 이를 바탕으로 재보시와 무외보시 그리고 법보시의 순서로 모든 것을 보시하는 행보리심의 훈련을 해야만 보살의 마음은 발전합니다.

수행자가 초점을 맞춰야 하는 것은 성불을 얻을 수 있는지의 여부가 아닙니다. 이보다는 지금 이 순간 부족한 기본기를 닦아 나가는 데 집중해야만 합니다. 수많은 수행자들이 그저 깨달음을 얻고 싶은 마음에 사로잡혀 오직 열매만을 쳐다보며 안달합니다. 하지만 안달한다고 깨달음이 얻어지는 것은 결코 아니기에, 성과를 내지 못하고 정체되거나 후퇴하는 경우를 많이 목격합니다. 어차피 성불의 길을 걷기 시작했으니 이왕이면 보리심을 일으키는 것부터 시작해 보시바라밀을 순서대로 익혀서, 행복한 안심에 이르러야 하지 않을까요?

금강경의 제일심은 법보시의 공덕이 가장 수승함을 반복적으로 강조합니다. 하지만 우리가 명심해야 할 것은 재보시도 실천하지 못하는 사람이 법보시를 실천하는 것은 어려운 일이라는 점입니다. 물론 한두 번 억지로 법보시를 흉내 낼 수 있을지도 모르지만 사상누각은 결국 무너지게 되어있습니다. 성불의 길이라는 광대한 예술품을 만드는 보살이 이런 부실 공사에 의지해서야 되겠습니까?

이웃 종교에서는 '십일조'라는 시스템을 바탕으로 사람들에게 보시를 실천할 수 있는 틀을 제공합니다. 십일조의 좋고 나쁨을 떠나 이러한 틀이 있다는 것 자체가 삶을 바꾸고자 하는 이들에게는 큰 축복입니다. 탐진치의 흐름에 있는 중생에게 이러한 보시의 틀이 없다면, 자발적으로 자주 보시를 실천하는 일은 매우 요원한 일이기 때문입니다.

보시바라밀이라는 기본기를 실천하지 않은 채 성불을 이룰 수는 없는데, 안타깝게도 한국불교에는 이러한 보시의 틀이 매우 약합니다. 기도비, 교육비, 공양금 등을 통해 조금씩 보시하기는 하지만 그것 역시 진정한 보시의 마음을 배우지 못한 채 그저 거래하는 태도를 보입니다. 물론 이런 불자들의 태도는 보시에 대해 올바른 교육을 하지 못한 스님들에게도 책임이 있습니다.

그 양을 얼마로 하든 상관없이 십일조와 같은 보시의 틀이 한국불교에는 꼭 필요하다는 점을 강조하고 싶습니다. 십일조를 실천하는 이들이 수입의 십 분의 일은 하나님의 재산이라고 생각하며 보시를 실천하고, 나머지로 삶을 살아가는 연습을 하듯 그렇게 불자들도 보살행의 가장 기본기인 재보시 연습을 통해 삶의 틀 자체를 성불의 길에 걸맞게 바꿔야 할 것입니다.

PART

29

수보리 존자의 스물아홉 번째 질문

부처님께서는 중생이 공하여 중생과 부처가 평등하다고 하셨다.
"중생과 부처가 평등하다면 중생이라는 것은 없다. 여래에게 아상과 인상이 있지 않다면 여래께서는 어떻게 중생을 제도한다고 하셨는가?"

KEY POINT 자연 상태의 열반

25 화무소화분 / 분별없는 교화

化無所化分 第二十五

"수보리여! 그대 생각은 어떠한가? 그대들은 여래가 '나는 중생을 제도하리라.'는 생각을 한다고 말하지 말라. 수보리여! 이런 생각을 하지 말라. 왜냐하면 여래가 제도한 중생이 실제로 없기 때문이다. 만일 여래가 제도한 중생이 있다면, 여래에게도 자아 · 개아 · 중생 · 영혼이 있다는 집착이 있는 것이다.
수보리여! 자아가 있다는 집착은 자아가 있다는 집착이 아니라고 여래는 설하였다. 그렇지만 범부들이 자아가 있다고 집착한다. 수보리여! 범부라는 것도 여래는 범부가 아니라고 설하였다."
須菩提 於意云何 汝等勿謂如來作是念 我當度衆生 須菩提 莫作是念 何以故 實無有衆生如來度者 若有衆生 如來度者 如來則有我人衆生壽者 須菩提 如來說 有我者 則非有我 而凡夫之人 以爲有我 須菩提 凡夫者 如來說則非凡夫

우울증 걸린 부처님

초기 불교와 대승 불교에서 부처님을 바라보는 관점은 현격히 다릅니다. 특히 화엄학에서는 법계연기설을 통해 중생이 바로 부처님이고, 이 법계의 창조주임을 명확하게 선언했습니다. 심지어 이 관점에서는 우울증 걸린 중생조차도 모두 부처님입니다. 어떻게 그게 가능하냐고요? 그냥 '우울증 걸린 부처님'입니다. 이를 이해하기 위해서는 초기 불교에서 말하는 특별한 부처님에 대한 상에서 자유로워질 필요가 있습니다. 티베트 불교에서 중생은 자연상태의 열반에 들어있다고 표현합니다. 이것은 석가모니 부처님의 무여열반과는 조금 다른 것인데, 무엇이 다른지를 알기 위해 『법화경』 속 장자궁자長者窮子의 비유를 간단히 살펴보겠습니다.

> "한 나라의 왕에게 왕자가 생겼습니다. 그는 분신처럼 아끼는 왕자에게 모든 것을 아낌없이 주고자 했지만, 안타깝게도 갓난아이를 잃어버리고 말았습니다. 실종된 왕자를 찾기 위해 온 국가를 다 찾았지만 왕자는 발견되지 않았습니다. 왕은 그로부터 20년간 왕자를 찾기 위해 노력했으나 성과가 없었습니다. 그러다 어느 날 길거리에서 우연히 청년 거지를 만났습니다. 그는 단숨에 그 거지가 왕자임을 알아채고는 거지에게 진실을 말했습니다. 하지만 거지는 결코 자신이 왕자임을 받아들일 수 없었습니다. 이미 '나는 거지다.'라는 거지상에 중독되어 있었기 때문입니다."

여기서 생각해 봐야 할 점이 있습니다. 자신이 왕자임을 받아들이지 못하는 거지가 있습니다. 그 거지는 지금 왕자인가요? 아니면 그저 거지일 뿐인가요? 스스로 거지라는 생각에 가득 차 있어도, 거지같은 안 좋은 습관이 있더라도 그의 실체는 분명히 왕자입니다. 이것이 바로 중생이 현 상태 그대로 이미 완벽히 부처님이라는 논리입니다. 다만 중생 스스로가 중생상에 빠져 본 모습을 인정하지 못해 이 진실을 받아들이지 못할 뿐입니다.

석가모니 부처님을 비롯한 수많은 부처님들은 이 중생상을 극복하고 본래면목을 완전히 인정하셨습니다. 중생과 부처님께서는 똑같이 여래의 성품을 지니고 있지만, 사상四相의 극복 여부로 인해 중생은 여래장, 부처님께서는 여래인 것입니다. 딱 하나, 장애가 남아 있는지의 여부만이 다를 뿐 나머지는 모두 똑같습니다.

부처님과 보살들은 일체중생을 돕는다는 원보리심을 품고 있습니다. 그리고 실제로 무주상보시의 행보리심을 통해 중생을 돕습니다. 만약 어떤 중생을 무여열반에 들어가게 했다고 가정해봅시다. 그 중생은 무여열반에 들기 전에도 이미 부처님이 아니었나요? 그는 단지 보살행의 도움으로 촉발된 지혜로써 중생상을 스스로 깬 것일 뿐입니다. 거지 왕자가 대신들의 도움으로 중생상을 버리기 전에도 이미 왕자였던 것처럼 말입니다.

불자들을 만날 때 가장 빈번하게 대화를 나누는 주제 중 하나는 '이미 모든 중생은 부처님'이라는 진실입니다. 그런데 초기 불교에서 이어진 장애를 모두 초월하셨기 때문에 매우 특별한 부처님에 대한 고정관념에 갇힌 사람들은 '중생이 이미 부처님'이라는 말을 받아들이지 못합니다. 그 이유는 자신이 아는 중생들은 화를 내고, 욕심이 많으며, 질투하고, 우울증에 걸려 있기 때문입니다. 만약 그럼에도 불구하고 그들이 부처님이라고 말해 준다면, 누군가는 부처님을 모욕했다며 화를 내기까지 합니다.

하나의 개념에 사로잡혀 그것이 진리라는 법집을 가지면 이처럼 눈이 멀어버립니다. 부처님께서 우울증에 걸리시면 왜 안 됩니까? 질투하시면 뭐가 문제죠? 욕심 많으실 수도 있는 것 아닌가요? 고귀한 왕자는 화장실도 안 간다는 착각에 사로잡혀 있습니다. 왕자도 충분히 자라나기 전에는 거지 아기랑 똑같이 똥오줌 못 가리는 게 당연합니다. 이것 때문에 왕자가 아니라고 하면 이치에 안 맞는 것입니다. 따라서 번뇌가 남아 있다고 하더라도 중생은 이미 부처님이라는 사실을 이해할 수 있어야 합니다. 이를 위한 가장 쉬운 수행법 하나를 추천합니다. 사람들을 만날 때 상상으로 그 사람의 가슴에 특성을 덧붙인 부처님 이름표를 붙여주시면 됩니다.

"화 잘 내는 부처님"

PART

30

수보리 존자의 서른 번째 질문

부처님께서 법신은 실체가 없고 보신은 형상으로 볼 수 없다고 하셨다.
"그렇다면 지금 눈 앞에 있는 32상은 부처님이 아닌 것인가?"

KEY POINT  색경에 속지 않기

26 법신비상분 / 신체적 특징을 떠난 여래

法身非相分 第二十六

"수보리여! 그대 생각은 어떠한가? 서른두 가지 신체적 특징으로 여래라고 볼 수 있는가?"
수보리가 대답하였습니다.
"그렇습니다. 그렇습니다. 서른두 가지 신체적 특징으로도 여래라고 볼 수 있습니다."
부처님께서 말씀하셨습니다.
"수보리여! 서른두 가지 신체적 특징으로도 여래라고 볼 수 있다면 전륜성왕도 여래겠구나!"
수보리가 부처님께 말씀드렸습니다.
"세존이시여! 제가 부처님께서 말씀하신 뜻을 이해하기로는, 서른두 가지 신체적 특징을 가지고는 여래를 볼 수 없습니다."
그때 세존께서 게송으로 말씀하셨습니다.
"형색으로 나를 보거나 음성으로 나를 찾으면
삿된 길 걸을 뿐 여래 볼 수 없으리."
須菩提 於意云何 可以三十二相 觀如來不 須菩提言 如是如是 以三十二相 觀如來 佛言 須菩提 若以三十二相 觀如來者 轉輪聖王 則是如來 須菩提白佛言 世尊 如我解佛所說義 不應以三十二相 觀如來 爾時世尊 而說偈言 若以色見我 以音聲求我 是人行邪道 不能見如來

관세음보살과 슬리퍼

불교가 탄생한 인도의 정신문화는 아리아인들의 주도하에 발전했습니다. 아리아인들은 그리스 문화를 이끈 주역이기에 인도와 그리스는 문화적 유사성을 지니고 있습니다. 인도의 최고 신인 제석천왕과 그리스 최고 신인 제우스가 똑같이 번개를 무기로 사용한다는 점은 이미 많이 알려진 사실입니다.

그리스 문화는 보이는 것을 매우 중요시합니다. 그리스 미술이 추구하는 황금비율의 아름다움은 서구적인 미적 기준의 표본입니다. 이와 다르게 셈족의 종교문화인 기독교 예술은 보이는 것보다 신의 언어를 전달하는데 목적성을 두고 있습니다. 이는 들리는 것을 중요시하는 종교문화에서 비롯되었다고 할 수 있습니다. 셈족의 종교 텍스트인 『성경』에는 다음과 같은 글이 있습니다.

> "태초에 말씀이 계시니라"(요1:1)

종교학자들은 그리스 문화와 셈족의 종교문화가 보이는 이러한 차이의 원인을 환경의 영향이라고 분석합니다. 그리스 문화는 항구도시에서 발전했기에 보이는 것이 중시되었고 기독교는 사막에서 시작되었기에 들리는 것이 중시되었다는 주장인데, 이는 일견 일리가 있습니다.

그리스와 셈족의 문화를 꼽아서 이야기했지만 사실 대부분의 사람들이 중요시 여기는 것은 보이는 것 그리고 들리는 것입니다. 그렇기에 육경 중 색色과 성聲이 가장 서두에 자리를 잡은 것입니다. 하지만 금강경의 가르침은 색 · 성 어디에도 치우쳐 있지 않습니다. 아리아인들의 문화에서 발전했지만, 완전히 다른 무상의 문화를 창조해낸 것입니다.

금강경에서는 그것이 보이는 것이든, 들리는 것이든 상관없이 어디에도 사로잡히지 말 것을 강력하게 권장합니다. 혜능 대사가 말씀하신 금강경의 대의처럼 무상의 종에 이르기 위한 핵심수행이 바로 무주이기 때문입니다. 무상이 이루어야 할 대상이라면 무주의 사띠 수행은 지금 당장이라도 실천할 수 있는 수행입니다. 조계종의 종도들은 금강경을 자주 읽습니다. 어떤 경우에는 달달 외우기까지 하는데, 그럼에도 불구하고 색 · 성 · 향 · 미 · 촉 · 법에 자주 속습니다. 그중에서도 특히 잘 속는 대상은 보이는 것입니다.

만약 불자가 수행이나 기도 중 마음의 눈으로 부처님이라도 보게 된다면, 그는 마치 기적을 겪은 것처럼 마음이 들뜨고는 합니다. 물론 무주의 가르침 자체가 없는 다른 종교에 비하면 이 정도는 약과입니다. 만약 다른 종교를 믿는 이들이 기도 중 신을 목격했다면 어떻게 될까요? 수보리 존자가 부처님이나 신의 형상을 목격한 후 이에 사로잡혀 들떠 있는 이들을 보면 단박에 이렇게 말씀하실 것입니다.

"삿된 도를 쫓지 말고 정신 차려라!"

출가하기 전부터 태생적으로 천안통이 열려 있었던 스님이 있었습니다. 그 스님은 어렸을 적부터 안 보이는 존재들이 자신에게만 보여서 마음고생을 많이 했다고 합니다. 그 스님이 출가하기 전 관음기도를 하던 중 신기한 경험을 했는데, 눈앞에 명확한 모습으로 관세음보살님이 나타나신 것입니다. 그 스님은 신심 깊게 염불을 하던 도중 나타나신 보살님에게 큰 환희심을 느꼈습니다. 그러다 문득 금강경의 한 구절이 마음속에서 들려왔다고 합니다.

'약이색견아...'

그 스님은 문득 다시 관세음보살님을 유심히 살펴보기 시작했는데, 보관부터 상호까지 완벽하게 탱화에서 자주 뵙던 관세음보살의 장엄과 똑같았다고 합니다. 그렇게 점점 아래로 내려가면서 장엄을 살펴보다 갑자기 웃어버리고 말았다고 합니다. 그러자 갑자기 관세음보살님이 사라져 버리셨는데, 어떻게 된 일일까요? 그 스님이 관세음보살님의 장엄한 모습을 살펴보다가 아래로 내려가니 그 존재가 특정 브랜드의 슬리퍼를 신고 있었다고 합니다! 그리고 이걸 보고 스님이 웃자 그 존재는 딱 걸렸다는 듯 사라져 버린 것입니다. 그 스님은 이후 도반들을 만날 때마다 이 이야기를 자주 해주고는 했는데, 항상 조심해야 한다고 합니다. 겉모습을 보고 속으면 당연히 안 되겠지만, 혹시 속아서 혹하더라도 위부터 아래까지 잘 보라고 하더군요. 가짜는 어딘가 2% 부족하다면서 말입니다.

세상에는 순진한 수행자를 노리는, 안 보이는 존재들이 생각보다 많습니다. 그리고 그들은 항상 보이는 것 그리고 들리는 것으로써, 수행자의 약해진 마음의 틈으로 다가옵니다. 그들에게 사로잡히는 순간 금강경에서 선언하시듯 삿된 도를 행하게 됩니다. 그렇기에 금강행자들은 정신을 똑바로 차리고 정진해야 합니다.

32상의 거룩한 상호는 부처님이 아닙니다. 그것은 그냥 색경色境일 뿐입니다. 수많은 설법들은 부처님이 아닙니다. 그것은 그냥 성경聲境일 뿐입니다. 이런 우스운 속임수에 속지 않으시려면 무주를 체로 삼아 무상의 종으로 다가가야 합니다. 이 곧고 좁은 수행의 길은 함정이 참 많은데 어려운 길을 걸어갈 때는 결국 누구의 도움도 없이 무소의 뿔처럼 혼자서 가야 합니다. 그래서 반드시 길잡이가 필요한데, 법신비상분의 사구게가 금강보살들의 훌륭한 길잡이가 되어줄 것입니다.

PART

31

수보리 존자의 서른한 번째 질문

부처님께서 '중생은 공하여 법신과 보신은 무상하고 그렇기 때문에 화신도 참된 것이 아니다'라고 하셨다.
"이와 같이 법신이 단멸한다면 어떻게 진아가 될 수 있는가?"

KEY POINT 중도적 조율, 인과율

27 무단무멸분 / 단절과 소멸의 초월

無斷無滅分 第二十七

"수보리여! 그대가 '여래는 신체적 특징을 원만하게 갖추지 않았기 때문에 가장 높고 바른 깨달음을 얻은 것이다.'라고 생각한다면, 수보리여! '여래는 신체적 특징을 원만하게 갖추지 않았기 때문에 가장 높고 바른 깨달음을 얻은 것이다.'라고 생각하지 말라.
수보리여! 그대가 '가장 높고 바른 깨달음의 마음을 낸 자는 모든 법이 단절되고 소멸되어 버림을 주장한다.'고 생각한다면, 이런 생각을 하지 말라. 왜냐하면 가장 높고 바른 깨달음의 마음을 낸 자는 법에 대하여 단절되고 소멸된다는 관념을 말하지 않기 때문이다."
須菩提 汝若作是念 如來不以具足相故 得阿耨多羅三藐三菩提 須菩提 莫作是念 如來不以具足相故 得阿耨多羅三藐三菩提 須菩提 汝若作是念 發阿耨多羅三藐三菩提者 說諸法斷滅相 莫作是念 何以故 發阿耨多羅三藐三菩提心者 於法 不說斷滅相

참나와 아트만 비난

보살승이 시작되던 시기의 부파 불교에서는 '나'를 부르는 다른 용어가 있었습니다. 그 명칭은 '자상속自相續'으로서, '상속이란 모든 존재가 끝없이 변화하는 경험의 연속이며 그 원동력은 업의 상속'이라는 뜻입니다. 그렇기에 모든 존재를 상속이라고 부를 수 있으며 자신을 표현할 때는 '자상속'으로, 나머지 다른 존재를 표현할 때는 '타상속他相續'으로 구분한 것입니다.

이런 용어로 나를 표현했던 이유는 두 가지인데, 첫째는 일반적으로 활용되는 나라는 용어를 계속 사용하여 아상에 대한 미혹이 점점 강해지는 것을 우려했기 때문이고, 둘째는 존재의 실체가 사실 업의 상속을 바탕으로 끝없이 변화한다는 것을 분명히 표현하여 기억할 수 있도록 하기 위해서입니다.

이런 낯선 용어들을 활용하는 것이 아상을 극복하고자 노력하는 이들에게 도움이 되는 것은 분명합니다. 하지만 이런 도움이 필요 없을 만큼 무아의 진리에 익숙해진 이들에게는 이런 용어는 매우 어색합니다. '나'를 그냥 '나'라고 하는 것이 자연스럽지, 왜 굳이 전문용어를 써야 하나요?

금강경 수행을 통해 즉비의 논리에 익숙해진 이들은 언어를 활용하는데 망설이지 않습니다. '눈'은 그냥 '눈'이라 하고, '나'를 그냥 '나'라고 하면 됩니다. 아라한이 스스로를 아라한이라고 말하는데 그게 도대체 뭐가 문제가 됩니까? 만약 그런 말들이 상에 빠지는 것이라는 생각에 사로잡힌다면, 그 사람은 수행할수록 벙어리가 되어야 합니다. 쓸 수 있는 말이 하나도 남지 않기 때문입니다. 성불의 길은 벙어리가 되는 길이 아닙니다. 설하되 설한 바가 없는 제일구의 길입니다.

선불교에서는 '진아眞我'라는 단어를 활용합니다. 한글로는 '참나'라고 하는데, 불교학자들은 이 용어가 힌두교의 아트만에 영향을 받았다고 생각하여 비난하기도 하지만 이것은 오해입니다. 참나라는 용어는 무아라는 용어와 똑같이 달을 가리키는 손가락이기 때문입니다. 참나라는 용어는 근기가 다른 중생을 위해 무아를 다른 뉘앙스로 표현했을 뿐인데, 도대체 뭐가 문제인가요?

무아라는 단어를 들었을 때는 수많은 사람들이 허망함의 무병에 빠지는 부작용이 있습니다. 이러한 부작용을 목격한 스승은 이를 최소화하기 위해 그에 걸맞은 약으로써 참나라는 용어를 활용했던 것입니다. 이는 참나라는 것이 실재한다는 것을 주장하는 것이 결코 아닙니다. 오히려 자아를 완전히 극복한 이름 없는 무아의 상태에 그저 참나라는 이름을 붙였을 뿐입니다. 이유는 다름 아니라 참나가 있다고 말하는 것이, 아무것도 없는 것 같은 무병의 허망함에 빠져 있는 이들에게 열심히 정진할 수 있는 약이 되기 때문입니다.

물론 참나라는 용어를 쓰는 순간 또다시 중생들은 무엇인가 실체가 있는 것 같다는 유병에 빠질 것을 충분히 예상할 수 있습니다. 하지만 그게 무서워서 지금 당장 무병에 빠진 중생들에게 약을 안 쓸 수는 없습니다. 따라서 한쪽 극단에 빠지면 반대쪽 약을 쓰고, 그 약의 부작용으로 반대편 극단에 빠지면 그에 걸맞은 약을 다시 쓰면 그만입니다. 이것이 보살의 수행으로 '끝없는 중도적 조율'임을 보여주는 것입니다.

부처님께서 한 마디도 설한 바가 없다고 말씀하시는 내용에 사로잡혀 오해하면 누군가는 이렇게 생각할지도 모릅니다.

'그렇다면 지금 우리가 읽고 있는 모든 경전이 부처님 말씀이 아니겠구나!'

부처님께서는 설한 바가 없지도 않고 있지도 않습니다. 그 어떤 흔적도 남지 않은 제일구의 미묘한 행위를 하셨습니다. 유왕과 무왕의 지배에서 벗어나 자유를 누리고 싶다면 제일구의 중도적 의식을 익힐 필요가 있습니다. 이 무주상의 자리에서 면전의 경험을 바라볼 때 우리는 상 뒤에 숨겨진 있는 그대로의 실체를 꿰뚫어 볼 수 있을 것입니다.

28 불수불탐분 / 탐착 없는 복덕

不受不貪分 第二十八

"수보리여! 보살이 항하의 모래 수만큼 세계에 칠보를 가득 채워 보시한다고 하자. 또 어떤 사람이 모든 법의 무아임을 알아 인욕을 성취한다고 하자. 그러면 이 보살의 공덕은 앞의 보살이 얻은 공덕보다 더 뛰어나다. 수보리여! 모든 보살들은 복덕을 누리지 않기 때문이다."
수보리가 부처님께 여쭈었습니다.
"세존이시여! 어찌하여 보살이 복덕을 누리지 않습니까?"
"수보리여 보살은 지은 복덕에 탐욕을 내거나 집착하지 않아야 하기 때문에 복덕을 누리지 않는다고 설한 것이다."
須菩提 若菩薩 以滿恒河沙等世界七寶 持用布施 若復有人 知一切法無我 得成於忍 此菩薩 勝前菩薩所得功德 須菩提 以諸菩薩 不受福德故 須菩提白佛言 世尊 云何菩薩 不受福德 須菩提 菩薩 所作福德 不應貪着 是故 說不受福德

얻는다는 착각

"중국의 백장선사가 법문을 하고 있는데, 한 여우가 사람으로 변신하여 법문을 듣고 있었습니다. 백장선사는 법문이 끝난 후 여우를 붙잡고 사정을 물었습니다. 그 여우는 약 500년 전 이 절에서 법문하던 주지였는데, 한 학인 스님의 질문에 답변을 잘못한 과보로 여우 몸을 받아 고통을 받고 있다고 했습니다. 그 질문은 다음과 같습니다.
"깨달은 사람도 인과를 받습니까?""

여러분은 어떻게 생각하시나요? 깨달은 존재는 완전하기에 인과의 법칙으로부터 자유로워졌을까요? 여우는 당시 학인스님에게 이렇게 답변했다고 합니다.

> "불락인과不落因果,
>
> 인과에 떨어지지 않는다."

부처님의 삶을 통해서 이 답을 찾아보도록 하겠습니다. 『대반열반경』에는 부처님께서 열반에 드시기 전후의 상황이 상세하게 묘사되어 있는데 그 내용을 요약하여 살펴보겠습니다.

> 부처님께서는 치명적인 병에 걸리셨지만, 여래가 예고도 없이 무여열반에 드는 것은 어울리지 않는 일이라고 판단하셨습니다. 그래서 그는 신통력으로 흩어지는 지수화풍을 붙잡아 둔 채 제자들에게 3개월 뒤에 열반에 들 것을 예고하셨습니다.
>
> 부처님께서는 이후 호념과 부촉이 필요한 제자들을 찾아 길을 떠나셨는데, 한 번은 보석세공사 쭌다에게 공양청을 받으셨습니다. 그때 상한 돼지고기를 드셨는데, 안 그래도 약해진 육체에 이는 치명적으로 작용했습니다. 그래서 심각한 식중독 증세 때문에 큰 육체적 통증에 시달리셨습니다.

이러한 부처님의 상황을 학인스님의 질문에 적용해 보겠습니다.
"부처님께서는 인과에 떨어지지 않나요?"
"아닙니다! 부처님도 상한 돼지고기를 드시면 식중독에 걸리는 육체를 소유하고 계십니다."

이것이 바로 예외 없는 인과입니다. 백장선사는 그 여우의 사연을 듣고는 이렇게 제안합니다.

> "내가 올바로 답변해줄 테니 학인의 질문을 내게 해보시오." 여우의 질문을 들은 백장선사는 이렇게 답변했습니다.
>
> "불매인과不昧因果,
>
> 인과를 명명백백하게 안다."

보살은 수행을 이어나갈수록 인과율에 대해 점점 더 명확한 지혜를 갖추어 나가게 됩니다. 이 힘이 강해질수록 그는 점점 더 과를 신경 쓰지 않은 채 인을 심는 것을 즐기게 됩니다. 왜냐하면 인과는 명백하기 때문입니다. 반면 지혜가 없는 중생은 인과에 밝지 않기 때문에 인을 심는 것보다는 과를 얻기 위해 혈안이 되어있습니다. 왜냐하면 선인선과 악인악과에 대한 확신이 없어 성과가 없을까 봐 불안하기 때문입니다. 이 불안한 마음의 틈에 게으름과 욕망까지 스며들면 인은 심지도 않고 과에만 주목하는 아귀처럼 변하여, 아무것도 성취하지도 못하고 끝없이 기갈에만 시달리게 되는 것입니다.

불수불탐분에서는 인과에 밝은 불보살의 태도를 잘 보여주고 있습니다. 그들은 즐겁게 심어 놓은 공덕이 열매를 맺지 않을까 두려워하지 않습니다. 허망에 빠져 공덕을 쌓는 일에 게을러질 일도 없습니다. 보살은 그저 선한 인을 심는 것을 즐거워할 뿐입니다. 아귀처럼 과를 욕심내기만 하고 인을 심지 않는다면 그에게 남은 것은 예고된 파멸뿐이지만, 보살처럼 과를 얻겠다는 환상에서 벗어나 오직 중생을 돕는 일을 즐거워한다면 그에게 남은 것은 오직 예고된 성불뿐입니다.

보살의 태도 vs 아귀의 태도, 여러분은 어떤 태도를 취하실 건가요?

PART

32

수보리 존자의 서른두 번째 질문

부처님께서 무주상보시를 하는 이에게는 나라는 실체가 없기 때문에 복을 받는 이도 없다고 말씀하셨다.
"그러나 지금 눈앞에 여래께서 움직이시고, 머무르시고, 앉으시고, 누우시는데 왜 여래가 없다고 하시는 것인가?"

KEY POINT  중도제의 자유, 해체하여 꿰뚫어보기

29 위의적정분 / 오고 감이 없는 여래

威儀寂靜分 第二十九

"수보리여! 어떤 사람이 '여래는 오기도 하고 가기도 하며 앉기도 하고 눕기도 한다.'고 말한다면, 그 사람은 내가 설한 뜻을 이해하지 못한 것이다. 왜냐하면 여래란 오는 것도 없고 가는 것도 없으므로 여래라고 말하기 때문이다."

須菩提 若有人言 如來若來若去若坐若臥 是人 不解我所說義 何以故 如來者 無所從來 亦無所去 故名如來

부동삼매

진지하게 정진하는 수행자들은 종종 특별한 경험을 하고는 합니다. 간화선 수행이 순일해지면 화두라는 블랙홀에 사띠가 빨려 들어가게 되는데, 의문이라는 것이 한 번 마음에 걸리면 굉장한 흡입력을 발휘하기 때문입니다. 화두話頭가 성성惺惺해진 수좌들은 아무런 노력 없이도 화두가 잡힌다고 표현합니다. 화두는 모양이 아니기에 있는 것도 아니고, 없는 것도 아닙니다. 그렇지만 분명히 자리는 잡혀 있는 상태인데 흥미로운 점은 그 위치가 전면이라는 것입니다.

치열하게 정진하다 보면 어떤 사람은 갑자기 화를 잘 내기도 하고 누군가는 수마에 빠져 시도 때도 없이 졸음에 빠지기도 하며, 또 누군가는 똑똑했던 사람이 매 순간 멍해지기도 합니다. 이는 수행을 통해 의식이 변화하는 과도기에 겪는 일들인 경우가 많습니다. 마음 수행을 한다는 것은 결국 사띠의 주체가 달라지는 과정으로 묘사할 수 있습니다. 대상에 빼앗겼던 사띠를 점점 더 깊은 내면으로 되돌리는 훈련이 바로 마음 수행입니다. 앞서 보았던 예처럼 사띠가 내면으로 향하다 보면 일상과는 다른 경계를 경험하게 됩니다.

어떤 사람은 수행 도중 불보살님을 친견하거나, 극락과 천상 혹은 지옥을 보는 경우도 있습니다. 또한 이와 같은 신기한 경험들이 일시적인 것으로 그치지 않고 일종의 신통력으로 자리 잡는 경우도 있습니다. 천안통, 숙명통, 타심통 등이 열려 이것을 자유롭게 쓸 수 있는 경험을 하는 것입니다. 앞서 수행의 길을 지나가 본 스승들은 이런 신기한 현상들에 대해서 대부분 비슷한 조언을 하는데 그 내용은 다음과 같습니다.

"신기한 일이나 경험들을 좇으면 안 된다!"

사람들은 본능적으로 신기한 일을 좋아하기에 수행 도중 현상이 나타나면 이를 즐기는 것을 넘어서서, 이를 붙잡고 강화하기 위해 애를 쓰기도 합니다. 그 모습이 어떠하든 신기한 것을 좇는 경우 대부분의 수행자는 수행의 힘이 정체되거나 퇴보하게 됩니다. 금강경에서 말씀하시는 것처럼 그것이 무엇이든 육경 어디에도 머무르면 안 됩니다. 이러한 모든 경험들은 그저 마음 작용으로 이를 좇아서는 결코 부동의 마음자리를 볼 수 없습니다.

금강심으로 나아가는 여정에 가속도가 붙는 것은 부동의 심지心地에 대한 직관적인 경험을 하면서부터입니다. 그렇기에 지계수복자로서 계율과 선정의 힘을 부지런히 닦으면 수행자는 그 힘으로 여래를 가리고 있는 번뇌의 장을 뚫고, 여래를 직관할 수 있게 됩니다. 이를 위해서는 사띠가 내면으로 깊게 들어가는 과정이 필수적입니다.

사띠의 주처가 마음 작용을 넘어서 마음에 이르기 시작하면 수행자의 지각은 완전히 바뀌기 시작합니다. 실제로 부동의 마음에 대한 감각이 강해지면 그 사람에게는 이 바쁜 세상의 움직임이 사라지기도 합니다. 단지 부동이라는 것에 대해서 이해하는 것을 말하는 것이 아니라 실제로 끝없이 움직이는 세상이 부동으로 인지되는 것을 말하는 것입니다. 이런 경우 그는 세상을 무수히 돌아다니는 상황에서조차 단 한 발짝도 움직이지 않는 경험을 하게 됩니다.

움직임에 대한 인식은 속제입니다. 그리고 부동의 마음에 도달한 경험들은 진제입니다. 움직임을 경험하는 것은 보편적이고, 부동을 경험하는 것은 희유하고 특별합니다. 하지만 이 특별한 부동의 인식에 대해서조차 집착하는 것은 자연스럽지 못합니다. 그래서 부동의 마음으로 여래를 본 이들은 다시 동動의 세상으로 돌아오는 것입니다.

여거如去란 속제인 마음 작용에서 진제인 부동의 마음으로 나아가는 것을 말합니다. 그리고 여래란 다시 부동의 마음자리에서 동의 세계로 되돌아오는 중도제를 말합니다. 동북아시아 불교에서는 성인이 열반의 세계에 머무는 것을 경계하여 자연스러운 도道를 추구하는데, 이것이 바로 중도제의 자유입니다. 현대 한국불교에 큰 족적을 남기신 성철스님의 말이 있습니다.

"산은 산이고 물은 물이로다."

사실 이 표현은 기존 선어록의 일부인데, 온전한 내용은 다음과 같습니다.

> 산은 산이고 물은 물이로다. 산은 산이 아니고 물은 물이 아니로다.
> 산은 산이고 물은 물이로다.

이는 마음수행을 하는 이들이 사띠의 주처가 달라지는 과정에서 경험되는 세상을 정확히 보여주는 법문입니다. 수행하지 않는 범부들은 대개가 육경에 사로잡혀 있는데, 이때는 첫 번째 문장인 '산은 산이고 물은 물이로다'의 경계입니다. 대부분의 사람들이 자신이 바라보는 산이 자신의 마음이라는 사실은 꿈에도 모르고 실재라고 착각하고 있는 모습입니다.

무주상보시의 실천을 통해 금강경 즉비의 이치를 알게 되면 사띠의 주처가 달라집니다. 이때는 두 번째 문장인 '산은 산이 아니고 물은 물이 아니로다'가 즉비의 경계가 되는 것입니다. 이는 무릇 인식된 상들이 모두 실재와 같지 않다는 것을 통달해 나아가는 과정입니다. 그리고 이를 통달해 자유로워지면 시명의 단계로 나아가는데, 이것은 상에 속는 어리석음과는 근본적으로 다릅니다. 이는 부정의 단계를 거친 대긍정의 경계이기에 '산은 산이고 물은 물이로다'의 진실한 시명이 가능해지는 것입니다.

부처님께서는 부동의 마음에 계합되어 있기에 그 위의가 적멸합니다. 하지만 적멸에만 머무르는 것이 아니라 대중들과 똑같이 탁발을 나가시고, 유행을 떠나며 법을 설하십니다. 이것은 부처님의 깨달음이 중도제의 자연스러운 도道에 이르셨기 때문입니다. 삼공三空과 삼제三諦의 이치로써 집착에도, 허무에도 빠지지 않는 수행을 이어나갈 때 보살의 마음은 지극히 자연스러워질 수 있을 것입니다.

30 일합이상분 / 부분과 전체의 참모습

一合理相分 第三十

"수보리여! 선남자 선여인이 삼천대천세계를 부수어 가는 티끌을 만든다면, 그대 생각은 어떠한가? 이 티끌들이 진정 많겠는가?"
"매우 많습니다, 세존이시여! 왜냐하면 티끌들이 실제로 있는 것이라면 여래께서는 티끌들이라고 말씀하지 않으셨을 것이기 때문입니다. 그것은 여래께서 티끌들은 티끌들이 아니라고 설하셨으므로 티끌들이라고 말씀하신 까닭입니다.
세존이시여! 여래께서 말씀하신 삼천대천세계는 세계가 아니므로 세계라 말씀하십니다. 왜냐하면 세계가 실제로 있는 것이라면 한 덩어리로 뭉쳐진 것이겠지만, 여래께서 한 덩어리로 뭉쳐진 것은 한 덩어리로 뭉쳐진 것이 아니라고 설하셨으므로 한 덩어리로 뭉쳐진 것이라 말씀하셨기 때문입니다."
"수보리여! 한 덩어리로 뭉쳐진 것은 말할 수가 없는 것인데 범부들이 그것을 탐내고 집착할 따름이다."
須菩提 若善男子善女人 以三千大千世界 碎爲微塵 於意云何 是微塵衆 寧爲多不 甚多世尊 何以故 若是微塵衆 實有者 佛則不說是微塵衆 所以者何 佛說微塵衆 則非微塵衆 是名微塵衆 世尊 如來所說三千大千世界 則非世界 是名世界 何以故 若世界 實有者 則是一合相 如來說一合相 則非一合相 是名一合相 須菩提 一合相者 則是不可說 但凡夫之人 貪着其事

세포들의 반란

인간은 무엇을 나라고 생각할까요? 부처님께서는 사람의 몸과 마음인 오온을 자아라고 생각한다고 하셨습니다. 이슬람 신비주의자들인 수피의 전통 수행법을 현대에 걸맞게 개량한 애니어그램Enneargram에서는 사람들이 자아라고 여기는 세 가지 대상을 말하는데, 그것은 '육체'와 '생각' 그리고 '감정'입니다. 수피뿐 아니라 철학과 심리학 그리고 종교에서 말하는 자아에 대한 다양한 의견들이 결국 오온에서 벗어나지 않는 것을 보면 부처님의 가르침은 정말 위대합니다.

부처님께서는 오온을 자아라고 여기는 개념은 허망하다고 결론을 내리셨지만, 여전히 대다수의 전통에서는 육체는 곧 자아라는 견해가 유지되고 있습니다. 불자라고 해서 이러한 의견들을 무조건 무시할 수는 없으니 좀 더 진지하게 생각해 보죠. 과연 육체가 자아 또는 자아의 소유일까요?

세포들의 반란이 일어났습니다. 인간의 평균적인 세포 수는 약 60조 개인 것으로 알려졌습니다. 사실상 육체는 이 60조 개의 개체가 유기적으로 협력하는 연합체입니다. 그런데 이를 자아의 단일소유로 주장한다고 하니, 세포들이 말도 안 되는 일이라며 들고 일어난 것입니다. 60조 세포 입장에서는 충분히 그렇게 느낄 수 있지 않을까요?

이번에는 이렇게 상상해볼까요? 지구에는 다양한 존재들이 있고, 그중에서 인류는 현재 약 80억 인구라고 합니다. 만약 지구라는 육체를 가지고 있는 존재가 이 지구를 인류의 개성을 무시한 채 그저 이 육체는 내 것이라고 주장한다면 인류가 가만히 있을까요? 아마 인류는 절대로 가만히 있지 않을 것입니다. 하지만 인류가 간과하고 있는 점은 본인은 80억이 아닌 그보다 훨씬 많은 60조 세포의 의견을 무시하는 발언을 마음대로 내뱉는 폭군이라는 점입니다.

자본주의 사회의 폐해에 대해 언급할 때 반드시 등장하는 내용이 있습니다. 그것은 인간이 회사라는 단체의 부품처럼 취급받는다는 점입니다. 부품을 돈으로 사서 갈아 끼우듯, 인간의 존엄성은 염두에

두지 않은 채 그들의 신변에 대한 보호를 전혀 해주지 않는 자본가들을 비난하는 것입니다. 이는 인간들의 유기체인 회사를 개념적으로 바라볼 때 일어나는 부작용입니다. 혹시 세포는 그런 취급을 당해도 되고, 인간은 존귀하기에 그런 취급을 당하면 안 된다는 인상人相에 빠져 계시나요?

양자역학을 설명할 때 언급했듯이 세상에 대한 일체지의 정보력은 미시세계로 나아갈수록 점점 더 강해집니다. 이런 양자적 기준에서 본다면 인간의 희망과는 다르게 오히려 세포보다 인간이라는 개체가 더욱 바보 같은 면이 있습니다. 인간만이 존귀하다는 것은 인상을 바탕으로 하는 어리석은 고집일 뿐입니다.

모든 존재는 존귀합니다. 이미 모든 것을 알 수 있는 일체지의 잠재력을 품고 있고, 이를 바탕으로 무엇으로든 변화할 수 있는 신통의 잠재력도 가지고 있습니다. 이런 존중 받아 마땅한 부처님들을 무시하는 실수를 하고 싶지 않다면 우리는 개념을 해체해서 바라볼 필요가 있습니다.

범부들은 자신이 고집하는 상을 어떻게든 인정받기 위해, 관점을 바꿔가면서 증명하려 애를 씁니다. 일상적인 존재를 미시적인 관점으로 줌인Zoom-In하여 그러한 존재가 이러이러한 입자들의 화합이기 때문에 실체라고 주장하기도 합니다. 또한 거시적인 관점으로 줌아웃Zoom-Out하여 그 존재가 이런 전체 속의 일부이기에 실체라고 주장하기도 합니다. 즉, 어떤 관점으로 바라보든 결과를 정해 놓고는 그 결론을 지지하기 위해 논리와 비논리를 모두 쓰는 것입니다.

부분이 모여서 연합된 존재에는 실체가 없습니다. 다양한 부품의 모임인 자동차는 실체가 없고 이는 오직 약속된 개념일 뿐이기에, 다른 이름인 카Car로 불릴 수도 있는 것입니다. 이는 그저 임시로 지어 놓은 이름일 뿐 존재를 영원불변한 독립적인 실체로 바라보는 것 자체가 큰 어리석음입니다. 이러한 상에 대한 미혹에서 벗어나기 위해서 우리는 무주의 마음을 써서 수행을 이어나가야 합니다.

다시 묻겠습니다. 인간의 육체는 인간의 것이 분명한가요? 철수의 육체는 단순히 철수인가요? 만약 그렇다고 말한다면 60조 세포가 세상에 둘도 없는 어리석은 폭군을 비웃을 것입니다. 인간과 똑같은 존귀한 세포 하나하나를 무시하는 이런 행위는 세상과의 관계를 망치고, 스스로의 행복한 경험을 부수는 근본이 됩니다.

화엄 철학에서는 육상원융六相圓融의 도리로써 세상을 바라보도록 권합니다. 다양한 조건들의 연합체인 육체를 육상원융의 관점을 적용하여 살펴보겠습니다. 모든 세포들의 모임은 총상總相인 전체적인 관점에서 볼 때 육체를 이루고 있습니다. 반면 별상別相으로 본다면 각각의 세포들을 개별적인 존재로 바라볼 수도 있습니다.

동상同相으로 볼 때 모든 세포들의 목적은 결국 육체의 생명 활동을 유지하는 것입니다. 이상異相으로 볼 때 세포들은 동상의 목적을 위해 각각의 다른 목적과 역할을 지니고 활동하고 있습니다. 성상成相의 관점에서 본다면 각각의 개성 있는 활동으로 연합을 이루는 것을 알 수 있으며 괴상壞相의 관점에서 본다면 그럼에도 불구하고 각각 개성을 잃지 않고 있는 모습을 확인할 수 있습니다.

이러한 육상원융의 관법은 육체에만 적용되는 것이 아니라 우주, 세계, 법계, 회사, 단체, 집, 가족 등 인연의 화합에 의해 유지되는 모든 유기체들을 바라보는 데 활용할 수 있습니다. 초기 불교에서 단순히 개념을 해체하여 꿰뚫어 보는 연습 방법을 제시했다면, 후대 화엄불교에서는 보다 구체적인 육상의 방법론으로 해체하고 있는 것입니다.

육상원융의 관점을 비롯한 개념을 해체하는 방법들을 활용하여 세상을 바라본다면 극단에 치우치지 않는 다방면의 관점을 고려할 수 있게 되어 특정한 관점에 사로잡혀 눈이 멀어버리는 어리석음을 예방할 수 있습니다. 그렇기에 불자들이 이를 익힌다면 성공과 행복에 분명히 큰 도움이 될 것입니다.

PART

33

수보리 존자의 서른세 번째 질문

부처님께서는 평등법신은 일체 모두 실체가 없다고 하셨다.
“그런데, 어째서 부처님께서는 사상四相은 있다고 하시는가?”

KEY POINT 무위수행

31 지견불생분 / 내지 않아야 할 관념

知見不生分 第三十一

"수보리여! 어떤 사람이 여래가 '자아가 있다는 견해, 개아가 있다는 견해, 중생이 있다는 견해, 영혼이 있다는 견해를 설했다.'고 말한다면, 수보리여! 그대 생각은 어떠한가? 이 사람이 내가 설한 뜻을 알았다 하겠는가?"

"아닙니다, 세존이시여! 그 사람은 여래께서 설한 뜻을 알지 못한 것입니다. 왜냐하면 세존께서는 자아가 있다는 견해, 개아가 있다는 견해, 중생이 있다는 견해, 영혼이 있다는 견해가 자아가 있다는 견해, 개아가 있다는 견해, 중생이 있다는 견해, 영혼이 있다는 견해가 아니라고 설하셨으므로 자아가 있다는 견해, 개아가 있다는 견해, 중생이 있다는 견해, 영혼이 있다는 견해라고 말씀하셨기 때문입니다."

"수보리여! 가장 높고 바른 깨달음을 얻고자 하는 이는 일체법에 대하여 이와 같이 알고, 이와 같이 보며, 이와 같이 믿고 이해하여 법이라는 관념을 내지 않아야 한다. 수보리여! 법이라는 관념은 법이라는 관념이 아니라고 여래는 설하였으므로 법이라는 관념이라 말한다."

須菩提 若人言 佛說我見人見衆生見壽者見 須菩提 於意云何 是人 解我所說義不 不也世尊 是人 不解如來所說義 何以故 世尊說我見人見衆生見壽者見 卽非我見人見衆生見壽者見 是名我見人見衆生見壽者見 須菩提 發阿耨多羅三藐三菩提心者 於一切法 應如是知 如是見 如是信解 不生法相 須菩提 所言法相者 如來說卽非法相 是名法相

선도 행하지 말라

무주의 수행을 통해 사띠의 주처가 내면으로 향한 이들은 점점 차별로부터 자유로워집니다. 경계에 사로잡혀 있을 때는 하나부터 열까지 모두가 차별적이지만, 어느 곳에도 사로잡히지 않은 채 육경을 바라보면 꽃과 쓰레기 모두 그저 색경일 뿐이기에 마법처럼 차별이 사라집니다. 이것보다 더 주처가 안으로 향하여 마음 문 앞을 지키게 되면, 이때는 심지어 들리는 소리와 보이는 대상이 모두 마음 문을 통과하는 법경으로 변화하기에 차별로부터 더욱더 깊은 자유를 누리게 됩니다.

이처럼 마음 문 앞에서 법경을 바라보고 있는 존재는 여전히 마음 작용을 바라보며 동動의 세계를 살아갑니다. 하지만 이 주처가 부동의 마음으로 옮겨간다면, 그는 중생의 고향인 열반의 성품으로 되돌아왔기 때문에 온갖 차별로부터 완전한 자유를 누리게 됩니다. 이처럼 무주수행은 중생에게 자동적으로 일어나는 차별의 이분법적 인식으로부터 자유로워지도록 만드는 힘을 지니고 있습니다.

부처님께서는 이 심지에 도달하여 여거如去 하셨고, 도리어 다시 차별의 세계로 여래 하신 분입니다. 열반에도 머무르지 않고 다시 중생들 곁으로 돌아오신 이유는 다름 아니라 대자비의 원보리심 때문입니다. 이처럼 무차별의 인식이 지극해진 부처님에게는 아 · 인 · 중 · 수상과 법 · 비법의 육상의 지견이 단 하나도 생겨나지 않습니다. 좀 더 정확히 표현하면 지견에 사로잡히지 않고 자유롭게 활용할 수 있게 된 것입니다. 이러한 무차별의 인식으로 되돌아가는 금강경의 수행은 바로 무주상보시입니다. 이 무주상보시는 무위의 힘을 키워주기에, 무위수행으로 볼 수 있습니다. 그리고 이 무위수행은 유위로써 지악수선을 닦는 기존의 수행 방법과는 그 격을 달리합니다.

'모든 악을 그치고, 모든 선은 받들어 행하며, 마음을 청정히 하는 것, 이것이 모든 부처님의 가르침이다.'라고 하는 칠불통계七佛通戒의 내용에서 전반부가 모든 악을 그치는 유위수행을 말한다면, 후반부인 마음을 청정히 하는 수행은 무위수행을 지칭하고 있습니다. 이 기준으로 칠불통계를 해석한다면 모든 부처님들의 공통된 가르침은 바로 이 유위수행과 무위수행이 전부라는 것입니다. 원효스님은 이 유위수행과 무위수행을 구분할 수 있는 좋은 일화를 소개한 적이 있습니다. 이를 간추려 말하겠습니다.

> "옛날에 한 현자가 그 아들을 훈계하여 말하기를 "삼가 선을 행하지 말도록 하라"고 했습니다. 이에 그 아들은 홀로 그 말을 곱씹다가 혼란스러운 얼굴로 "그럼 마땅히 악을 행하라고 하시는 것입니까?"고 반문했습니다. 그러자 그 아버지는 다시 말하기를 "선도 행하지 말라고 했거늘 어찌 악을 행하겠다는 말이냐!"고 답했습니다."

'선을 행하지 말라는 것'은 '유위수행을 그만해도 된다'는 뜻입니다. 악을 행하라는 것이 아니라 지악수선을 통해 충분히 선의 흐름이 강해졌으니 이제는 청정의 수행인 무위를 닦을 준비가 되었다는 의미입니다. 이처럼 모든 부처님의 가르침 속에는 수행의 공통된 순서가 있는데, 유위수행을 먼저 행하고 준비가 되면 무위수행으로 나아가는 것입니다. 급하게 욕심내지 말고 차제로 수행할 때 사상누각을 피할 수 있습니다.

선행을 닦는 수행은 금강경에서 자세하게 다루는 내용이 아닙니다. 왜냐하면 금강경 수행에 입문하기 전 이미 지악수선의 유위수행을 모두 익혔다는 전제를 품고 있기 때문입니다. 그렇기에 금강경의 본론은 무위수행을 말하고 있습니다. 물론 보살승 운동이 진행되던 상황을 고려한다면 가르침을 듣는 이들이 이 기준에 못 미치는 경우가 있었을 것입니다. 그래서 종종 스승을 섬기며 지계수복을 닦아야 한다는 것을 강조하기도 하고, 재보시를 실천해야 한다는 점을 간략하게 강조하기도

하는 것입니다. 하지만 분명한 것은 금강경의 주된 가르침은 선조차도 행하지 않음으로써 청정으로 나아가는 길임을 분명히 알아야 할 것입니다.

두 번째 화살을 피하는 법

사띠 수행을 하다 보면 주처가 달라지는 것과 더불어 일어나는 변화가 있는데, 이는 사띠의 질이 좋아진다는 점입니다. 사띠의 질이 좋아지게 되면 보편적으로 두 가지 현상을 경험하게 됩니다. 첫째는 사띠를 마치 물질처럼 질감으로 인식할 수 있게 된다는 점이고, 둘째는 생각에 빠지지 않은 채 생각을 바라볼 수 있게 된다는 점입니다. 이외에도 다양한 현상들이 생기지만 이 두 가지를 언급한 이유는, 이것이 무위수행에 들어가는 최소한의 기본기이기 때문입니다.

사띠가 질감으로 인식된다는 것은 비물질이 물질로 느껴질 만큼 알아차림의 힘도 좋아졌다는 반증입니다. 그리고 이 힘은 사띠가 강렬해져 생각에 휩쓸리지 않고 생각을 안정적으로 바라볼 수 있는 준비가 되었다는 것입니다. 이제 그때부터는 인위적으로 마음 쓰는 기법들을 통해 유위수행을 하는 것과 더불어 무위수행을 병행할 수 있습니다. '무위수행'이란 다름 아니라 '온갖 경험을 풀어놓고 있는 그대로를 경험하는 것'입니다. 물론 이 경험들을 무상의 눈으로 바라보는 것, 이것은 당연한 전제이며 진정한 의미의 '무주상수행'이라고 할 수 있습니다.

많은 사람들이 이 무위수행을 하면서 혼란스러워하는 점이 있습니다. 마음에 분노가 일어나는데 정말로 가만히 놔두고 바라만 봐도 좋은지를 갈등하는 것입니다. 왜냐하면 지금까지 유위수행을 할 때는 탐진치에 사로잡혔다는 것을 아는 순간, 이를 다스리기 위해 다양한 기법들을 인위적으로 활용했기 때문입니다. 하지만 무위수행에서는 탐진치를 포함한 선과 악의 마음 작용들을 있는 그대로 풀어두고 경험합니다.

부처님께서는 분명 모든 경험에는 주체가 없다고 말씀하셨습니다. 그렇다면 알아차림의 힘으로 관찰하고 있는 모든 경험은 나의 것이 아닙니다. 즉, 우리의 마음에서 일어나는 탐진치의 경험들은 조건에 의해 일어나는 것이지 '내'가 일으키는 것이 아닙니다. '주체가 없어도 경험이 이어지는 것'이 가능하기 때문입니다. 이런 기준으로 본다면 범부들은 내가 일으키는 것도 아니고, 나의 일도 아닌 것들에 대해서 여태껏 '나의 일'이라고 저작권을 주장하며 참견하고 신경 쓰며 스스로를 괴롭혔던 것입니다. 그러니 이제 남의 살림에는 신경 쓰지 않아도 좋습니다!

이 무위수행에 익숙해지면 우리는 두 번째 화살을 맞지 않을 수 있습니다. 사바세계에서는 뜻대로 일이 진행되지 않기에 역경이 많습니다. 그래서 찾아오는 역경들은 첫 번째 화살로써 마음을 어지럽히는 조건으로 작용합니다. 특정한 상황에서 마음의 분노가 생겼다면 우리는 그 경험을 사라지게 하고 싶어 할 것입니다. 반면 다른 상황에서 기쁨이 생겼다면, 이를 유지하고 싶어 할 것입니다.

이것은 중생의 보편적인 반응인데, 사라졌으면 좋겠다는 반응은 분노이고 유지되면 좋겠다는 반응은 탐욕입니다. 그리고 자신이 이처럼 탐욕과 분노를 쓰고 있다는 것을 모르는 것을 어리석음이라고 합니다. 대부분의 범부들은 첫 번째 화살에 대응하여 이처럼 탐진치의 반응을 보이며 두 번째 화살에 또 맞습니다. 두 번째뿐인가요? 그것에 또 유위로써 대응하고, 또 탐진치에 휩쓸리고… 몸과 마음은 너무나도 많은 화살을 맞아 고슴도치처럼 변해버립니다.

무위의 수행은 지금 현재의 수준에서 필연적으로 맞을 수밖에 없는 화살을 제외한 그다음 화살을 피할 수 있도록 만듭니다. 예를 들어 누군가가 나를 때렸다면 어떻게 할까요? 이것은 이미 일어났기에 피할 수 없어 맞은 첫 번째 화살이지만, 이에 분노하고 있는 자신을 그저 구경만 한다면 분노는 자연적으로 수명이 다하는 순간 자연스럽게 사그라들 것입니다. 이처럼 무위수행은 자신에게 재차 화살을 쏘아 스스로를 괴롭히는 고통의 증폭을 끝내는 힘이 있습니다.

다가오는 자연스러운 경험들에 대한 탐욕과 분노의 반응은 둘 다 집착입니다. 탐욕은 이어지기를 바라는 집착, 분노는 사라지기를 바라는 집착입니다. 그리고 이러한 집착 어린 행동은 우리를 괴롭히는 번뇌가 더욱 기승부릴 수 있도록 돕는 최고의 먹이입니다. 그러므로 진정 번뇌로부터 자유로워지고 싶다면, 더 이상 집착의 먹이를 주지 않는 무위수행을 닦을 필요가 있습니다. 자꾸 남의 살림에 신경 쓰지 말고, 영화 보듯이 구경하면 됩니다.

물론 이 무위수행에는 부작용이 있습니다. 준비가 되지 않은 이들은 마음의 경험을 억제하지 않고 풀어두는 순간 강렬한 번뇌의 흐름을 경험할 것입니다. 그리고는 곧 얼빠진 채 이 번뇌의 흐름에 쓸려가 악행을 저지르게 될지도 모릅니다. 그렇기 때문에 선유위후무위先有爲後無爲의 수행순서가 매우 중요한 것입니다. 금강경 속에서 만약 무위에 대한 청정한 믿음이 생기지 않는다면 지계수복의 유위수행으로 되돌아가라고 권하는 이유가 바로 이 부작용 때문입니다.

이처럼 수행은 근기에 맞아야 합니다. 무위수행은 금강의 예리한 칼날을 사용하는 것이기에 미숙한 수행자가 활용하면 스스로 공덕의 목숨을 베어버릴 수도 있습니다. 무위라는 핑계로 막행막식하며, 스스로 깨달았다고 대망어를 저지르고, 스스로를 지옥으로 자연스럽게 이끄는 부작용이 바로 이것 때문입니다. 금강경의 가르침은 지금까지 우리에게 이런 자비로운 안내를 반복해왔습니다.

금강경이 끝나가는 이 시점에 꼭 기억해두시고 스스로를 종종 점검해보세요. 그 결과 준비가 되신 분은 무위수행인 무주상보시로 나아가시고, 아직 준비가 안 되신 분은 유위수행인 지계수복으로 되돌아가 힘써 닦으시면 됩니다. 수지독송, 서사유통, 위인해설 중 무엇이든 괜찮습니다! 스스로 실천할 수 있는 방법으로 성불의 길을 널리 전달하는 위대한 보살행을 세상에 선물해주세요.

PART

34

수보리 존자의 서른네 번째 질문

부처님께서 중생이 공하여 이미 법신의 실체를 깨달았다고 말씀하셨다.

"법회에서 법을 설한 것은 법신이 아니라 화신이다. 법신의 경계에 도달하지 않은 화신이 설한 법으로 어떻게 복덕을 얻을 수 있겠는가?"

KEY POINT 무주상전법

32 응화비진분 / 관념을 떠난 교화

應化非眞分 第三十二

"수보리여! 어떤 사람이 한량없는 아승기 세계에 칠보를 가득 채워 보시한다고 하자. 또 보살의 마음을 낸 어떤 선남자 선여인이 이 경을 지니되 사구게만이라도 받고 지니고 읽고 외워 다른 사람을 위해 연설해 준다고 하자. 그러면 이 복이 저 복보다 더 뛰어나다. 어떻게 남을 위해 설명해 줄 것인가? 설명해 준다는 관념에 집착하지 말고 흔들림 없이 설명해야 한다."

須菩提 若有人 以滿無量阿僧祇世界七寶 持用布施 若有善男子善女人 發菩薩心者 持於此經 乃至四句偈等 受持讀誦 爲人演說 其福勝彼 云何爲人演說 不取於相 如如不動

부처님을 잉태시키는 전법

"가섭부처님 당시에 있었던 일입니다. 바라문 조띠빨라는 젊고 유능한 수행자였는데, 그는 자만이 너무나도 깊었습니다. 그의 절친한 친구인 가띠까라는 비록 낮은 신분이었지만, 부처님의 제자로서 뛰어난 지성을 지니고 있을 뿐 아니라 아나함의 도과에 이른 위대한 수행자였습니다. 가띠까라는 항상 조띠빨라를 보면 이런 생각을 했습니다.

'그는 위대한 지혜를 가지고 있으니 단 한 번만 부처님을 만나면 곧바로 열반에 들게 될 것이다.'

가띠까라는 절친한 친구에게 종종 가섭부처님을 만나러 가기를 권했지만, 그때마다 자만심이 유난히 깊은 조띠빨라는 이렇게 대답하고는 했습니다.

"내가 그 까까중을 왜 만나야 하는가? 내가 더 지혜가 높은데 그를 만나 나에게 무슨 이익이 있을 것인가? 나는 까까중을 만나기 싫다."

격렬하게 거부하는 조띠빨라를 바라보며 가띠까라는 항상 안타까웠지만, 억지로 되는 일이 아니었기 때문에 기다렸습니다. 그러던 어느 날 가섭 부처님께서 가까운 마을에 오셨다는 소식을 듣고 그는 마음을 먹었습니다. 오늘은 꼭 목숨을 걸고서라도 조띠빨라를 부처님과 인연 맺어주기로 말입니다.

그는 목욕을 빙자하여 조띠빨라를 부처님이 계시는 맞은편 강변까지 데리고 가서, 부처님을 만나 뵈러 갈 것을 세 번을 강하게 권합니다. 하지만 조띠빨라가 역시 강하게 거부하자 그는 결국 목숨을 건 행위를 시도합니다. 머리를 감고 있는 조띠빨라의 머리채를 붙잡은 채 이런 말을 한 것입니다!

"조띠빨라여, 나는 네가 단 한 번이라도 부처님을 뵌다면 곧바로 최상의 지혜를 증득할 수 있을 것이라 믿는다. 부디 단 한 번만 부처님의 설법을 들어보는 것이 어떠한가?"

조띠빨라는 너무나 화가 났지만, 가띠까라와의 깊은 신뢰가 있었기에 이렇게 생각합니다.

'그가 목숨을 걸고 이런 행동까지 하는 것은 분명 이유가 있을 것이다!'

그렇게 부처님을 만나 설법을 들은 조띠빨라는 큰 지혜를 성취하고 곧바로 출가하여 수행자가 되는데, 이 조띠빨라는 다름 아니라 석가모니 부처님의 전생입니다. 그것도 이미 보살행이 완숙한 단계에 이르러 있던 수행자인데, 이러한 위대한 보살들조차 전법의 공덕 없이는 부처님도 알아보지 못하고 자만에 빠져 수행이 퇴보할 가능성이 있는 것입니다. 법보시가 최상의 공덕인 이유는 이처럼 부처님을 잉태하는 공능을 지니고 있기 때문입니다.

『대승기신론』에서는 중생이 진여에 대한 믿음을 일으키고, 진여훈습을 시작하는 인연에 대해 말할 때 반드시 선지식의 외연이 필요하다고 강조합니다. 이는 기억상실증에 걸려 자신의 진면목을 완전히 잊어버린 중생들이 성불의 길을 걷기 위해서는 법보시 공덕이 필수적이라는 의미입니다. 그렇기에 초기 불교부터 밀교 그리고 선불교에서부터 현대 서양의 불교에 이르기까지 공통으로 중요시하는 것은 바로 전법을 통한 법보시입니다.

전법선언에서는 법을 전할 때 처음도 좋고, 중간도 좋고, 끝도 좋은 내용과 완성된 형식으로 가르침을 설할 것을 강조하십니다. 이는 법이라는 컨텐츠와 이를 전달하는 기술에 대한 내용입니다. 그런데 금강경에서는 전법을 할 때도 무주상을 붙여서 무주상전법을 실천할 것을 강조합니다. 이는 컨텐츠나 전달기술에 대한 것이 아니라 전법자의 태도에 초점이 맞춰져 있습니다.

전법선언의 경우 이미 아라한들을 대상으로 삼고 있기에 따로 언급하지 않아도 상관이 없었지만, 금강경의 포교사들은 아직 무상의 진리에 통달하지 못했기 때문에 무주상의 태도를 강조하는 것은 반드시 필요한 과정입니다. 어디에도 사로잡히지 않는 마음으로 수행을 하는 무주상수행은 전법에도 똑같이 적용되어야 하기 때문입니다. 보살에게 있어 전법은 그대로 성불을 위한 완벽한 수행 방법이기 때문에 이는 특히 중요합니다.

경계에 사로잡힌 마음은 눈을 멀게 만듭니다. 반면 사로잡히지 않은 마음은 눈을 밝게 만듭니다. 수행할 때, 보시할 때, 삶을 살아갈 때, 전법을 할 때, 어떤 상황에서든 사로잡히지 않은 깨어있음의 마음으로 임한다면 그는 마치 훈수를 두는 사람처럼 지니고 있는 잠재력을 충분히 활용하여 지혜로운 선택을 할 수 있게 됩니다.

스스로 무주상전법을 하고 있는지의 여부를 점검할 수 있는 방법을 한 가지 소개하겠습니다. 만약 전법을 시도했는데 상대방이 그 법대로 따르지 않을 때 짜증이나 반감 그리고 화가 난다면 그것은 지금 무주상이 아닌 것입니다. 이런 행동의 밑바닥에 숨겨진 마음을 분석해보면, 법을 보시하여 상대방을 이롭게 만드는 목적보다는 그저 상대방을 내 뜻대로 조종하고 싶은 집착이 더 큰 것일 수 있습니다. 이와는 반대로 상대방이 저항하는 것이 당연하게 느껴지고, 그 상황 속에서도 감정에 사로잡혀 눈이 어두워지지 않은 채, 영민하게 다른 방편을 생각해 내서 활용할 수 있다면 이 전법행위는 무주상인 것입니다.

초전법륜에서 강조하셨듯 끝없는 조율로써 마음을 이끌어나가는 실천적 중도가 수행자들에게는 가장 중요한 연습과제입니다. 하지만 마음을 조율하여 바꾸는 것이 결코 쉬운 일이 아닙니다. 스스로의 마음도 어려운데 하물며 남의 마음에 영향을 미치는 일이 쉬울 리가 없지 않을까요? 남을 내 뜻대로 바꾸는 것은 아예 불가능하다는 점을 전제로 삼고, 그럼에도 불구하고 타인에게 조금의 선한 영향이라도 주고 싶다면 그를 존중하는 마음을 기본으로 삼아 무주상전법을 실천해야 한다는 점을 명심해야 합니다. 이것이 보살이 할 수 있는 최상의 보시입니다.

PART

35

수보리 존자의 서른다섯 번째 질문

"법신은 적멸寂滅한데 어떻게 적멸한 법신이 설법할 수 있는가?"

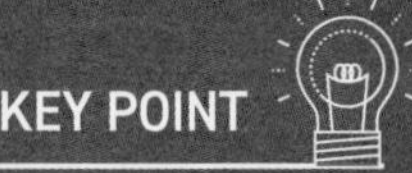

금강심

"왜냐하면

일체 모든 유위법은 꿈 · 허깨비 · 물거품 · 그림자
이슬 · 번개 같으니 이렇게 관찰할지라."

何以故 一切有爲法 如夢幻泡影 如露亦如電 應作如是觀

눈을 뜨라

미얀마에서 수행할 때 있었던 일입니다. 당시 저는 수행의 방향성에 대해서 고민을 하고 있었는데, 이 고민이 반영된 꿈을 꾸었습니다. 꿈속에서 저는 두 가지 기차를 기다리고 있었습니다. 그 두 기차 모두 제가 기차를 타면 저를 깨달음으로 데려다줄 예정이었습니다. 하지만 이 두 기차의 시간이 서로 맞지 않아서 기다리는 동안, 둘 중에 무엇을 타야 할지를 고민하며 여기저기 정보를 모으러 뛰어다니고 있었습니다.

고민이 최고조에 이르는 순간 제게 문득 큰 목소리가 들려왔습니다. 마을 이장님의 방송처럼 꿈 전체에 크게 울리는 그 소리는 이렇게 말했습니다.

"기다리지 말고 그냥 눈만 뜨면 꿈은 깬다!"

저는 도저히 그냥 눈만 뜨면 된다는 말을 선뜻 받아들이지 못해서, 이러저러한 핑계를 댔습니다. 지금까지 따져보며 선택을 미뤄왔던 기회들도 아깝게 느껴졌습니다. 그러자 꿈속에서 다시 한번 큰 소리가 들렸습니다.

"깨고 싶은 거면 이것저것 따지지 말고 그냥 지금 눈을 떠라!"

문득 그 소리를 들었는데, 지금까지 따져오던 생각들이 허망하게 느껴졌습니다. 그래서 '에라 모르겠다!'라는 마음으로 그냥 눈을 떴더니 정말로 꿈속에서 꿈이 깼습니다. 이 경험은 당시 제게 큰 각성의 계기가 되었습니다. 하고 싶은 것이 있으면 하면 되고, 깨치고 싶다면 눈을 뜨면 된다는 것을 알게 되었습니다. 현실에서 고민하고 있던 수행의 방향성도 단박에 결정할 수 있게 된 것입니다.

많은 사람들은 '하고 싶은 것이 있으면 그냥 하면 된다'는 말을 잘 받아들이지 못합니다. 저는 그 마음을 이해하는데, 그 이유는 저도 역시 물속에 들어가면 눈을 못 뜨는 경험이 있기 때문입니다. 물속에서 눈을 뜨려면 어떻게 해야 할까요? 아마 여러 사람에게 물으면 눈을 못 뜨는 다양한 이유와 대처 방법을 들을 수 있을 것입니다. 그런데 본질을 깊게 살펴보면 다른 모든 내용은 핑계일 뿐, 진실은 그저 눈을 뜨고 싶지 않을 뿐입니다. 언젠가 눈을 뜨고 싶은 마음이 안 뜨고 싶은 마음보다 커져서, 그냥 눈을 뜨기로 결정했다면 그 순간 지금까지의 모든 장애는 한순간에 의미가 없어집니다. 또한 지금까지 연구했던 대처방안도 모두 소용이 없어집니다.

부처님께서 금강경을 설하시는 방식 역시 마찬가지입니다. 금강경 속에는 사상을 버리는 방법이 설명되지 않습니다. 또한 사심을 완성하는 자세한 수행법을 설명하시지도 않습니다. 그저 부처님께서는 의심하는 보살들에게 본인의 마음인 금강심을 반복적으로 보여주실 뿐입니다. 이는 금강심을 얻고 싶다면 다른 그 무엇도 필요 없이 그저 금강심을 반복해서 연습하면 된다는 점을 보여주고 싶은 것입니다.

꿈과 같은 세상에서 이미 눈을 뜬 사람이든, 앞으로 눈을 뜨기를 희망하는 사람이든 도움이 될 만한 관법은 금강경의 마지막 부분에 소개됩니다. 이는 육여시관六如是觀으로 경험을 바라보는 금강심의 관점을 여섯 가지 비유로써 보여주고 있습니다. 눈을 뜨고 싶다면? 이것저것 재고 따질 필요 없이 육여시관을 통해 당장 눈을 뜨시면 됩니다.

세상을 바라보는 여섯 가지 비유는 모든 경험을 꿈, 환상, 물거품, 그림자, 이슬, 그리고 번갯불로 바라보는 것입니다. 금강경을 공부하는 초심보살에게 이 여섯 가지를 모두 완벽히 익히라는 것이 결코 아닙니다. 이것은 익혀야만 하는 새로운 개념이 아닙니다. 오히려 개념을 벗겨내는 수행입니다. 그렇기에 여섯 가지 중 어떤 것이든 상관없이, 자신의 성향과 잘 맞는 하나의 관법을 제대로 익힌다면 모든 개념을 벗기는 방편을 얻은 것이기에 충분합니다.

부처님께서 여섯 가지를 말씀하신 이유는 근기에 따라 자신에게 공감이 되는 관법이 서로 다르기 때문입니다. 누군가는 꿈과 같다는 것이, 또 누군가에게는 번갯불로 바라보는 것이 쉽게 받아들여질 수 있습니다. 스스로에게 잘 맞는 관법으로써 세상을 바라보는 시도를 하는 것이 중요합니다. 그 시도를 한다는 것 자체가 그 순간 눈을 뜨는 결정을 한 것이기 때문입니다.

초기 불교와 대승 불교의 사띠 수행은 방법론적인 면에서 각각 차이를 보이며 변화해 갔습니다. 초기 불교의 사띠 수행은 순수하게 사띠 자체를 확립하는 데 초점을 맞추었고, 이 사띠 수행이 발전하여 사마타와 위빠사나의 길로 분리되었습니다. 하지만 대승 불교에서는 사띠 수행을 할 때 특정한 관법의 요소를 가미하는 수행법을 활용했기에 지관止觀의 구분 없는 겸수兼修의 형태로 변화했습니다. 해인삼매海印三昧, 부동삼매不動三昧, 능인삼매能仁三昧 등 삼매의 명칭에 다양한 지혜의 비유가 붙은 것은 이 지관겸수의 방식 때문입니다.

육여시관 역시 이처럼 각각의 관법에 따라 강렬해지는 지혜의 방향성이 다르고 이에 따라 개발되는 능력 역시 다릅니다. 하지만 분명한 것은 경험을 꿈처럼, 이슬처럼 바라보는 힘이 강해져 이것이 삼매의 경계에 이르게 되면 세상을 바라보는 관점 자체가 변화하고, 결국 그 수행자에게는 지금까지와는 다른 지각의 경험이 일어난다는 것입니다.

너무나도 견고한 감각의 장애를 벗어나 믿어 의심치 않던 세상이 무너지는 경험을 한다면, 보살은 이 세상이 육근과 상응한 환상일 뿐이라는 사실을 직관적으로 자증自證할 수 있게 됩니다. 그러할 때 보살은 확신을 가지고 상에 미혹하지 않은 무주상을 점점 강도 있게 실천할 수 있게 되고, 이 정진의 힘은 지극한 안심인 금강심에 가까워질 수 있는 원동력이 됩니다.

눈을 뜨고 싶나요? 그럼 이것저것 재고 따지지 말고 당장 눈을 떠보세요!

부처님께서 이 경을 다 설하시고 나니, 수보리 장로와 비구 · 비구니 · 우바새 · 우바이와 모든 세상의 천신 · 인간 · 아수라들이 부처님의 말씀을 듣고 매우 기뻐하며 믿고 받들어 행하였습니다.

佛說是經已 長老須菩提 及諸比丘比丘尼 優婆塞優婆夷 一切世間天人阿修羅 聞佛所說 皆大歡喜 信受奉行

번뇌 즉 보리

이 책은 다양한 비유로써 반야의 광명이 밝아지는 과정을 설명했습니다. 하지만 이 모든 비유들은 결국 인식의 틀이 바뀌는 공통의 결과로 이어집니다. 금강경은 무상의 종을 이룰 것을 강조했는데, 이를 위해 제시되는 중요한 수행은 바로 즉비입니다. 크리스천 신비주의자들이 자아를 극복하기 위해 공부하는 『기적수업』이라는 텍스트에서 가장 먼저 우리에게 알려주는 문구는 이것입니다.

> "내가 보는 것은 아무런 의미가 없다."

이 문구는 금강경의 가르침 속에서도 진실입니다. 왜냐하면 범부가 바라보는 대상은 객관적 실재가 아닌 보이는 마음인 상분일 뿐이기 때문입니다. 더욱이 이 마음은 자아의 틀에 오염되어 있어 실재와는 같지 않습니다. 우리가 바라보는 세상의 모든 것이 결국 상에 불과하다는 것을 인식하는 연습이 바로 즉비의 수행입니다.

금강경 여리실견분에서는 이 즉비 수행의 과정을 충분히 연습한다면 여래를 볼 수 있게 된다는 것을 선언합니다. 즉비의 과정을 통해 여래를 직관할 수 있게 된 이들은 상으로부터 자유를 얻고, 이를 활용할 수 있는 경계에 이릅니다. 이것이 바로 시명의 단계입니다. 마음의 고향에 대한 감각이 생겼기 때문에 허망한 상을 자유롭게 활용하여 고통에 빠진 중생의 불성을 촉발시켜 그들을 돕는 것입니다.

이와 같이 즉비시명의 수행을 통해 이분법의 틀에서 완전히 벗어난 존재들은 세상의 모든 정보의 차별로부터 자유로워집니다. 그들은 즉비의 힘으로 차별에 속지 않고, 시명의 힘을 통해 차별을 명확하게 바라볼 수 있는 중도제의 자유에 이르는 것입니다.

마음의 고향인 열반의 심지에서 살아가는 이들에게는 번뇌즉보리煩惱卽菩提가 온전한 진실이 됩니다. 심지의 감각이 아직 없는 수행자들이 반야의 가르침을 지침으로 삼아 그대로 경험을 바라보기 위해 인위적으로 노력하는 수준이라면, 심지에 도달한 이들에게는 이 진리가 자연스러운 직접경험이 됩니다. 불이의 의식을 경험하는 이들에게는 번뇌와 보리의 차별도 없고, 중생과 부처의 차별도 없습니다. 움직이는 것과 부동, 고요함과 시끄러움 등 모든 이분법의 씨앗인 선악과의 무명을 뱉어버렸기 때문입니다.

금강심은 이처럼 경계에 흔들릴 이유가 없습니다. 상에 미혹하지 않기 때문에 육경 그 어디에도 사로잡히지 않지만, 또한 필요하다면 상에 미혹하고 사로잡히는 행위를 꺼리지도 않습니다. 불이의 마음에서는 의도가 일어나도 좋고, 사라져도 좋습니다. 그들의 눈으로 바라보면 이 세상의 모든 중생은 '지금의 모습 그대로'가 희유한 기적입니다. 나쁜 사건도, 좋은 사건도, 차별 없이 그저 풀어두고 경험합니다. 만약 무엇인가를 바꾸고 싶은 마음이 일어난다면? 이 역시 그저 풀어두고 경험합니다.

범부가 상상할 수 있는 모든 생각들은 단 하나도 빠짐없이 이 마음의 고향에서 어긋나 있습니다. 아무리 지극한 생각이라도, 아무리 착한 생각이라도, 아무리 고귀한 진리에 대한 개념이라도 결국 이분법의 틀을 벗어나지 못했다면 단 하나도 이 마음의 고향과 계합되지 않습니다. 그렇기에 전통적으로 이 마음을 불가사의라는 말 외에는 표현할 바가 없었던 것입니다.

불성이 중생의 마음에 숨겨져 있다는 것은 의미심장한 진실을 말합니다. 사실 중생의 고향은 바로 이 열반의 성품이라는 것입니다. 구원실성久遠實成의 진리로써 우리 모두는 단 하나의 존재도 빠짐없이 오래전 이미 성불한 부처님이었습니다. 악인도, 선인도, 성문과 연각 그리고 보살 모두가 회삼귀일會三歸一의 불승으로 귀결되는 이유는 다름 아니라 본래 그곳이 고향이기 때문입니다.

이 길을 걸어감에 있어서 단 하나도 더 얻을 필요가 없는 이유는 부족한 것이 없기 때문입니다. 성불의 길은 잃었던 것을 되찾는 과정일 뿐입니다. 모든 존재는 모자랄 것 하나 없는 이미 완전한 부처님입니다. 우리에게 남은 일은 그저 스스로를 중생이라고 고집하는 이 중생상을 뛰어넘어 고향으로 되돌아가는 진정한 의미의 '귀의歸依' 뿐입니다.

금강경은 이 여정의 시작을 함께할 의지처로 적합합니다. 고향으로 되돌아가는 시작은 귀의이며 이 최상의 가르침으로 수많은 초심보살들에게 삶의 방향성을 제시하고 있습니다. 그 누가 상상이나 했을까요? 중생이라고 고집을 부리는 우리가 사실 기억상실증에 걸린 부처님이라는 것을 말입니다. 이런 소중한 진실을 알려주신 부처님의 은혜는 불가사의합니다.

금강경은 이처럼 중생의 진실한 정체를 말하고 있습니다. 또한 열반의 고향으로 되돌아가야 할 당위성을 제시하며 말 안 듣는 거지 아들들을 끈질기게 설득합니다. 심지어 고향으로 되돌아갈 수 있는 수행의 순서까지도 자비롭게 보여줍니다. 점점 더 경쟁하듯 파멸의 길로 치달아가며 서로를 증오하는 이 시대에 이 금강경의 가르침은 정말 중요한 인류의 교과서입니다. 세상과 존재의 본모습을 보여주고 이를 넘어서 세상을 구원하는 이 경전의 구절들은 중생에게 생소하겠지만, 그만큼 뛰어난 가치를 품고 있는 기적과도 같은 보물입니다.

가르침이 설해지는 동안 이러한 불가사의한 가치를 털끝만큼이라도 눈치챈 눈 밝은 존재들은 이 가르침이 온전히 설해지자 환희용약하며 가르침을 찬탄했습니다. 이 환희는 가르침이 설해졌던 법회에 참석했던 대중들뿐 아니라 당시를 살아갔던 모든 존재들 그리고 후대의 모든 불제자들의 마음에 깊이 전달되었습니다.

이 환희심의 꽃을 세상에 나누기 위해 애를 쓴 모든 보살승들에게 은혜를 갚는 방법은 단 하나뿐입니다. 끝없이 이어지는 일념 속에서 최선을 다해 안심하는 것, 금강심에 도달하는 방법은 오직 이것뿐입니다. 부디 기억하시길…….

"안심이 곧 불심입니다."